元華文創

文庫 EA009

臺灣政經史系列叢書02　陳天授主編

臺灣

政治經濟思想史論叢

社會科學與警察篇

Proceedings: The History of Taiwan Political and Economic Thought II

卷二

陳添壽——著

自 序

　　1987 年起我開始在大學任課，先兼任後專任的前後時間，到 2016 年我依政府法規的規定屆滿 65 歲退休，剛好整整 30 年，也是我人生歲月中書寫最勤和收穫最多的時光。

　　我檢視在這階段教學與研究的服務期間，我發表的文字除了學術專書、教學講義、專欄文字，和講演稿之外，針對臺灣政治經濟和管理思潮方面所累積發表的論文，也已超過百萬字之多。

　　於是我自退休日起，在我人生智慧和經驗最豐富的向晚時刻，我決定審修這一部分的文字稿，經過整理所留存的約百萬字，我將書命名《臺灣政治經濟思想史論叢》，並分為五卷，全部交由元華文創公司印行。

　　目前《臺灣政治經濟思想史論叢》(卷一)的繁體版紙本書、簡體版電子書已於 2017 年初分別出版和上架。至於《臺灣政治經濟思想史論叢》(卷二)、(卷三)除了將分別於 2018 年和 2019 年分期出版，(卷四)、(卷五)希望也都能很快就可以和讀者見面。

　　有關《臺灣政治經濟思想史論叢》各卷的內容分類，亦採取與(卷一)相同方式，分類加以編排。

　　以下我謹就(卷二)所分為「臺灣政經發展的社會性思維」、「臺灣政經發展的文化性思維」、「臺灣政經發展的安全性思維」等三大類的篇文細目來分別加以介紹。

　　第一大類的「臺灣政經發展的社會性思維」共分：

1.〈近代臺灣商業社會的發展與變遷〉，是我於 2010 年 1 月 27 日發表於廈門大學人文學院舉辦的「明清以來傳統文化與中國社會經濟史研究論壇」；同時，本文內容主要分別修改自 2005 年 6 月國立空中大學發行《商學學報》第 13 期的〈臺灣清治時期的經濟政策與發展(1683-1895)〉，和 2006 年 7 月第 14 期的〈重商主義的中挫：臺灣荷鄭時期經濟政策與發展〉二文的原稿。主要內容敘述商業社會發展的意義、荷西時期商業雛型與原住民社會、鄭氏時期商業轉型與漢人社會，和清領時期商業社會的抑制與復萌。

2.〈清領時期臺灣近代化的產業革命（1860-1895）〉，是我發表於 2008 年 7 月 5 日至 7 日在福州市由閩江學院舉辦的「2008 年海峽兩岸學術研討會」，謝謝評論人閩江學院管理學系主任王賢斌教授的指正。主要內容除了敘述經濟發展理論的研究途徑之外，特別論述 1860 年代前後的臺灣政經情勢，沈葆楨、劉銘傳與臺灣近代化政策，還有官僚資本主義中挫及其影響。

3.〈明清時期臺灣社會土著化與閩南文化發展〉，是我發表於 2012 年 11 月 20 日漳州師院閩南文化研究院舉辦的「2012 閩南跨文化學術研討會」。主要內容除了敘述地緣經濟的研究途徑之外，還針對閩南人移墾與臺灣社會土著化、閩南文化的形成與發展加以論述。

4.〈清領時期臺灣紀遊文獻的社會意涵〉，是我發表於 2014 年 5 月 24-25 日在臺北舉辦的「2014 年海峽兩岸檔案暨微縮學術交流會」；又 2014 年 6 月 9 日中華檔案暨資訊微縮管理學會舉行第 11 屆第 4 次理監事聯席會，承蒙理事、現任中央研究院近代史研究員朱浤源教授的指教。主要內容除了敘述紀遊文獻的意義，和介紹清領臺灣紀遊文獻之外，也論述了清領時期紀遊文獻的社會意涵。

第二大類的「臺灣政經發展的文化性思維」共分：

1.〈臺灣經濟發展的倫理觀〉，該文部分內容是我曾以〈經濟倫理之意涵——兼論警察在自由市場中的角色〉為名，發表於 2005 年 11 月 22 日由中央警察大學通識教育中心所舉辦的「通識教育與警察倫理學術研討會」。主要內容除了敘述經濟

倫理的意涵、市場與政府的整合性角色之外,並且針對臺灣經濟發展中的倫理議題加以分析。

2.〈資本主義與臺灣媽祖信仰〉,是我曾以原名〈臺灣明清時期媽祖文化與市場經濟之探討〉,發表於 2005 年 9 月 4 日由中華媽祖文化產經慈善發展協會和中國海洋大學中韓海洋文化中心舉辦的「2005 年媽祖文化國際學術研討會」。主要內容除了敘述資本主義經濟的三個研究面向、媽祖信仰的臺灣歷史意義之外,也分析媽祖信仰與臺灣物質生活、媽祖信仰與臺灣經濟生活、媽祖信仰與臺灣經濟世界。

3.〈臺灣媽祖文化與近代企業的形成〉,是我曾在 2007 年 10 月 31 日以〈如何提升臺灣文化產業〉為題,在臺北中華科技大學發表的講演稿,和我於 2005 年 12 月 11 日與 2007 年 11 月 25 日分別在「中華媽祖文化產經慈善發展協會」所舉辦〈媽祖文化產業與兩岸互動之關係〉、〈文化交流與兩岸關係〉座談會上的發言稿,綜合彙整成篇,並於 2008 年 11 月 28-29 日發表在上海社會科學院所舉辦的「第二屆海峽兩岸媽祖文化學術研討會」。本文主要透過社會資源移轉性的研究途徑,分析西方企業公司發展歷史變遷、臺灣媽祖文化與近代企業形成,和臺灣媽祖文化與企業文化。

4.〈媽祖文化圈與東亞海域經貿發展〉,是綜合我於 2006 年 10 月 12 日至 16 日,與 2009 年 12 月 12 日應邀發表於中國上海社會科學院,分別假上海市和寧波市舉辦的「海峽兩岸媽祖文化學術研討會」。並收錄於 2010 年 8 月由北京中國文史出版社發行的《海峽兩岸媽祖文化學術研討會論文集》,現在我將文字做了部分修改。本文主要透過經濟區域發展的研究途徑,來分析媽祖文化圈的歷史意義和東亞海域經貿發展的變遷。

第三大類的「臺灣政經發展的安全性思維」共分:

1.〈臺灣發展安全產業的政經分析〉的部分內容我曾發表於 2006 年 11 月 29 日,由中央警察大學通識教育中心所舉辦的「第二屆中央警察大學通識教育中心

教學觀摩會」，題目是〈經濟發展與國家安全的兩難困境探討——臺灣發展安全產業策略之芻議〉。本文主要藉由均衡理論發展與應用，檢視安全產業定義與範圍，並針對臺灣發展安全產業策略加以分析。

2.〈經濟與警察的安全性整合論題〉的部分內容我曾以〈論經濟學與警察學的整合發展之研究〉為題，發表於 2006 年 5 月 30 日中央警察大學通識教育中心舉辦的「通識教育與警察學術研討會」。後續又增新內容以〈再論經濟學與警察學的整合發展之研究〉為題發表。本文主要透過經濟學與警察學科際整合研究途徑，來分析經濟與警察的安全性整合論題。整合論題包括賭場合法化、警察教育的公費補助等十三項論題。

3.〈日治時期臺灣經濟政策與發展〉，是我曾發表於 2004 年 5 月 25 日中央警察大學通識教育中心所舉辦的「第一屆通識教育與警察學術研討會」。本文主要透過殖民化經濟理論的研究途徑，將日治臺灣經濟政策與發展的分為「工業日本農業臺灣」與「工業臺灣農業南洋」的經濟政策與發展。

4.〈戰後臺灣警察與國家發展的關係〉，是我於 2011 年 11 月 7 日發表於桃園縣警察之友會所舉辦的「臺灣警政回顧成果發表會」，後收錄 2013 年 10 月內政部警政署與中央警察大學出版的《臺灣警政發展史》一書。本文主要透過臺灣光復後警察與政黨、行政與立法之間的權力互動、消長，來論述警政與國家發展的關係，並依其不同歷史性結構發展分為：民國 34 年(1945)至 76 年的「以軍領警」，和民國 77 年(1988)至今的「專業領導」等兩個重要時期。特別是臺灣在民國 76 年(1987)解嚴之後迄今，經過國家體制的轉型和民主化，警察功能也因警備總部的裁撤而脫軍人化，逐漸走向行政中立化和專業化的時代。

本書《臺灣政治經濟思想史論叢》(卷二)的出版，誠如我在(卷一)的〈自序〉中提到，資本主義市場經濟的思想已成為一股不可逆的潮流，縱然它存在著許多令人極為不滿意的缺點。換言之，當前實施資本主義國家的政治經濟理論與政策也到了必須有所變革的時刻，臺灣亦不能置身事外。

　　最後，本書的出版，我還是特別要感謝元華文創公司總經理蔡佩玲、陳欣欣主編，和她們編輯團隊的協助，得以使本論叢完美的呈現在各位讀者面前。

陳隆壽 謹識

2017 年 12 月於臺北城市大學圖書館

目次

第一部分

臺灣政經發展的社會性思維

- 近代臺灣商業社會的發展與變遷
- 清領時期臺灣近代化的產業革命（1860-1895）
- 明清時期臺灣社會土著化與閩南文化發展
- 清領時期臺灣紀遊文獻的社會意涵

近代臺灣商業社會的發展與變遷

一、前言

人類歷史上所經歷的政權或國家規模演進，大略是先城邦(city-state)，後帝國(empire)，然後民族國家(nation-state)，而今再有天下一家(the world as one)的國際政府概念和嘗試組合。

檢視臺灣經濟社會發展史如果採用經濟學者羅斯托(W. W. Rostow) 提出的傳統期、起飛前的過度期、起飛期、成熟期和高度消費期等五個階段的分析法，近代臺灣重商主義(merchantilism)的形成與轉折時期，大約是在傳統社會與起飛前期的階段，時間應該是在 1624 年至 1662 年的荷西時期，和 1662 年至 1683 年的鄭氏，乃至於 1683 年至 1895 年的清領臺灣時期。[1]

換言之，從 1624 年至 1895 年的 271 年間，近代臺灣重商主義發展的時期，就商業貿易發展的角度而論，基本上可以將其分為：荷西統治的重商主義確立期(1624-1662)、鄭氏統治的重商主義調整期(1662-1683)、清領開港前重商主義中挫期(1683-1860)，和清領開港後重商主義復萌期(1860-1895)等四個時期。

諾斯(D. C. North) 指出，從歷史角度而言，經濟的成長是發生於有強制力的政治體系之中；另一方面，政府的強制權力在歷史制度上多半被用在不利經濟成

---

[1] W. W. Rostow, *The Stage of Economic Growth* (Cambridge: Cambridge University Press, 1962).

長的作法上。[2]亦即制度的變遷受到商業發展的市場社會、權力體系的國家力量，和造成有效執行的制度等三者互動的制約，使得制度的形成與轉折總是逐步而且緩慢的，同時也呈現一定程度的連續性。

世界上沒有永遠不變的制度，只有人們自身不息的警惕才是唯一的依靠；制度有如一座堡壘要塞，但把它建得很牢固並不一定有用，還得靠後人不斷的經由對制度的認同，而產生制度的規範與創新。畢竟有效率的組織才能造就出有利於成長的制度，並且在條件改變時順利促成制度的變動，使其改變的過程受制於特定的路徑依賴(path dependence)，也更能透徹地分析制度在達成目標的歷史過程的成敗與轉折。

因此，本文結合地理、文化與科技因素，依據歷史制度理論分析近代臺灣重商主義政策的盛行與發展，為何會出現在荷蘭和西班牙的統治時期，到了鄭氏時期為何必須進行調整，到了清領臺灣初期和中期的 1860 年開港前，重商主義因何受到抑制而中挫，而在 1860 年開港以後又為何有機會出現短暫的復萌現象。

而在 1895 年以後臺灣受制於日本的殖民統治，臺灣社會自主性商業與城市發展受到極大的約束，直到 1950 年代之後的國民黨政府統治臺灣，才又出現了所謂的「新重商主義」，其形成和轉折的因素關鍵都是探討重商主義社會發展與變遷的焦點。

由於本文著重於近代商業與城市發展的歷史變遷，因此只先就近代以來的荷西、鄭氏和清領臺灣的三個時期商業與城市發展為分析的對象。至於日治和國民黨執政時期商業發展與城市文化演進關係的殖民性與現代性議題，以及後現代明顯居於優勢地位應運而生的城市社會，暫不在本文的探討範圍之內。

特別是霍布斯邦(Eric J. Hobsbawm)指出，21 世紀網際網路的興起，在這場斷裂與未來國際發展有關的四大社會面向是：第一、農民的急速崩解與衰落，第二、超級城市的形成，第三、普遍具有閱讀能力以及手寫或機器書寫的世界，取代了口語傳播的世界，第四、女性地位的轉變，特別是人口以千萬計算的超級城市

---

[2] D. C. North, *Structure and Change in Economic History* (N. Y.: W. W. Norton,1981).

(hyper-city)將留待另文論述。[3]

　　針對上述的研究動機和目的，本文的論述結構除了首先的前言和介紹研究方法之外，其次將論述近代社會重商主義商業發展與城市文化之間的關係，第三部分將論述荷蘭和西班牙統治時期臺灣重商主義的確立，第四部分將論述鄭氏時期臺灣重商主義的調整，第五部分將論述清領臺灣時期重商主義的抑制與復萌，最後，是結論。

二、 商業社會發展的意涵

　　重商主義文化的內涵強調一國所擁有的貴金屬，特別是黃金和白銀儲存的越多，就代表其國家的經濟力越強大。從 1453 年東羅馬帝國解體之後，西方歐洲國家為尋找新資源所帶來的商業發展與城市文化，其所建立起資本主義市場經濟發展模式就一直被許多國家所奉行。

　　因此，從 15 世紀大航海時代開啟的重商主義政策，突顯於商業貿易導致各國家與君主，需要籌措龐大錢財資源的支應戰事、日增外交的支出和官僚薪餉的開銷，並演變發展成為至今的「新重商主義」(neo-merchantilism)文化，形塑了重視市場競爭、產品貿易、累積財富、創新生產技術，以提高人民生活水準為目標的商業發展與城市文化。

　　重商主義(merchantilism)最強調是海洋商人性格的重商主義者(merchantilist)、是海洋利權的確保者、是通商障礙的排除者，和是自由貿易體系的建構者。所以，又被稱之為「商人資本主義」(merchant capitalism)。

　　重商主義商業化的結果，是伴隨著由外國人建立或控制新興港口城市的蓬勃發展而來，儘管 17 世紀以前，有些商業城市幾乎尚未存在或只是小城鎮而已。然

---

[3] Eric J. Hobsbawm, 吳莉君譯，《霍布斯邦看 21 世紀──全球化、民主與恐怖主義》，(臺北：麥田，2008 年 11 月)，頁 42-43。

而，受到重商主義衝擊而興起的商業城市，不只是商業或工業的現象而已，思想或非經濟的制度的傳入，從歷史長遠看或許更具革命的重要性。[4]

因此，不同文化的發展模式也涉及文化之間的歧異，導致其權力拓展正由西方長期獨霸，轉向非西方世界的文明，全球政治已朝向多極和多元文明發展。就以重商主義時期最具代表性的發展國家荷蘭為例，17 世紀由於荷蘭設計了一種不用裝置砲台的船隻，船身不但輕便、造價又低廉，而且船底盤大而呈圓弧狀，可以裝載更多貨品；同時，因為具備甲板面積窄小的優點，可以規避高額稅賦，加上其他性能優異的航海設備與技術，為荷蘭這個小國家贏得「海上馬車夫」的稱號。

當荷蘭國力日漸增強，人民生活富庶的經濟繁榮階段，促使大小商業城市因而紛紛興起，荷蘭開始面臨城市該交由誰管理，以及如何管理的難題。最後市民決定從貴族手中爭取城市自治權，將城市治權交由具有財經實力的商人來管理。

然而，在西班牙以政治聯姻取得對荷蘭的統治權之後，開始對荷蘭採取苛稅政策，迫使荷蘭不得不轉向英國尋求幫助解決，但經比較其擔負稅賦金額竟要比西班牙還來得重時，荷蘭最後決定採取聯合七個省份實施共和體制來治理。

檢視從 1640 年起，西班牙各口岸四分之三的貨物都是委由荷蘭貨船運送。阿姆斯特丹(Amsterdam)這一城市原只是荷蘭北部的一處小漁村，為了因應捕魚及輸送波羅的海(The Baltic)穀物的需要而改進造船技術，發展精良而低成本的船隻，創造了商業城市發展的機會。

阿姆斯特丹這城市又具備因應國際貿易需要而興起金融業務的優勢，遂逐漸取代原由葡萄牙人在此地經銷印度香料，而在 1576 年被西班牙佔領的安特衛普(Antwerp)，和義大利自中世紀以來重要文化、商業和金融中心的佛羅倫斯(Florence)這兩個商業大城，阿姆斯特丹因而一躍成為國際商務、倉儲、造船與金融中心。加上，阿姆斯特丹佔有三條河流交會的地利優勢，有條件地發展成為與

---

[4] Rhoads Murphey, 林維紅譯，〈通商口岸與中國現代化：走錯了那一步〉，收錄：金耀基等著，《中國現代化的歷程》，(臺北：時報文化，1990 年 11 月)，頁 213-214。

其他國家發展快速的商業城市。

　　尤其是佛羅倫斯被認為是文藝復興運動的誕生地，藝術與建築的搖籃之一，擁有眾多的歷史建築，和藏品豐富的博物館。歷史上有許多文化名人誕生、活動於此地，比較著名的有詩人但丁(Dante Alighieri, 1265-1321)、畫家達文西(Leonardo da Vinci, 1452-1519)、米開朗基羅(Michelangelo, 1475-1564)、科學家伽利略(Galileo Galilei, 1564-1642)、政治理論家馬基維利(Niccolo Machiavelli, 1469-1527)、雕塑家多納太羅(Donatello, 1386-1466)等，乃至於翡冷翠的美名由來是徐志摩前往度假時，便將義大利語的 Firenze 翻譯成翡冷翠接近義大利語。

　　比較當時阿姆斯特丹提供了商業城市創造就業和累積財富的優勢，充分提供穀物貿易和海運服務；尤其供應當發生飢荒、戰爭，以及不斷更新的戰爭技術所需要的精良武器，以及海上冒險需要及裝備新穎的船隻，大大提升阿姆斯特丹具備海上安全，和提供武器與戰爭物資的轉運角色。

　　商業發展的結果，促進位居於中央銀行地位的阿姆斯特丹銀行(Bank of Amsterdam)，於 1609 年適時地在該地開設了全球第一家商業銀行，經營借貸、匯兌、信託、保險等提供資金流通的業務。

　　阿姆斯特丹第一大商業城市的地位一直要到了 18、19 世紀，才由受惠於工業革命而新崛起的英國倫敦(London)所取代，導致全球商業城市的中心遂從地中海轉向大西洋海域，乃至於 20 世紀以後美國紐約(New York)新興城市的崛起。

　　檢視近代重商主義商業城市的興起，不但彰顯商業發展與城市文化建設的重要性與代表性，也經由歷史文化的不斷演進，許多城市文化經過歲月的累積、沉澱，豐富了它存在的價值與內涵，形塑了屬於它社會的在地文化特色，並成為現代文化創意產業所特有國際觀光旅遊的勝地。杭亭頓(Samuel P. Huntionton)指出，文化定位就是文明定位，這是商業發展與城市文化關係的廣義解釋。[5]

---

[5] Samuel P. Huntionton, 黃裕美譯，《文明衝突與世界秩序的重建》，(臺北：聯經，1999 年 3 月)，頁 4。

三、 荷西時期商業雛型與原住民社會

17 世紀的商業活動由於已從單純私人生活層面，轉而重視國家整體利益的社會發展，從而國際性商業活動大半為貿易經營者所掌控，每家公司在取得經營特許證之後，等於就保障它在指定地區享有特殊的商業利益，如 1602 年成立的荷蘭東印度公司(VOC)。[6]

荷蘭東印度公司在亞洲總部的商務活動，可溯自於 1609 年和 1619 年在印尼巴達維亞(Batavia, 今雅加達)設立總督和商館，其所在地的叭答(Kota)區即形成商業社會中心，並建構與各城市之間的貿易。

雅加達(Jayakarta)在當地原名 Kelapa，意指「白椰子」，後來回教勢力興起，改名雅加達，意指偉大勝利之城。荷蘭在東羅馬帝國統治期間，當地人被稱為巴達維亞(Batavia)，即以頑強著稱。所以，當荷蘭統治印尼期間，就將雅加達改稱巴達維亞。直到 1945 年第二次世界大戰結束，1949 年印尼獨立，正式改稱雅加達。

作為荷蘭王室的特許公司，荷蘭東印度公司被賦予在它武力能克服的地區，執行締結條約、遂行戰爭、建築城寨、鑄造貨幣等等廣泛的政治、財政、司法、行政的行使國家最高權力；公司的海外代表是執行帝國殖民地的開拓者，它不僅向亞洲世界展現了新興資本主義和殖民主義難以阻擋的擴張銳勢，也向亞洲各國宣示了以航海技術和地理知識為主導的西歐文明，正在建立世界新秩序與新社會。

檢視 16 世紀亞洲的大明國已呈現衰微跡象，整個東南沿海城的商業與城市活動日漸失序，政府的治理能力受到很大的挑戰，海岸城市也成為海盜攻擊的目標。1624 年當時荷蘭的佔領臺灣，除了主要基於臺灣的地理優勢，可以攻擊來往於東

---

[6] Clive Day, *A History of Commerce* (N. Y.: Congmans, Green & Co. 1907).

亞海域的葡萄牙和西班牙船隻，以阻止航行於大明國與菲律賓之間的商業貿易之外；同時，控制經由臺灣作為其與大明國各大城市之間的貿易轉運站，並透過李旦、許心素、李魁奇、劉香、鄭芝龍、林亨萬、蘇鳴崗、何斌等人的從中斡旋，將此商務活動納入東印度公司在全球的貿易網絡之中，因而帶動閩南地區從母姓的農耕社會轉為強調以男性為主的重商文化。

回溯 1604 與 1622 年荷蘭東印度公司曾先後派人率艦東來拓展商務與傳教，並於 1624 年由澎湖轉入臺灣的臺江，佔領赤崁（Sakams），在北線尾（Baxbambay）小島上設置東印度公司的商務辦事處。這年荷蘭據臺開館，正是鄭芝龍兒子鄭成功在平戶出生的那一年；真巧，造化弄人，1683 年荷蘭人離臺的當年，也正是鄭成功離開人世的那一年。

檢視 1630 年（明崇禎 3 年）荷蘭東印度公司於大員（或稱一鯤身，今安平）興建熱蘭遮城（Zeelandia，或稱赤崁城、臺灣城、安平城、紅毛城，今安平古堡原址）。對照荷蘭的七個聯合省的名稱由來是 United Provinces of Holland Zeeland Utrecht Guelderland Overijssel Groningen Friesland，臺灣的「熱蘭遮城」取自於荷蘭七個聯合省之一的 Zeelandia，Zeelandia 的 Zee 即是英文的 Sea，有該省「海島」之意，land 之後的 ia，則是地名接尾詞。

初期建城僅以簡單的枯木板圍成柵欄，以砂石為主要建材。到了 1638 年以後的修建才改以從打狗(今高雄)運來由貝殼燒成的石灰，或打鼓山的石灰岩，以及魍港(大清國時稱為蚊港，今北港)的蠣灰為土木建材。打鼓山的石灰岩日後即成為水泥的原料，水泥結合砂石，凝成為混凝土，日治時期淺野水泥公司於 1915 年，即在此設廠，戰後成為辜振甫家族臺灣水泥廠之一。而魍港向以盛產牡蠣出名，荷蘭人即以糖水、糯米、蠣灰、砂混合成土，今安平古堡仍留存一面城牆，材料即此三合土。

同時，東印度公司先後從大員派員南下到瑯嶠(今恆春)，乃至於卑南等地探查金礦，並由康尼爾遜(Simon Cornelissen)於 1642 年完成繼 1625 年由諾得洛斯繪製臺灣島圖的臺灣新地圖，為荷蘭繪圖和航海技術留下見證。1643 年大員議會決議：公司捐獻 70 里爾(real)，救濟院捐獻 50 里爾，以維持一所圖書館。在那個時

代，用日本紙繪製熱蘭遮城堡地圖，有此設施，令人起敬。[7]

　　1650 年東印度公司採取荷屬西印度公司(West India Company)向印地安人購買曼哈頓(Manhattan, 今紐約城)的模式，向臺灣原住民購地築普洛文蒂亞城（Providentia，或稱赤崁樓、紅毛樓）為行政中心，加速與世界各主要城市商業網絡的連結，特別是在一批批大明漢人湧入的城市之後，更需要擴建，並開始展開土地調查，將土地編號登記，一則作為開徵稻作十一稅的依據，再則對於當時常爆發的土地糾紛案，提供調解的依據，亦突顯荷蘭土地測量的技師專業。

　　荷屬西印度公司的領導人閔衛(Peter Minuit)於 1626 年以 60 荷盾（相當於 24 美元等值)的日用品，購得曼哈頓南端 1 萬 1 千甲的土地；而大員普洛文蒂亞城的建城用地，是荷蘭人以 15 匹綿花布(cangan)向新港社(今臺南市新市區)的原住民換來。[8]

　　東印度公司也應基督新教教會的請求，在歸順的原住民區建立學校、牧師宿舍和派駐政務員，以及編纂《赤崁字彙》(Sakams Dictionarium)、《基督教要理問答》(Formulary of Christianity)等書，不但有助於提升原住民的教化與住居生活，乃至於醫學知識，更因此逐步推動城市建設，同步走向人類文明。

　　1644 年議會更同意撥出經費的發出指令，開始起草最適合當地教會組織的規章，之後更下令完成編纂《赤崁字彙》的工作，提供以後可以擴充內容成為編寫一部馬來語、葡萄牙語、德語、赤崁語的通用字典。

　　1647-1651 年期間在福爾摩沙奉獻教會服務的葛瑞維斯(Daniel Gravius)，他於 1662 年在衛爾營(Camp Vere)發行了《基督教要理問答》，這本書厚約有 300 頁，是荷蘭語和福爾摩沙語相互對照的鉅作，雖然出版時日距離他在福爾摩沙服務的時間已久，卻為他的語言天份及對傳教使命的濃厚興趣，做了最佳的印證。[9]

----

[7] 《熱蘭遮城日誌》(第二冊)，轉引自：司馬嘯青，《臺灣荷蘭總督》，(臺北：玉山社，2009 年 11 月)，頁 239、274。

[8] 江樹生譯，《荷蘭臺灣長官致巴達維亞總督書信集》，(臺北：國史館臺灣文獻館，2007 年)，頁 161-162。

[9] Rev. William Campbell, 林弘宣等譯，《素描福爾摩沙——甘為霖臺灣筆記》，(臺北：前衛，2009 年 10 月)，頁 330。

　　1636 年傳教士甘迪士(Georgius Candidius)和尤紐斯(Robert Junius)在新港社的牧師宿舍對原住民開館授課，可以算是臺灣的第一所學校房子。換言之，臺灣成為殖民地的條件雖不若當期「新阿姆斯特丹」(今紐約)出現有「建城之父」的范德諾(Adriaen Van der Donck)這一號人物，但也因而得與世界接軌，而有了發展商業與城市文化的契機。

　　范德諾是國際法鼻祖格勞秀斯(Hugo Grotius)的高徒，1647 年他以政治、法律專家身分參與「新阿姆斯特丹」的顧問群，協助治理這一新興城市，該顧問群後來轉型成為「新阿姆斯特丹」的第一個立法機構，1653 年更成為美洲第一個議會。

　　范德諾的貢獻，源自他對當地社會的認同感，當時一般人對美洲還沒有「地名」概念時，他即塑造出新名詞：American，不同於傳統將歐洲地名冠上「New」為美洲各地名命名的方式；英文「美國人」(American)的用法，首見於 1578 年，專指原住民印地安人，到了范德諾時代，在「認同當地」社會的意識下，擴大用法泛指當地的人民，也只有這個新名詞才足以涵蓋來自各地的不同民族。美國社會有「大熔爐」(melting pot)之稱，實源於此。

　　荷治時期以大員為城市中心所帶動發展的四個地方會議集會區，其範圍大致為：「北路會議區」包括今天臺中、南投以南至臺南，以及高雄縣(今已和高雄市合併)部分；「南路會議區」為高屏溪一帶以南至恆春；「東部卑南會議區」則以今臺東縣為主；「淡水會議區」包括宜蘭、基隆、臺北，以及淡水河以南，臺中沙轆與牛罵，即大甲溪以北的番社。換言之，1641 年首次地方會議的召開，以及 1644 年召開的南區、北區地方會議，正式宣告荷治臺灣時期中央與地方權力隸屬體制的進一步獲得確立。

　　至於在社會經濟上，商業進出口商品項目與地區，在輸出方面，主要是對日本輸出鹿皮與砂糖，對大明國大陸輸出米、糖、香料及荷蘭本國的金屬與藥材；在輸入方面主要是生絲、黃金、瓷器、布帛、茶等。換言之，在大員的荷蘭商館藉由臺灣是大明國、日本貿易的轉口站，取得大明國絲織品，以換取日本的白銀，還可以出口黃金；另外，輸入的日本白銀和大明國黃金則都被用來購買印度棉布，以換取東南亞所生產的胡椒、丁香與荳蔻等香料。

　　為此，荷蘭東印度公司一共開闢了五條對外航線：從大明國至臺灣；從日本至臺灣；從巴達維亞經臺灣至日本；從馬尼拉經臺灣至日本；從大明國經臺灣至日本。這五條航線所帶來商業利益與城市交流的文明發展，突顯荷蘭統治臺灣時期重商主義的歷史性意涵。

　　在荷蘭所轄的大員城市以外地區，在北臺灣主要還有西班牙統治的區域。溯自 1626 年（天啟 6 年），西班牙人率船沿著臺灣東海岸經東北角的「聖地牙哥」堡（San Diego，今三貂角、三貂嶺），至「至聖三位一體」港口（La Santisima Trinidad，或稱聖救主港、雞籠港今基隆港），並佔領社寮島（Palm Island，今和平島）築「聖救主」堡壘（San Salvador，俗稱雞籠城），並深入雞籠東邊的蛤仔難(今宜蘭)尋找挖掘黃金的機會。[10]1628 年到達滬尾，名其地名 Casidor(今淡水) 築「聖多明哥」城（Santo Domingo 或稱淡水城，今紅毛城）。

　　今天的紅毛城有如臺灣開發史的縮影，最早西班牙在此建城，荷蘭驅逐西班牙後有所修建，發揮該城堡具有軍事、探金等多項的功能；1867 年(同治 6 年)清政府與英國簽訂「紅毛城永久租約」，經大肆整修，成為英國領事、海關和洋行商人活動的據點；二次大戰期間，日本攻打香港、新加坡等英屬殖民地，淡水的領事館遂遭封閉，英人退出紅毛城；戰後的 1946 年英國重返該地，直到 1972 年撤館，委託澳大利亞代管，後又轉到美國，1980 年才真正歸還中華民國。

　　此外，西班牙的主要商業活動是從事開採硫磺，以及對大明國和日本拓展貿易。在輸出的商品中有硫磺、鹿皮及紅樹皮等。除了商務與興建城市之外，西班牙人也不忘東來的主要目的，在雞籠、滬尾等地興建教堂與學校，並沿淡水河(Kimason)經臺北盆地，再北上沿雞籠河至雞籠，積極在這些地區帶動商業城市的發展和傳播宗教的文化。

　　也因此，導致與荷蘭為爭取商業利益，和因為不同的宗教信仰而引發衝突。雖然當時的西班牙已是個農業發展大國，但仍不敵已經擁有輕工業技術基礎的荷

---

[10] 鮑曉鷗著，Nakao Eki 譯，《西班牙人的臺灣經驗(1626~1642) ──一項文藝復興時代的志業及其巴洛克的結局》，(臺北：南天，2008 年 12 月)，171-200。

蘭。1642 年 9 月戰敗的西班牙被迫結束在北臺灣短暫的 16 年統治。

然而，臺灣社會發展到了在 1652 年發生郭懷一的農民抗稅運動之後的 10 年間，再加上蝗蟲害自基隆起，向各處漫延，導致熱蘭遮城遭致鄭成功驅荷下場的有如希臘攻破特洛伊(Troy)城。因此，檢視現在的臺南、基隆、淡水等主要港口城市，印證了早在 17 世紀中葉臺灣社會就已經進入了重商主義時代商業發展與城市文化的開發之列。

四、 鄭氏時期商業轉型與漢人社會

鄭成功的向外擴張軍事行動，突顯在 1624 年逐退臺灣的荷蘭人之後，仍奉南明為正朔。鄭成功就臺灣土城居之，改臺灣為安平鎮、赤崁為承天府，總名東都；設府曰承天府；另外，沿用荷治時期的南北路舊制在北路一帶置天興縣(今嘉義)，南路一帶置萬年縣(今鳳山)。鄭經嗣立，改東都為東寧，改二縣為二州；設安撫司三：南北路、澎湖各一；興市廛、搆廟宇，招納流民，漸近中國風土矣。[11]

因此，從鄭氏軍團遷移來到臺灣的人口結構中，除了部分因受到福建地區紛亂局勢所促成的移民運動，將甚多家屬帶至臺灣之外，其中亦有不乏傳教士、商賈或具有農業生產技術的農民參雜其中。縱使臺灣相對於大明國是商業發展的邊疆，但邊疆臺灣的存在，卻賦予了福建、廣東地區人民不斷遷移來此，以及尋求新機會空間發展的歷史意義。

分析鄭氏統治臺灣初期為解決人口增加所帶來的糧食生產問題，在土地使用上除了承認先來漢人，和已開化原住民對於土地既得權益，以安撫居民之外，乃調整荷西時期所採行的重商主義政策，改採行重視軍事屯田開墾的農業增產政策。

換言之，17 世紀中葉以後臺灣小農移民的資本主義社會，不論是官方或私人

---

[11] 高拱乾纂輯，周元文增修，臺灣史料集成編輯委員會編，臺灣史料集成 清代臺灣方志彙刊 第二冊，《臺灣府志》，(臺北：文建會，2004 年 11 月)，頁 67。

的土地，簡單的歸類就只有耕地與荒地兩種。凡是沒生長作物的，就是荒地，人人都可以耕種。

　　同時，鄭氏政府為解決農業生產力的問題，在供給勞動人力資源上仍積極透過招納流民，及嚴令將士的眷屬遷臺，還特別是將金門、廈門戰區中的罪犯放逐於臺灣，強制其移民墾殖。另外，為增加稻米與甘蔗產量，採以築堤儲水與截流引水的先進技術進行灌溉。這些重要水利工程主要還是依靠政府、或藉由地方人士，甚至由各營、鎮的兵工所合力共同修築完成。

　　檢視該時期主要的開墾區域，除了荷治時期以赤崁為中心已經開墾完成的地區之外，其範圍已經拓展到往北的嘉義平原，和向南往鳳山北部的西南沿海平原。到了 1683 年臺灣開墾登記的耕地面積已達 17,898 公頃，亦即印證經由臺灣內部墾殖開發的結果，臺灣以漢人為主體的商業與城市社會已經逐漸形成。

　　該時期臺灣的對外商業發展方面，由於受到鄭氏王國逐漸轉型重農政策的影響，更因為大清國在東南沿海實施遷界和海禁的雙重壓力，使得當期臺灣的貿易受挫，社會生活受到影響。鄭氏政府不得不以實施轉運策略來因應，而將船隻轉往日本、琉球、呂宋、暹羅，並嘗試透過與英商簽訂通商條約來解決多角貿易的困境。

　　另外，英國東印度公司亦已於 1675 至 1680 年間在臺灣開設商館，並將船隻進駐東寧(今臺南)。鄭氏冀望經由與英商的商業與武器交易，並同意其來自大明國沿海及各國的貨物可以經由臺灣轉運，意圖打開臺灣對外的貿易通路。但畢竟臺灣與英國商館之間來往的貿易時間不長，隨著 1683 年(康熙 22 年)鄭氏政權的投降大清國而中斷。

　　檢視這一階段臺灣與英商之間的商業貿易雖然成果極為有限，但除了印證重商主義在鄭氏治臺時期的受挫之外，卻也突顯了這時期英國在實施工業革命之後，正逐步取代荷蘭在世界商業與城市發展中的地位，成為新的霸權國家。

五、清領時期商業社會的抑制與復萌

1683 年(康熙 22 年)臺灣被大清國收為版圖，臺灣商業與城市發展由於受到清領臺灣初期消極治理政策的影響，在鄭治時期已受挫的重商主義政策更明顯受到抑制。

檢視 1885 年臺灣建省以前的商業資本形成主要仍然是以依賴地主資本為主的農業生產結構，這一資本結構的調整一直要到清領臺灣 160 年後的 1843 年，當政府將「納穀制」改為「納銀制」政策時，才啟動了重商主義在臺灣的復萌契機。

換言之，臺灣商業資本的流通與商品經濟的擴大，導致了土地所有權制度轉向以小租戶為中心的私有資本型態，促使臺灣商業結構轉型以中小企業為主的發展；同時，帶動臺灣商業城市逐漸地從西部，再從南部而北部的趨勢發展。

清領時期臺灣的農業發展，主要透過從大陸移植各類型器具、設備、技術和作物，諸如耕犁、牛隻、種子、蔗苗、熬糖技術、熬製樟腦、種桑養蠶，乃至於香蕉、鳳梨、柑桔、荔枝、龍眼、枇杷等等。

尤其是有關稻米的種植與生產，溯自 1719 年施世榜開始在二水興建水圳，臺灣到了 19 世紀儼然已成為大陸沿海福建的穀倉。另外，1727 年清政府開放福建、廣東與南洋貿易，帶動兩岸商業活動的熱絡，以及 1760 年乾隆廢止渡臺禁令之後，臺灣商業發展更建立了「郊」或「行郊」的組織，大大促進了商場形成和城市聚落的發展。

諸如以「臺灣林」或「板橋林」聞名的板橋林本源家族，於 1778 年林應寅從漳州來臺定居，1847 年(道光 27 年)建築完成「弼益館」、1853 年(咸豐 3 年)「三落大厝」的完工，後又興蓋「五落大厝」，1855 年並與漳籍人士合力建「枋橋城」，留下當年設立的租館、宅邸與林園，方便往來於新莊地區的商業貿易，帶動枋橋

街的城市榮景。[12]

　　同時期，霧峰林家的宅第也從 1851 年(咸豐元年)開始，一直到 1893 年(光緒 19 年)的陸續建造「宮保第」、「景薰樓」舊宅，都曾是臺灣商業社會保存傳統民間建築藝術最完整的宅第。

　　清領時期臺灣商業社會的發展，到了 1860 年代臺灣被強制開港後，代之「買辦」(comprador)和「媽振館」(merchant)的興起，增加了許多外國商場的競爭和公司的進駐，特別是英國領事館於 1861 年由臺南遷移淡水。

　　檢視 1860 年臺灣開港之前，不管是從臺南地區或鹽水北上至斗六地區，大部分砂糖業者出口都以透過郊商的方式輸往大清國居多；開港之後，原以大陸對岸貿易為主的北郊商人，因其對日出口的糖業被剝奪而逐漸沒落。

　　由於砂糖交易不存在如茶葉業者須藉由大陸商人交易或介入的金融流通，而都是採取由本地商人自己經手承辦的方式，形成本地經營糖業的自主性遠超過茶業者。砂糖業者雖然財務多以「洋行」或稱政府特許的「行商」(hong merchants)或「公行」(cohong)，自兼外國銀行的代理店來進行，但也有出現本地人自營糖行的情況。

　　洋行設置的角色與功能，例如英商陶德(John Dodd)於 1864 年創立的寶順洋行(Dodd & Co.)，締造將臺灣茶葉成功的直銷美國，和建於淡水的原英商嘉士洋行倉庫的紀錄，以及當年大稻埕茶商陳朝駿的英國都鐸式私人會館等，都呈現具有現代企業經營型態的公司，帶動了臺灣商業城市的興起和繁榮。

　　原英商嘉士洋行倉庫在歷盡滄桑轉折之後，在 2000 年被臺北縣(今改新北市)政府指定為縣定古蹟，並獲業主殼牌集團無償贈與在地的淡水文化基金會。而陳朝駿的私人會館現已成為臺北市定古蹟的臺北故事館。

　　由於臺灣當時境內南北之間商務活動的受制於交通成本，反不如臺灣與大陸之間往來關係的密切。因為，19 世紀下半葉臺灣郊商就非常積極參與國際貿易，

---

[12] 許雪姬，《樓臺重起・上編——林本源家族與庭園的歷史》，(臺北：臺北縣政府，2010 年 10 月)，頁 12、67。

不但並不完全依附於英國資本之下，反而倚重大清國所盛行的山西票號與錢莊資本，突顯臺灣郊商發展是以歐美為中心的世界資本市場，及本土原有的資本市場的雙重依附關係。

商業貿易發展的結果，不但提高了商人社會地位，而且經濟活動和發展迅速的沿海商業城市，相較之下其賺錢的機會要比在內陸城市來得容易許多。[13]但畢竟其對洋行資金的借貸與市場依賴，仍然某些程度上會造成對臺灣近代化工業技術的轉型，和部分商業城市的延緩發展。

質言之，臺灣清領時期重商主義發展的相對於近代產業結構改變，應溯自於1874年(同治13年)大清政府的積極推行自強維新政策，才有1875年(光緒元年)臺灣全面開放，大陸沿海地區的居民終於可以自由移民臺灣。當時臺灣經由調派來臺主其事者如沈葆楨、丁日昌、岑毓英、劉璈、劉銘傳等重要官員的銳意興革，促使臺灣推動近代化的建設結果，並未因起步較遲而落後於內地各地區。

劉銘傳安徽合肥人，是李鴻章的同鄉。1885年臺灣設省，他是首任臺灣巡撫，駐臺六年期間，對臺灣近代的現代化建設有很多建樹。嗣因清政府左宗棠與李鴻章之間的派系鬥爭，被列屬於李鴻章派系的劉銘傳在辭官回安徽後，他所規劃建設臺灣的部分計畫，遭繼任者邵友濂的消極抵制而受到影響。然而，在劉銘傳逝世的115年後，其魂歸故里的安徽肥西大潛山劉銘傳墓園，與他在臺灣所留下的政績，如今已成為當今臺灣與安徽兩岸連結旅遊文化交流的歷史意義。

回溯沈葆楨為防衛臺南府城的安全，聘請法國工程師在安平設計建造了一座安放西洋巨砲的堡壘，並在城門內外分別題字「萬流砥柱」與「億載金城」，也在臺灣南端修築恆春城，以及把政教建設擴展到東部後山；尤其是為了有效治理臺灣，改淡水廳為新竹縣，噶瑪蘭廳為宜蘭縣，在艋舺增設淡水縣，都歸1875年新設立的臺北府管轄，而建城工作也開始進行。當時臺北城的城牆形狀是向東北、西南傾斜的長方形，建有北門、西門、東門、南門、小南門五座城門。

---

[13] Willian T. Rowe, *Hankow: Commerce and Society in a Chinese City, 1796-1889* (Stanford: Stanford University Press, 1984).

1881 年(光緒 7 年)當岑毓英接任福建巡撫，曾先後兩次來臺，有意選橋孜圖(今臺中市)作為未來準備建省的省會。岑毓英認為臺灣防務偏重南北兩路，而中路防備不足，若敵人出奇不意進攻中路，則南北兩路會為其遮斷；同時，中路若有亂民藉中部的港口與外敵勾結，情形將會更糟。因此，他認為必須在中部設城池，以便控制這種情況。可惜橋孜圖作為臺灣建省省會的構想並未能實現，否則當今就比較不太可能會出現南北城市建設失衡的現象。

隨著 1882 年(光緒 8 年)臺北府城的興建完成，以及為了海上航海的安全，特聘英國技師興建鵝鑾鼻燈塔，塔基築有砲台，圍牆上開鑿有槍眼，四周挖有壕溝，建塔完工後，派有武裝士兵守衛，是世界上少有的武裝燈塔，遂贏得「東亞之光」的美名。鵝鑾鼻位在臺灣中央山脈盡處臺地的最南端，隔巴士海峽與菲律賓遙遙相望。「鵝鑾」是排灣族語「帆」的譯音，因附近的香蕉灣有石似帆船，得以取名，加以該地形狀若突鼻，故稱「鵝鑾鼻」。

1885 年(光緒 11 年)臺灣建省，劉銘傳為增加耕種面積與農業生產量，於 1886 年設立全臺撫墾局，並以林維源為全臺撫墾大臣，專責配合防範原住民的屯隘，和剿亂原住民的營汛兵勇，以綏撫原住民，更於 1890 年(光緒 16 年)設立原住民學堂，引領臺灣走向文明之路。

特別是劉銘傳為推動臺灣近代化的商業與城市發展，在臺北設立了官腦總局、礦務總局等單位，設立商務局，招上海、蘇州及浙江富紳的參與投資企業公司，而且在商務局下設立輪船公司，以促進商業貿易的發展。

在促進文明建設方面，劉銘傳除了在大稻埕開辦第一家新式學堂、電報學堂、設官銀局製造銀幣、開發電力與自來水系統、裝置電燈、興蓋商店洋樓，和建設臺北市街之外，更於 1887 年(光緒 13 年)設立全臺鐵路商務總局，任命林維源為鐵路督辦，興建臺北到基隆的鐵路幹線，1891 年(光緒 17 年)通車，兩年後延伸到新竹。

首築基隆經臺北至新竹這一段，其中位在基隆獅球嶺的隧道工程最為艱鉅，從 1888 年(光緒 14 年)春動工至 1890 年(光緒 16 年)夏天才鑿通。獅球嶺隧道全長約 235 公尺，劉銘傳題額「曠宇天開」，而有史稱「劉銘傳隧道」的係指位於現在

基隆市安樂路後段，如今基隆市政府已將其列入三級古蹟加以維護。

這條具有近代化意義的鐵路在當時最大的用途，除了國防上方便軍隊及餉糧運輸之外，新竹地區生產的茶葉可以經由鐵路，從基隆直接運輸到國外，不必透過廈門轉運。在電報通訊方面，除了完成臺北經淡水到海峽對岸福州之外，電報線從南到北普遍設立，當時主要城市如基隆、臺北、新竹、彰化、嘉義、臺南都已設有電報局，總局則設在臺北，而臺灣郵政總局、機器局與鐵道工場亦設於此。「清代機器局第一號遺構」於 2000 年底被發現，位在現在的臺北北門附近的塔城街西側與鄭州街交叉口。

1889 年(光緒 15 年)清政府在臺中建城，1891 年邵友濂繼任臺灣巡撫，將省城從臺中遷至臺北；加上，當時北部的貿易總額已逐漸超越南部，臺北城遂成為臺灣商業與城市發展的重心。

六、 結論

臺灣近代重商主義商業發展與城市文化的形塑，從重商主義市場經濟的追求利益極大化目標，其結果創造了商業發展與城市文化，大大改變和提升了臺灣社會的生活環境。

這從荷蘭和鄭成功家族統治臺灣一甲子的大員附近地區的開發，也一直延續的清領臺灣的中晚期，因為土地的開墾、城市行政區劃分，和交通建設的結果，臺灣城市由南朝北發展，臺北城市逐漸取代臺南在臺灣整體發展中，成為新興的政治經濟文化中心。

因此，近代以來荷蘭人在臺灣社會的經營，使臺灣由草昧時期邁入接受文明的時期，雖然臺灣在荷治時期未能像日本因與荷蘭通商往來，孕育了「蘭學」的誕生。日本「蘭學」以醫學為主，實際上也奠定了相關學問的基礎研究，為日後的「文明開化」鋪路。

換言之，近代臺灣比較重要通商主義的轉折，也就是突顯臺灣重商主義發展

在荷西時期的第一次開港，和 1860 年代清領臺灣末期的第二次開港，都直接衝擊臺灣商業發展與城市文化的社會再造。

更因而突顯鄭氏政權封建政府建置臺灣，這是與荷治臺灣重商主義政策的最大不同。鄭氏封建政府在顯現權力運作機制的支配距離最近，以及指揮層級也最直接，更有效率地促使當時漢人社會的走向土著化和漢化意識型態的定位。

然而，鄭氏取代荷蘭統治臺灣的政權之後不久旋即瓦解，不僅導致重商主義中挫，也讓追隨鄭家到臺灣尋求出路的臺灣先民遭受嚴重的打擊。鄭氏政權的結束，和清政府初期的消極治臺政策，相對地導致臺灣商業與城市發展的停滯，以致臺灣錯失了在工業革命之後和西方同步發展的機會。

近代中國有三次不成功的文明轉型，第一次是 1898 年的戊戌維新與第一次文明轉型失敗；第二次是 1905 年的君主立憲與第二次文明轉型失敗；第三次是 1912 年的民國建立與第三次文明轉型失敗。

然而，也因為 1860 年代臺灣的被迫開口通商，劉銘傳也在臺灣建省之後，積極建設臺灣，臺灣重商主義政策也才有了復萌機會，但那也只是短暫的十多年光景，可惜臺灣與大清國都再度喪失了商業與城市發展的機會，也可稱是一次不成功的文明轉型。1895 年臺灣的統治政權被迫割讓改由日本接手，臺灣商業發展與城市文化的演進又必須再度面對新政商體制的挑戰。

當然，一個社會的變遷，尤其是商業發展與城市文化的演進，如果單從經濟上找其所受到環境因素的影響，很顯然是會有所不足的，這是本文研究的侷限。

最後，要引用孔子在《論語》的〈子路第十三〉篇指出，「君子和而不同，小人同而不和」作為結語。「和而不同」的真義，在重視與人為和但不阿私，強調世界上並存不同事物的合理性。因此，威脅世界和平的不是商業發展與城市文化的多樣化，而是囿於自我中心與排他主義的偏頗觀念。

面對 21 世紀人類越來越因資本或勞動等條件的跨領域化，而被迫跨界與跨業的流動，我們必須以一種「彈性治理」(flexible governance)的新主權概念，對於一些具有歷史文化資產價值的地景、文物或文化資源，都該用更有彈性的方式來避免舊主權觀念所導致的暴力切割與破壞。

　　在「不戰爭」的大原則下，來確保商業繁榮與城市文化的永續發展，當是人類必須學習的新課題。杭亭頓(Samuel P. Huntington)指出，世界的偉大文明，在宗教、藝術、文學、哲學、科學、技術、道德和慈悲心上的成就斐然，但最後也可能結合或分離。在即將登場的紀元中，文明的衝突是世界和平的最大威脅，而根據文明建構的國際秩序，則是對抗世界戰爭最有利的保障。[14]

---

[14] Samuel P. Huntington, 黃裕美譯，《文明衝突與世界秩序的重建》，(臺北：聯經，1999 年 3 月)，頁 447。

清領時期臺灣近代化的產業革命
（1860-1895）

一、 前言

　　我小時候生長所居住的地方，大家都稱它「安溪寮」，居民以林姓為主，而我們姓陳的人家居次。村子裡主要祭祀的是黑面清水祖師，所講的話都是所謂的閩南語。若依此推論，我的祖先可能來自福建的安溪縣，可以確定的是，到了我的祖父這一代，最晚應該已經在清領臺灣的後期，我們陳氏一家即已移民並定居於此，這是我僅能從先父依稀的言談中所能拼湊有關我祖先移民來臺的經過。

　　在我居住安溪寮的歲月，一直生活到我唸完初中畢業為止，高中以後，為了進入比較好的省中，我就必須離家到比較遠的城市就學。也就是大概在我 17 歲以後，我就都只能利用學校的寒暑假，和開始就業以後的工作閒暇機會，才會再回到我那幼年所生長的地方。然而，那地方卻永遠是我研究臺灣產業發展與兩岸關係可以連結的歷史情懷。

　　面對這一段歷史，在我腦海中時常浮現的是到底臺灣的近代化，是開始於沈葆楨和劉銘傳的時代，還是要等到日治時期後的兒玉、後藤體制？而像中國大陸或日本這樣的傳統社會，是否可不受「近代化」先進國家的影響或刺激，而自行「近代化」？假若不能的話，這種阻礙「近代化」的因素有哪些？遂引發本文的主要研究動機之一。

　　另一研究本文的動機，則是在發生推動臺灣近代化改革的最重要時刻，不論

是在主其事的出身背景方面，或是在其所擔任職務上，亦或是推動近代化改革的重要項目中，也都與舉辦這次研討會的福建福州市有密切關係。

諸如沈葆楨是福州市人，劉銘傳的署任福建臺灣巡撫，福州閩江口的五虎門與臺灣滬尾的八里坌港是當時兩岸通商和人民來往的重要通道，以及臺灣滬尾與福建福州之間的近代化工程海底電報等等，皆與本次在福州閩江學院所舉辦的學術研討會，具有特別的歷史意義。

二、 經濟發展理論的研究途徑

臺灣是海島，產業發展深受世界經濟的影響，尤其是在 17 世紀以前，就已經有來自閩粵地區的漢人和東北亞的日本人在島上與附近的海域出沒，主要從事的是捕魚和簡單生活必需品的交易活動。比較具規模的經濟和政治行動，一直要到 1624 年荷蘭人的佔據臺灣，這時候正是歐洲東羅馬帝國解體後的葡萄牙、西班牙和荷蘭等國家大舉向東方殖民的年代，也是第一次臺灣經濟發展的與國際接軌。

華勒斯坦（Immanuel Wallerstein）指出，即在近代世界體系的早期，至少始於 16 世紀並延至 18 世紀，國家始終是歐洲世界經濟中的主要經濟因素。16 世紀「歐洲奇蹟」（European Miracle）是歐洲經濟史上的一個重要時期，象徵著已經建立的經濟秩序是以何種方式促使新生的力量形成，而且在歐洲世界經濟體系出現的同時，也興起了西歐絕對君主制。[1]

面對 17、18 世紀，尚處於一個多元的非絕對霸權體系，在多元而沒有絕對霸權的複雜國際環境下，主張重商主義（mercantilism）的競爭和民族主義的政策掌控了國際政經利益。而到目前為止，人類經歷了兩次重大的變化浪潮，每一次都抹煞了早期的文化和文明，以前人所不能想像的生活方式取而代之。

---

[1] Immanuel Wallerstein, *The Modern World-System, Vol.1: Capitalist Agriculture and the Origins of the European World-Economy in the Sixteenth Century* （New York: Academic Press, 1974）, p. 133.

　　第一波的變化──農業革命，經歷了幾千年才結束。第二波──工業文明的崛起，只有三百年的時間。今天歷史的速度更快，很可能第三波將會橫掃歷史，在幾十年內結束。然而，從第一波、到第二波、再到第三波的產業革命，其關鍵因素都是在技術的創新。

　　因此，本文的研究途徑主要是根據熊彼得（Joseph A. Schumpeter）經濟發展理論指出，尤其是技術「創新」（innovation） 的概念，透過影響經濟發展的因素中，有關國際市場因素，和國內生產要素的土地、勞動、資本、技術和企業家精神的投入。[2]

　　檢視臺灣在 1860 年代由於受制國際霸權而被迫開口通商以後，清領政府為因應國內外政經情勢的變化，所採取近代化改革（或稱為自強運動）中有關推動臺灣產業發展的重要政策，特別聚焦在農業的轉型工業，而觀察的時間則一直到 1895 年臺灣被割讓給日本統治為止。

　　換言之，如果將這一階段自強運動的歷史制度變遷，等同是政府推動臺灣近代化產業革命的開始，不但是臺灣從傳統走向現代，也正是臺灣經濟的繼荷蘭統治後的第二次被迫與國際接軌，更是臺灣產業發展要由農業轉型工業的關鍵年代。

　　近代化或現代化（modernization）一詞常被盡情地使用於說明 19、20 世紀非西方民族（non-western peoples）的蛻變。近代化和現代化雖然同義，但本文採用臺灣近代化，以避免現代化與現代性的字義和時間上混淆。

　　顯然地，如果就臺灣清領政府推動的近代化改革內容而論，主要議題包括產業政策、實業和交通建設、籌防練兵，以及財政、外交、吏治等等措施。綜合檢視其內容，本文將集中在政府所推動的產業政策上，透過對其在資金、技術和政府角色等結構性方面的運作來進行深入的探討。

　　本文首先在序言，說明研究動機和目的；其次，論述經濟發展理論的研究方法；第三，論述 1860 年代臺灣開港前後的國內外政經情勢；第四，針對臺灣建省

[2] Joseph A. Schumpeter, *The Theory of Economic Development* （Cambridge, Massachusetts: Harvard University Press, 1934）

的重大決策，與推動近代化臺灣產業政策的內容進一步深入分析；第五，將檢視這些重大政策在執行過程中所遭遇到的難題，特別是政府積極推動的所謂官僚工業資本主義體制，其在市場競爭所導致這次改革運動中，重大產業政策所產生的中挫現象，與其對臺灣產業發展所帶來的影響；最後，是簡單結論。

三、1860 年代臺灣開港的政經情勢

托佛勒夫婦（Alvin and Heidi Toffler）指出，人類真正讓市場、行銷人員、消費者者之間的關係產生變化的，是帶來第二波革命財富的工業革命。數百萬農民原本的主要生活方式是貨幣經濟外的產銷合一，工業化將其變成貨幣經濟內的生產者與消費者，從而對市場產生高度依賴。[3]

因此，在近代工業的發展上，資本主義和地主階級的統治制度，其所對立的統治基礎、方式和權力體系顯得非常重要。地主階級統治者將權力等同於他們領土的範圍，以及人口稠密程度，而把市場或資本看作是追求領土擴張的一種手段或者副產品。資本主義統治者則將政府權力等同於他們在多大程度上控制了稀少資源，而視領土獲得為資本累積的副產品。

所以，大英帝國的特殊處在於經濟面的優勢而非政治面。換言之，從 1720 年代開始，一種新穎的工商業資本主義的浪潮實際上席捲整個歐洲大陸，這也突顯 1820 年代荷蘭在國際經濟體系和市場利益衰落的決定性因素，荷蘭商人不但無力阻擋，亦無法逆轉這股工業資本主義的發展浪潮。[4]

檢視產業發展史的變遷，英國工業革命發軔於 1760 年代，以棉工業為起點，並改變了生產方式與生產結構，到了 1830 年代，主要產業部門則以機械制方式來

---

[3] Alvin & Heidi Toffler, 張美惠譯，《財富革命》，（臺北：時報文化，2007 年 1 月），頁 290。

[4] Giovanni Arrighi, *The Long Twentieth Century: Money, Power, and the Origins of Our Times*（N. Y.: Oxford University Press, 1999.

大量生產，有助於自由貿易體制與世界市場的形成，但亞洲、中南美洲等國家則開始受到不平等的待遇，這也是 19 世紀中葉臺灣處境的寫照。

當英國在 18 世紀中葉工業革命以後，製造業與服務業逐漸取代農業所得，資金與技術也隨著向國外擴展，生產力得以持久迅速的成長，而且人員工作效率、商品品質和服務水準都可以達到利潤極大化的目標。臺灣在開港通商之後，由於英美商業資本的進入，並透過買辦仲介的高利貸週轉方式，控制臺灣當時還完全處在農業社會裡的農民對農業生產方面所做的投資。

19 世紀中葉，英、法等國以商業利益構成國家與社會的基礎，並挾其優勢向外發動戰爭，對經濟發展產生重大的影響。因此，自 1840 年鴉片戰爭(Opium War)以來，西方國家對清政府的步步進逼，迫使臺灣亦有了向外開放的經濟發展機會。換言之，在 1860 年代前後發生與臺灣產業革命的重要經濟利益紛爭事件諸如：

(一) 英軍艦侵入雞籠事件

1841 年英軍戰艦「妮布達」（Nerbudda）號侵入雞籠、1842 年攻大安港，根據《南京條約》的簽訂，臺灣被迫開放門戶，特別是鴉片的開放進口。針對 17 世紀大清國和臺灣已開始流行吸煙，主要是因為被派遣鎮壓 1721 年朱一貴之亂的兵丁，自臺灣帶回抽食鴉片的方法，導致鴉片煙的盛行。

(二) 英法聯軍事件

根據 1858 年《天津條約》和 1860 年《北京條約》的簽訂內容，臺灣必須開放安平（臺南）、滬尾（淡水）、打狗（旗後）、雞籠（基隆）等商口對外貿易，使得臺灣在繼荷蘭統治之後的兩百年，再度被迫與國際經濟體系接軌，特別是以出口本地所生產的茶、糖與樟腦，調整清領臺灣以來早期臺灣單純扮演大陸貨物集散中心的角色。

1860 年以前，臺灣由大陸進口的物品主要是紡織品、建材、陶瓷、漆器、紙張、草蓆等日常用品，其中多半也是手工業產品，而臺灣出口到大陸的物品主要是米、糖為主的農產品。

(三) 英軍艦轟擊安平事件

1863 年臺灣樟腦收歸官營，導致外商走私樟腦盛行，陸陸續續發生英商有樟腦被官方沒收和商人受攻擊事件。1869 年英軍派阿吉靈（Algerine）和布斯達（Bustard）二艘軍艦砲擊安平港，要求政府撤銷樟腦官營的專賣制度，並保護外人旅遊安全與傳教自由。

例如 1871 年甘為霖（William Campbell）和 1872 年馬偕（G. L. Mackay）的來到臺灣，從事於傳教工作。由於此一事件因樟腦利益引起，又被稱為「樟腦紛爭」（contest of camphor）。

(四) 美國羅發號事件

1867 年美船羅發（Rover）號在臺灣南端七星岩觸礁，船員被原住民殺害，美國駐廈門領事李仙得（C. W. Le Gendre）出面交涉，並直接和臺灣南部的「原住民村」社代表簽訂國際協約，美國要求清政府承諾保護外船安全，而清政府的默認國際協約成立，遂給予後來牡丹社事件發生時，日本出面干涉的藉口。

(五) 日本侵入牡丹社事件

1871 年有琉球島民 69 名漂流至臺灣東南八瑤灣，其中 54 名在牡丹社被殺；翌年，又有日本人 3 名在臺東被掠奪，日本以琉球宗主國自居，乘機侵略臺灣，也才有 1874 年清政府指派沈葆楨渡臺專辦日軍侵臺的籌防事宜,而李仙得更極力鼓吹該處臺灣的「原住民」地乃為無主之地，替日本的軍事行動辯護，並促成後來導致清政府與日本的簽訂《北京專約》，承認日本出兵臺灣的合法性，導致 20 年後臺灣淪為日本統治的命運。

這次日軍攻臺事件，特別是三菱企業在戰爭中壟斷了政府的運輸利益而成為大財閥，並在往後的臺灣殖民化經濟發展中扮演了重要的宰制角色。

(六) 清法戰爭事件

　　1884 年法軍為奪取臺灣北部煤礦，三次派軍艦攻打滬尾、雞籠，法軍孤拔（Anatole-Amédée-Prosper Courbet）並率艦突襲福州師船，攻毀馬尾船廠，清政府派劉銘傳以福建巡撫銜督辦臺灣軍務，戰事一直延續到 1885 年 4 月，主和派李鴻章極力要與法國講和，並在天津簽訂清法《越南新約》，清政府喪失對越南傳統的宗主權，法軍亦撤離對臺灣的封鎖。此戰役不但激發清政府的重視臺灣地位，而且促成了在臺灣積極建省的政策。

　　除了上述分別與英法美日等強權國家的戰役影響臺灣產業發展至巨之外，在與大陸貿易方面也因為清領政府對臺灣貿易據點的嚴加設限，1860 年以前被開放通航的主要航線只有廈門與鹿耳門、泉州的蚶口與彰化的鹿港，以及福州閩江口的五虎門與淡水的八里坌港等對口的航路，而一切買賣及進出港口都必須經商行的許可才放行。

　　因此，1860 年的簽訂《天津條約》、《北京條約》以後，清政府在外力的逼迫下不得不又陸續開放了臺灣的重要港口與英、美國家通商，導致航行於兩岸以舢舨船或戎克船（junk）經營為主的商行，被以經營汽船的英美商人所取代，開啟英美外商和資本在臺灣流通的時代。

　　如果從外商的資金結構和經營型態而論，英商利物浦（Livepool）公司早在1836 年即有意在臺灣設置辦事處，由於當時臺灣住民對企業化的經營概念較保守，且缺少國際貿易的常識，對於市場經濟中所強調的銀行、保險等金融新行業一時無法接受，導致臺灣喪失了發展金融業的契機，更不利於後來政府所推動的近代化工業的改革運動。但是臺灣開港後外商資本的積極參與，間接促成了臺灣本地自主資本的形成，亦突顯臺灣推動近代化產業革命的需要性和迫切性。

四、沈葆楨、劉銘傳與臺灣近代化政策

在清領臺灣的長達 212 年間，其初期為防臺灣內亂而消極理臺政策，一直要到 1860 年臺灣開港後，才出現了比較明顯的調整為防臺灣外患而積極治臺政策。

特別是臺灣行政區域的變遷，1874 年沈葆楨即有建議仿江蘇巡撫分駐蘇州的案例，移閩撫駐臺，到了 1885 年（光緒 11 年）清法戰爭結束以後，慈禧太后下詔建省，將福建巡撫改為臺灣巡撫，但劉銘傳以臺灣財政困難，一但閩臺分治，根本無法自立，奏請暫緩建省；1887 年又仿照甘肅、新疆的案例將臺灣巡撫改稱福建臺灣巡撫，在財政上暫時接受福建和內地的支援，而在重要的政事上，也和閩浙總督聯銜上奏，使閩、臺關係達到分而不分，不合而合的境地，而一直要到了 1888 年臺灣才正式和福建省分治。

臺灣建省有些學者認為 1885 年 10 月 12 日慈禧太后下詔就是名義上臺灣建省的日期；有些學者認為 1887 年 9 月 17 日福建和臺灣分治後才算建省，亦有學者認為 1888 年 3 月 3 日福建臺灣巡撫正式開印的那一天為分治的日子。[5]

換言之，從 1860 年至 1895 年的 35 年間，推動臺灣近代化改革關鍵年代和人物是，1874 年日本出兵臺灣牡丹社事件之後的沈葆楨治臺政策，與 1884 年清法戰爭之後的劉銘傳治臺政策。然而，深入探究為何工（產）業革命（industrial revolution）會發生在英國和北歐的原因，卻未能發生在大清國的東南方。

追溯在 1,000 年時，中國的生產技術並不比西方落後，當 18 世紀後半葉，相較這兩地區的產業結構、農業技術、個人資金等方面，都有許多類似之處，在可用土地上，兩者也承受溫和成長的壓力。原因是發生在歐洲的工業革命除了技術因素之外，主要還是歸罪於中國皇權的中央集權制度，導致其經濟生產力的落後，中國根本沒有一套像西歐科學與制度的演變過程，特別是具有相當重要影響的多

---

[5] 許雪姬，《滿大人最後的二十年：洋務運動與建省》，（臺北：自立晚報，1993 年 3 月），頁 34-47。

元主義。[6]

　　而且，在一個複雜化、專業化和資本化的工業發展體系中從事於高風險生產，改變了商業與工業之間的關係。工業生產不再是商人作為從事於企業經營而組織的商業附屬品；它開始涉及到長期的投資與風險，除非生產的風險降低，評估了預期投入都能達到目標的條件下才繼續投資。這種經營型態的改變，意味著工業生產要素的提供在 19 世紀 20 年代英國的勞力、資本、貨物，及企業家經營能力都能充分發揮效能與效率。[7]

　　換言之，臺灣在清領時期從 1860 年代以前的兩百年間，主要種植農作物的技術與工具仍是千百年的舊習，商業也限於趕集及流動小販往來，人民的生活習慣未受到新時代產業革命所帶來的影響，這樣的臺灣產業黯淡期一直要熬到近代化改革在臺灣實施後，工業生產所帶來優勢才有機會露出曙光。

　　檢視臺灣近代化工程是從臺灣發展工業的自強新政開始，時間是在 1874 年，比起大陸內地雖然已晚了 15 年。本文不採用 1898 年清光緒政府下詔變法的所謂「百日維新」，而是以 1860 年為清政府推動近代化的自強（洋務）運動開始算起。主要因為當時臺灣茶、糖、樟腦的外貿暢旺，市場活動已經逐漸熱絡，且臺灣因地處邊陲，相對來自中央政府的羈絆較少，地方官員能較自主地推動各項建設。

　　相較於大陸內地的經濟環境，當時臺灣除了已具備相當規模的社會經濟基礎，及擁有經濟實力的中小企業型態資本結構，從內部積極支撐工業發展之外，配合臺灣的海島特性，因此改革的阻力較小。加上當時清政府調派來臺的官吏都是比較有積極作為者，在沈葆楨、丁日昌、岑毓英、劉璈、劉銘傳等人的銳意興革之下，臺灣近代工業化的程度反而超前內地。

　　以下就以績效最為顯著的沈葆楨和劉銘傳治臺的產業政策作分析：

---

[6] J. K. Fairbank & Merle Goldman, *China: A New History*（N. Y.: Harvard University Press, 1991）.

[7] Karl Polanyi, *The Great Transformation: The Political and Economic Origins of Our Time*（Boston: Beacon Press, 1957）.pp.75-135.

(一) 沈葆楨治臺階段的產業政策分析

1874 年日本出兵侵臺的牡丹社事件，不僅改變清政府的治臺政策，也改變了臺灣政經發展的歷史變遷。因為，清政府經此事件的刺激，體認到：第一，新興的日本近臨臺灣，終究是大清國的心腹大患；第二，海防的空虛，海軍水師沒有新式的艦艇，將無法鞏固海疆；第三，臺灣是大清國的門戶，若有閃失，必將影響東南沿海地區的安全。因此，如何建設臺灣成為當務之急。

有鑒於此，清政府調派當時擔任福建船政大臣的沈葆楨，以欽差大臣、辦理臺灣海防兼理各國事務大臣的職銜，於 1874 年 6 月 17 日來臺展開理諭、設防、開禁三者相結合的策略。

亦即透過外交理諭為手段、軍事備戰為後盾，結合開山撫番的措施，來積極加強臺灣的防務建設工作，從而達成備戰求免戰的對日最高戰略。同年底日軍撤兵，翌年初沈葆楨返回大陸，兩個月後因臺灣南部獅頭社原住民作亂再次渡臺，又兩個月後調任兩江總督兼通商事務大臣而離臺，計任職時間約為 1 年。

沈葆楨字幼丹，福建候官縣（今福州市）人，清進士，出任江西的廣信府知府，以抗太平軍有功，升九江道，繼被調升為江西巡撫，1866 年受左宗棠之託經營馬尾船政局和船政學堂，推動與防務相關的發展近代化工作，1875 年受命任兩江總督，1879 年歿於任所，享年 60 歲。

沈葆楨來臺時，有感於臺灣陸路防禦的戰鬥力不足，只能擔負一般性治安工作，鄉團的力量亦只能扮演擾敵的助勝角色，難有成效。因此，任內推動的主要產業政策有三：

第一項產業政策是加強對臺灣東部的開發。這一政策的推動有如美國西部開拓史風潮，主要起因於清政府發覺推動臺灣近代化改革，不能只重視所謂西部的「前山」發展，而忽略了東部的「後山」開發。沈葆楨於是於 1875 年 1 月上奏開禁後山，不僅要廢除內地人民渡臺的各項禁令，同時開放民間買賣鐵、竹器類產品的交易。

沈葆楨開始於廈門、汕頭及香港設招墾局，由政府提供船費、口糧、耕牛、

種仔等，招募閩粵居民來臺墾殖。然而，臺灣後山一向是原住民賴以維生的地區，開放漢移民入墾，勢必與原住民的生活利益相衝突。因此，要開山必先進行安撫原住民工作，欲安撫原住民則必須打通漢人與原住民之間來往的通路。於是沈葆楨一面指派軍隊開山，一面任命幹員先行安撫原住民的策略。

沈葆楨的這項工作是極具計畫，而有組織性的近代化產業發展的意義，並有助於族群融合。根據馬偕醫院輸血醫學研究室主任林媽利於 2007 年 11 月 17 日在馬偕醫院舉行的「2007 年生醫科學之新領域」的研討會上指出，她最近以 100 位臺灣非原住民民眾的採血基因研究，發現 85%的臺灣閩客族群帶有原住民基因。

檢視沈葆楨這段期間，一共進行了四條與產業發展有關路線的開山墾殖工作：

第一條開拓路線是從鳳山的赤山庄（今屏東萬巒）至卑南，全長 175 里，由海防同知袁聞柝領軍，袁染病後由通判鮑復康繼任。

第二條開拓路線是從社（射）寮循海岸至卑南，全長 240 里，由總兵張其光領軍。第一和第二條開拓路線，即所謂的南路。

第三條開拓路線是從林圯埔（今竹山）至璞石閣（今花蓮玉里），即今所謂八通關古道，全長 265 里，由總兵吳光亮領軍，即所謂的中路。

第四條開拓路線是從蘇澳至奇萊（今花蓮），全長 205 里，即今蘇花公路，由陸路提督羅大春領軍，即所謂的北路。南、北和中路的開通印證了先民辛苦開發東部產業發展的心路歷程。[8]

沈葆楨推動的第二項產業政策是籌設臺灣防務所必須採行的西式軍事與器械的近代工業技術。其中包括招募洋將教習槍法、造砲台、購置船艦、架設電線、興建鵝鑾鼻燈塔台，以及選派船政學生赴歐學習近代化工業所需要的技術。

沈葆楨推動的第三項產業政策是聘請英國技師迪查（D. Tyzach）至基隆河沿岸探勘煤礦的蘊藏情形，並藉由減徵煤稅的優惠措施，招募大陸商民來臺開採。同時，聘請國外工程師設計，以當時福建省城的福州為通信中心，架設從福州經

[8] 許雪姬，《滿大人最後的二十年：洋務運動與建省》，（臺北：自立晚報，1993 年 3 月），頁 5-6；許極燉，《臺灣近代發展史》，（臺北：前衛，2000 年 4 月），頁 112-113。

廈門再到臺灣府城的水陸電線，另鋪設由臺灣府城至滬尾轉向白沙渡海從福清縣的萬安寨登路接馬尾、福州城的電線，完成電報聯繫可通臺島南北。

整體計畫雖業經清政府同意，惟因包攬工程的丹麥大北電報公司爽約，和沈葆楨的離職而中斷，嗣後由續任的丁日昌、劉銘傳繼續完成此一近代化工程。

(二) 劉銘傳治臺階段的產業政策分析

1884 年清法戰爭結束，署任福建巡撫的劉銘傳，因保臺有功，留在臺灣辦理防務事宜，並希望能開閩撫之缺以專辦臺防，以達成臺灣能自給自足、自防自衛，不必仰人接濟，卻又能成為保障沿海七省門戶的目標。

劉銘傳字省三，生於 1836 年，安徽合肥人，出身武夫，饒有謀略，於太平天國和捻亂中，屢立戰功，是李鴻章一手提拔的淮軍名將，劉銘傳任臺灣首任巡撫時，年 49 歲，1891 年離臺，返回故里養病，1895 年過世，與沈葆楨一樣享年 60 歲。

1885 年臺灣改設行省，劉銘傳任首任巡撫，為推動臺灣近代化產業發展，除了延續沈葆楨的產業發展政策之外，其重要的產業政策有五大項：

第一項產業政策就是財政改革政策。劉銘傳認為臺灣首先要充裕財源與經濟自主，並解決土地佃人因大、小租戶所形成「一地二主」的雙重結構問題，遂積極推動丈田清賦政策。從性質、規模，及意義上而言，丈田清賦是臺灣經濟史上一次重大的土地與稅賦改革。

檢視這項成果的資料顯示，在全臺入冊的畝數為 4,774,468 畝，比原來多出 400 多萬畝，多徵田賦 974,000 兩，比過去多出 570,000 兩。[9]同時，1890 年劉銘傳開始限制私製錢幣流通，而由在現今臺北塔城街東西兩側設立的軍械機器局，除了製造軍械兵器之外，還負責鑄造銀錢，有二角、一角、五分共三種，錢幣的正面刻有「光緒通寶」，背面則記有「臺灣」字樣，這一措施實施的時間很短，在劉銘傳去職後即告停止，雖然如此，仍能在一定程度上顯示劉銘傳改革財政的理

---

[9] 戴炎輝，〈清代臺灣之大小租業〉，《臺灣文獻》第 4 卷第 8 期，（臺北：1963 年 6 月），頁 20-36。

念與決心。

　　雖然劉銘傳的改革由於大幅增稅，及與大租戶作了相當的妥協，使得原本欲仰賴小租戶支持的改革無法推動下去。劉銘傳因為增稅而失去與小租戶結盟的機會，另一方面因土地改革而得罪並削弱原本是政府最堅定支持者的大租戶力量，推動清丈清賦的結果，導致發生施九緞的抗官事件，其結果造成兩面不討好，近乎造成社會對立，並導致他最後去職的原因之一。

　　劉銘傳的丈田清賦，雖未竟全功，但促使小租權的興起，導致大租權的沒落，以及單一地權的形成，奠下日後日本統治臺灣，由兒玉源太郎、後藤新平所推動的土地政策與農業增產的基礎，是臺灣第一次歷史性的農業革命。

　　劉銘傳的第二項產業政策就是發展交通產業。主要包括郵政與電報，和鐵路與公路等兩大建設。在郵政與電報方面，劉銘傳參酌大陸實施的海關郵政等案例，訂立臺灣郵政局章程，設立郵政總局，並在全島設立正站、旁站等站，傳遞工作由綠營的汛塘兵擔任；電報方面除了丁日昌完成安平到旗後的陸路電線之外，劉銘傳則興建滬尾到福州川石島，以及安平到澎湖的海底電線，以及臺北至滬尾，和臺南至基隆的旱線。

　　在鐵路與公路方面，鐵路的興建或稱為第二次產業革命，鐵路有能力打開由於高昂的運輸費用而被阻斷於世界市場的國家大門，它大大提高了以陸路運輸人員、貨物的速度和數量。[10]於是劉銘傳上奏〈擬修鐵路創辦商務摺〉，籌措經費修建鐵路，除俾利於海防之外，亦可帶動整體工業發展。

　　第一段從臺北大稻埕經松山到基隆的鐵路於 1891 年完工通車，第二段是臺北大稻埕向南，於 1893 年完成延伸到新竹；在公路方面，主要興築自臺北府城的大南門向今景美經深坑、石碇、坪林尾至通宜蘭的道路，另由臺北闢接基、淡舊路至淡水，拓建路面與架設橋樑。

　　劉銘傳的第三項產業政策就是提倡殖產興業。主要包括：設立商務局，促進臺灣與香港、上海和南洋的通航和通商，以發展臺灣的對外貿易；同時積極招募

---

[10] Eric Hobsbawm, *The Age of Revolution 1789-1848*（N. Y. : New American Library, 1962）.

上海、蘇州及浙江地區的富紳加強對臺灣的投資，並廣設立公司行號和大型客棧，來熱絡商業活動；官辦樟腦業的專賣制度，設立官腦總局，專賣樟腦買賣，將北部樟腦包給蔡南生，中部樟腦包給林朝棟；設立礦務總局，將硫磺加工後輸往上海行銷大陸各地；振興蔗糖業，贊助商人向德國購買先進的製糖機器，用新法製糖，不但提高了品質，亦同時增加了生產與銷售量。

劉銘傳的第四項產業政策就是創辦近代西式教育。主要包括：在大稻埕的六館街（今永昌街）設立西學堂，學生一律公費；在大稻埕的建昌街（今延平北路與民生西路岔路口）設立電報學堂，由西學堂選拔優秀學生入學，並收容福建船政局的電信生。

劉銘傳的第五項產業政策就是建設臺北府城，因與福州有交通之便，並設巡撫衙門於此。不但在主要道路裝置電燈，且在臺北和各通商口岸設立清道局，聘請日本技師來臺鑿井，將自來水供給附近商家，同時大量興建商店，發展商業。這時臺北府城不僅已是全臺第一大城市，且贏得「小上海」的美名。

臺灣隨著鐵路、電報等新交通技術和運輸系統的進步，不但促進文化交流，也將臺灣由傳統的封建社會經濟逐漸走向近代的資本主義經濟。但隨著各項改革措施的爭議不斷發生，最後因為基隆煤礦吸納外資開採的事件，導致劉銘傳遭革職留用。於是清政府不得不檢討劉銘傳在臺灣推動近代化改革所造成的缺失，在1891 年 5 月改派邵友濂為臺灣巡撫。

檢視邵友濂截至 1894 年的調任湖南巡撫，而離開臺灣的這一段在職時間，已將劉銘傳積極推動臺灣近代化產業政策調整為比較保守的策略。臺灣推動近代化工業的腳步又因在政策的中挫下延緩了進程。

五、官僚資本主義政策中挫及其影響

大清國近代工業化運動是在一個經濟發展水平相當落後的傳統社會中開始的，由於經濟長期的積弱積貧，造成產業啟動階段的初始資金來源十分困難，成

為制約工業化的一個瓶頸。因此，清政府在推動自強新政的近代工業化策略中提出官辦、官督商辦、官商合辦或商辦等企業的經營模式。

全漢昇指出，甲午戰前三十年左右，中國建立這些為解決沿海國防問題而開辦的兵工廠和造船廠，可稱為自強運動的工業建設，也是中國頭一個階段的工業化，因為這些工業都是利用西洋機器設備來製造，故可說是中國機械化生產的開始。這些工業並不能馬上賺錢，所以私人不會投資，但它們既與國防有關，政府不得不負起責任來投資開辦，所以這些工廠都是官辦的。[11]

然而，大清國經濟體制畢竟是個以官為本的國家，在西風東漸之初的大清國辦洋務，沒有官股本是辦不成的，純依賴民間商人的資本規模是不夠的，但光靠官辦也辦不成。因為，政府的運作是以人民利益為本，還是以官員的利益優先？加上官場文化有太多不利於市場經濟競爭的因素存在。

所以，當時政府普遍地主張在「官」的領導下，官方也入股，加以監督、指導和連絡，以「商」為主體去具體操辦的「官商合辦」經營模式。尤其在甲午戰敗後，由於對外大量賠款，政府經費困難，只好改為「官督商辦」，由商人募集股本來經營。

清政府最早實施的「官督商辦」方案，是李鴻章接受盛宣懷建議而成立的輪船招商局，其宗旨在於打破外國列強對大清國沿海航運業的壟斷，以從原先被洋行霸佔的船運市場中分出一些資金來，招商局透過官方行政權力將漕運的生意攬回來，並由李鴻章出任大股東。

回溯招商局自 1872 年設立到 1949 年遷臺為止的 70 多年中，經歷了 1873 年至 1884 年的官商合辦時期；1885 年至 1909 年的官督商辦時期；1910 年至 1926 年的商辦隸部時期；1927 年至 1932 年的官督整理時期；1933 年至 1948 年的國營時期等五個階段。現在已經成為政府持股比率占 50%以下的民營公司，名稱也改為陽明海運公司，其過程猶如一部臺灣官(國)營事業民營化史。

當時除了輪船招商局之外，陸續成立的重要企業包括電報事業、中國通商銀

---

[11] 全漢昇，《明清經濟史研究》，（臺北：聯經，1987 年 11 月），頁 89-90。

行，和中國第一個近代鋼鐵企業的漢冶萍公司。這些企業在資本結構與企業經營型態上，不論是由原先官辦、官商合辦、商辦或官督商辦，其目的是將市場利益直接置於官權的控制之下，並且利用民間資本的力量為企業及其主持者牟利，導致出現「挾官以凌商，挾商以蒙官」的官商共生關係。

這種官營與私營同體的企業特性，可稱之為「官僚資本主義」模式，這一制度造成 1949 年國民黨政府在大陸執政時期的經濟破產，但國民黨政府從日本政權接收臺灣的大量工業化資源之後，卻為該制度提供了「黨國資本主義」（party-state capitalism）發展的基礎，而在 1970 年代與南韓、香港、新加坡同列為「亞洲四小龍」。

換言之，自由市場經濟應該是處在競爭的影響之下，具有一定的透明度；而資本主義則由於擁有積累起來的鉅額資本，能夠放手地從事投資企業，是相當具有近似賭博性質的投機性，和遊走法律邊緣的冒險性。從經濟發展的觀點而言，市場經濟是強調生產供給面和消費需求面的均衡。

所以，對生產者來說，在市場經濟條件下，必須顧及產品的價值；而資本主義只關心交換價值。因此，使用「資本主義」字眼，或實施資本主義制度，就常為人所詬病，若是加上行政官僚的不當干預，更容易導致「政府失靈」（government failure）的現象。

相較於劉銘傳推動興建臺灣鐵路，最先構想是以「官督商辦」的私營方式，派人前往南洋招募商股 100 萬，後因商家以耗費過巨、回收利潤遙遙無期而不願意投資，在招募外資未成的因素下，續改為「官商合辦」的資本結構模式經營，卻未獲清政府同意，致受革職留任的處分下場。

對清政府「官辦」、「官商合辦」或「官督商辦」的經營模式，包括日後演變成「保路風潮」的中央與地方的收回路權之爭。檢視這種官僚資本主義的經營模式，從制度面的政府行政效率確實尚有改進空間，但對當時推動臺灣近代工業發展，卻真正名符其實的具有火車頭功能，並影響當時臺灣政經重心由南部移至北部。

官督商辦要能成功，務必由官方給商方以特權，使他們不受任何歧視的待遇，

而突出於法制的功能之外，也就是政府的左手要防制政府的右手向產業利益濫用職權，而實際的結局則是貪腐的右手以通常的方法取勝。何況變法自強，本屬相因之兩事，非徹底變法不足自強，而當時主其事而言富強者，知有兵事，不知有民政；知有外交，不知有內治；知有朝廷，不知有國民；知有洋務，不知有國務。[12]

劉銘傳的臺灣近代化開發計畫，就計畫的本身而論原本是很有理想；而劉氏亦曾真摯執行，不遺餘力，但其結果卻挫折重重，究其原因，亦由於社會治安的混亂。相較於檢視 19 世紀美國鐵路事業的興起，也吸引了一群遊民，鐵路造成了兩種竊盜行為中的有趣選擇──搶劫顧客或搶劫股票持有者。或許我們對於清領時期官僚資本主義制度所發生的缺點無意過度苛責。因為，在許多先進國家推動近代化的過程中，亦會是充滿著許多困難與險阻。

然而，在沈葆楨和劉銘傳等人推動近代化改革中，對於臺灣農產品的貿易結構和出口數量上，則出現明顯的影響與變化。根據 1866 年至 1894 年臺灣重要商品進出口結構的資料顯示：

臺灣從 1866 年全年總輸入的 1,666,341（海關兩）及總輸出的 988,463（海關兩），在逆差 677,878（海關兩）的惡劣經濟環境下，經沈葆楨在職期間的 1874 年輸入 2136701（海關兩）、1875 年輸入 2,222,048（海關兩）和 1874 年輸出 2,920,276（海關兩）、1875 年輸出 2,926,001（海關兩）。

以及劉銘傳 1885 輸入 3,196,382（海關兩），至 1890 年離職時輸入的 3,899,556（海關兩），和 1885 年輸出 5,615,929（海關兩），至 1890 年離職時輸出的 7,533,023（海關兩），乃至 1893 年總輸入的 4,839,493（海關兩）及總輸出的 9,452,055（海關兩），已改變成順差 4,613,562（海關兩），其中影響出口的最大宗項目就是茶葉、砂糖及樟腦的輸出。

在茶葉出口方面，從 1866 年的 180 千磅，經沈葆楨在職期間 1874 年的 3,338 千磅、1875 年的 5,543 千磅，以及劉銘傳 1885 年 16,364 千磅、1890 年離職時的

---

[12] 梁啟超，林志鈞編，《飲冰室文集》（第一冊），（臺北：中華書局，1970 年 10 月）。

17,107 千磅，到 1894 年已增至 20,533 千磅。

　　主要影響的因素還包括臺灣茶葉在 1867 年首次輸往澳門，1869 年又開始大量銷往美國市場，所以 1870 年的 1,405 千磅，經 1875 年的 5,543 千磅到 1890 年的增至 17,107 千磅，這其中因素還加上 1881 年臺灣從大陸引進包種茶的製造技術，經比較可以明顯發現臺灣出口市場結構變化，臺灣已出現大規模的生產茶葉技術和市場，在 1882 年到 1891 年的 10 年間，該海關的出口貿易，茶葉就占了94%。

　　在砂糖出口方面，從 1866 年的 29,931 千磅，經 1874 年 91,273 千磅、1875年的 65,023 千磅，和 1885 年 74,344 千磅、1890 年的 96,283 千磅，增至 1894 年的 97,831 千磅，而最高出口紀錄是在 1880 年的 141,531 千磅，其中雖然受到 1884年清法戰爭的影響，法國艦隊封鎖臺灣，並受到甜菜糖傾銷而致世界糖價下跌的影響，臺灣糖業亦受連累，1885 年才會明顯減至 74,344 千磅。

　　早期臺灣砂糖在 1650 年前後，輸出數量就多達 7 萬擔至 8 萬擔，主要輸出地是日本；鄭成功入臺以後更加獎勵，產糖的數量日益增加，1860 年前後，美、英等外商亦加入砂糖的出口貿易，1880 年更因產量大增，輸出計 106 萬擔；1895年在日本佔領臺灣當時，年產量約 70 萬擔至 80 萬擔。

　　在樟腦出口方面，從 1886 年的 1,123 千磅，在 1870 年曾增至 2,240 千磅，1874年則減至 1,606 千磅、1875 年則減至 949 千磅，1885 年減至歷年來最低量，只有輸出 399 磅，以後逐年再增加，1890 年已是 1,064 千磅，到了 1894 年的輸出量則達 6,827 千磅。

　　從以上沈葆楨和劉銘傳在臺灣推動改革的期間，有部分樟腦輸出量減少的年份，應該就是受到樟腦收歸官營拖累的影響。

　　換言之，臺灣的開口通商和推動近代化改革，促進了北部茶葉與南部砂糖業的興起，而樟腦生產規模的不如茶、糖，主要還是因為政府收歸官營制度的專賣壟斷，使得民間和外商企業想要在臺灣市場上，充分展現自由競爭的活力仍然受到相當的限制。

六、結論

　　檢視臺灣近代化產業革命，印證晚清臺灣已是較進步的一省，而臺灣近代化改革應始於 1860 年臺灣的開口通商之後，尤其是臺灣建省劉銘傳擔任巡撫的年代。

　　如果要將與日治臺灣時期產業發展做一連結，則可以說臺灣近代化的工業發展是以 1860 年以後沈葆楨和劉銘傳等人所推動的改革運動為其開端，並奠下了基礎，而臺灣近代化比較具體的成效則是在日本統治臺灣的兒玉、後藤時代。根據經濟發展理論的論述，或許這樣的觀點更能客觀地符合臺灣近代資本主義工業化的史實。

　　推動官辦、官商合辦或官督商辦的制度和產業政策，其發展前提如果不是建立在政府廉能、有效率制度的基礎上，根據當時推動臺灣近代化改革運動的主其事者，雖說如沈葆楨、劉銘傳等人都是一時之選，但是整個制度官僚體系的功能，卻未能充分發揮效果，民間的企業活力又不能充分展現效率。

　　檢視這樣的推動臺灣產業轉型工程，想要從農業社會快速進入工業發展國家之林，必然是一段很艱苦歷程。特別是當時在臺灣負責推動政策的人，多少難免帶有領導者的個人派系之爭，而無法真正崇尚制度的行事作風，亦是臺灣近代化改革難獲致具體成效的主要原因之一。

　　如果單一從清、日甲午戰爭成敗，檢視推動近代化改革的績效，相當程度地可以顯示清政府的自強運動，當然包括這一階段在臺灣推動的近代化改革，是難與 1868 年日本所推動的明治維新相匹敵的。

　　現在臺北二二八紀念公園內，有一個亭子豎立著劉銘傳的銅像，紀念著劉銘傳對臺灣推動近代改革的貢獻。當李鴻章到日本與伊藤博文談判議和時，曾致函劉銘傳：割臺實有不得已的苦衷，但足下銳意經營的臺灣島，乃日人最喜歡，必繼承而不廢；仁兄多年淬礪的治績，也將永保不滅，幸安心勿慮。

　　可是劉銘傳在日本佔領全臺兩個月後，寫了一首〈乙未冬絕筆〉，溘然與世長辭。詩的內容是這樣寫的：「歷盡艱辛報主知，功成翻悔入山遲；平生一覺封侯夢，已到黃粱飯熟食」，充分展示了劉銘傳至死仍不忘臺灣的歷史情懷。

　　最後，本文要指出的是，根據經濟發展理論所顯示出開放市場貿易的結果，證明是有利發展經濟和改善人民的生活。當前海峽兩岸的政經情勢，如何努力來加強促進兩岸彼此之間的貿易關係，應該是兩岸人民共同追求產業發展的最理想模式。

　　特別是在推動臺灣近代化改革的歷史過程中，臺灣與福建之間曾有過密切謀求臺灣前工業化時期的農業轉型經驗，更值得當前要加強發展兩岸經貿的借鏡，或是提供建立福建與臺灣之間，所謂臺灣海峽的峽東與峽西經濟區發展模式的參考。

明清時期臺灣社會土著化與閩南文化發展

一、 前言

　　臺灣產業結構轉型，從第一級的漁牧農產業開始，經 1860 年代晚清時期近代化工業的初露曙光，日治臺灣末期的農工業轉型，以及 1963 年臺灣由第二級產業的工業(製造業)產值超越農業，到 1988 年的工業產值被第三級的服務業所取代。而在服務業的項目裡，文化創意產業(以下簡稱文創產業)成為當前臺灣經濟發展的核心產業。由於臺灣社會的形成，歷經初民社會、移墾社會、定耕農業社會、殖民社會，與公民社會的歷史變遷。

　　換言之，臺灣由於受到統治政權不斷更迭與國際市場轉向因素的影響，導致臺灣社會呈現了不同族群、多元文化而形塑了臺灣經濟文化發展的特色。因此，本文將深入探討閩南文化與臺灣經濟社會文化發展的歷史性關係，其對兩岸經貿發展又有何影響？以及臺灣發展文化創意產業中的閩南文化角色如何？都是本文將探討的主題。

二、 地緣經濟研究途徑

　　閩南文化源自於中原文化，閩南文化又是臺灣社會與生活中的最主要構成要素。這種牽連地緣特殊關係的淵源，同時表現在共同文化和區域經濟發展的歷史

背景上。因此，閩南區域文化或閩臺區域文化的核心部分是一致的。[1]換言之，我們可以從地緣經濟發展的角度加以省察。

2008 年諾貝爾經濟學獎得主克魯曼(Paul Krugman)，因其在「產業內貿易」(intra-industry trade)理論方面提出創見，強調規模經濟(economies scale)如何影響貿易模式與經濟活動的區位(location)發展，改變了一般傳統貿易理論的研究方向，是第一位將區位經濟、國際貿易與規模報酬遞增三項理論整合的研究。[2]

克魯曼指出，許多亞洲國家的經濟發展型態都屬於加工型態，長期同時發展會發生紡織、鋼鐵、造船與汽車等傳統產業出現供過於求，導致經濟衰退對全球貿易造成危機；同時，各國經濟衰退所導致過度或不良的保護主義，強烈要求政府應該採取避免受制於外部競爭的政策；加上，許多國家採取擴張性財政政策，擔心政府債務負擔，以及匯率長期無法消除的失衡問題等等都會對區域貿易產生衝擊。

所以，根據克魯曼上述建立的地理區域貿易經濟理論，強調了廠商設廠、居民住所等區位的理性選擇，其結果因為廠商或居民的聚集愈多，資源的運用愈方便和成本愈低，因而形成現代的「都會」、「園區」等經濟文化的產業聚落，有利於貿易經濟的發展，修正了古典經濟學所主張某地區若廠商數愈多，每家廠商的設廠成本愈高的投資報酬遞減假設。

因此，本文將依克魯曼的地緣經濟觀點，採取區域性經濟和產業聚落城市文化特色發展的優勢地位，檢視閩南文化在臺灣傳播的歷史變遷，並從中檢視臺灣發展文化創意產業的可能性趨勢，諸如黃枝連、魏萼等人提出具代表閩南文化中的發展媽祖區域經濟。黃枝連曾提出中國大陸、臺灣、香港、澳門四地組成「媽

---

[1] 陳支平、徐泓主編，《閩南文化百科全書》，(福建：人民出版社，2009 年 10 月)，頁 9。

[2] 克魯曼 1953 年出生於紐約長島，獲得諾貝爾經濟學獎時年僅 55 歲。早年他醉心歷史，進入耶魯大學則主修經濟學，1977 年在麻省理工學院獲得博士學位。曾先後擔任美國總統經濟顧問委員會、紐約聯邦準備銀行、世界銀行、國際貨幣基金、聯合國，和葡萄牙、菲律賓等經濟顧問；亦先後在加州柏克萊分校、倫敦政經學院、史丹佛大學、普林斯頓大學等名校，擔任經濟學、國際事務等課程的教授；並自 1999 年起在《紐約時報》撰寫專欄，有自凱因斯(J. M. Keynes) 以降文章寫得最好的經濟學家之稱。主要著有：《下一個榮景——當經濟遇上政治》、《克魯曼談未來經濟》等書。

祖(天后)經濟協作區」的「中華經濟」交流協作構想，魏萼則提出媽祖文明史可以代表臺灣精神，是臺灣經濟發展的原動力。[3]

　　黃俊傑在〈戰後臺灣文化中的儒家思想：存在形式、內涵與功能〉[4]，陳昭瑛〈當代儒學與臺灣本土化運動〉[5]等人則提出儒家文化在臺灣傳播的觀點等等，印證閩南文化在臺灣發展文化創意產業中的重要角色。

　　根據上述，本文的結構首先從地緣經濟理論說明了閩南地區與臺灣經濟文化關係的研究途徑；其次，檢視閩南人共有四次遷徙臺灣的歷史經驗，並且說明漢人如何逐漸在臺灣建立起以漢人為主體的意識；第三，論述臺灣產業結構的轉型為服務業，指出文化創意產業發展已成為臺灣經濟發展的主要產業項目，而在該項產業發展中又以具有閩南文化特色為其核心要素，並從閩南文化中舉出媽祖文化、創作文學、儒家思想和中華文化等四項與臺灣發展文化創意產業的關係；最後，簡單結論。

三、 閩南人移墾與臺灣社會土著化

　　根據地緣經濟的理論，臺灣與福建自然形成一個「閩南」地區的經濟文化產業聚落。「閩南」的「閩」是福建的簡稱，而「閩南」顧名思義則是泛指福建南部包括漳州市、泉州市、廈門市及鄰近操「閩南方言」的地區，而在這地區所形成的區域文化稱之為「閩南文化」。[6]

---

[3] 劉融主編，《中華經濟協作系統論》，(香港：三聯書店，1993 年)，頁 7-8；魏萼，《中國國富論——一個富有中國特色的新國富論》，(臺北：時報文化，2000 年 5 月)，頁 608。

[4] 黃俊傑，〈戰後臺灣文化中的儒家思想：存在形式、內涵與功能〉，收錄：《臺灣意識與臺灣文化》，(臺北：臺灣大學出版中心，2006 年 11 月)，頁 201-233。

[5] 陳昭瑛，〈當代儒學與臺灣本土化運動〉，收錄：《臺灣文學與本土化運動》，(臺北：臺灣大學出版中心，2009 年 10 月)，頁 263-328。

[6] 陳支平、徐泓主編，《閩南文化百科全書》，(福建：人民出版社，2009 年 10 月)，頁 1。

溯自宋代(960-1279)時期，東南海域的臺灣、澎湖等附近島嶼已逐漸成為閩南漁人的作息場地，並隸屬福建閩南泉州府的晉江縣管轄。隨著漁場的不斷擴展，至元代末期大陸閩、粵地區的漢人已到達臺灣西海岸，並與臺灣土著發生某些程度接觸，開啟了所謂漢人與原住民的商業交易。

檢視在 14 至 16 世紀的長達 300 年歲月，由於大明政權(1368-1661)大部分階段的經濟發展受制於東南沿海倭寇、海盜的猖獗，除了少數例行朝貢貿易之外，政府則是實施三令五申嚴禁人民出海互市，更有澎湖地區居民被迫遷回大陸的措施。

因此，從大明嘉靖(1522-1566)、隆慶(1566-1572)、萬曆(1573-1620)到天啟(1621-1627)年間，閩南地區的陳老、曾一本、林道乾、林鳳、林辛老、李旦、顏思齊、鄭芝龍、楊六、李魁奇、何斌等，所謂的「亦商亦盜」集團都曾先後來到澎湖、臺灣，從事商業交易和部分墾殖的活動。

根據顧祖禹《讀史方輿紀要》指出，萬曆 20 年(1592) 倭犯朝鮮，哨者云：將侵雞籠(今基隆)、淡水。雞籠密邇彭湖(今澎湖)，於是議設兵戍險，25 年(1597)增設游兵，春冬戍守。45 年(1617) 倭人犯龍門港，遂有長戍之令，兼增衝鋒游兵，以厚其勢。其地環衍可二百餘里。三十六嶼之勝，蓋清漳、溫陵二郡之門戶。澎湖游兵有把總一名，兵八百五十名，由此說明臺灣澎湖之防務已經制度化了。[7]

所以，分析閩南人對於臺灣、澎湖的移民開墾，主要可以分為下列四個主要時期：

1. 荷蘭東印度公司主導下的「獎勵性移民」時期

17 世紀初，當李旦、顏思齊、鄭芝龍等人來到臺灣的同時，荷蘭人亦已侵犯澎湖，並於 1624 年正式統治臺灣的時期。

以荷蘭東印度公司為主體的對臺灣經略，為獲取臺灣的經濟利益，在植蔗種稻係採取大量從閩南地區招民來臺，並且透過獎勵定居，提供在地耕作農民開築陂塘堤渠所需費用，和指導使用耕牛、農具、籽種等耕作方法。

---

[7] 劉浩然，《閩南文化論稿(上)》，(香港：閩南人出版公司，2009 年 8 月)，頁 341。

　　因此，從閩南地區大量招募農民來臺的結果，在 1644 年間，臺灣的住戶和人口數已累計有 2 萬 5 千戶至 3 萬戶，人口 10 餘萬人。所以，這一時期的獎勵移民方式，可以定位為閩南人的第一次大批移民臺灣開墾土地，不但開啟了臺灣開發史上糖、米兩大經濟作物的基礎，也率先地將閩南文化傳播到了臺灣。

2. 鄭氏政權主導下的「軍屯性移民」時期

　　1662 年，祖籍福建泉州府的鄭成功趕走荷蘭人，開始經略臺灣。鄭氏家族在臺灣建立的政權體制係奉大明政權為正朔，是史上具漢人血統和文化的有計劃、有規模進行軍事移墾臺灣。

　　檢視鄭成功據臺的歷史傳承，尚可溯自他父親鄭芝龍將閩南人帶到臺灣來、跟荷蘭人做生意、娶日本女人為老婆、把船隻開到馬來西亞經商等等事跡。

　　鄭成功曾指出，江南敗後，清軍會合南北舟師攻我，我軍雖得全勝，但是彈丸兩島，難以抵抗全國的力量。臺灣是吾父手創的土宇，離此不遠，奪取臺灣，連金、廈而撫諸島。然後廣通外國，訓練士卒，進則可戰而復中原之地；退則可守而無內顧之憂。[8]

　　換言之，鄭芝龍是一位徹底國際化的人物，他那股血液裡的生命力，就是充滿代表移民性格的「臺灣精神」。因此，鄭成功接管了其父親所留下的家業，並發揚光大，同時也注定了他必須背負鄭氏家族的時代悲劇後果，然而，益彰顯他的「忠君愛國」情操，以及開發臺灣復又奠定他「開臺聖王」的神格地位，為後人所敬仰。

　　鄭氏治臺初期，為有效解決人口增加所衍生的困擾，遂在安平(今臺南)附近的柳營、新營等地進行軍事屯田的開墾政策，目的在屯田的自給自足，以及將臺灣發展成為一個比較成熟，以漢人為主體的農業社會。因此，土地開墾區域所呈現的點狀分布，主要的開墾範圍已經擴大到西南沿海平原的嘉義平原、鳳山北部一帶。

　　根據 1683 年臺灣開墾登記的耕地總數是 17,898 公頃，其中 7,307 公頃是水

---

[8] 陳遵統等編纂，《福建編年史》【中冊】，(福建：人民出版社，2009 年 12 月)，頁 863。

稻，10,591 公頃是旱田，這其中尚不包括因為農民怕繳稅而少報土地的面積，但比較當時全臺灣土地總面積的比率已是荷治時期的 2.2 倍。

特別是鄭氏在治理臺灣期間所實施加強教育與興建孔廟的漢化政策，加上善用船舶、船員、交易、語言或血緣的關係，緊密地與周邊陸上的國家都保持了策略性結盟，有助於形塑臺灣的漢化意識與漢人社會的形成。所以，這一時期的「軍屯移民」方式，可稱為閩南人的第二次大批移民臺灣開墾土地，閩南文化的傳播得以在臺灣深化。

3. 施郎(在鄭氏軍中，名為施郎，降清後改名施琅)主導下的「政治性移民」時期

閩南人第三次較規模的臺灣移民風潮發生於 1683 年(清康熙 22 年)6 月，當施琅率師攻打澎湖、臺灣，和清朝政府接收了臺灣政權之後，施琅上奏在臺灣設一府三縣，隸泉州府代管，又與廈門合設道臺一員，並且派兵到臺灣戍守之外，施琅特地從閩南的泉、漳地區移民數 10 萬人入臺開發。[9]

但是檢視清治臺灣之初，由於臺灣孤懸海外，容易成為奸民盜徒逃亡的處所，政府頒有〈臺灣編查流寓例〉，將在臺灣的漢人中與鄭氏有關係者、及在臺灣沒有妻室產業者、或是犯徒罪以上者，皆遷回中國大陸。另對即將來臺者頒布所謂〈渡臺禁令〉。[10]

但這些禁令，並未產生實際的遏止作用，從地緣經濟的產業聚落利益思考，閩南人私自偷渡來臺的仍然絡繹不絕。這一現象亦即突顯閩南地區與臺灣之間區域貿易關係發展的緊密性和重要性。

易言之，1718 年(清康熙 57 年)起的政府開始禁止偷渡，由於政策執行的張弛不一，真正全面開放內地移民臺灣一直要等到 1871 年(清同治 10 年)的發生「牡丹社事件」。由於琉球民船漂流到臺灣，為牡丹社原住民所殺，引發日本向清政府的抗議。加上，西方國家的侵臺日亟，終於導致 1875 年沈葆楨的奏請解除內地人民渡臺禁令，移民臺灣才正式合法化。所以，到 1895 年之前，漢人已突破 257

[9] 劉浩然，《閩南文化論稿(上)》，(香港：閩南人出版公司，2009 年)，頁 346。
[10] 黃紹恆等，《臺灣社會經濟史》，(臺北：空大，2012 年 8 月)，頁 87。

萬人了。

清領臺灣長達 212 年，當時漢人對於平地的開拓，主要以臺北盆地及淡水溪平原地區最多，前者為閩人所開，後者為粵人居多。至於山區部分，由於政府實施封山禁絕的隔離政策，禁止漢人任意上山開墾，也是部分延緩了臺灣對於東部後山開發的原因之一。

所以，清領時期移民者在其老家的閩南地區與臺灣新移民社區之間，選擇建立起前所未有的社會連結。閩南人在臺灣建立的新移民生活社區與產業聚落，創造或改變移入地區經濟文化權力或社會認同的型態，也無可避免地與當地原來的經濟社會文化產生磨合。

同時，隨著閩南移民腳步而來的新宗教或民間信仰等文化傳播，亦加速了清領時期臺灣的漢化程度，形成臺灣漢人社會再繼鄭氏政權之後，由昔日分散的部落社會(tribal society)，進入定居且足以發揮文化特色的民間社會(folk society)。

對臺灣開發的過程，也於由點狀擴展成為面狀，由部落游牧狩獵的原始傳統社會轉型為農業型社會，漢人的移民社會(immigrant society)得以成長而走向「住民化」(indigenization)的土著社會(native society)。漢人社會的建立，促使漢文化也成為臺灣的主流文化。

4. 國民黨政府主導下的「軍事性移民」時期

1895 年日本開始統治臺灣，軍國主義的殖民式壓制策略，導致臺灣人的激烈抗日運動。臺灣被統治了 50 年間，以漢人文化為主體的社會也遭受皇民化政策壓制而日本化，一直要到 1945 年第二次世界大戰結束，日本戰敗之後，臺灣才得有機會於 1945 年重回中國大陸經濟圈。換言之，閩臺傳統經濟貿易關係又得以恢復，閩臺經貿關係進入一個新的發展階段。

檢視 1945 年至 1949 年間，尤其 1949 年底國民黨政府的大撤退，總共約有 60 萬軍民由中國大陸遷徙到臺灣來，其中包括了具有科技知識和行政經驗背景的專業人才，對臺灣的整體發展是一大助力。

亦即這次大規模的部隊移防，儘管有部分祖籍地是與蔣家同為浙江人，但從整體跟隨來臺人口結構中的籍貫分析，其分佈主要還是來自閩南地區，其他少數

一部分才分別來自大陸各省市。

換言之，這次國民黨政府的大遷徙行動，不但重新恢復而且還加深了臺灣人漢化和閩南化的程度，更促使臺灣整體社會的中國大陸化，尤其是中華文化的保存與闡揚。所以，這時期的遷徙臺模式，可以定位為是一次的「軍事性移民」。

四、閩南文化的形成與發展

臺灣推動「文化創意產業」(Cultural and Creative Industries)的意涵，是將「文化」、「創意」、「產業」的三項概念加以整合。在這三項之中，要以「文化」層面的重要性居首位。

因為，「文化」意指「以新形式(new form)創造新意義(new meaning)的過程，「文化」在本質上就意涵有「產業」的存在與發展，也必然地有著「創意」的外觀。在當代資本主義的經濟市場裡，只要販賣「意義」的都是文化創意產業，此乃因文化的創造必定衍生特定的創意而遲早會產業化。

因此，「文化」既是一種形塑社會新成員的意義、方向系統，也於日常生活中被各種個人或團體的形塑過程。亦即「文化」既是為經濟行動的基礎、限制與機會。所以，「文化產業」一詞的概念是可以被接受的，但是若要把「文化產業化」則仍存有爭議。

因為，「文化」偏保護與承襲，「文化產業」崇尚精神層面，是可以形成一種產業的。「文化產業化」受到工業化影響較深，是功利取向，是偏向資本主義市場經濟的。

文化誠然重要，產業發展亦攸關國計民生，文化創意產業的內容與產值，也都從「文化」本質發揮經濟效益。所以，文化創意產業的精神在於強調產業發展要有文化思維，藝文也需兼顧應用與行銷的部分，並搭建跨界合作的平台，擴大文化影響層面，提高產業品質與競爭力。

加上文化創意產業是具有多樣性、小型性、分散性，以及能結合在地與全球

性市場特色的產業。因此，探討臺灣文化創意產業的意義與發展，當分析閩南文化內容和傳播到臺灣的歷史變遷，其中最能彰顯與臺灣發展文化創意產業的核心元素為：

1. 閩南文化中的發展臺灣媽祖文化創意產業

臺灣民間的媽祖信仰淵源於福建閩南的湄州媽祖祖廟。[11]統計臺灣的媽祖廟數量和媽祖信眾的人數，印證閩南文化在臺灣的源遠流長，而舉辦「媽祖祭」和「媽祖廟會」等民俗活動也具有「臺灣特色」。

所以，推動媽祖信仰或媽祖文化創意產業即是屬於發展文化創意產業中的要項之一。當前臺灣對於「媽祖學」的研究，其領域涵蓋了政治學、經濟學、社會學、文學、歷史學、傳播學、管理學、博物館學、藝術、建築等等相關學科，是一門整合性、跨領域的學科。

但從另一角度而論，媽祖文化是非物質文化遺產，是動態的過程。相反地，長城是物質文明，是靜態的結果。由於媽祖文化重廟會活動，是民間信仰有其魅力，有其個性，自能帶動旅遊。所以，如果過度突顯媽祖文化旅遊節的活動，似有所不宜，易導致偏旅遊而忽視了文化層面的意義。

所以，媽祖祭或媽祖廟會的活動儘量是全民參與，而不能光是由一些政府單位和社團辦理，把人民隔離在外而喪失普遍性。相較於韓國的端午祭非常成功，韓國人強調的是端午祭，而中國爭取到的是端午節的非物質價值。

檢視上述定義的文化創意產業項目，臺灣對於推動「媽祖學」或媽祖信仰是具有發展文化創意產業的特殊意義和正面效果。譬如編印「兩岸媽祖文化誌」、「閩南地區媽祖文化誌」，乃至於「全球媽祖文化誌」，透過田野調查的基礎整理，包括文字、圖案、影像的製作等等。

2. 閩南文化中的發展臺灣文學文化創意產業

文學的創作發展有其歷史性，臺灣文學是一張拼圖，也是一面拼布。每一世代、每位作家都致力於剪裁的藝術，注入他們最好的想像，運用他們最好的手法，

---

[11] 鄭鏞，《閩南民間諸神探尋》，(河南：人民出版社，2009 年 11 月)，頁 123-131。

為的是使這個好島變成無懈可擊的美好圖像。一般認為臺灣文學始於 1652 年，因為明末大臣沈光文的抗清失敗，渡海入臺避難即在這一年，當時臺灣還是荷蘭所統治。[12]

另外，明清時期閩南文化在臺灣文學中還成就了江日昇(升)(1662-1722)，一說同安人，一說漳浦人的《臺灣外記》，其內容具有閩臺文化特徵，流露出一種閩南人特有的敘事情懷。[13]

郁永河的《裨海紀遊》，其內容可以稱之為是一部傳奇文學。郁永河雖然是浙江仁和人，但他在來臺之前，於 1692 年(康熙 31 年)曾擔任福建同知王仲千的幕僚，自謂五年中已經遊歷過閩中八個地方了；1696 年(康熙 35 年)福建榕城發生了火藥庫爆炸，50 餘萬斤的硫磺全數毀壞，官方徵求想到臺灣採硫的工作人員。郁永河認為這是遊歷臺灣的大好機會，遂自福建出發，經過金門、廈門、澎湖來到臺南，沿途風光，包括對黑水溝的奇航都有特殊的紀述。

《裨海紀遊》共分三卷，〈卷上〉寫郁永河於 1697 年(康熙 36 年)1 月初由福州出發一直到接近 2 月底日抵達臺灣的遭遇，當中對明鄭的歷史做了大概的敘述，也以大漢沙文主義對臺灣的原住民文化做了評論；〈卷中〉寫 4 月由臺南府城出發，一直到達淡水河硫磺地的情況；〈卷下〉寫煉硫、取硫的經過，直寫到 10 月採硫工作完成，搭船離開淡水河，經臺灣海峽，回到省城榕城(福州)。

書中還談到臺灣當前的防務形勢、臺灣錢淹腳目的富庶情況、堅守臺灣的理由、三年一小反五年一大反的原因、生番與熟番的差別、建議教化原住民、社棍的惡行惡狀等等。並附有《臺灣竹枝詞》、《土番竹枝詞》多首。

陳夢林的《諸羅縣志》，他是福建漳浦人，1716 年(康熙 55 年)由於諸羅縣令周鍾瑄招聘他來臺編修《諸羅縣志》。1721 年(康熙 60 年)朱一貴事件爆發，他又應總督覺羅滿之聘，二度來臺。1723 年(雍正元年)，第三度來臺，由歷數月之後

---

[12] 陳昭瑛，〈明鄭時期臺灣文學的民族性〉，收錄：《臺灣文學與本土化運動》，(臺北：臺灣大學出版中心，2009 年 10 月)，頁 16；有關沈光文入臺灣的經過和詩文作品，參閱：陳遵統等編纂，《福建編年史》【中冊】，(福建：人民出版社，2009 年 12 月)，頁 809-811。

[13] 參閱：陳支平、徐泓主編，《閩南文化百科全書》，(福建：人民出版社，2009 年 10 月)，頁 90。

又離臺。在《諸羅縣志》裡有一篇他所描寫的玉山倩影的散文〈望玉山記〉，另外還有他寫的一首傳奇韻文歌〈玉山歌〉。[14]

藍鼎元的《東征集》、《平臺紀略》，他也是福建漳浦人，1721 年(康熙 60 年)隨族人藍廷珍入臺鎮壓朱一貴起義。藍廷珍的文移書檄多出自他手。最早提出對臺灣進行綜合治理，促進臺灣走向「文治」社會的 19 條具體措施，成為後來臺灣官員的治臺依據。例如主張在半線(今彰化)以北設縣增兵，更主張在竹塹(今新竹)地區增置兵防，設官治理。[15]

鄭用錫的《北郭園集》，他的祖先是金門人，父親鄭崇和 22 歲(乾隆 40 年、1775 年)時就與族人來臺教書與墾殖，開設郊行，從事大陸、臺灣、南洋的三角貿易，累積了不少財富。鄭用錫家族是典型清領臺灣時期的士紳階級，鄭用錫更是臺灣第一位土生土長的進士，有「開臺進士」之稱。

鄭用錫興建的「北郭園」，和所寫的〈北郭園記〉與〈續北郭園記〉奠定了他在臺灣園林文學的地位。

陳肇興的《陶村詩稿全集》的文學創造。陳肇興參與清領時期臺灣三大民變之一「戴潮春事件」。陳肇興試圖起兵反抗戴潮春未成，逃到集集山中等地。他將這段期間的經歷，和見聞記錄成詩，收錄在《陶村詩稿全集》。

到了日治時期連橫、張我軍、賴和、楊逵等人的作品，都充滿了閩南文化的風格；還有臺灣光復以後的葉石濤，乃至於 1966 年定居臺灣的林語堂等人創作文學，特別是出版的作品全集，以及紀念館的設立，都已發展成為臺灣文化創意產業中的重要項目之一。

3. 閩南文化中的發展臺灣儒學文化創意產業

中華文化自漢代以來獨尊儒術，儒學成為各朝代君主所喜愛的統治術。閩南文化是中原文化的一支流，朱熹在閩南地區受到的尊重，和其傳承儒家思想更是

---

[14] 宋澤萊，《臺灣文學三百年》，(臺北：INK，2011 年 4 月)，頁 63-64。

[15] 藍鼎元一生著作甚豐，除了《東征集》、《平臺紀略》之外，還有《鹿州初集》、《鹿州公案》、《女學》、《棉陽學準》、《潮州府志》等，以及參加編修《大清一統志》。

奠定了他的學術地位。

鄭成功的處世和忠君，即是受到儒家思想很深的影響。鄭氏家族集團對於臺灣文化教育的提倡和儒家文化的傳播都是無人可以替代的。

清領臺灣時期也有許多文武官員將儒家思想帶到臺灣來，也設立了書院、科舉和文廟祭孔等措施，傳播儒家思想。[16]朱子學說及洛閩學派，被認為達到國是教育之境界，朱子之教化特對福建普及之結果，隸屬其下之臺灣，自亦受其影響，乃當然之趨勢也。國民黨政府到了臺灣來以後，諸如徐復觀、南懷瑾等人對於儒學在臺灣的推廣亦不遺餘力。[17]

當前臺灣在推動文化創意產業的項目中也特別注意到儒家文化在臺灣的特殊性，尤其在強調「經濟倫理」、「企業倫理」方面，更是彰顯了儒家思想，因而有別是「西方式管理」，而有所謂的「東方式的管理」，或是「中國式管理」。

近年來，西方資本主義市場經濟發展的結果，出現了許多經濟犯罪的行為，諸如內線交易、掏空企業自肥等等，都是不重視經濟倫理的後果。

試看今日在臺北外雙溪「錢穆故居」的成為熱門景點，縱使後來被陳水扁政府下令搬離，但是該地點仍因錢穆大師一生的重視儒家思想教育，現也已成為臺灣推廣儒家文化創意產業的最好個例。

4. 閩南文化中的發展臺灣中華文化創意產業

當 1966 年中國大陸發生文化大革命時，臺灣特別成立中華文化復興委員會，以強調保存與闡揚中華文化的重要性。現在的中華文化復興委員會更名為中華文化總會，仍繼續扮演為推動中華文化的負責單位，臺灣保存了充分代表中華文化的方言、飲食、書法、舞蹈、歌仔戲、布偶戲、民間工藝美術、民間音樂等民間藝術的元素，配合著臺灣發展文化創意產業而行銷全世界。

目前臺灣除了臺北故宮博物院館藏了中華傳統文化寶物之外，還有許多從閩南文化中，所特別形塑發展出來具有「臺灣文化」特色的文化創意產業，為臺灣

---

[16] 中國閩臺緣博物館編，《閩臺緣》，(福建：人民出版社，2009 年 7 月)，頁 136-138。

[17] 徐復觀，《中國思想論文集》，(臺中：東海大學，1968 年 2 月)，頁 209-221。

帶來觀光休閒產業的快速成長。又例如 2012 年 11 月被政府正式登錄為歷史建築的林安泰古厝，之所以能被登錄的理由，為臺北市閩南傳統建築典型代表作之一，建築水準很高，無論大木、木雕、石雕及工法，完整保存了具有閩南式風格的古蹟。

五、 結論

綜合上述促使閩南人向外遷移的主要原因有：戰亂頻繁、長子繼承田產方式、閩南家族中的親人相互提攜到海外、閩南人的冒險犯難精神、福建造船技術的先進、閩南地區山多與人多的謀生困難、閩南人愛好自由民族性格與吃苦耐勞的拓荒精神、佛教寺田的大量增加、因政治的發展而有海外移民的需要，加上臺灣與南洋地區都極適合謀生發展的經濟誘因等。[18]臺灣開發也就在這樣的時空和環境下，受益於閩南地區的移民而發展起來。

同時，閩南文化傳播也形塑了閩南人遷徙臺灣的披荊斬棘、化地成田，其開發精神、能力與經驗，已不是傳統的農民、土族，而是具有近現代工商業經營者必備的理念、智慧與能力，也由此華商(含臺灣與大陸)所擁有的資本，雖在英美經濟民族主義的壓榨下，還得以生存的原因。

換言之，閩南人移民和閩南文化傳播臺灣印證了現代移民「匯合說」(convergence hypothesis)理論中的地緣經濟研究途徑，因為受其國家或區域共同需求發展的結果。

檢視上述閩南地區的四次大規模移居臺灣，相對地臺灣地區的居民也有三次比較明顯的返回原鄉行動。一次是在臺灣被割讓給日本的時候，例如板橋林家和霧峰林家的後代子孫因為不願意接受日本統治，而回到閩南的廈門、鼓浪嶼或漳州地區；第二次是在 1987 年臺灣解嚴後的開放大陸返鄉探親；第三次則是大陸改

---

[18] 林再復，《閩南人》，(臺北：三民，1987 年 10 月)，頁 46-52。

革開放後的臺商赴大陸投資和定居，再再突顯了兩岸互動關係的密切和重要性，更形塑了以漢人和中華文化為載體的臺灣文化特色。

當前全球經濟成長陷入低迷之際，臺灣發展文化創意產業成為產業轉型及經濟復甦的動力。由於文化創意產業的具有高度附加價值，且與景氣波動的相關性程度較低，以及具備創造就業能量效果的優勢，尤其文化創意產業並非如技術與資本密集產業，需要強調高科技和大量資金的投入，發展文化創意產業主要擁有創意性、地方性以及歷史性的文化特質條件，對於臺灣和大陸皆具備有豐富文化資產的經濟體來說，發展文化創意產業能更具有競爭軟實力，是兩岸值得交流與合作，一起投入研究與發展的明星產業。

最後引用唐朝劉禹錫〈烏衣巷〉：「朱雀橋邊野草花，烏衣巷口夕斜陽。舊時王謝堂前燕，飛入尋常百姓家。」這首詩的背景是西晉東遷，是漢族大遷徙，劉禹錫在那種大時代的變動感，對故鄉的懷念，或許我們多少可以感應當年「唐山過臺灣」，閩南人歷經艱辛、漂洋過海，遷徙來到臺灣的心境吧！

清領時期臺灣紀遊文獻的社會意涵

一、前言

我在整理臺灣政治經濟思想史和臺灣治安史的檔案文獻時，發現有關臺灣歷史的檔案文獻，尤其是以往比較受忽視的 1945 年之前的檔案文獻，都在學術界和政府有關部門的努力下，陸續被整理或重新修訂發表，達成社會資源共享的具體目標，這是一件可喜的現象。

特別是，近年來所發表有關臺灣記遊或踏查日記的檔案文獻，諸如：荷蘭統治臺灣時期的紀遊文獻如：菲力普‧梅(Philippus Daniel Meij van Meijensteen)留下當時他受聘於荷蘭東印度公司派駐臺灣的《梅氏日記》檔案文獻。梅氏曾於 1661年 4 月 30 日在普羅民遮城堡內，目睹鄭成功率大軍經過鹿耳門登陸臺灣。5 月 4日他帶著普羅民遮城堡長官的求和信去見鄭成功。兩天後，他又跟著普羅民遮城堡的荷蘭人一起步出城堡投降，成為鄭成功的俘虜。

自此以後，一直到次年 2 月搭船離開臺灣為止，梅氏被鄭成功留在身邊擔任翻譯，參與鄭、荷雙方的談判、協助測量土地，尤其是其在《梅氏日記》中記載當時國姓爺正進行在佔有地發放牛隻、犁具的協助犁田階段，以及處置荷蘭俘虜的情景，梅氏對他自己目睹的現象震驚不已，遂將其經過情形記錄下來的日記。[1]

---

[1] 歐陽泰原著，陳信宏譯，《決戰熱蘭遮：歐洲與中國的第一場戰爭》，(臺北：時報出版，2012 年 11 月)，頁 215-217。

易言之，《梅氏日記》原是東荷蘭東印度公司(VOC)檔案中的一份文件，現存於荷蘭國家檔案館珍藏 VOC 檔案的編號 VOC1238,fol.848-914。臺灣大學特將該日記選錄於 1997 年出版《荷蘭東印度公司有關臺灣檔案目錄》中的編號第二三四六號。

該份文件的原始標題是：「以下是用備忘錄記載中國關官吏國姓爺猛烈攻擊福爾摩沙的經過情形，以及我們被俘擄的人在那期間的狀況」。[2]突顯《梅氏日記》是研究和補遺荷蘭和鄭氏統治臺灣時期檔案文獻的意義與價值。

至於，日治時期的紀遊文獻諸如：《臺灣踏查日記(上、下冊)》文獻是伊能嘉矩記述其於 1897 年 5 月至 1912 年 6 月在臺灣期間的踏查日記。該踏查日記分四篇：

第一篇〈巡台日乘〉，紀遊時間從 1897 年 5 月至 1897 年 12 月；

第二篇〈東瀛遊記〉，紀遊時間包括〈南游日乘〉的 1900 年 7 月至 9 月，〈澎湖踏查〉的 1900 年 12 月至 1901 年 1 月；

第三篇〈遊台日草〉，紀遊時間從 1909 年 9 月至 11 月；

第四篇〈南游日乘〉，紀遊時間從 1912 年 5 月至 6 月。該踏查日記的時間是伊能受命於兵馬倥傯、治安與衛生極差的行腳於原住民地區，而且內容有很多部分是從未收入於官方報告書與其他著作的珍貴私人資料，可以視為伊能的一部獨立文書，深具文學與學術價值。[3]

因此，有別於 1925 年伊能去世後，由板澤武雄、小長谷達吉、柳田國男等人依據其遺稿及資料編輯，於 1928 年日本刀江書院出版的《臺灣文化志》。《臺灣文化志》最初以日本文言文體呈現，臺灣於 1985 年由國史館臺灣文獻館的前身臺灣省文獻委員會分工合作完成中譯本。2008 年起國史館臺灣文獻館重校新訂，並於 2011 完成修訂版，全書分上、中、下三卷刊行，約一百五十餘萬言。[4]

---

[2] 江樹生譯註，《梅氏日記──荷蘭土地測量師看鄭成功》，(臺北：漢聲雜誌社，2003 年 3 月)。

[3] 伊能嘉矩原著，楊南郡譯註，《臺灣踏查日記──伊能嘉矩的臺灣田野探勘(上、下冊)》，(臺北：遠流，2012 年 2 月)，頁目次 2-3。

[4] 伊能嘉矩原著，國史館臺灣文獻館編印，《臺灣文化志(上、中、下卷)修訂版》，(臺北：臺灣書房，2011 年 3 月)。

　　另外，《臺灣征蕃記》文獻是水野遵紀載 1874 年發生於臺灣史上著名的「牡丹社事件」。除外，樺山資紀也有針對該事件所寫的〈日記〉。樺山與水野在該事件發生之後的 21 年，分別擔任過臺灣總督府第一任總督，和第一任總督府民政局長。

　　有關樺山與水野二氏的記錄遺稿謄寫本，目前珍藏於國家圖書館臺灣分館。同時，亦收錄在日治時期相繼出版的《臺灣史與樺山大將》、《大路水野遵先生》的紀念傳記中。由於水野在「牡丹社事件」角色僅是一名低階的譯官，從低層人員的角度看整個事件的發展，與具有較高層位階、且全然是軍職背景的樺山，無論在視野、或眼界上自是不同，這也是水野的《臺灣征蕃記》與樺山的〈日記〉有明顯不同觀點之處，兩套文獻記錄各有所長。[5]

　　還有，《日本帝國主義下之臺灣》文獻是矢內原忠雄於 1927 年(昭和 2 年)3 月至 4 月來臺灣考察，並將其所見聞發表後，於 1929 年 10 月由東京岩波書店出版。由於該書內容批評日本統治臺灣殖民化政策的諸多不當，而於 1934 年被日本當局以「自發性」手段，要求出版社停止印刷。易言之，矢內原當時非官方立場的文獻，對於被統治的庶民觀點提供了多重面向的意涵，有助於批評軍國主義體制檔案文獻的蒐集、整理與應用。[6]

　　承上所述，日治時期伊能、樺山、水野等人的檔案文獻，在治安上除了可以補遺臺灣總督府警務局編印《臺灣總督府警察沿革誌》的日治臺灣治安檔案文獻之外，他們的共同特色就是代表官方立場。相對地，本文要在檢視清領時期臺灣紀遊文獻的性質，採取儘量避開官方檔案文獻的途徑，就清領臺灣時期紀遊文獻中政經性意涵的探討。

　　本文的前言，首先就臺灣紀遊文獻所引發的研究動機作了敘述；其次，說明

---

[5] 林呈蓉，《水野遵——一個臺灣未來的擘畫者》，(臺北：臺灣書房，2011 年 12 月)，頁 36-63。

[6] 《日本帝國主義下之台灣》一書臺灣中譯本由周憲文翻譯，曾由臺灣銀行經濟研究室出版，後經其授權，帕米爾書店重印，本文所採用版本係 1999 年 10 月由海峽學術出版社印行。有關矢內原忠雄一生和其與臺灣的關係，可參閱由其公子矢內原伊作所寫的《矢內原忠雄傳》，李明峻譯，(臺北：行人文化，2011 年 3 月)。

了清領時期臺灣紀遊文獻的意涵，和列舉了重要紀遊文獻的內容；第三部分，分析臺灣政治經濟結構性意義；第四部分，將就列舉臺灣紀遊文獻中的政經社會議題加以分析；最後，結論，檢討目前臺灣檔案文獻資訊化存在的問題。

二、 清領時期臺灣紀遊文獻意義

　　一般對於「紀遊」，或稱「遊記」的界定，係指文學體裁之一，散文的一種。以輕快的筆調、生動的描寫，記述旅途中的見聞，某地的政治生活、社會生活、風土人情和山川景物、名勝古蹟等，並表達作者的思想感情。

　　換言之，「紀遊」或「遊記」兼具有文學、文化、文獻與歷史的價值。因此，本文所指清領時期臺灣紀遊除了強調作者遊記或踏查，其本人親歷臺灣之外，還獨具下列幾項意涵：

　　第一、海洋性：這類臺灣遊記文獻的作者主要來自大清國的宦遊文人，他們不但深具有中原文化素養的背景，而且必須橫跨重洋，渡過險惡的太平洋黑水溝，才能順利抵達臺灣。

　　第二、移民性：他們都半來自大陸沿海的省份，而在臺灣停留的時間，不論長短，都必須面對臺灣特殊的人文地理環境，尤其是與臺灣原住民之間的融合相處，逐漸形成屬於臺灣漢民族的風俗習慣。

　　第三、綜合性：臺灣遊記文獻中，不論是仕宦紀錄或視察報告、奏摺和建議書等，有政治的、有軍事的、有地理的、有經濟的、有社會的相關記載，突顯臺灣遊記的綜合性內容。

　　第四、歷史性：明清時期臺灣紀遊文獻的開始與臺灣接觸時間，可追溯從 17 世紀初到 19 世紀末的近 300 年。

　　第五、現代性：臺灣開發的歷史從南部至北部，在漸次拓展到東部，後期更受到西方帝國勢力的入侵，清領時期治臺策略始從消極轉為積極的推動近代化，臺灣也同時輸入西方的現代文明。

三、清領臺灣時期紀遊文獻介紹

因此，檢視清領時期臺灣紀遊文獻意涵的特殊性，比較具有代表性的重要紀遊文獻諸如：

(一) 清領初期重要紀遊文獻

計有：康熙 25 年(1686)季麒光的《蓉洲文稿》、康熙 29 年(1690)林謙光的〈臺灣紀略〉、康熙 32 年(1693)高拱乾的〈澄臺記〉、康熙 35 年(1696)徐懷祖的〈臺灣隨筆〉、康熙 37 年(1698)郁永河的《裨海紀遊》、康熙 46 年(1707)宋永清的〈息機亭小記〉、康熙 52 年(1713)陳璸的〈新建文昌閣碑記〉、康熙 54 年(1715)吳桭臣的《閩遊偶記》、康熙 55 年(1716)陳夢林的〈九日由北香湖記〉與〈望玉山記〉。

雍正 1 年(1723)藍鼎元的《平臺記略》與《東征集》、雍正 5 年(1727)黃叔璥的《臺海使槎錄》。

乾隆 15 年(1750)董天工的《臺海見聞錄》、乾隆 30 年(1765)朱仕玠的《小琉球漫誌》、乾隆 39 年(1774)朱景英的《海東札記》、乾隆 49 年(1784)章甫的《半崧集》。

(二) 清領中期重要紀遊文獻

計有：嘉慶 18 年(1813)翟灝的《臺陽筆記》。

道光 9 年(1829)姚瑩的《東槎紀略》、道光 10 年(1830)鄧傳安的《蠡測彙鈔》、道光 27 年(1847)曹士桂的《宦海日記》。[7]

同治 9 年(1870)林豪的《東瀛紀事》、同治 10 年(1871)丁紹儀的《東瀛事略》與甘為霖(William Campbell)的《素描福爾摩沙——甘為霖筆記》、同治 13 年(1874)

---

[7] 黃美玲，《明清時期臺灣遊記研究》，(臺北：文津，2012 年 5 月)，頁 6。

李仙得(Charles W. LeGendre)的《臺灣紀行》。

(三) 清領末期重要紀遊文獻

計有：光緒 1 年(1875)羅大春的《臺灣海防並開山日記》、光緒 3 年(1877)吳子光的《一肚皮集》、光緒 17 年(1891)唐贊袞的《臺陽見聞錄》、光緒 18 年(1892)蔣師轍的《臺遊日記》、光緒 20 年(1894)池志徵的《全臺遊記》、光緒 21 年(1895)胡傳的《臺灣日記與稟啟》、光緒 22 年(1896)史九龍的《憶臺雜記》等多位紀遊或日記的作品。

四、 清領臺灣紀遊文獻的社會意涵

承上述臺灣紀遊文獻中，本文將從政治經濟的結構性因素加以檢視。鑒此，本文特別選擇了李仙得所寫《臺灣紀行》、黃叔璥所寫《臺海使槎錄》、林豪所寫《東瀛紀事》、郁永河所寫《裨海紀遊》的紀遊文獻分別敘述：

(一) 李仙得《臺灣紀行》文獻

所代表清領臺灣產業革命時代的國際社會意涵：1874 年李仙得的《臺灣紀行》(*Notes of Travel in Formosa*)文獻是他總結多年來處理臺灣事務的結案報告，也是上呈日本外務省長官大隈重信的〈侵臺備忘錄〉。

該文獻現珍藏於美國國會圖書館，經由費德廉(Douglas L. Fix)、蘇約翰(John Shufelt)合編，羅效德、費德廉中譯，於 2013 年 9 月臺南國立臺灣歷史博物館出版。另一坊間節譯本，書名改稱《南臺灣踏查手記》，是譯自《臺灣紀行》的第 15-25 章。[8]

李仙得的開始密切介入臺灣事務，始於 1867 年 3 月美國商船羅發號(Rover)

---

[8] 黃怡漢譯、陳秋坤校註，《南臺灣踏查手記》，(臺北：前衛，2012 年 11 月)，頁 6-8。

在南灣觸礁失事，他前後來臺至少八次。李仙得《臺灣紀行》的檔案文獻，大約書寫於 1874 年 5 月，他隨日本遠征軍前來臺灣南部所發生的「牡丹社事件」，與他個人 8 月擔任日本代表團對清國談判顧問的期間所寫下的這些筆記。簡言之，這文獻成為紀錄日本侵略臺灣「牡丹社事件」的有關涉外性治安議題的重要檔案文獻。

(二) 黃叔璥《臺海使槎錄》文獻

所代表清治臺灣皇權政治體制的社會意涵：雍正 5 年(1727)黃叔璥的《臺海使槎錄》文獻是臺灣在「朱一貴事件」平定之後，福建水師提督姚堂和閩浙總督覺羅滿保上奏增添駐臺兵員，防止叛亂。但因康熙皇帝認為當時的駐臺兵力應已足夠因應，臺灣治安不好是因臺灣地處偏遠，吏治敗壞，而導致民變。

所以，決定新設巡臺御史，每年任派滿、漢御史各一員來臺稽查吏治，避免臺灣再次發生治安事件。當時的黃叔璥（漢人）、吳克禮（滿人）受命為首任巡臺御史。黃叔璥於康熙 61 年（1722）6 月的來臺兩年，在離臺前完成了近九萬字的《臺海使槎錄》。

由於黃叔璥的《臺海使槎錄》大量蒐集閱覽明鄭時期及清領以來臺灣府志、縣志等文獻，並以實地巡視考察撰寫成此書，成為重要的臺灣檔案文獻之一。

該書內容包括：一為〈赤崁筆談〉，蒐羅整理出關於臺灣歷史、地理、海洋、氣候、交通、物產、財稅、武備、風俗、宗教、商販等文獻；另一部分則是〈番俗六考〉，為一次有系統的調查及記錄臺灣平埔族的文化。

雖然該書完成的時間要比藍鼎元的《東征集》與《平臺記略》晚些，但是對於發生「朱一貴事件」始末的書寫角度，卻提出有別於代表統治者的立場。加上，因為朱一貴的自稱「中興王」，是大明洪武帝的後裔，其舉兵有「反清復明」的皇室政權爭奪意涵，提供了清領臺灣時期重要社會治安議題的文獻。

(三) 林豪《東瀛紀事》文獻

所代表清領臺灣君主式經濟的社會意涵：同治 9 年(1870)林豪的《東瀛紀事》

文獻係針對臺灣「戴潮春(萬生)事變」的重要經濟性治安文獻。《東瀛紀事》(二卷)是清金門舉人林豪針對臺灣「戴潮春事變」的書寫，所提供的重要社會治安文獻，有助於了解大清領臺末期社會權力結構、秘密會社的在臺灣發展、駐臺文武官員的相互拮抗、臺灣各地豪族之間引發的社會性議題。

該書寫於 1870 年(同治 9 年)，上卷分戴逆倡亂、賊黨陷彰化縣、郡治籌防始末、鹿港防勦始末、北路防勦始末、大甲城守、嘉義城守、斗六門之陷、南路防勦始末等九小節；下卷也分九小節：官軍收復彰化縣始末、塗庫拒賊始末、翁仔社屯軍始末、逆守戴潮春伏誅、戀虎晟伏誅、餘匪、災祥、叢談(上)、叢談(下)。[9]

由於戴氏家族之所以在地方上富甲一方，與其家族「世為北路協稿識」殆有密切關連，戴潮春起事除了是對清政府施政的不滿之外，最主要反抗因素乃是出自於其對自家經濟利益保護所引發的經濟性社會議題。

(四) 郁永河《裨海紀遊》文獻

所代表清領臺灣社會定著化的社會意涵：郁永河的《裨海紀遊》主要紀實了漢族與原住民之間所引發的社會治安性議題。康熙 35 年（1696）冬，郁永河因福州火藥庫爆炸，清廷聞知臺灣北部盛產硫磺可供煉製火藥，於是派郁永河接下此任務前往臺灣，成為他日後撰述《採硫日記》的重要機緣。

該書成於清領臺灣初期的 1698 年，且記載內容皆為作者親身經歷，故不僅呈現三百年前老臺灣未開闢的面貌，當中所詳記的山川、氣候、風物、政事、民情、番俗等社會發展與變遷，亦為研究臺灣開發歷史的重要參考文獻，尤其是紀實了漢族與原住民之間所引發的社會治安性議題，雖然在該書內容中處處仍見郁永河的大漢沙文主義觀點。[10]

---

[9] 林豪原著《東瀛紀事》，顧敏耀校釋，《東瀛紀事校注》，(臺北：臺灣書房，2011 年 10 月)，頁 2-7。

[10] 本書為清道光 13 年(1833)吳江沈氏世楷堂本《昭代叢書·戊集續編·第 62》，全書共一卷。參閱：網上書上網站 http://ebook.teldap.tw/ebook_detail.jsp?id=69 (2013.11.30 瀏覽)。

五、結論

總結上述，從影響政治經濟結構因素的研究途徑分析，清領時期在國際社會環境正處於 18、19 世紀工業革命時代的涉外性因素；在政權體制環境是處在皇權統治下的政治性因素；在經濟政策環境則是受制於君主式經濟性因素；在移民社會環境則是臺灣已進入定著化社會性因素。

亦即清領臺灣時期工業革命時代涉外性、皇權體制政治性治安、君主式經濟性治安、定著化社會性治安的環境因素所糾葛構成的綜合性治安因素，型塑了清治臺灣時期「邊陲政府」的社會意涵。

檢視以往有關臺灣政治經濟的論述，大多由當權人掌控話語權，皆由統治者的立場出發，因而忽視庶民的觀點，對於清領臺灣時期官方的檔案文獻亦難避免此一現象。

因此，本文所特別選用《臺灣紀行》的李仙得身分是日本侵略臺灣遠征軍的顧問；《臺海使槎錄》的黃叔璥身分是巡臺御史；《東瀛紀事》的林豪身分是籌辦團練林占梅幕府；《裨海紀遊》的郁永河身分是來臺採硫遊幕。其主因鑒於這四人紀遊文獻作者所擔任職務皆屬宦遊性質，並非如官書、奏摺的檔案文獻必須受囿於官方立場，就文獻書寫內容而論當更貼近民意，彰顯本文探討清領臺灣時期社會的意旨。

也由於官方常因角色關係，對於檔案文獻的蒐集、保存與應用往往容易受制於意識形態和立場而有所偏頗，容易模糊真相，甚至於誤導事實，尤其是從政治經濟史研究的角度。

因此，鼓勵庶民記憶的檔案文獻有其必要性，只是社會民間的推動力量畢竟非常有限，這也只能期待有心人士或非政府組織的自覺行動。當然我們也要為文化部推動「國民記憶庫」，邀集民眾參與這項「由下而上」，以「個人史」為核心的檔案文獻數位化工程表示喝采。

　　所幸近年來從庶民角度提供的口述歷史，或公開檔案資料的風氣已趨普遍，例如下山一自述、下山操子譯寫的《流轉家族——泰雅公主媽媽日本警察爸爸和我的故事》[11]，是一本從庶民角度書寫有關霧社事件的歷史文獻；又如陳姃湲等人書寫《看不見的殖民邊緣：日治台灣邊緣史讀本》[12]的社會角度，其做法值得鼓勵與支持。

　　又如上述本文所列舉的《裨海紀遊》、《臺海使槎錄》與《東瀛紀事》文獻已由中央研究院歷史語言研究所的《漢籍電子文獻資料庫》建置完成，其電子數位檔全文提供了檔案文獻資訊化的功能，有效地發揮檔案文獻的徵集、儲存與應用。

　　至於當前臺灣檔案文獻資訊化所存在的問題，就以江樹生譯註的《梅氏日記——荷蘭土地測量師看鄭成功》為例，如果透過網路要尋找它的全文，很容易就可以從《新浪愛問共享資料網站》搜尋，只是這網站並非由繁(正)體字網站所提供。

　　另外，當前國人對「國家認同」的尚存爭議，往往會影響政府政策的擬定、執行與公務人員主觀性的看法，因而對比較有爭議性議題採取儘量迴避的行事態度；加上，現在部分民選官員和民意代表經常受制於民選壓力，深怕自己選票受到牽連，導致國家機器陷入空轉，影響行事的效率。

　　根據 2013 年 12 月 5 日檔案管理局公告 101 年度機關通過公文及檔案系統驗證的單位，包括中央一、二級和地方二級僅占所有比率的 38.84%。這數據顯見各單位對檔案的工作效能並不是很理想，如果癥結問題未能建立「國民共識」，檔案文獻資訊化工程縱使能有充裕的經費也難有顯著的進展與具體成果，更奢談「文化軟實力」的國家建設了。

　　最後，藉此建議國民黨對於現藏黨史館的 300 多萬件檔案文獻，不要僅守「黨史資料屬於國民黨的，使用上屬於全民的」小格局心態，應該考慮先將 1949 年以

---

[11] 下山一自述、下山操子譯寫，《流轉家族——泰雅公主媽媽日本警察爸爸和我的故事》，(臺北：遠流，2011 年 7 月)。

[12] 陳姃湲編著，《看不見的殖民邊緣：日治臺灣邊緣史讀本》，(臺北：玉山，2012 年 7 月)。

前「黨國一體」的國民黨黨史文物全數捐給國史館，讓資源利益由全民所共享，有助於大家對國民黨的發展歷程，有更進一步的了解。

另外，又如現藏美國史丹佛大學《蔣介石日記》的版權爭議，以及「國共內戰」時期相關檔案文獻的公開，政府都應該有更積極的態度與作為，以符合民主化社會人民知的權利。2017 年 5 月據國史館宣布出版 23 冊館藏目錄，包括《國史館現藏總統副總統檔案目錄——蔣中正》，本次先出版該全宗檔案的籌筆、革命文獻、家書、特交文卷、特交檔案等系列目錄，預計 2018 年將可以完整出版「蔣檔」所有檔案目錄。

第二部分

臺灣政經發展的文化性思維

· 臺灣經濟發展的倫理觀
· 資本主義與臺灣媽祖信仰
· 臺灣媽祖文化與近代企業的形成
· 媽祖文化圈與東亞海域經貿發展

臺灣經濟發展的倫理觀

一、前言

如果道德代表的是理想的世界，那麼經濟學家代表的則是真實的世界。不論我們認為人類有多自私，但他的天性中卻有一些本質使他樂見別人的幸運，也希望別人快樂，雖然他並不能從中得到任何好處，只能在旁邊看了高興而已。

有關經濟倫理的研究，在國內最早要屬前經濟部長李國鼎強調五倫之外，還有第六倫的群己關係的重要；接著前臺灣大學校長孫震則強調國家在經濟發展是要能建立富而好禮的社會為目標。李、孫兩位經濟學家所強調的經濟與倫理關係，大抵上是臺灣在威權主義家父長式經濟發展中的倫理關係。

在國外，除了有經濟學之父尊稱的亞當・史密斯(Adam Smith)將經濟學視為哲學的一支，是一門道德哲學。晚近在研究經濟與倫理的論述，則是以 1998 年獲得諾貝爾經濟學獎的沈恩(Amartya Sen)[1]，和日裔美籍的福山(Francis Fukuyama)[2]等人為主。沈恩是從福利經濟學的角度切入，福山則強調社會信任度在經濟生活上的角色。

本文的立論基礎，假設市場經濟是在一個高度競爭而又沒有外部作用與無知的情境下，希望經濟的自動調節，使資源達致最優配置；而最優配置都能用市場

---

[1] Amartya Sen, *Development as Freedom* (N.Y.:Random House,1999).

[2] Francis Fukuyama, 李宛蓉譯，《誠信——社會德性與繁榮的創造》，(臺北：立緒，1998 年)。

經濟的自動競爭均衡來取得，只要各人對資源的賦有量(endowments)是相適應的；同時假設一個或一些部門，包括人、地區與國家的富有化，平均而言，對其他部門的整體而言是有利的。[3]

換言之，最優的社會就是個人可以透過競爭性市場公平地發揮自己的能力，並獲得地位和物質財產的社會，而在此競爭性市場中，人們享有交換的自由和私有財產，政府並不控制經濟活動的細節。[4]

亦即在市場經濟中過度強調自由市場機制，或是對政府的經濟職能懷有期待，導致資源的利用無法極大化，為彌補市場和政府的缺失和彼此失衡，以建立富足又正義的社會，必須依賴自由市場的競爭，創造經濟的富足，以及寄託人類理性自律的道德發揮，建立倫理的社會。

二、 經濟倫理的意涵

資本主義市場經濟強調勞動分工是增進公共財富的主要原因，公共財富總是與人民的產業發展成比例，但若認為財富只是金銀的累積，那是個愚蠢的想法。因為，真正財富的累積是被必須建立在「倫理」的基礎上。

(一) 倫理的意義

「倫」有輩有類的意涵，是表示人際關係的次序和結構；「理」是紋理或道理，是說明這種關係是有條理和原則標準。因此，「倫理」常與「道德」互用。中國儒家的道德強調：第一，人性賦於天，由此而行之謂之為道。故人道即是天道。若違逆於人性，則決然不是道。第二，人之行為，應本於自己內心為最直接的出發點，亦應歸宿到自己內心，而有最直接之收穫。若不由自己內心出發，又於自己

---

[3] 黃有光，《經濟與快樂》，(臺北：茂昌，1999 年)。

[4] F. A. Hayek, *The Constitution of Liberty*(Chicago:Chicago University Press, 1960).

未能有最直接的收穫，皆非為德。

所以，「道德」即是個人的意志對自己的內在關係，而「倫理」則是實踐理性在其外的現實中，包括所有的習俗、社會規範、慣例和典章制度等，是理解為社會群體的客觀存在具有內容的價值規範，以區別「道德」是指為個人主觀行為對於道德律遵守與否的準則。

因此，本文所指的「倫理」是泛稱人類倫理行為的性質、道德律法的合理性、內在良心律的描述，以及群體生活的行為模式和準則。

(二) 倫理的類別

詳言之，倫理學可分為描述倫理學(descriptive ethics)、分析倫理學(analytical ethics)和規範倫理學(normative ethics)三種。描述倫理學對於各種人的行為，不論個人或群體，都只是歸納出諸種現象作描述，而不作原則的建立和價值的判斷。分析倫理學則重視對於倫理語詞和道德判斷作語言分析，判定語句的意義和邏輯關係。規範倫理學著意在探討人的道德行為本質或道德規範，並對行為起一定的指導作用，例如用好、壞、對、錯等意涵來表達偏好、決定或抉擇；或用這些語詞進行批判、評等、勸導、褒揚、貶抑或鼓勵。而一個規範性的判斷可能是個別性或普遍性的。

資本主義市場的經濟倫理，所要深入討論的是有關人類經濟行為的規範倫理。從規範倫理學的目的論(teleology)和義務論(deontology)而言，目的論認為倫理行為必須以結果做為衡量的準則，最能導致最大利益的行為，即是道德上「善」(good)的行為，例如什麼樣的事情、人物、動機、情勢、品格是好的？什麼樣的又是不好的？這些問題的答案也可分為個別性和普遍性。

而義務論則強調動機和遵守道德所來的義務，行為因其來自於義務而非其導致的結果，即是道德上「對」(right)的行為，例如什麼樣的行為是對的？什麼樣的行為是錯的？這些問題的答案也具有個別性和普遍性。

承上論，規範倫理學的目的論是同時從利己主義(Egoism)和效益主義(utilitarianism)考量，除了主張利己的享樂主義之外，亦強調普遍的享樂主義。最

具代表性的人物就是邊沁 (Jeremy Bentham)基於效益主義的效益原則(principle of utility)，其理論基礎是建立在個人追求自利的行為，要獲得個人的真正幸福(happiness)，即在於謀求最大多數的最大幸福(the greatest happiness of the greatest number)。

邊沁認為效益的衡量可以透過強度、立即性、延續性、繁衍性、確定性、純粹性，以及擴展性的標準來量化，如果一件事情所獲得的正效益大於負效益，就它而言，便是道德上善的行為。

基本上，功利主義的特點有三：第一，功利主義是一種人生哲學，展示了有關「最終價值」的遠景；第二，功利主義是一種具有強烈法律傾向的體系，它一方面是道德命令體系，另一方面是立法原則體系；第三，功利主義是採用統一分析方法的綜合社會科學體系，將經濟理論定義為「快樂和痛苦的計算」。

功利主義倫理觀承認經濟的自由競爭是倫理的，有別於建立理想生活的人文主義倫理觀，或是要求合理經濟組織的社會主義倫理觀，或是否定利己心，主張經濟學是倫理科學的歷史學派和制度主義。

上述從功利主義觀點探討經濟倫理，分析了市場競爭中人類經濟行為的道德規範。但也同時出現如伏爾泰（François-Marie Arouet，又名 Voltaire）、馬克思(Karl Marx)、福山（Francis Fukuyama）或羅斯(John Rawls)等人，並不特別強調於經濟效用，而推崇「非以效用為基礎的價值觀」的倫理道德思想與行為。例如伏爾泰就特別指出，美德與過惡，道德上的善與惡，都是對社會有利或有害的行為；在任何地點，在任何時代，為公益作出最大犧牲的人，都是人們稱為最道德的人。

經濟學或經濟發展的任務在於提升人群的生活品質，尤其是對於其中窮人的生活改善。強調經濟倫理的經濟學家，或許可以宣稱自己雖然永遠無法確知是否掌握到了整個真理，但可能確信總有某種真理的存在，必須用整個心靈來追求，並對各種事實充分表現敬虔。

又如儒家文化之外道家思想所主張的何為幸福？凡物皆由道，而各得其德，凡物各有其自然之性，苟順其自然之性，則幸福當下即是，不須外求；墨家專注於利，專注於功，墨子哲學是為功利主義哲學的代表性人物。

　　換言之，幸福或效益是指能夠產生福利、利益、快樂、美好或幸福的任何形式財產，或是只要能夠避免災禍、痛苦、罪惡或不幸，並據以推論最大的快樂或幸福，應該且必然來自於最大的財貨生產量，也就是主張追求最大多數的最大幸福，至於少數人的不幸，即使悲慘還是得接受。

　　邊沁的效益原則所遭遇的挑戰是若只問結果，不問動機，那麼任何善的目的，都可能用惡的手段來達成，例如可否要提升工廠的競爭力，便藉故辭退勞動力差的工人，並不給予應得的資遣費。在量化的問題上，由於過度重視量化的要求，反而容易使人誤以為結果是以量取勝，而不顧及質的問題，譬如三個人結夥搶劫一個人，三個人所獲得的利益，大於一個人的損失，我們可以認為這是合乎道德的行為嗎？

　　因此，彌勒(J. S. Mill) 除受到邊沁的影響在接受效益原則理論以外，認為可以達到最大利益的是道德上應行的行為，但是他認為有些行為是比其他行為來得高尚，這其間有質的差別，而特別提出不是從單個行為去判定結果是否符合最大利益，而是去選擇一個人可以達到最大利益的倫理規則。彌勒認為自利行為未必助長自利，幸福是所有行為規則的考驗和人生的目的，但是唯有透過不把幸福當成直接目的，才能獲得幸福。[5]

　　彌勒的論點雖強調社會福利是以對個別成員的福利效用為基礎，但仍未解決其所涉入價值的問題。因此，規範倫理學的目的論有必要結合義務論，其主要代表人物是康德(Immanuel Kant)。康德的倫理學觀點既非立基於經驗性的研究，也不是從內觀察心靈的活動而得，而是以理性為基礎，強調道德律必須是普遍性和必然性，而且道德律必須是先天的，也就是不依經驗而來，才具有普遍性。

　　所以，康德的價值理論主張善的意志(good will)是毫無條件地本身即為善，而善的意志必須源自於義務(duty)，並以無上命令(categorical imperative)表現出來。無上命令也就是要依據所願成為具有普遍道德律的道德準則來行事。道德行為應是自己是立法者的自律，而非透過他人制約才遵守的他律。

---

[5] J. S. Mill, 吳良健、吳衡康譯，《我的知識之路──約翰‧彌勒自傳》，(臺北：網路與書出版，2007 年 6 月)，頁 134-135。

因為，它告訴我們何事該做；它是具必要性而非僅是假設性的，它是要在不考慮後果的情況下要求我們做某些事。例如我們不該為了解決困難而做不實的承諾，並非因為我們擔心會被識破或是撒謊對我們有害，而是因為在邏輯上我們不可能願意任何一個在同樣處境中的人做這樣的事。在邏輯上不可能是因為如果我們覺得在那種情況之下就可以說謊的話，信守諾言的法則就不能成立了。

康德還強調依著行為準則行事，好使得這些準則會因你的意志而成為普遍的自然法則，而理性的本質是以其自身為目的而存在，一切的所作所為，不論對自己或對他人，都要把人道當作目的而非僅做為一種手段。

康德的倫理學建立了自律而有尊嚴的道德理論。因此，規範倫理學不管是強調目的論或是義務論，一套完整規範倫理學必須具備邊沁與彌勒強調的互利效益主義，以及康德強調理性自律原則。[6]

三、市場與政府的整合性角色

(一) 市場經濟的意義

古典學派(Classical School)和新古典學派(Neo-Classical School) (以下皆稱為古典學派)市場經濟的兩大要素是交換與自由企業。交換的重要性是由於專業化的經濟，專業化能提高總產量，但必須透過交換體系來滿足人們不同的需求，然而交換涉及交易成本(transaction costs)，包括運輸、保險、時間成本等，人們就必須在專業生產與交易成本之間進行比較利益(comparative advantage)的選擇。

如果專業化生產量單位不大，而交易成本較高，則人們寧可產量低，也要自己生產各種產品；若交易成本下降，則人們減少自己生產的產品數量，在市場上購買這些產品，而出賣自己專門生產的某一產品。

---

[6] 李匡郎等，《哲學概論》，(臺北：國立空中大學，2001 年)，頁 159-160。

　　因此，交易效率越高，人們自己生產自己消費的產品數目越少，專業化程度越高，市場化越高，每人的消費與效用水準也越高。市場經濟的發展也依賴於自由企業，人們以私有財產權為基礎，強調自由市場經濟的重要性，以促進經濟發展。

　　古典經濟學家儘管對經濟發展的部分理論有不同的見解，但都接受市場經濟是建立在以交換和自由企業的兩大主軸。特別是經濟學之父史密斯(Adam Smith)認為經濟學是《國家財富之學》(*Wealth of Nations*)，著重在研討國家財富的本質、原因及外在因素，在定義市場經濟上應有自利、理性和自由放任(laissez faire)的基礎，來促進經濟的發展。

　　另一位英國經濟學家馬夏爾(Alfred Marshall)不但認為經濟學是從日常生活中對人的研究，雖不具完全事實的集合體，而是一部引擎，用以發現具體事實，來探討人類一般的商業生活，還強調邊際效用(marginal utility)理論在資源分配上的運用。[7]經濟學是研究如何選擇(choice) 使用或不使用貨幣，具有不同用途的稀有性(scarcity)生產資源，生產不同的貨物，以供社會中不同的個人與團體目前或未來的消費；並且分析改善資源分配型態的成本與效益。

　　所以，曾經擔任美國財政部長的魯賓(Robert Rubin)於 2001 年 6 月在其母校哈佛大學為畢業生的講話中，就舉其在政府的工作經驗，認為當面對艱難環境時，抉擇就是一切(Life is about making choices)。魯賓擁有哈佛大學經濟學博士學位，進入位在美國華爾街的高盛公司(Goldman Sachs)服務，時間長達 26 年。1992 年加入柯林頓政府，先擔任國家經濟會議主席，1995 年轉任財政部長，期間締造了美國史上最長的經濟成長期，並且協助柯林頓政府處理墨西哥、俄羅斯、巴西和亞洲的金融危機。[8]

　　經濟學者經常要做的事就是要說：「不是這樣就是那樣，但是不能兩樣一起

---

[7] Alfred Marshall, *Principles of Economics* (London: Macmillan & Co.,1920).

[8] Robert E. Rubin and Jacob Weisberg, *In an Uncertain World:Tough Choices from Wall Street to Washington* (N. Y.:Random House, 2003).

來，不能兩者得兼」。選擇不僅是作一個選擇，而是儘可能地作最好的選擇，如果次要的目的之滿足妨礙了更迫切的目的之達成，則次要的目的就不予滿足。在一個追求利潤的市場經濟的生產過程中，這種情況藉助於經濟計算的智慧得以盡可能地達成。在一個自足的封閉的社會主義的制度下，不能靠任何經濟計算，只有所謂作決定。關於手段的作決定，簡直是賭博行為。

(二) 市場經濟的迷失

一般市場的均衡(equilibrium)概念，只是局部均衡或稱部分均衡(partial equilibrium)，主要在分析某一市場（產出或要素）時，是在其他市場都不變的假設下，所獲致的均衡結果，是個別市場的均衡。

然而，本文所討論的市場經濟是在描述整體經濟活動的市場中，是容許有不同市場間價格、數量的互相影響，而分析所有市場同時達到全面性的均衡結果，則為全面均衡或稱一般均衡(general equilibrium)，是社會中全體市場的均衡；而且全面均衡也通常是假設經社會是處在完全競爭之下，發揮了市場機能，解決了供給與需求等基本經濟的問題。同時，也必然滿足了經濟效率(economic efficiency)，或稱柏萊圖效率(Pareto efficiency)，也就是達成所謂的柏萊圖最適境界(Pareto optimality)。

海耶克(F. A. Hayek)強調自然形成的秩序，在人們經濟活動的領域裡，猶如林間小徑的現象一樣，經行人走過自然形成，大家都會自然而然的循徑而行，毋需政府管制或干預，人們在交往互動中，會逐漸摸索出自然形成的秩序。[9]很不幸地，市場經濟的柏萊圖最適境界往往很難達成，主要原因有：

第一，在某些情況下，市場機能的充分發揮並無法維持市場的完全競爭，即是有自然獨占的訂價問題存在。既然無法維持市場的完全競爭，一旦獨占形成必是造成經濟福利的減少，也可能對所得分配有所損害，難達成所謂的經濟公平。

第二，即使完全競爭能維持，但在某些情況下，市場機能也無法圓滿達成經

---

[9] F. A. Hayek, *The Road to Serfdom* (London:Routledge Classics, 2001).

濟效率，如外部性與公共財(public goods)的問題存在。由於外部性及公共財的阻礙，致使完全競爭無法達到經濟效益，例如工廠排放黑煙，造成空氣污染，政府為了防治使得社會成本增加。

第三，為追求經濟效率，社會須付出代價的問題存在，如在調整競爭成本的過程中，包括廠商虧損、倒閉、勞工失業、改行等社會上貧富不均的現象，而增加了社會成本的負擔。

(三) 政府介入的必要性

為有效處理市場失靈(market failure)的經濟問題，維持經濟秩序得以順利運作，古典經濟學派的完全競爭市場機能顯然有失偏頗而難於達成。因此，主張透過政府管制的理論終於有了發展的空間，強調透過政府職能介入市場的必要性。尤其是在：

第一，遊戲規則的制定，如採用禁止性法令(proscriptive rules)，對產權的保護、契約的履行等，及採用指定性法令(prescriptive rules)對外部不經濟的廠商訂定罰則、對外部經濟的廠商訂定獎勵辦法，及必要時成立公營事業，對產業進行價格管制等等，而所謂外部性(externalities)或稱為外部效果(external effects)，或稱為外溢效果(spillover effects)是指個人行為的結果有一部分是事不關己的，或產生一部分自己不須負擔的成本，或外溢了一些自己無法享受到的利益。

因此，分外部利益(external benefit)與外部成本(external cost)，外部利益是指行為生產者產生的利益中，不能歸當事人享受的那部分；外部成本則是行為者引起而不必自己負擔的那部分成本。

第二，所得的重分配，主張透過徵稅、免稅等財政政策，藉由政府公權力，把較有錢人的所得經由租稅等手段，直接與間接地移轉到窮人身上，造成財富的移轉而將所得重分配。

第三，公共財的提供，公共財有如選舉的經濟觀，假若選民認為自己一票不是決定性一票，它不具關鍵性，選民往往不願意前往投票。因為，選民會聰明的認為，如果前往投票，自己必須付出個人成本，因此，選民會產生搭便車(free riding)

行為。

　　公共財如重要的交通、立法、司法、國民教育與國防建設等，需要政府以非單純的經濟觀點來提供，以確保國家的安全與經濟的繁榮。因此，公共財的增加，例如蓋捷運對公共運輸的效益，大家都可以享用，就不會發生相對比較消費的問題，要不然光是私人的消費增加，只增加其私人效用，其表現外溢到別人身上可能反使別人效用減少，也就是有負的外部性，其他消費者不一定能接受。因此，公共財具有兩項特徵：無排他性與非獨享性。

　　第四，經濟穩定成長的謀求，政府要維持經濟的成長與物價的穩定，可以透過政府公共支出、稅率、利率、及貨幣供給等公共政策的調整來達到目的。

　　因此，邊際學派體認實際經濟組織有其缺點，也主張局部政府干預的理由：

　　1.為確保貨幣安定，政府要負責貨幣政策與貨幣機構；

　　2.由於有效的自由競爭須以個人能正確估計物品與勞務之效用及其品質為前提，故政府不但要管制廣告，且要滿足人民的安全、公平及教育的需要；

　　3.有效的競爭也須以企業的自由參加及自由退出為前提，故自然獨占及收益遞增產業宜由政府控制及經營；

　　4.限制股票交易的投機活動，或授權有執照者經營，因為小規模而無知的非專業投機者的自由活動，不但使自己蒙受損失，且損失公共利益；

　　5.勞動市場的自由競爭有損勞動者的利益，亦有官方限制，若干勞動立法且須國際協議，集體生產的可能性不必然與自由、平等、秩序或正義相衝突，只要符合社會利益即可，不過，即使集體性生產方式，政府雖然是唯一企業家，工資、地租及利潤仍應由市場因素所決定，才能符合社會利益。

　　在理論上，政府可以針對許多市場機能的缺失，加以彌補。換言之，狹義的經濟學所探討的理性選擇，都是如何生產、如何消費、該不該貿易、要不要管制匯率等；而廣義的經濟學自 1960 年代起，貝克(Gray Becker)將「理性決策」的範圍擴至犯罪是潛在犯罪者的決策，刑事政策也應納入經濟分析，政客與選民行為的政治學也納入；結婚、離婚、生兒育女、教育、贈與都是父母的決策，同時法規制度也應納入，以解決在現實的經濟社會中所存有的障礙，諸如：

　　第一，公共利益的問題：由於各人偏好不同，意見互異，如何來處理出對整個社會最符合公共利益的方式，至今仍未有圓滿的答案。

　　第二，私人利益的問題：政府官員與民意代表也同樣具有私心，也都涉及到私人利益分配的問題，因而影響到政府政策的制定。甚至於在市場失靈之後又出現「政府失靈」(government failure)的現象。

　　權力可能會導致腐敗，絕對的權力則必會走向腐敗。世界上許多國家的人被計畫地否定政治自由和基本公民權，有時辯稱為，否定這些權利有助於刺激經濟成長，對快速經濟發展是一件好事。

　　有些人甚至為了他們所謂的促進經濟發展的利益，而擁護較嚴厲的政治制度——否定基本的公民權與政治權力。這種論點，有時受到相當基本的實證所支持。但事實上，更全面性的跨國比較，不曾支持這樣的論點，而且幾乎沒有專制政治幫助實際經濟成長的實證。更確切地說，實證非常強烈的顯示，經濟成長生於有利的經濟環境，而非嚴厲的政治制度。

　　第三，公共選擇的問題：政府的行為既不是如公共利益理論所認為是完全謀公眾福利者；也不是如利益集團理論者所認為是完全謀私人利益者，而是可以利用經濟學上的工具與方法，而針對公共政策加以分析、制定的選擇理論，如透過選民、政治人物及行政官員的參與及協商，共謀一致看法；或是採用一致決或多數決(majority voting)等投票方式，從事公共政策的選擇。

　　簡言之，政府要做的事有兩個條件：第一，是這個社會有很多事情大家想要，但又沒有人願意做，只好要求政府來做；第二，是有一種事情(產品)很特別，一但生產出來後，再怎麼多人消費享用，都不會增加成本，也就是所謂的公共財。所以，水、電、郵政、石油、電信等是「私有財」，而不是「公共財」。

　　政府的效用不是用來賺錢的。公營事業可能賺錢，可能虧損。政府管別人錢的本質，通常會使公營事業慢慢的走上虧錢的路；即使賺錢，通常也不是真正賺錢，只是漏計了許多成本而已。

　　更何況臺灣的部分公營企業和公用事業都不是公共財，臺灣的部分公營企業和公用事業是歷史的產物，民營化是必然趨勢。若有困難，政府可以考慮轉型朝

向符合政府天職的產品。例如臺糖公司現在除了製糖之外什麼都做，大部分臺糖做的副業，都是生產私有財，包括養豬、賣汽油、土地開發、種蘭花、或開便利商店等，不管現在經營的賺不賺錢，將來不免成為政府的負擔。但是，臺糖目前做的農業生技研究，是基礎研究，對蘭花的種植應重視培育，而不是種植蘭花去賣強調賺錢。

2003 年 10 月臺鐵投資東森寬頻，而在立法院交通委員會受到立法委員的強烈質疑；2003 年 10 月中華電信舉債買回政府持股，圖利說再度引發激辯；2003 年 12 月，執政政府為了總統選舉，以國家公帑做置入性行銷的手段滲透媒體的領域而引起很大的爭議。公營事業民營化應擺脫財團與政黨糾葛，公營事業如能引進民間企業經營理念，有財團介入未必全是壞事，但前提是股權不能太集中，而且過程絕對要公開合理。

(四) 市場與政府的整合

上述政府的職能及在市場機能上所存在的障礙，尤其在公共選擇上，所產生決策過程的缺陷有：

第一，因考慮政治層面，未能符合經濟學理，政治人物具有強烈的個人吸引力，面對特定問題甚少關切，對國家大事不聞不問，只是以友善親切的態度以爭取選民。

第二，一般人缺少確實求知的態度，容易產生理性的愚昧(rational ignorance)。

第三，由於特殊利益集團的介入，致使政策產生扭曲現象。

第四，為符合民主程序，有損經濟效率的發揮，與資源的遭受誤用。

第五，強調行政層級，影響行政效率。所以，所有公共財也並非都由政府負責推動不可。

近 50 年來，經濟研究已經破除許多公共經濟學的迷思：

第一，公共財必須由公共提供的觀點。由於許多公共財，實際上，各具有不同程度的無排他性或非獨享性。例如高速高路，它可以建立排他性的機制，以偵測道路使用並收費，收費道路可由公部門或私部門提供。因此，有許多公共財，

如保安、公園、休閒設施、學校等，如果排他性可以執行，就沒有公共提供的必要。即使無法建立起排他性，某些能夠產生「貢獻者專屬利益」夠大的公共財，就可以鼓舞私人行動，如捐贈慈善團體所帶來的美好享受、對盟友政治讓步以獲資助。

第二，由政府提供公共財，能增進社會的福祉。政府也同樣受制於因市場資訊的缺乏、不當誘因、獨占扭曲和外部性而失靈。

第三，負面外部性的最適水準為零。環保主義者傾向認為污染最適量是零，假設車輛污染被控制之後，車輛排氣每年只增加大氣層中的一氧化碳 1 公噸，如果消除這剩下的一氧化碳要花費 20 億元，但改善健康的效益僅 10 億元，那麼一氧化碳便不值得進一步處理。

第四，矯正問題的一部分勝過什麼事也不做。假設現在有兩個政策選項可以讓相鄰的兩國共同面對非法打獵，而他們只在其中一項政策上合作，那麼兩者處境都因此更糟。這兩項政策可能一個是聯合警戒力量，另一個是分享情報。雙方只分享情報的結果，是都更清楚如何將非法打獵者趕到國外，於是造成更多監視的支出，同時損及兩國的利益。實際上，各國都不願意協調內部警戒力量，以免自主權喪失。

第五，政府是否能夠獨立處理配置與分配的議題。例如，政府捐助的法人基金會，基本上有三種型態：第一種是政府可以監督，運作良好；第二種是運作雖然不錯，政府卻失去主導力；第三種是運作不良，政府又完全失去主導權。由僑委會捐助成立的海華文教基金會；與交通部關係密切，擁有金額高達 167 億元的航發會；1989 年政府捐助成立的蔣經國基金會，現有基金總額高達 28 億元。基金會的管理應該法制化，才能發揮功能，達到當初設立的意義與目的。所以，馬克思(Karl Marx)認為採行資本主義的同時，即隱藏著政府介入經濟活動的功能，政府宛如資本家階級組成的執政委員會(executive committee of the capitalism classes)。

然而，現實狀況亦不必如此悲觀，從政治經濟學的角度，經濟活動乃建立於較廣泛的政治結構上，一個社會擁有高度政治自由，卻沒有類似自由市場的制度

來安排各項經濟活動的例子，實在是找不到。因此，在許多時候與場合，政府官員、民意代表及選民也的確能謀求公共利益。

所以，如何在市場機能與政府職能上各有所欠缺的情形下，兩者如何發揮互補功能，資本主義過度強調的市場經濟，或是社會主義主張的統制經濟都是自由民主與正義社會所攻擊的焦點。

例如，在經濟大恐慌時期，當時美國總統胡佛(Herbert C. Hoover)為了振興經濟，積極推出拯救股市及一些瀕危企業的政策，但其短期局部效果卻並不能阻止經濟不斷惡化，美國的工業生產還是一路下滑，一直到他於 1932 年卸任時，顯示是推行一個失敗的經濟政策。

繼任的羅斯福(Franklin D. Roosevelt)總統上臺後，推行「新政」(New Deal)，除擴大公共建設外，主要是推動社會福利政策，改革稅制，大量加高所得稅的累進稅率，開徵遺產稅，美國經濟從此止跌回升，終於完全擺脫大蕭條的經濟不景氣現象。1930 年代的經濟大蕭條是資本主義最大的考驗，凱因斯(J. M. Keynes)的理論與羅斯福(Franklin D. Roosevelt)的智慧與決心，拯救了美國與世界的經濟。

另外，戰後日本的重建和臺灣的經濟發展，可提供作為政府扮演經濟發展中重要角色的實證。然而，日本、臺灣經濟發展的所謂亞洲奇蹟，本質上乃是一種「投入驅動的成長」(input driven growth)，只要是靠著大量資本的投資、高儲蓄及快速成長教育下的人力等為其條件，而不是依靠生產力的提高為要件。所以，亞洲奇蹟稱為是「資源動員」的結果所獲致的成長。然而，這一觀點引起金融投機者的興趣，造成亞洲風暴，遂使得原是高舉自由經濟及全球化的大旗，成了為亞洲國家藉資金調控管制以自衛的最大維護者。

因此，美國的經濟自 1930 年代以來，早已是一種資本主義導向的混合型經濟(mixed economy)，實際上所謂的市場經濟(market economy)也就與混合型經濟一詞相互為用。

分析資本主義(capitalism)乃是經濟組織的一種體系，其特徵是允許私人擁有生產與分配的工具，在相當競爭的情況下，追求利潤。在資本主義制度下，資本與土地可以私有，生產和分配係依在市場形成的價格作為指導原則，也就是以利

潤動機危機利因素，但在資本主義下，仍然容許有控制或管制。

　　而國家資本主義(state capitalism)，在資本主義的環境下，國家依照民營企業的極大化利潤或最低損失的原則，持有並經營部分企業，如俾斯麥(Otto von Bismarck)把德意志鐵路收歸國有，只能稱為國家資本主義，不是社會主義。

　　國家社會主義(state socialism)，在資本主義的環境下，政府所有並經營的企業若非以利潤，而是以一般社會目的為原則。當邱吉爾替民主辯護時指出，資本主義是我們所聽過最差勁的制度，如果那些屢經試用的制度不算在內的話。20 世紀已經過去，少有人還會相信其他選擇足以取代市場經濟。我們頂多只能期待，儘量避免人們直接去承受其中最嚴厲的部分。

　　然而，市場經濟下的調整，基於利益均等法則(law of equal advantage)並不是那樣的順利運作，因此混合型經濟也經常會產生經濟無效率(economic inefficiency)，也就是資源移動的停滯、公司與工會力量的介入，及社會財與私有財之間的資源分配不均衡。

　　所以，檢視政府與市場之關係一直是學術界與實務界關切的焦點，當政府以其影響力干預市場活動時，市場即缺乏自由競爭機制；反之一個自由競爭的市場，必定是政府減少干預與開放競爭。究竟市場機制與政府角色之間如何維持平衡？迄無定論。所以，在 1980 年代有主張國家論者(statists)強調國家機關為一具政治力與經濟力之行動者，可以干預市場或彌補市場失靈，推動工商發展及經濟成長。

　　基本上，當經濟景氣狀況良好時，市場人士會要求政府充分的開放競爭、減少干預；但是在經濟不景氣或發生嚴重經濟、金融風暴時，卻又要求政府介入市場活動，解救危機。換言之，市場失靈和政府失靈造成市場與政府的功能不可偏廢。然而，真正的解決之道唯有在自由市場與政府職能中建構經濟倫理的議題。

四、 臺灣經濟發展中的倫理議題

　　臺灣經濟倫理議題，在儒家文化的管理思想中，多屬規範性而非描述性的倫

理觀。儒家文化有所謂「人間學」之稱，即是聚焦在其處世理念和處事管理上蘊含豐富的生活哲學。人與人之間，管理者與被管理者之間的關係，其管理原則就是己所不欲，勿施於人。

雖然，在儒、道二家，因為哲學與宗教的分際並不明顯，然其具高度哲理性的生死智慧，是一種「哲學的宗教」或「智慧的宗教」，特能與大乘佛教爭長短，亦能有別於西方單一神教論的啟示的宗教。

儒家對於探討終極之物的感覺遲疑，弟子問孔子關於死亡，它的答案總是讓問題本身保持開放，人們往往出自錯誤的動機，像好奇，或者想要曲解當下需要或避開人生之途，而去探問終極問題，孔子並不想滿足這一類的慾望，只是這些事情實在無法客觀討論，甚至無法作為客觀的對象。

正因此故，孔子對於形上學問題從不提出任何直接的答案，雖然這種態度可能被人視為不可知論，但是它顯示的並非對於不可知者漠不關心，而是一種深刻的敬意，不願輕易將內在證驗轉化為偽知識或流於口舌之爭。孔子在各種情況下對於無限者與不可知者都很少顯露偉大形上學家的探究衝動，但是我們從他對禮儀的虔誠奉守，以及他在關鍵時刻所精闢表達的人生之道可以清楚看出，他對人生的體認是真切的。

儒家主張人的死生有命，皆為天意，自古以來人皆有死。孔子認為朝聞道，夕死可矣！死亡並不值得畏懼，鳥之將死，其鳴也哀，人之將死，其言也善。但孔子的道偏重世俗世間的倫理道德，他所關注的問題是真實生命的問題。

孔子的君子憂道不憂貧，彰顯仁人君子並不憂慮世俗世間的富貴貧賤等等利害得失，他所真正關懷的是能否完成自己生命歷程上的道德使命，如此貫徹天命，踐行仁道、天命之道，死而後已。依此具有道德與宗教雙重意義的天命觀，孔子對於小我的死後命運如何，認為無甚重要；重要的是，有生之年能知天命，畏天命，盡人事而俟天命。

儒家是一套哲學，就「哲學」而言，主要研究範圍在生死之間，不能多談生前與死後，否則就跨入宗教信仰的領域了。孔孟在面臨生死問題時，都有一貫的立場，因此儒家的生死觀應該具有清楚的內容，與其哲學理念可以相契。儒家認

為死亡是自然生命的結束。人既然出生，就無法避免老、病、死，死亡是極其自然的現象。

《論語》〈顏淵篇〉：「自古皆有死，民無信不立」，死亡既非人力能左右，對死亡無過分悲憤。除了「自然生命」之外，還有「價值生命」應該完成。「朝聞道，夕死可矣」，人必須藉自然生命以實現其價值生命，「志士仁人，無求生以害人，有殺身以成仁」，因此人應該珍惜生命，不可持血氣之勇。

儒家也不從事不必要的冒險，《孟子》〈盡心篇〉：「知命者不立乎巖牆之下，盡其道而死者，正命也；桎梏死者，非正命也。」。〈滕文公上〉：「生，事之以禮；死，葬之以禮，祭之以禮；可謂盡孝矣。」 所謂的仁政是讓百姓「養生送死而無憾」。

儒家文化中，特別是《論語》〈述而篇〉：「飯疏食飲水，曲肱而枕之，樂亦在其中矣。不義而富且貴，於我如浮雲。」安貧樂道，知命順命，願殺身成仁捨生取義，知其不可而為之。這種在入世的生活內容中，展現出極高道德的境界。

承上論，臺灣從儒家文化功利主義的倫理觀，檢視經濟倫理中有關環境倫理、企業倫理、資訊倫理以及全球化倫理等四大議題。

(一) 環境倫理

每套社會制度和每個人的行為處世背後，都有一套原則或理論，唯有正視理論的研究，才不會被不正確的理論所誤導。馬夏爾(Alfred Marshall)指出，所謂「知的經濟學」是指解釋現象之經濟學泛理論，「行的經濟學」是指解決問題的方法和可以操作的政策。

換言之，知的經濟學是一切關於「Know What」的知識，即知其所以然的經濟知識；而行的經濟學是一切關於「Know How」的經濟知識，即關於解決經濟問題的訣竅。經濟是生物，不是機器。經濟的個體是依靠慾望、心理而生存在經濟的生物環境中，而不像鐘錶這樣的機器只要政府把發條上緊，它就能無休止的而且準時的走動。

經濟人比如投資者個體，如果利潤不高或是各種交易成本過高，自然有如生

物不適應環境而進行遷徙的生物圈移動。而所謂經濟小環境，其真實的內核是政治和文化，如果經濟的政治內核不進行根本的改造，經濟遷徙的現象只會越演越烈。

　　愛惜資源是人類對於自然的倫理。存在於環境保護的立場而言，人類在環境倫理議題上至少有環境汙染的控制，以及自然資源耗用的減量等二大議題，深深牽動經濟與環保的兩難困境，對於其道德價值的判斷可從權利論和實用主義的觀點來討論。

　　就權利論的立場，人類是自然界生態體系的一環，人類對環境的破壞終究損及人類自身的權利，因此堅持對「可生活之環境權利」(the right to a livable environment)的尊重，要求企業或個人，不可以主張對土地、河川、甚至於資源具有所有權，而有侵擾環境，破壞他人擁有「可生活之環境權利」，環境倫理的議題即成為應不應該做的問題，而無程度上的妥協。

　　至於實用主義者的觀點，主張以最多數人的利益為研判對或錯的爭論，認為主要符合污染環境的成本應由污染者以及污染受惠承擔，而把環境污染的責任推給市場機能和消費者的抉擇。

　　不管是權利論對環境保護是否應該不應該的堅持，或是實用主義對使用者付費的要求，對環境保護與經濟發展的兩難困境都不是最佳的選擇。人類對環境倫理的態度，雖然仍不容易接受近乎宗教規範的環境倫理，但人類與大自然的關係發展是動態的。

　　近年來，人類已經被迫針對環境所發生「溫室效應」的反撲，採取某種程度的「自利型」倫理行為，包括對瀕臨絕種物種的保護、限制有害物質的產生與排放，以及控管有限資源的使用等等，以維持與大自然生態的平衡，所以環境倫理不斷的更新進化，以達成人類長期的自利，仍是未來的趨勢。

(二) 企業倫理

　　不論經濟學或是哲學，畢竟都直接影響到每一個人，特別是現代科技帶來經濟發展與生活的改變，消費者重視政府政策或企業產品是否提高人類生活水準。

　　現代人的消費哲學是在乎自己購買產品的品質、在乎服務態度、享受消費過程的樂趣，不在乎是否強調改革進步、是否技術領先、或是是否世界第一大。有關企業經營管理的倫理議題將以商品行銷倫理，和公司治理等議題加以討論。

1. 商品行銷倫理

　　大部分的生意人都是誠實的，少數人卻為整個企業製造了問題，是否要設立明確的道德規範，並確保屬下都了解公司要求上上下下人員都要有合理的行為，乃取決於每一個企業領導者，如果強力支持下能毅然地制定，並強制執行嚴格的道德行為規範是主要的關鍵。

　　特別是在行銷的所有領域都會產生倫理問題，個別員工依其本身之價值觀形成道德規範，他們的道德是判斷某行為對或錯的標準；組織也有其成員所應遵循的道德規範。這包括：(1)產品包裝與標籤的倫理議題；(2)廣告不實和廣告時間過長的倫理議提；(3)商品成分不實的倫理議題；(4)行銷通路中相關廠商權力運作機制的倫理議題；(5)灰色市場交易的倫理議題；(6)商品訂價所產生的倫理議題等等。

2. 公司治理倫理

　　企業的主要責任是「經濟責任」，因為企業是由股東出資組成，是企業的所有權者，企業中的專業經理人接受所有權者的委託，其目標是創造股東的最大財富，完成最基本最優先的經濟責任即可，所以，企業只有一個社會責任——運用它的資源，從事於提高利潤的活動，但必須符合遊戲規則，也就是說，從事公開和自由的競爭，不能有瞞騙和詐欺。

　　因為，企業做好了基本的經濟責任，創造了利潤，對國家繳稅、創造了就業機會、增加國民生產毛額、提高了員工的薪資與福利等等，也等於善盡了社會責任。因此，古典自由市場經濟學派的社會責任，是透過經濟責任的達成來完成的，也就是以經濟責任為達成社會責任的手段。

　　從公司治理的角度而言，公司經營者對股東負責，但企業主經常玩「口袋遊戲」。大企業主旗下有許多關係企業，往往以個人名義在這些企業持股並掌控經營權，經常在眾多「口袋」之間相互移轉資源，如果這些企業的公司治理不是很健全，則資源移轉的對價往往就不能正確反映市場價格，企業主就能從中獲利，而

小股東的利益就因此受害。

因此，專業經理人的財富倫理和忠誠倫理突顯專業經理人的職業倫理，校調過程不應做出對公司不利對自己有利的決策，以及不應做出對公司有利而對社會不利的決策，諸如財務報表的真實性與充分揭露、專業倫理、競爭倫理和相關利益團體整合的倫理議題。最大爭議是雖然企業主或專業經理人的經營策略整體來講或許還是為公司創造了利潤，但很難符合公司治理的道德倫理與價值。

(三) 資訊倫理

由於資訊技術仍在持續發展進步當中，在此一過程裡，傳統的道德價值有時仍不足以規範資訊相關的議題，因此，關於資訊倫理事實上在很多層面上，都還沒有一致性的道德研判標準。

不過就社會的需求而言，資訊倫理涵蓋的層面極廣，雖然無法規範性的預估資訊倫理的內容，至少就目前的發展上，以下幾個領域的倫理法則，都因資訊技術的發展與普及而將帶來更新的倫理議題，建立一個具有資訊素養(information literacy)的現代社會。諸如：

1. 網路倫理

（1）網路商店的倫理議題：

Amazon、eBay 等不同性質網路商店的成功，證明了虛擬商店時代的來臨。然而，市場經濟所存在的交易成本和資訊不對稱的現象，突顯資訊少的一方往往必須花費額外的成本來蒐集相關資訊，以避免在交易過程中吃虧。從網路中購買商品，由於買方無法檢視交易的商品，往往出現詐欺、誇大不實的宣傳和產品品質有瑕疵的問題。

（2）網路言論：

在虛擬的網路世界中，由於高度的隱密性與自由性，致使得當事人的言論，往往會超出現實生活的尺度，也誘使當事人勇於以較偏激或特別語句的言論來譁眾取寵，而網路言論涉及言論攻擊與毀謗。因此，網路社群的倫理和網路道德規範更形重要。

（3）網路賭博與色情：

管理網路賭博與色情氾濫的問題，一般的思維都是朝技術層面來努力，藉由更高級的電腦技術，防堵或監督網路上的不法行為，但侵犯網路世界中重視言論自由、資訊分享與交流的基本價值，對基本人權的維護造成傷害，根本的改善方法還是應從網路倫理的角度著手。

2. 商業資訊倫理

（1）資料蒐集與個人隱私：

包括員工工作狀況資料的監控、狗仔隊的跟監與偷拍、一些行銷公司針對特定對象的資料蒐集。

（2）資料蒐集與公平競爭：

公司的旋轉門條款，以合約限制員工離職後特定時間內，不得任職於相同性質的公司，往往造成員工工作權利與公司利益之間的衝突，不論法令與公司如何規定，對於現代商業間諜活動的遏止仍有不足，彼此間惡性資料蒐集活動，造成不利和不公平的競爭環境。

（3）資料蒐集與擷取的附帶責任：

資訊(information)與資料(data)有本質上的不同，對於專業行銷的公司而言，所謂單獨無用的基本資料，經過蒐集、整合、分析之後，價值就可以大為提升，諸如職場中，雇主無可避免的一定會蒐集員工私人的員工健康資料、家庭狀況、經濟情形等資料，該資料的蒐集，基本上就有一些道德爭議，雇主既已蒐集，就要責任盡到資料所有權的確保與公平擷取，以及資訊安全的倫理議題。

3. 資訊技術倫理

（1）資訊技術開發的產品責任：

資訊產品供應商的產品責任要比一般消費型產品的責任更大，應隨時注意後續產品使用上的相關服務，更有義務教育消費者，確保產品功能的穩定，承擔可能的產品責任。

（2）智慧財產權的保護：

由於資訊產品的生命週期特別短，企業競爭壓力特別大，往往形成以不當方

式獲取技術資料的誘因，相對地也構成對資訊倫理的挑戰。所以，關於技術資料的保護，大致上透過將技術資料視為營業機密、以專利權保護和以智慧財產權保護技術等三項途徑來加以維護。

(四) 全球化倫理

從全球化經濟發展的層次與範圍來分類，全球化經濟可以區別分為地區性層次的經濟、國家性層次的經濟、區域性層次的經濟，以及全球性層次經濟。

1. 地區性層次經濟發展

主要發展具有地區特色的產業，大多以中小企業為主體，依靠地方所獨有的優勢條件，並通常是在國家的保護政策或地方特殊利益情況下發展。

2. 國家性層次經濟發展

二次世界大戰結束，許多民族國家紛紛獨立，在維護國家利益的前提下，發展國家經濟。

3. 區域性層次經濟發展

從國家型經濟到進入全球一體經濟的跨度太大，區域性貿易集團扮演過渡型角色，該集團傾向於使每個集團內的貿易更自由，但與此同時，各集團之間卻出現了更多政府管理貿易的現象，區域化的發展進程十分混亂，各國都不輕易放棄權利，至今停留在 1995 年初建立的北美、歐盟，及東亞的三大貿易區中。

4. 全球性層次經濟發展

由於區域經濟發展對管理機制尚存諸多存疑，例如克服嚴重的分配衝突、對喪失民族獨立的擔憂和「免費搭便車」等問題有待克服，尤其是全球經濟造成控制經濟事件的國家政治機構及其政策，和必須加以控制的國際經濟力量之間產生基礎性的分離，全球經濟使得國家政策指導經濟力量的世界，已由超國界的地理經濟力支配國家經濟政策的世界使取代，目前是靠聯合國、IMF、世界銀行、WTO、歐盟、及北美貿易協定來擔負全球經濟的部分功能。

因此，建構全球化與治理的這個範疇，以因應全球化時代的新架構與規則。因此，帝國主義已經消失，但新帝國卻形成了，而新的主權形式，即沒有中心與

疆界、不斷擴張、全球滲透的新主權。

當然，對全球化的發展目前尚存許多爭議。例如預測民族國家會死亡的是二百年前康德(Immanuel Kant)在 1795 年發表的〈永久和平〉(Perpentual Peace)的論文中做過預測，接著馬克思(Karl Marx)在「國家的枯萎」(Withering Away of the State)觀念中亦提到，到了 1950 年和 1960 年代羅素(Bertrand Russell)在演說中也如此表示。

但民族國家大概會熬過經濟全球化以及同時發生的資訊革命，繼續生存下來，但是民族國家會大大的改變，在國內的財政和貨幣政策、對外經濟政策、對國際企業的管制方面，尤其如此，除此之外，在推動戰爭方面也可能有重大的變化。

區域化實際是把各國關心和追求的宏偉目標結合起來考慮，而不是要提供一種替代以國家為中心的國際體系的途徑。為了因應競爭激烈的全球化趨勢，許多國家在一個或多個經濟大國的領導下，建立或擴大地區經濟聯盟，或者做出其他安排。所以，美國經濟學家普遍認為經濟全球化最終將戰勝經濟區域化。

然而，駁斥極端全球化經濟論者的觀點是：

第一，目前高度國際化的經濟絕非史無前例，它只是國際經濟諸多特殊時機或狀態之一，自從 1860 年代現代工業科技奠定的經濟開始普及以來，始終存在於世，在某些方面，目前國際經濟的開放和整合程度，尚不及盛行於 1870 年及 1914 年的體制。

第二，名符其實的跨國公司似乎不多，大多數公司仍然立基於國家，利用一個主要國家地點的資本、生產和銷售優勢，以從事多國貿易，而且看不出有真正邁向全球化公司的趨勢。

第三，資本的可移動性，並沒有造成大量投資和工作機會從先進國家轉移到發展中國家的現象，相反的，直接外人投資仍然高度集中於先進工業經濟體。

第四，貿易、投資與金融流動仍然集中於歐洲、日本、北美三強地區。

第五，三大經濟區域體有能力向金融市場和其他經濟傾向施以強大的治理壓力，但治理範圍與目標仍屬有限。

　　隨著全球經濟資本的橫行，在各國產業結構受到衝擊的同時，地方性社會資本為之減弱。所謂富裕社會，這是個並非又更多的富人，也不是富者越富，而是讓大多數人能在財務上覺得安穩的社會。尤其在知識社會裡，很多人、甚至可能是大部分人，都有一些比財務安全更重要的東西，那就是社會地位或社會財富。

　　由於市場本身在道德和政治上都不是中性的，它們體現了社會的價值觀念以及強國的利益。雖然無法確定目前和將來經濟和政治之間的相互作用會產生任何結果，但是各國不會為了達到全球經濟最有效的運轉而犧牲經濟自由、政治獨立和國家安全。各國的經濟效率和雄心壯志將是 21 世紀全球經濟的動力，能最終決定全球經濟和政治的目的。[10]

　　然而，如亞洲價值的文化，與重視基本人權與自由的經濟機會平等，對全球化的世界是何等重要。全球一致的道德標準是否可能存在，如果有，全球一致的道德標準有哪些？如何建立？這是人類在邁進全球化經濟的過程中必須共同努力去規範和維持的。

　　這種普世價值，諸如鼓勵對企業家精神、對私有財產權、對智慧財產權的尊重，以及對人身安全的重視等等，尤其要求跨國企業對於人權、安全、尊重生命、互助、信用、公平、誠實等道德觀的建立倫理和法律的規範，也方有希望成為全球化經濟人類共享的價值。

五、結論

　　當我們把人類的自私自利行為，與人類更廣大的道德領域隔開來，我們就應該有能力站在第三者的立場，變成公正的旁觀者，如此即可形成對某一案例客觀特性的看法。

---

[10] Robert Gilpin, *The Challenge of Global Capitalism: the World Economy in the 21ˢᵗ Century* (Princeton: Princeton University Press, 2000).

　　檢視經濟學之父亞當‧史密斯(Adam Smith)除了強調創造國家財富的學問外，還輔之 1759 年講授與出版《道德情操論》(*The Theory of Moral Sentiments*)。他的講課內容包括了倫理學、修辭學、法學、政治經濟學、以及治安和稅收的領域。他雖然綜合了幸福論(eudaemonism)，即最大多數、最大幸福為原則，以及功利論(utilitarianism)，即利益是社會共同促進的，可是他並沒有告訴我們如何確保一個有效率的政府。

　　事實上，道德訴求引領政策的做法隱含了政府對特定群體或規則的偏好，而不是光看政策本身的利弊後果來判斷。因此，實施民主政治的候選人以這項政見當選，並形成政策，顯然該政見（政策）係涉及主觀的價值判斷，及針對特定群體偏好而形成，而不是就政見（政策）本身可能的成本效益或絕對利弊判斷所產生的。所以，雖具有民主制度的形式，卻喪失了客觀判斷的本質，而容易掉進「民主制度的陷阱」。

　　然而，經濟係以解決貧困為其研究對象，貧困與罪惡(墮落)有密切關係。雖然大多數的自由市場經濟學家對於發社會福利券或現金補貼窮人的博愛主義感到毛骨悚然，但是窮人如果有更多的金錢，就能支配更多的資源，就會有更多的選擇權利，透過以現下可掌握的工具去獲取未來的某些明顯的好處。當然，有些「明顯」的好處，比方說迷幻藥之於吸毒者，並不見得真的是好處。

　　換言之，資本主義肯定私有財產、自由競爭，透過市場功能達成公平正義。如果一個人全心全意的只想賺錢，那麼不論何時何地，他的行為必定都會反映出這個唯一目的。出於道德感的經濟倫理，可期以慎篤或良心，良心即是「警告有人正在注視我們的內在聲音」，──也在法律範圍內，但是有不少人被迫逾出這條界線，作出邪惡的事情，或許資本主義的態度是可以改善了，但資本主義的道德卻不一定進步。

　　現代福利經濟學也是根據經濟倫理而出發的，探討經濟生活合理化為理論的內容，因為個人經濟生活與社會經濟有密切關聯，但是福利經濟學太過於寄望透過政府的職能，來達成經濟平等的目的。

　　如果「好奇」(wonder)是哲學的開始，那「社會熱忱」(social enthusiasm)乃是

經濟科學的開始。古典經濟學家強調效率比公平更重要，自由比平等更可貴，而偏重平等問題所引進倫理的考慮，一旦把學術成果應用在政策上，一定要問其影響是好是壞，非涉及倫理問題不可。

　　儘管國家經濟政策通常是不關注「下層社會」(lower orders)的福利，但政府要施展經濟政策，要有經濟理論基礎，而理論正確與否，要接受經濟史家的驗證。經濟理論的影響人類社會，就如自認為不受知識影響而偏重實務的人，事實上經常是某些經濟學家觀念的奴隸。觀念之改變人心，遠比既得利益的權力更具影響力。

　　所以，經濟與倫理的結合在市場經濟中更顯得耀眼與重要，從傳統的角度來看，也就特別強調經濟學是哲學的一支。我們不能勸告經濟學家不去理睬其他部門的知識，不管對哪門學科採不理睬的態度，絕不是尋求真理的最有效辦法。如果只是扮演一個經濟學者的人，不會是一位好的經濟學者。真正好的經濟學者必須同時擁有多方面的才能。

　　當一個國家由封建主義走向資本主義的時候，會表現出一種漫無法紀的貪婪特性，這是進步的資本主義國家中的人們絕對無法了解的。最後我們當更理解對於社會或經濟秩序的維持，訂有「倫理準則」的職業或專業團體，其禁制力量遠比抽象的「國家」(政府)要大得多。

　　如果臺灣有法官收賄貪污 3 億，因為財產來源不明罪自 2010 年實施，法律不溯及既往，只能查扣 2010 年以後之金額 4,000 萬。貪污的錢可以不溯及既往，但目前政府推動的年金改革方案，卻要軍公教警消等合法的退休金採用回溯既往模式，突顯依靠政府官僚或法律制度要來達成經濟倫理的目標，其相較於要求自律倫理的實際效果顯得極為有限。

資本主義與臺灣媽祖信仰

一、 前言

　　我出生的村裡有一座福安寺，供奉的是清水祖師，緊鄰隔村的泰安宮則是供奉天上聖母媽祖。泰安宮是清朝下茄苳堡 36 庄頭的總廟，廟裡奉祭的是大媽至七媽，信徒都恭稱為「茄苳媽」。

　　相傳在清朝順治 16 年(1659)，大陸湄洲商人來臺，途經茄苳街時，因用餐暫將隨身攜帶的天上聖母置於古井上，未料後來聖母不肯離開，並指示要在此龍穴落地生根。信徒開始搭建臨時廟宇奉祀，媽祖靈驗神威顯赫，信徒日益增多，於是下茄苳堡的富紳發起建廟，在原地興建泰安宮，雕塑大媽神像，將原來的四吋金身安置於大媽神像內，附近 59 部落居民都來此參拜。

　　個人因為家庭環境與成長背景的關係，祭祀清水祖師和聖母媽祖融為筆者生活中的寶貴經驗，遂成為筆者的主要宗教信仰，更深深地影響筆者思想和為人處世的原則。韋伯(Max Weber)曾從新教倫理的宗教觀點探討資本主義的本質與起源，強調基督新教成就了西方資本主義市場經濟的發展，顯示宗教理念卻有扭轉世局的力量，或許基督新教並不是助長現代資本主義發展的唯一要素，但是部分宗教力量有助於促進資本主義市場經濟發展卻是可以被接受的。[1]

---

[1] Max Weber, *The Protestant Ethic and the Spirit of Capitalism* (N. Y.: Free Press, 1958).

同時，其他學者發表了有關對中國和臺灣發展資本主義的論述。[2]總結地認為中國缺乏資本主義中產階級的理論、缺乏資本主義自由市場的理論和缺乏資本主義新教倫理的理論。質言之，是因為中國儒家文化的價值阻礙了符合西方資本主義理論所認定的發展模式，特別是韋伯(Max Weber)評論帝制中國父權制的繼續存在，使中國遠離了資本主義精神及其制度。然而，韋伯(Max Weber)畢竟是以西方社會科學的觀點來論述。

然而，從資本主義市場經濟發展的角度，臺灣雖在鄭氏王國的冊封體制與清帝國的皇權體制統治下，或許政府並未能提供一個政治上自由民主政治在臺灣發展的機會，但是在經濟上仍然不能否認是維持了一個具有私人財產契約和市場交易的活動機制。

因此，本文將採取事實描述從下述三個研究面向來檢視臺灣資本主義市場經濟與社會的變遷。

二、 資本主義經濟的三個研究面向

臺灣自 1624 年荷蘭治理臺灣開始，即受到西方重商資本主義市場經濟的影響。經濟理性主義的發展部分地依賴理性的技術和理性的法律，但與同時採取某些類型的實際的理性行為，卻要取決於人的能力和氣質。

如果這些理性行為的類型受到精神障礙的妨害，那麼，理性經濟行為的發展勢必會遭受到嚴重的、內在的阻滯。各種神祕的和宗教的力量，以及以它們為基礎的關於責任倫理觀念，在以往一直都對行為發生著至關重要的和決定性的影響。

布勞岱爾(Fernand Brudel)在描述 15 至 18 世紀的物質文明、經濟和資本主義

----

[2] Norman Jacobs, *The Origin of Modern Capitalism and eastern Asia*(Hong Kong: Hong Kong University Press, 1958). Ramon H. Myers, *The Chinese Economy, Past and Present* (Belmont, California: Wadsworth,1980).

的時候，提出一個「三層經濟活動」的概念。[3]在經濟活動的底層是日常生活性的
生產與交易活動，並無正式的組織，這類活動的範圍通常只限於城鄉或稍大的區
域之內，主要探討的對象是人類物質生活的底層，包括食衣住行。

　　再上一層的經濟活動是較具規模的區域性商業體系的展開市場活動，來往的
空間是各省或鄰近諸國間，主要探討對象是市場交易的基本活動與機能，也包括
了國家角色、文化型態等因素對經濟生活的影響。

　　第三層經濟活動則推廣到國際和洲際的領域，並強調世界時間的概念，在這
個時間的單位裡，在不同時期與不同的地點，市場經濟主宰了世界的某些地區的
經濟發展的事實。

　　近世具有儒家文化國家的經濟發展，儘管是不如西方實施資本主義國家的經
濟發展速度和成果。然而，並不完全代表這些國家都沒有發展資本主義的條件。
何謂「資本主義」(capitalism)，簡單地說，乃是經濟組織的一種體系，其特徵是
允許私人擁有生產與分配的工具，在相當競爭的情況下，追求利潤。在資本主義
制度下，資本與土地可以私有，生產和分配係依在市場形成的價格作為指導原則，
也就是以利潤動機為激勵因素，但在資本主義下，仍然容許有控制或管制的情況
出現。

　　所以，所謂的國家資本主義(state capitalism)仍然是在資本主義的環境下，國
家依照民營企業的極大化利潤或最低損失的原則，持有並經營部分企業，諸如俾
斯麥(Otto von Bismarck)把德意志鐵路收歸國有，是典型國家資本主義，而不能稱
之為社會主義。至於，國家社會主義(state socialism)亦仍然是在資本主義的環境
下，只是政府所有並經營的企業並非以利潤掛帥，而是以一般社會目的為原則。

　　因此，當邱吉爾(Winston Churchill)替民主辯護時指出，資本主義是我們所聽
過最差勁的制度，如果那些屢經試用的制度不算在內的話。20 世紀已經過去，少
有人還會相信其他選擇足以取代市場經濟。我們頂多只能期待，儘量避免人們直

---

[3] Fernand Braudel, *Civilization & Capitalism, 15th-18th Century vol.1: The Structure of Everyday Life*, Trans. Siân Reynold(N. Y.: Harper & Row,1981).

接去承受其中最嚴厲的部分。

因此，本文的分析是指臺灣資本主義市場經濟，特別建立在私人財產權確立與交易商業活動之間動態依存的歷史變遷，試從物質生活、經濟生活和經濟世界的三個面向，作為研究臺灣資本主義市場經濟的途徑，期望經由這三種面向的研究途徑能夠勾勒出臺灣在重視媽祖文化的同時，檢視臺灣經濟社會的變遷，並提出具有宗教情懷的「悲憫式資本主義」概念，這樣的成熟經濟社會是值得大家努力的目標。

本文採取的是綜合性的敘述。在結構上的安排，首先說明研究動機與目的；其次，是強調媽祖與臺灣的關係，顯示媽祖文化在臺灣具有的歷史性意義，並從中界定臺灣的媽祖文化與資本主義市場經濟社會發展的關係；第三部分分別是從臺灣的媽祖文化與物質生活、臺灣的媽祖文化與經濟生活、臺灣的媽祖文化與經濟世界等三個面向加以論述；最後，是簡單結論與建議。

三、 媽祖信仰在臺灣的歷史意義

(一) 媽祖與臺灣關係

17 至 19 世紀，臺灣市場存在「中國」概念與國際經濟特色的雙重意義。1624 年荷蘭開始治理臺灣，臺灣市場融入國際經濟圈。1662 年鄭成功與 1683 年清帝國治理臺灣，海峽兩岸關係密切，「中國」概念更加深化，臺灣市場融入「中國經濟圈」，並參與國際市場的活動。

1895 年日本治理臺灣，臺灣市場又融入日本經濟圈。戰後國民政府治理臺灣的「中國」概念，又使臺灣市場融入美國經濟圈，並能逐漸發展其自主的主體性。檢視這段漫長的市場經濟發展經驗，寶貴的「荷蘭經驗」、「中國經驗」、「日本經驗」和「美國經驗」等四者融合為一，遂使臺灣經濟發展不但存在「在地化」和「國際化」的特質。

　　當前，更因為臺灣市場在進入經濟全球化的潮流中，又重回受到中國市場的影響而西進，再度突顯「中國概念」與「國際概念」是糾葛臺灣市場經濟社會發展的關鍵。

　　對 17 世紀的閩粵移民來說，臺灣是個充滿瘴癘疾病的恐怖地方。移住臺灣的人既然面對如此可怕的環境，當然需要用超自然的信仰來安撫人心。所以，臺灣開始有媽祖的信仰可溯自明帝國萬曆年間(1573-1616)，澎湖最先建造媽祖廟開始。

　　1661 年，鄭成功反清復明的北伐大業徹底失敗後，鄭成功從金門攻打臺灣，在祭拜過隨身迎奉的媽祖後，進入鹿耳門，建立臺灣第一個漢人政權。而現今臺南市的大天后宮於康熙 23 年(1684)，當清帝國納鄭氏所建立的東都為版圖時，即在此地封媽祖為太后。

　　不管是隨鄭成功來臺，或是在此之前，陸陸續續移民或偷渡來臺的人，這些辭別家鄉，遠渡海洋，走向一個茫茫不可知的世界，內心徬徨無助的移民者更加渴望神明的庇祐。因此，遂尋找一個能和海洋、行船密切關係的守護神──媽祖，發展成為臺灣民間信仰中最重要的神祇。

　　而且，船客渡海來臺的目的不只是單純的經商行為，許多船客渡海來臺是具有開拓精神(pioneer spirits)的移民，臺灣相對於中國大陸是發展的邊疆(the frontier)。也因為邊疆臺灣的誘惑，激發了福建、廣東地區的人民與社會有個寄予全新的意義，以及尋求新機會和希望的空間。所以，臺灣人是誰？最簡單的答案是臺灣人最早是由中國人變成臺灣人，然後再由早期移民和後來移民的後代所組成的多民族。

　　就以基隆慶安宮源緣起，要溯自 1780 年(清乾隆 45 年)，當時基隆街市尚未成形，從福建漳州移民來的先民在牛稠港，和哨船頭交界處的濱海附近地區築屋而居。由於先民都是依賴捕魚為生，為求航海和捕撈滿載，於是在牛稠港的虎仔山邊，興建一座小廟，主祀天上聖母，以供住民膜拜祈福。後來移民日增，先民轉移到崁仔頂一帶，由於商業漸趨繁盛，街紳在嘉慶 20 年(1815)發起募集資金，遷建媽祖廟。

　　因此，建廟已有 225 年以上歷史的慶安宮，主神奉祀有開基媽祖和從福建湄

洲祖廟迎回的「天上聖母」媽祖。近年來，慶安宮有感於基隆是早期漳、泉先民移民來臺開墾上岸的第一站，同時也發生漳、泉先民在移民史上的所謂「漳、泉械鬥」事件。因此，基於要族群融合的考量，2003、2005 年分別前往大陸迎回「泉州媽」和「漳州媽」，成為全臺同時供奉「湄洲媽」、「泉州媽」和「漳州媽」的廟宇。

(二) 臺灣媽祖信仰的意涵

臺灣媽祖信仰隨著歷史演變而表現的一種生活方式，原來中國的民間信仰，是一種七分道教、二分佛教、一分儒家思想所混合的多神教。他們既沒有教理也沒有教團，信徒們任意選擇自己所喜歡的神，來祈禱自己的福壽而已。

媽祖信仰的真正意涵是來自於歷史的傳承與香火的分割，而不是以怪力亂神為廟宇崛起的關鍵。媽祖信仰固然是有其理性的一面，但是在傳揚的過程，必須善用理性的溝通技巧，讓善男信女在信仰媽祖時，能夠取得精神的精髓，表現其積極的入世態度與高雅的出世情懷，以真正安安身立命的理想境界。

對大多數的經濟學家而言，創業精神是「外在於經濟」(meta-economic)的事件，它對經濟體系有深遠的影響，但本身卻非經濟體系的一部分。然而，現代資本主義精神，不只是精神，也是現代文化構成因素中「以職業觀念為基礎的理性生活經營」的一部分。職業人不但是我們文化時代中的每一個人的命運，而且也必須正視此一命運的嚴峻面貌，才能做我們自己命運的主人。

韋伯(Max Weber)指出，由於中國對靈魂信仰的家庭孝順，對於人們的行為舉止有絕對的影響力。[4]臺灣媽祖來自中國大陸，臺灣深受中國教育與文化的影響。雖然媽祖文化是強調人的內心精神生活，民眾供奉媽祖是為了求取保佑，藉其道德性的宗教信仰，透過對其神話、傳說、祭典、建廟、雕塑、文物的熔鑄，使抽象的觀念轉化為具體形象的事物，玄妙深奧的宗教哲理已成為人的生活指標，也顯現在市場的經濟活動中。

---

[4] Max Weber, *The Religion of China* (N. Y.: Free Press,1964).

　　以下，本文將分別從物質生活、經濟生活和經濟世界等三個層面來分析媽祖信仰與臺灣資本主義市場經濟的發展。

四、臺灣媽祖信仰與物質生活

(一) 食衣住行

　　17 世紀以來，臺灣在荷蘭治理時期就開始從事稻米的生產，每日三餐都是以米為主食，佐食方面也多半是用稻米或糯米製成。糯米可以製成糕、丸之類的食品，甚至釀酒。臺灣米酒成為民間最重要的飲食，每逢祭祀和廟會宴客都是生活上的必需品。臺灣的地質沙地非常適合種植蕃薯(地瓜)，也是部分居民的主要食糧。

　　臺灣的副食品是以肉類、魚類和菜類為主。肉類以豬肉的消費最多，特別是提供拜拜時候的祭品，雞鴨肉次之，牛羊肉則較少。臺灣四面環海，魚產則有淡水類和海產類之分。淡水類有虱目魚、草魚、吳郭魚、鯽魚、鰱魚、鱸魚、鱔魚、蝦等；海產類有烏魚、白帶魚、旗魚、九母、蠔等。菜類有豆芽菜、甘藍菜、白菜、菠菜、空心菜、南瓜、絲瓜、冬瓜、碗豆、土豆。

　　早期臺灣的衣料，不論絲織品、紡織品或棉織品多來自大陸，服裝式樣也都沿襲自福建和廣東。在《金瓶梅》和《紅樓夢》等清代小說中，就有低階層僕人穿上名貴衣飾的描述，顯示各地官、紳、商和地主有選購商標商品和信用良好、老字號商店服務的消費行為傾向。到了日本統治臺灣時期，由於日本紡織工業比較發達，加上皇民化政策的推廣，臺灣服飾才逐漸東洋化和西化。

　　不論是荷蘭或西班牙在臺灣築城或建碉堡的技術，都是由訓練有素的工程師和測量師負責。臺灣漢人傳統住宅是模仿閩南泉州和漳州的式樣，紅磚、紅瓦，屋內構造，正面中央是正廳，專供拜神祭祖和客廳之用。正廳的兩側各有臥房，小型住宅是左右各一間，大型住宅則是左右各兩三間，左房間是長輩所居，僕人

和奴婢被安置在右邊廂房，廚房和儲藏室是放在房子的外側。

　　臺灣舊有的農業資本主義社會，大家族本身就構成一個經濟單位，兼備了生產與消費的功能。所以，在地主住宅的大門前特別設有曬穀場和向佃農收租的事務所(也就是俗稱的「公館」)。在富商的住宅裡面，有倉庫和作坊。而在建築和裝飾上也同時深受中國傳統的靈魂崇拜、風水說、宗教信仰的影響。

　　臺灣早期內陸的水上交通工具，主要靠竹筏的擺渡，陸上交通是從轎子、由於太耗費人力，就改為人力車，後來又發展為三輪腳踏車；一般農家則使用牛車作為運輸工具，鐵路交通一直要到清領臺灣近代工業發軔時期，劉銘傳興築臺北到基隆的鐵路才開始。

　　韓格理(Gary G. Hamilton)指出，在近世中國產品的分殊化是決定於價錢、品質和消費者偏好，法律雖對百姓，特別是商人的服飾有種種限制，但最少在明帝國末期對這限制已不能產生作用。因此，最晚在 16 世紀以後，中國消費者可依隨自己的價值取向、身分地位，甚至基於他們對將來的期望來選擇不同品類的物品消費。這一商品分殊化現象是中國出現消費社會的標誌。[5]韓格理的觀點也相當指證了當時臺灣部分衣食住行的物質生活消費，大抵已能充分突顯了資本主義市場經濟商品流通在臺灣社會的活絡景象。

(二) 民間工藝

　　17 世紀臺灣的工藝技術，主要發展在竹、木材加工。臺灣全島竹子的種植和生產量很豐富，種類也很多種，主要的產地在南投的竹山和臺南的關廟。竹製的住宅、店鋪和牲畜的養護處，都是使用竹子作為骨架，在外牆上塗抹泥土而蓋成竹屋，裡面擺設的傢俱、日常生活用的器具、謀生用的斗笠、小孩的玩具，和交通用的轎子和竹筏等等，都是實用性的竹、木製加工產品。竹、木製的手工藝品更是在 20 世紀 50、60 年代臺灣的主要外銷產品，為國家賺取了不少的外匯。

　　民間裝飾工藝則是表現在雕刻、刺繡、金銀工等。臺灣的雕刻雖有石雕和木

5　Gary G. Hamilton, 張維安等譯，《中國社會與經濟》，(臺北：聯經，1997 年)，頁 289。

雕之別，但兩者充分融合在寺廟的建築物上，當時的臺北龍山寺、雲林的朝天宮都是模仿福建泉州和漳州一帶寺廟建築的樣式和風格。臺灣一直到日本統治的後期，凡是建造寺廟或者舊式邸宅的時候，慣例都要從泉州一帶招聘懂得建築的唐山師父，委以工程設計和施工的重任。

特別是與媽祖等民間信仰關係最密切、最具代表性的工藝技術，充分表現在神像、佛像的雕塑和神具的工藝技術。相關媽祖和關公等神具的精心製造，也都是以師傅傳弟子，由福州人採用基爾特的獨占生產方式，在市場上進行交易，是典型資本主義中不完全競爭的商業活動機制。

(三) 寺廟祭神

臺灣商人祈求神明保佑大發利市，是商人崇祀神祇的原因。所以，臺灣寺廟和商人組織的利益關係也表現在財務上的來往，例如竹塹地區的塹郊與長和宮的媽祖信仰活動相結合。又如「府城三郊」，所謂三郊就是指北郊、南郊、港郊等三個行會。三郊擁有極大的財富，並且維持寺廟，以財力和神權統治同業。當時臺南鹿耳門媽祖廟和海安宮都是曾經由三郊維持過的寺廟。

三郊到了清光緒初年為止，三郊的歲入與歲出的金額，計算媽祖祭祀費和鹿耳門普渡費(媽祖廟盂蘭會的費用)的數目，可說其占全部支出的半數以上是被充作神佛祭祀費了。

再有，今日龍山寺的後殿，當初是一座完全獨立的媽祖廟，也是泉郊的團體從會員所經手商品中徵收 5 分從價稅而建的。當年的商會為了統制會員，為了對抗官府，就必須結合民間對宗教的信仰來保護自己的商業利益。

乾隆 3 年(1738)，現在的萬華龍山寺創立了一個「頂郊」的行會，聚集泉州府的晉江、南安、惠安等三縣出身的商人，而與來自泉州府同安縣商人所組成的「下郊」行會展開激烈的市場攻防戰，甚至爆發大規模的武器械鬥。在臺灣的地緣村落中，普通是以含有地緣意義祭祀鄉土神的寺廟為村落自治中心。這些供奉著鄉土神的寺廟也兼具有村落自衛的功能，發揮城寨保護村民的作用。

所以，每當起因於鄉黨意識而發生私人集體械鬥，許多寺廟都因遭受兵火破

壞而不得不重建。況且被打敗的一方，縱使被驅逐到其他的地方居住，他們首先要完成匯集人心的興建寺廟，作為村落的自治和自衛中心。例如咸豐 3 年(1853)，泉州的同安人受到泉州三邑人的排擠，從現在地萬華移居到較為北邊的大稻埕，他們就在那裡興建了城隍廟和慈聖宮，這些神廟迄今在臺北市仍然擁有眾多的信徒。這種不沿襲傳統中國商業組織習慣，卻以採取原籍同鄉結社的策略方式，便基於祈求媽祖保佑的宗教情緒上的需求，緊密促使郊舖進一步結社。其後，更形成為具備商業組織的「郊」。

行郊與歐洲中古世紀的行會(guild)，都是把同一種職業的成員聯合在一起。但是，中世紀的行會往往控制著成員的一般道德標準，類似於禁欲主義新教教派的教規所實行的那種控制，但是行會與教派對於個人經濟行為的影響，顯然有著不可避免的差異，行會不可能產生現代資產階級的資本主義精神氣質，只有禁欲主義教派的條理化生活方式，才能使現代資本主義氣質的個人主義動力成為理所當然。

臺灣清領時期「行郊」在組織功能上既然類似歐洲中古世紀的行會，對內政策強調使盡一切手段，強制行會會員機會的均等；對外政策採取獨占方式，設置警察和法庭來解決糾紛。韋伯對行會不尊重市場自由競爭機制的批評，也導致「行郊」被認為是中國不利於資本主義發展的原因。但是我們也不能忽略「行郊」確有存在市場經濟活動的事實與功能。

村落組織和行會等組織都是屬於互助合作的組織，另外還有各樣各式的結社，其中有的可以說幾乎是祕密結社，但都是帶有守望相助性質的。宗教性的結社有神明會、祖公會、祭祀公會、共祭會等，這些結社置有財產，公選管理人以管理會產，並且有能力常常資助村落裡的公益事業。所以，仍然是一種帶有互助合作性質的結社。

在經濟性結社方面有父母會、孝子會，以經濟上的相互扶助為基本任務。政治性的結社多半是秘密的結社，天地會為代表，是以暗中策劃反清復明為目標。因此，縱使造成清治臺灣經濟社會的混亂，即使是為了地租和土地爭奪等經濟因素而發生的，也藉由突顯匡復明帝國的大義名分，再點綴宗教的神秘色彩，期能

發揮更大的效果。

　　康熙 60 年(1721)臺灣爆發的朱一貴之亂，從其隱居地今天的高雄市內門區起事，除了攻陷府城，並以今天臺南市的大天后宮為王宮，號令全臺。以後的林爽文、戴潮春的事件皆是藉由信徒信仰媽祖來弭平和收攬人心，且得到相當的效果。

　　臺灣的歲時節俗幾乎全部都是跟神佛、靈魂信仰有關。臺灣的祭神廟會多集中在秋收至春耕前的農閒時候舉行。航海守護女神媽祖的祭日，就是在每年 3 月 23 日前後。媽祖是臺灣最多信眾信仰的神，因而祭典也是最盛大的，在媽祖的祭日，有廟會的遊行，沿途住民爭相在門前祭拜，放鞭炮，燒線香，焚金銀紙，是典型的消費性經濟行為，而家庭倫理和虔誠的宗教信仰在推進臺灣經濟社會方面，確實具有重要和正面的意義。

(四) 貨幣交易

　　沒有貨幣使用的經濟叫做自然經濟，而有貨幣使用的經濟叫做貨幣經濟。貨幣的機能，在於發揮計算的可能，有了共同計算的標準，才可能有市場交易機會的發展。

　　因此，市場經濟重要的是透過貨幣交易才能進行商品的買賣，促進商品大量的流通。換言之，簡單商品的流通是商品經由貨幣，再回到商品，賣出商品的目的是要重新買回商品；而資本主義市場經濟的商品流通是貨幣經由商品再回到貨幣的過程，目的是為取得交換價值，提高貨幣值。

　　荷蘭統治臺灣時期，來自爪哇、呂宋等處的外國銀幣，原為主要通用的貨幣，而自鄭成功治理臺灣時期，臺灣通用的貨幣又有中國鑄造之銀兩即紋銀。所以，當時臺灣的貨幣可分為銀幣和銅幣兩種。而銀幣皆來自西班牙的殖民地墨西哥與呂宋(菲律賓)，計有劍錢(重九錢)、圓錢(重 7 錢 2 分，亦有小者 2 當 1，及 4 當 1)、方錢(重量與圓錢相同)、中錢(重 3 錢 6 分)、菱錢(有重 1 錢 8 分與重 9 分及 4 分 5 厘者之分)。

　　銅錢即所謂通寶錢，多古錢與小錢(按為私鑄錢)，大多來自大陸與日本。當時銀元 1 枚可兌換通寶錢約 1,500 文，民間市場買賣活動及與外國貿易，全部以

元為計算單位。至於，鄭氏的徵稅則採用兩作為單位。然而，市場上實際流通的貨幣，亦有鄭經自行鑄造的「永曆通寶」錢。

由於臺灣本身不出產銀，清領時期的通貨對於銀幣的使用不得不慎重。臺灣鑄造銀幣，稱為「臺灣紋銀」。道光 13 年(1833)，福建省政府發行與西班牙形體相似的貨幣，其正面除鑄印有壽星像之外，還註明有「足紋銀餅」字樣。此外，專為支付福建及臺灣駐軍餉款之用，一刻有「道光年鑄」加註「臺灣」字樣；一刻有漳州軍餉字樣。

咸豐 3 年(1853)，臺灣鑄造的銀幣有如意銀、劍秤銀和老公仔銀，總稱臺灣紋銀，或稱為六八銀元；又因財政困難，亦曾在嘉義鑄造「咸豐通寶」。1888 年(光緒 14 年)，清政府開始鑄造「光緒元寶」銀元，重 7 錢 2 分，亦在臺灣流通，因其背有龍紋，故稱為龍銀。光緒 15 年(1889)又鑄造「光緒通寶」，接續又鑄造 1 角銀幣。但當時臺灣流通最廣的還是墨西哥銀元，重 7 錢 2 分。

到了光緒 18 年(1892)，臺北機器局鑄有 2 角、1 角及 5 分的小額銀幣，但市面上流通的還是以廣東造幣廠的 1 角銀幣居多。銀錠則有官鑄和私鑄兩種。官鑄的銀錠重量不一，以重 50 兩者為最普遍，俗稱大元寶，但衡量當時臺灣市場交易所能接受的，如果將 50 兩的銀錠用作一般交易的通貨，單位金額實在太大，只適合用在對外大宗商品貿易的流通。所以，大元寶都經規模較大的商店或錢莊回流大陸，或因品質較優而由金銀首飾店溶解使用。

至於清領時期的銅錢，在明鄭投降之後，即停止「永曆通寶」的流通，而改制為「康熙通寶」。但民間盛行磨竊制錢，臺灣私鑄的小錢則有「19 錢」、「28 錢」、「37 錢」、「46 錢」及「對開錢」等，臺灣私錢的種類何其多，有如大陸私錢的殖民地。到了清帝國後期曾有發行官票和寶鈔，但官不收、商不要，當然沒辦法成為市場上流通的貨幣。

然而，當時在市場上還有兩種特殊貨幣，就是「私票」和「鴉片」。私票是各種官、民營的金融機構，透過當舖、票號等作為存款、匯兌憑證發行的「銀票」、「錢票」、「銀元票」等。鴉片及鴉片貿易訂貨單也被廣泛當作支付手段使用。因此，在臺灣由高利貸業所發行的紙幣也被接受流通。

整體而言，清領時期臺灣市場的交易價值，原則上都是秤量計值的。秤量分為庫平是政府公用的標準；商平為民間所用。庫平 1 兩約合商平 1.00016 兩；海關平是海關專用，理應與庫平的標準相同，但實際上並不一致。湘平是政府發放軍費時專用，價值最輕。

所以，清領臺灣時期的流通貨幣，不論銀兩、銀元或銅幣不但都須經過秤量，而且必須分別秤器的使用種類。這麼複雜的幣制和秤量使用只能藉由商人行會的規範和道德約束，彰顯媽祖文化在市場交易活動中對商業秩序的維持，在臺灣經濟社會充分發揮了穩定性和公平性的功能。

基本上，臺灣在明清時期，已有資本主義的萌芽發展。雖然在市場上缺乏交易的競爭，資金尚未能充分流通，經理人才依賴血緣關係，導致企業經營無法規模化。因此，臺灣在清領時期從 1683 年到 1874 年的兩百年間，農作的方法與工具仍沿襲千百年的模式，商業也限於趕集及流動小販往來，人民的生活習慣並未受到工業時代所帶來的改善。

大清國企圖建立一個長期跨越種族與地理分野的菁英聯盟，從帝國建立的觀點而言，即使採用多元文化策略終究無法免於失敗，卻也遺留了許多特殊文化遺產。生活世界畢竟先於理性化的歷程，重視媽祖文化雖是屬於偏精神生活的層次，但從市場經濟的自由程度而言，物質生活世界是真正臺灣近代資本主義市場經濟社會所形成與發展的底層。

五、 臺灣媽祖信仰與經濟生活

臺灣資本主義體制的產業發展，從農業、工業到服務業，在歷經不同政權的治理階段，在臺灣先後住民篳路藍縷的共同努力之下，才具有今日的規模。以下將 17 至 19 世紀的經濟生活分為農業和工業資本主義時期的市場活動加以敘述。

(一) 臺灣農業資本主義市場經濟

　　臺灣早期住民的市場經濟活動，通常是在屬於同血族(tribe，或稱種族)的氏族(gens or sib)內部進行。這是原始經濟的市場活動強調相同血緣氏族內部的共同生產、分配和交易。氏族共有的土地也就是早期臺灣原住民賴以為生的來源與資產，原則上，氏族成員都可使用共有地的一部分。

　　換言之，有如歐洲在前資本主義的經濟，在一切居留的形態中，農村土地的總面積內常有一巨大的部分不給予各單一農家，而為整個氏族共同的所有物，及公有產業。農村土地中這一部分用為一種共同經濟行為的支柱，大半是作為家戶的牧場。在經濟上則表現於全氏族的自立和各農家的彼此依賴中。因為，對外沒有交接，原始的村落建設在各單一鄉村間沒有通行的道路，全部生存閉鎖在鄉村土地的狹小範圍之內，每單一家庭既要在自己的鄉土中自立謀生，這種狀況自然發生一種規定生產的原則，即滿足自己自然的需要。

　　16 世紀，臺灣原住民在歷經幾個世紀土地財產權的演變。因有了私人財產權的形成和交易成本的概念，臺灣的資本主義市場經濟生活才得以發展。這是當時臺灣土地所有權與使用權制度的形成與演變，顯示臺灣原住民和少數大陸移民對土地的努力開拓情形，雖然各族對土地制度的看法與態度並不完全一致。這樣的型態一直到了荷蘭統治臺灣之後，臺灣土地制度才出現新的面貌。

　　換言之，臺灣原本為原住民生息的地方，因為荷蘭殖民統治，臺灣才脫離了與世隔絕的狀態，發展成為荷蘭東印度公司在遠東貿易網絡中一個不可或缺的貿易基地，對最初深受荷人歡迎的大明國移民來說，臺灣原先是他們避難的去處，而後漸漸成為他們定居繁衍的地方。此一經濟社會的轉變，導致原住民的土地受到排擠與掠奪，並且被迫移居山地，大陸移民的地位也由原本的難民變為土地開發者。

　　所以，原住民社會的氏族市場經濟生活乃隨採集、打獵、漁牧逐漸向農耕的階段推進。由於臺灣原始農業市場經濟的發展受制於資本短缺、生產技術落後、市場活動受限，以及村落共同體的約束。以後，逐漸隨著來自大明國移民的開墾

耕作，以及少數日本人出沒的零星交易，發展成為以原住民族游耕方式生產幼稚農業產品為主，而且市場經濟活動的範圍，也只限於臺灣西部地區。

當荷蘭人初見臺灣原住民時感到十分吃驚，因為他們沒有如西方國家的國王或君主，而且長年累月在進行戰爭，一個村莊攻打另一個村莊，即使如此，一個村落就是一個群體，一個等級系統。原住民為確保經濟資源與利益，打鬥、征伐或戰爭關係到資源的生產與分配，也是臺灣原始市場經濟發展自足化的特色。以後，才經由大明國、日本與臺灣的經濟活動，揭開臺灣市場對外交換經濟社會的開始。

1624 年起，荷蘭開始藉由臺灣作為與大明國及日本貿易的據點，並獨占臺灣對大明國貿易的市場利益。荷蘭東印度公司(East India Co.)以在印尼巴達維亞和在臺灣大員設置「商館」的營運模式，經營和拓展國際市場。臺灣不僅扮演東西方貿易的角色，而且亦是東亞國家之間市場活動網路的中繼站。掠奪式經濟都採取利用港口來拓展市場活動。

為了推動臺灣的市場經濟，荷蘭東印度公司採取提供資金、補助開築灌溉設施經費、提供耕牛農具與種籽，及改進耕作的生產技術等措施，來獎勵大明國人移民臺灣，投入生產行列。同時，為有效管理招來的農民，採取大、小結首與佃農所組成市場機制與封建形式並行的資本主義體制。

特別是採取「包幹制」(pachten)的稅賦，荷蘭東印度公司嚴重掠奪農民利益的後果，導致 1652 年爆發郭懷一事件。荷蘭人雖在原住民的支助下，將抗爭的大明國人鎮壓下去，數千名大明國人慘遭殺害。這事件表露出東印度公司在臺灣經濟社會失控的明顯徵兆，不但導致臺灣農業市場蒙受重大損失，而且臺灣發展市場經濟必備的秩序穩定環境已遭破壞。

1662 年鄭成功驅逐荷蘭人，正式入主臺灣，實得力於對媽祖信仰在精神力量上的支助，和發揮穩定軍、民心的作用。對臺灣的開拓歷史而言，中國血統和文化的大量進入是一件劃時代的事。鄭氏治理臺灣，為了增加農業生產，積極改良生產技術，將荷蘭治理臺灣時期農業主要依賴「鋤耕」來種植甘蔗方式，改為以「犁耕」的方式生產稻米。同時，藉由屯田政策，增加土地生產面積。

人口數和開墾土地面積的增加，其影響因素除了經濟社會問題之外，從文化的觀點而言，實不能忽略媽祖信仰在移民內心深處所發揮的影響力。就全臺灣土地的總面積而言，尚不足稱道，但已是荷蘭治理臺灣時期的 2.2 倍，由於臺灣市場的不斷開發與成長，已逐漸形成漢人社會，對媽祖信仰的人數更是有增無減。臺灣在實際上和名義上皆歸屬於大明國，漢人在臺灣政經社文的控制權已經「土著化」。

清帝國接續治理臺灣，一直要到 1875 年之後，因外患日亟，才正式全面開放大陸人士移民來臺，進而獎勵墾殖。但事實上，由於行政命令與實際執行之間的落差甚大，即使在嚴禁期間呈現禁者自禁，來者自來的情況。

在過去的兩、三百年間，基本上，大陸對臺灣的關係是採取隔離政策，例如1661 年，清順治皇帝為了封鎖鄭氏在軍事上的補給，將廣東、福建、浙江等沿海居民，強迫遷徙離海岸 30 至 50 里的內陸地區，並築起境界線，嚴禁百姓在沿海地區居住與耕種，實施「劃界遷民」政策；1662 年，更頒布〈海禁令〉實施封鎖政策。

然而，自閩粵移民來臺的漢人，雖歷經艱辛，但仍秉持對媽祖和其他神明的信仰力量，寄託於宗教的精神力量，並能保護其生命和財產的安全，前仆後繼的勇敢飄洋過海，來到臺灣，尋找可以作為自己安身立命的地方。

臺灣拓墾的正式化與規模化，係於 18 世紀後半期，而到 19 世紀初期始告一段落。主要地區先從臺灣的西部平原，再由南部而擴及北部。清治政府為增加生產面積和農業生產量，更在 1886 年在劉銘傳任內設立撫墾局。

從 17 至 19 世紀，臺灣土地開墾和農業發展，是發軔於鄭氏治臺時期，再延續清帝國治理臺灣的三百年間。臺灣產業結構也大約從康熙 22 年(1683)統一臺灣起，乃至 1735 年(雍正 13 年)止，這段期間臺灣土地是被大量開墾期，是屬於粗放的農作物種植；而自 1736 年(乾隆元年)以後，至 1850 年(道光 30 年)末期，這段期間土地開發已漸飽和，農業產品主要成長在米、糖和茶葉等精耕細作物上。

1851 年(咸豐元年)乃至 1895 年臺灣淪為日本人統治，特別是 1860 年代開始，臺灣被迫開港通商以後，由於市場利益競爭和外資進入的結果，臺灣產業明顯出

現了轉型工業資本主義的趨勢,臺灣經濟社會並已逐漸完成了「定著化」的現象。

因此,檢視臺灣內陸平原地區從事農墾的人是以漳州人和一部分泉州人為主。早年當第一代祖先離開家鄉時,通常都會迎請家鄉最威靈顯赫的神明,作為保護神。到了臺灣定居以後,也是依照既定的模式,先建臨時性的草屋供奉神明,或在私宅中設立神壇。

以後等到開拓有成,經濟條件比較穩定,村落裡便會募集資金,將草屋神壇改建寺廟,不同來源的人群迎奉不同的神明。例如泉州安溪人遵奉清水祖師、漳州人大多遵奉開漳聖王,而客家人則遵奉三山國王。

(二) 臺灣工業資本主義市場經濟

由於英美商業資本逐漸進入臺灣,其營運方式是透過買辦的居間服務,主要是以匯豐銀行為金融中心,先對外國的洋行予以資金,而洋行則利用買辦制度,一方面利用預先付款的方式支援並控制生產者,另一方面操控產品價格,不但較小規模的生產者,得不到資金的奧援,致使出口品生產量的不足而價格高昂,而進口商品則因物美價廉而大量輸入,惡性循環的結果使臺灣經濟社會飽受到殘酷的打擊。特別是臺灣的糖商,因對資金與市場的過度依賴,影響臺灣近代工業技術的引進。

熊彼得(Joseph A. Schumpeter)認為歷史上第一次長期波動發生於 1781-1842 年,起因於產業革命;第二次長期波動發生於 1843-1897 年,繁榮的原因在於鐵路的普遍興築,是現代工業文明的特徵;第三次長期波動是 1898 年以後,其繁榮的來臨乃因電氣工業與化學工業發展的結果。[6]

1874 年,劉銘傳開始在臺灣推行的自強新政,是臺灣早期工業資本主義化的契機。所以,劉銘傳推動臺灣工業資本主義市場經濟的發展,首先就是要充裕財源和創造經濟利益。然而,劉銘傳的改革因為增稅而失去與小租戶結盟的機會,

---

[6] Joseph A. Schumpeter, *The Theory of Economic Development: An Inquiry into Profits, Capital, Credit, Interest, and the Business Cycle,* Trans. Redvers Opie (New York: Oxford University Press, 1937),pp. 252-296, 325-346, 397-436.

又因為土地政策削弱了大租戶的經濟利益，在兩面不討好的窘境下，失去整個經濟社會的支持，並導致最後的去職。

邵友濂的保守治臺策略，迫使臺灣進行工業化的腳步停滯下來。1886 至 1891 年劉銘傳的「臺灣產業近代開發計劃」，就計劃的理想性是很好，劉氏也盡全力執行，但過程卻遭遇不少挫折，究其原因，是社會治安不好。

總體而言，明清之際，中國傳統商人的經濟社會地位已有重大的變化，商人的「睦淵任恤之風」已使他們掌握一大部分屬於士大夫的社會功能。[7]當 1860 年以後，臺灣的漢人人口數已達 2 百萬人之多，其所形塑臺灣住民的移民開發精神，展現在工作能力與企業經營績效上，已不只是純粹傳統的農民與士族意識，也都能充分印證韋伯(Max Weber)所稱的基督新教倫理與「資本主義精神」(capitalism spirit)。[8]

臺灣人開始具備現代工商業經營者與企業家的「創業精神」 (entrepreneurship)。所以，多數臺灣人的崇信媽祖文化精神，其對臺灣經濟社會所造成的影響，與美國喀爾文教派所具有的企業精神亦與相去不遠。

六、 臺灣媽祖信仰與經濟世界

(一) 17 世紀以前臺灣經濟世界

臺灣地處東亞要衝，雖然早在西元前漢人以廣泛地繁衍到亞洲各地，臺灣又是緊鄰大陸，但直到 16 世紀臺灣仍被忽視，主要因為臺灣沒有大量市場需要的產物來吸引貿易者，以至於臺灣一直處於那些時代的亞洲貿易網絡之外。

至於，漢人來臺開拓，其重要的關係要從 1360 年，元朝承宋制在澎湖設置巡

---

[7] 余英時，《中國近世宗教倫理與商人精神》，(臺北：聯經，1987 年 1 月)，頁 161。

[8] Max Weber, *The Protestant Ethic and the spirit of Capitalism* (N. Y.: Free Press, 1958).

檢司，派員查驗往來文書，追緝販賣私鹽、逃兵、逃囚等事，扮演現代水上警察維護治安的角色。到了 1607 年(明萬曆 35 年)改設置衝鋒兵的官職，最主要目的要圍剿橫行於海域之中的海盜集團。這些海盜集團的流竄與出沒，不但開始以臺灣為基地來往於大陸沿海的福建、廣東及福建等地，更遠至呂宋及柬埔寨。

　　然而，原住民時期臺灣、澎湖與大陸之間的來往，雖僅是片段的接觸，但似乎已建立某種程度的商業接觸。所以，荷蘭治理臺灣以前的開發經營，乃大陸沿海逐漸開發經營的延長。

　　16 世紀，日本人的海上劫掠成為東亞海域中的變數。當時，日本的勢力曾分別到達臺灣北部的基隆和南部的安平一帶。1593 年豐臣秀吉派員攜帶國書於出使呂宋途中，要求「高山國」(臺灣)朝貢，但當時所謂「高山國」並非具統一政權的國家而沒有結果。

　　1609 年、1611 年先後有馬晴信及村山等安等人指使的武裝團體試圖佔領臺灣，雖然這兩次的冒險行動不幸失敗，但突顯了臺灣在東亞貿易市場的重要地位。特別是大明國、日兩國貿易所建立的「會船點」(rendezvous)型態，其交通要道更為臺灣帶來銜接與國外市場發展的機會。

(二) 大航海時代臺灣經濟世界

　　15 世紀末葉及 16 世紀，正是歐洲國家向東方的大航海時代來臨，葡萄牙、西班牙、荷蘭接踵而來，是促成東亞海域經濟轉變的重要因素。1571 年西班牙佔據菲律賓，1628 年佔領淡水而統治北臺灣，與 1624 年荷蘭佔據南臺灣，形成相對局勢，到了 1642 年基隆為荷蘭所佔領，臺灣全島始成為荷蘭的殖民地，成為荷蘭人的亞洲貿易尤其是大明國與日本貿易的基地，也開啟了臺灣進入文字歷史與接觸西方文明的時代。

　　近代初期歐洲國家前往新世界的重要遷移，在人口、商業行為、文化宗教、自然環境和政治上都造成世界歷史性的轉變。因此，在重商主義階段，荷蘭治理時期又利用臺灣優越的地理位置，全力發揮轉口功能，成為大明國、日本、南洋、歐洲等地貨物的集散中心，就此經濟利益的觀點，荷蘭東印度公司在臺灣的經濟

利益與臺灣市場的開拓乃有「相互依賴合作」的需要。

17 世紀英國重商主義者曾將荷蘭資本優於英國資本的現象歸結為，在荷蘭新獲得的資本並非一概地用於土地投資。同時，由於這不僅僅是個購買土地的問題，所以荷蘭也不曾設法使自己轉變為封建生活習慣的一部分，以致於失去進行資本主義投資的可能性，這正是荷蘭治臺未能留下具體績效的結構性因素，但就貿易的角度而論，卻促成臺灣資本主義市場經濟發展的國際化。

鄭氏治理臺灣時期的經濟世界，猶如歐洲國家的阿爾及爾和瑞典。阿爾及爾位於歐洲和土耳其兩大經濟世界的會合處，阿爾及爾並不順從於其中任何一個經濟世界，乃至於被排斥在地中海貿易之外。而位於歐洲和俄羅斯接壤的瑞典，它則是被排斥在波羅的海的直接利益之外。因此，不畏戰爭都成為他們國家最高的生存戰略。

鄭氏治臺灣初期，在東亞海域上遭遇清軍與荷蘭聯軍的夾擊，加上清帝國的海禁政策，迫使其與大陸的貿易受阻，而將船隻轉往日本、琉球、呂宋、暹羅，並且與英國進行多角貿易。基於市場利益，英國東印度公司更於 1675 至 80 年間重新在臺灣開設商館，鄭氏政府則提供關稅優惠，進口稅只徵收 3%、出口稅則全免。對日本的貿易，則由於每年到長崎的商船增多，相對地減少臺灣與大陸的直接貿易額。

(三) 工業革命時代臺灣經濟世界

在一個複雜化、專業化和資本化的工業發展體系中從事於高風險生產，改變了商業與工業之間的關係。工業生產不再是商人作為從事於企業經營而組織的商業附屬品；它開始涉及到長期的投資與風險，除非生產的風險降低，評估了預期投入都能達到目標的條件下才繼續投資。這種經營型態的改變，意味著工業生產要素的提供在 19 世紀 20 年代英國的勞力、資本、貨物，及企業家經營能力都能充分發揮效能與效率。

19 世紀臺灣的經濟社會發展，已不是完全依靠以自然經濟、自給自足的封閉經濟(closed economic)為基礎，幾乎所有的農產品皆以輸出國外為目標，而且已出

現「行郊」商人或從買辦地位另闢天地，並建立自家地盤的商人及商業資本家，其營業範圍和項目已逐漸擴充，有助中產階級的形成。

臺灣的中產階級(bourgeois)也代表著擁有財富足以度其安逸日子的人，和擁有某些心理狀態，例如視怠惰為罪惡、有計畫使用金錢和時間、要求過自認為正確的生活、以及持有信賴及誠實作生意等觀念的人。

清領時期臺灣的「行郊」，是一種商業組織，很類似中世紀歐洲的基爾特(guild, 或稱為行會)和日本的「座」。布勞岱爾(Fernand Brandel)指出，甚至在很少顧及其不同領域的特殊利益和專事鎮壓的帝國的束縛下，備受監視和虐待的經濟世界仍然能夠生存和開展其經濟擴張，羅馬人在紅海和印度洋進行貿易、亞美尼亞商人足跡幾乎遍及世界各地、印度商人遠達莫斯科、中國商人經常光顧南洋群島各地，在南亞和東亞各帝國的政治高壓區，國家比市場更強大，而經濟卻仍有它發展的空間。[9]

這些新興的商人、企業資本家已能逐漸脫離政府權力的保護，而獨立營運與穿梭於清帝國及英美諸勢力的夾縫中，臺灣經濟世界的市場利益不斷創造了經濟成長。

檢視 17 至 19 世紀，臺灣經濟世界由於泉州人一向擅長海上貿易以及漁鹽之利。所以，居住在有貿易及漁鹽之利的海口地區，當泉州人進入這些地區之後，大致都由經營海上貿易的「郊商」捐助興建媽祖廟或水仙王廟，作為鄉里的信仰中心，同時也作為郊商的辦公和開會的公共場所。

這些廟宇包括：臺南的大天后宮、水仙王宮；北港的朝天宮；鹿港的天后宮；新竹的內、外媽祖廟；臺北的龍山寺和慈祐宮；基隆的慶安宮等。這些廟宇因為居於某個自然經濟區域的商業網絡而形成聚落。

---

[9] Fernand Brandel, *Civilization & Capitalism, 15th-18th Century vol.3: The Perspective of the World.* Trans. Siân Reynold(N. Y.: Harper & Row, 1984).

七、結論

　　明清時期是臺灣市場與大陸貿易最密切的時期，也因為媽祖信仰的關係使得對兩岸人民的互動更具歷史的、文化的、政治的、經濟的整合性意義。因為：

　　第一，媽祖信仰豐富了臺灣人的精神文化內涵，媽祖信仰穩定社會民心和有利於企業的經營投資。臺灣移民藉著篤信媽祖有關超自然神力的設計，建立一個包括自己的家和整個村落，甚至於更大地區的堅強保護網。

　　我們唯有從這個角度去觀察臺灣民間對媽祖的信仰及活動，才能充分理解為什麼臺灣社會有這麼多的媽祖廟和其他廟宇，而且這些廟宇並不會因科學發達而沒落，寺廟總數和臺灣國民所得呈現平行增加的趨勢。

　　第二，媽祖信仰帶動了臺灣經濟社會的蓬勃發展，鄉黨組織和宗族、地域觀念對市場經濟的促進，從個人主義和自由經濟的觀點而言，或許有不相容之處，但從市場交易和資本累積仍有其正面的意義。媽祖祭典和廟會等民俗性活動為地方產業創造生機，為觀光產業帶來經濟發展的活力。

　　同時，顯示臺灣市場經濟的結構是從基層市集開始，一直伸展到更高層的各級經濟中心，這些各類型市集絕大部分市場沒有受到政府正式的管制，終能活絡市場機制，建構一個有活力的商業世界。

　　而臺灣資本主義精神的精髓，是市場經濟中苦幹實幹的態度，儉樸生活與敦厚善良的風格，韋伯的新教倫理與資本主義精神應是臺灣人所持有的媽祖精神，臺灣資本主義的發展經驗與未來發展挑戰，居住在臺灣的所有住民應該凝聚共識，而形成具有媽祖文化的「悲憫式資本主義」內涵。

　　第三，媽祖信仰形成的聚落和團體事務的活動機制，提供人民介入公共事務的機會，累積學習選舉的經驗，有助於臺灣地方自治的實施和民主政治的推動。臺灣人民不分原住民、閩、粵，和其他地區的外來人口，不斷地擴展對媽祖文化認同的過程，此一現象很能反映一種新興的「泛臺灣認同」。

　　第四，媽祖信仰為兩岸經濟發展與和平奠下了歷史性的意義，在同文同種的文化背景之下，兩岸經貿的環境為臺灣企業發展的全球化，創造了最有利的競爭優勢。

臺灣媽祖文化與近代企業的形成

一、 前言

臺灣當發生前第一家庭陳水扁家族涉嫌洗錢的新聞，以及臺灣企業頻頻出現在經營管理上涉嫌股票內線交易、利益輸送和掏空公司資產等事件。前臺灣第一家庭陳水扁家族涉嫌洗錢的新聞，從 2008 年 8 月 29 日起至 2008 年 10 月 9 日止，報紙幾乎每日以特別報導方式刊出。

另外，諸如 2007 年 11 月 1 日以生產鳳梨罐頭聞名的臺鳳集團前總裁，因涉及掏空中興銀行 7 億多元被判刑 8 年 6 月確定，並被解送北檢歸案。另一則是 2008 年 10 月 8 日中信金為併購兆豐金，購買結構債券涉犯股票內線交易；開發金併購金鼎證涉嫌以內線交易炒股，開發工銀行涉嫌以打包方式出售兩百餘家海外公司，也有利益輸送之嫌，致使開發金總經理等 14 人列為被告，並被函送臺北地檢署偵辦。

這都是關係到企業倫理的道德問題，其中負責經營中信金控公司和開發金控公司的高層人員還是近代臺灣所指基隆顏家、霧峰林家、高雄陳家、板橋林家和鹿港辜家的五大家族之一，而臺鳳食品公司也有百年歷史的企業。

從這幾家公司的經營者背景分析，他們對臺灣經濟發展的貢獻都曾經有過輝煌歲月，也都是參與臺灣經濟奇蹟經驗的締造者，如今都發生了企業經營涉嫌違法的事件，不禁令人感嘆臺灣現代企業家精神的失落和企業倫理的喪失。

如果企業倫理是企業經營者應具備的社會責任，那主要構成企業倫理的宗教

文化和民間信仰就應該可以被期待，而突顯其時代意義與其在社會發展過程中所扮演的重要角色。

　　以下將從臺灣近代企業的形成與發展，論述其與媽祖信仰之間的關係，期望透過這一研究能讓企業經營者深入體會、了解宗教、信仰和文化因素與企業經營成功因素的互動，其在市場經濟的競爭中更顯得意義重大，或許藉由信仰的文化力量，尤其是在臺灣民間最具影響力之一的媽祖信仰的推動和普及化，能對當前臺灣面對企業倫理所遭遇的喪失危機提供一條途徑。

二、社會資源移轉性研究途徑

　　韋伯（Max Weber）所討論的基督新教與資本主義精神之間的選擇性親近性，說明西方文明發展的一個特點，那就是宗教與經濟之間具備了資源的移轉性。資源的概念，不再侷限於經濟學所談的效用概念，如何配置資源不再是唯一的重要問題。從社會學的觀點來看，資源是一個人與人，人與自然移轉性的概念，社會如何形成資源移轉的可能性？而使個人資源及自然資源變成社會資源，是任何社會發展所要面對的核心問題。[1]

　　由於企業活動或經濟活動是社會行為，因此這類活動能聚攏不同群體的人，而且這些群體往往因文化背景上的差異，對生產、消費、買賣的理解大不相同。但由媽祖信仰所形成社會的廟會組織或團體，其基本上具有一般社會團體的普遍性物質基礎形態，它還具備了特殊性物質基礎形態，此即因媽祖信仰所形成廟會團體的組織運作機制、廟會舉辦的活動，以及信徒（包括企業）捐助金錢所交織而成利益網絡的「動態性格」。[2]

---

[1] 陳介玄，《臺灣產業的社會學研究——轉型中的中小企業》，（臺北：聯經，1998 年 6 月），頁 8。

[2] 陳介玄，《貨幣網絡與生活結構——地方金融、中小企業與臺灣世俗社會之轉化》，（臺北：聯經，1995 年 11 月），頁 308。

　　此一動態性格的團體內部權力爭奪（如宮、廟理監事選舉），和近似營利屬性（如附加在宮、廟執事人員）經營的企業，透過其間資源移轉性的從中牽引驅力，例如信仰圈或祭祀圈所導致其內部企業化經營，和與外界企業公司的網絡建立。

　　經濟學上有所謂的「名聲經濟」，或是俗世社會強調人際網絡所積累的「商譽」財富。2001 年以資訊不對稱市場的研究榮獲諾貝爾經濟學獎的史迪格里茲（Joseph E. Stiglitz）指出，「商譽」通常占企業價值相當高的比例，商譽是一家企業不靠其他實體資產的營利能力。當一家公司買下另一家公司時，出價遠高於對方實體資產的價值，就表示它多買下了某件資產，而我們要為其命名，也就是「商譽」，並評估其價值。[3]

　　雖然信仰圈與祭祀圈形成的主要原因有所不同：一則，祭祀圈之成員參與皆非自願性，祭祀圈與村莊組織關係密切，只要是同庄居民必得參與共同的聚落組織與活動。信仰圈的信徒則出於自願，不一定村莊內每個人都要參加。

　　而祭祀圈大致以村庄為單位，或一個村莊內居民形成一個祭祀圈，或數個鄰近的村莊聯合起來共祀一神，形成一個祭祀圈。[4]但是兩者也都可被動員，透過社會資源移轉的從中驅力，形塑了企業發展的結構性政治、經濟、社會和文化關係。

三、 西方企業公司的歷史變遷

　　韋伯（Max Weber）指出，所謂企業者，係為獲取交換利益而把市場機會當作目標而進行的一種營利經濟。[5]羅爾富（Sidney Rolfe）則定義為：國際企業（international enterprises）是指經營國際業務，如進出口貿易，但在國外並無直

---

[3] Joseph E. Stiglitz, 齊思賢、張元馨譯，《狂飆的十年：一個繁華盛世的興衰啟示錄》，（臺北：天下文化，2005 年 12 月），頁 296。

[4] 林美容，〈從祭祀圈來看臺灣民間信仰的社會面〉，收錄張炎憲主編，《歷史文化與臺灣》，（臺北：臺灣風物，1991 年 11 月），頁 21。

[5] Max Weber, 鄭太朴譯，《社會經濟史》，（臺北：臺灣商務印書館，1991 年 11 月），頁 8。

接投資的企業；多國企業（Multinational Enterprises, MNEs）是指在國外擁有直接投資，設有子公司或附屬機構，建廠產銷的企業，此類企業雖可不問國境分配資源，但其所有權及控制權仍操於某一國人之手；越（跨）國企業（transnational enterprises）是指所有權及控制權亦由多國人士持有的多國企業；超國（全球）企業（supranational enterprises）是指完全無國家性，由一國際機構按國際公司法核發營業執照所成立的企業。[6]

根據韋伯和羅爾富所指出資本主義企業的定義，基本上有兩大核心概念，第一是按照企業資本的形成，包括了以一個人的財產為基礎的獨資企業，和由許多人集合資本的企業或集團企業；第二是企業與政府之間的權力關係，包括完全與公共權力無涉的自由企業，和直接依附公共權力的受拘束的專賣或特許企業。

以下，本文將依上述的資本主義企業概念採取廣義的論點，敘述西方企業公司歷史的發展變遷。

(一) 羅馬時期公司法概念的形成

西方企業組織的形成最早可追溯西元前 3,000 年，美索不達米亞人（Mesopotamians）就以超越單純的易貨貿易之商業約定而發展出合約的國際貿易。隨著羅馬帝國的版圖擴充，許多商號開始集資為羅馬大軍製作盾牌與刀劍，成為征服行動的商業力量，屬於社會低下階層的工匠和商人聯手成立的同業公會，選舉屬於自己的管理人，並向政府取得許可。[7]

因此，部分公司法的原始概念的確是羅馬人想出來的，特別是一個社團的人可以擁有一集合身分，與組成份子的個別身分區隔開來。羅馬人將公司與家庭連結起來，合夥人將絕大部分的管理決策交給專業人士，由後者來經營業務、管理駐地代理人、紀錄收支簿。羅馬人的商業社團也負起某種形式的有限責任。

---

[6] 劉厚醇，《多國性企業通論》，（臺北：聯經，1980 年 6 月），頁 1-2。

[7] John Micklethwait & Adrian Wooldridge，夏荷立譯，《公司的歷史》，（臺北：左岸，2005 年 9 月），頁 42-43。

(二) 中古世紀時期商人的企業組織

9 世紀開始，威尼斯等義大利城邦出現航運商行，其合夥關係是商人會提供資金給多趟航程，有外籍合夥人加入，於是出現新的股權結構，例如威尼斯的商人組成聯合會向政府租賃大船，每一趟航行發行 24 股份由股東認購。所以，到了 12 世紀，佛羅倫斯(Florence)及其他內陸城市就出現公司的組織型態。一開始它們都是家族企業，全靠連帶責任在運作，但已有發行公司股票的概念。

而在中世紀有很長一段時間的「行會」（guild），其影響力與受管制的公司有密切的關係。受管制的公司是可以獨占特定外國市場作買賣的獨立商人所組成，他們像行會一樣利用學徒訓練新人，並定期舉辦同業審查，淘汰表現不佳的成員，不過，有時它們也如聯合會一樣運作，商人聯合起來為原料或運輸而議價。[8]

(三) 大航海時代特許企業公司的成立

16、17 世紀大航海時代特許公司的出現，顯示在哥倫布(Christopher Columbus, 1451-1506）、麥哲倫（ Fernando de Magallanes,1480-1521）、達伽瑪（（ Vasco da Gama,1469-1524）相繼發現新大陸之後，政府與商人聯手努力想奪取新世界的財富。換言之，歐洲中古世紀的經濟型態逐漸形成現代資本主義。這些公司都幸運地擁有皇家發給的特許狀，享有跟這個世界的某一個角落貿易往來的獨占權，也因而他們兼跨了政府部門與民間部門。[9]

而特許公司同樣沿用中古世紀股票可以在公開市場出售和有限責任的概念，不論 1600 年成立的英國東印度公司，或 1602 年成立的荷蘭東印度公司都是強調特許權、股權與有限責任的不可或缺。英國東印度公司最初是將每一趟航程分開，

---

[8] Werner Sombart, 季子譯，《現代資本主義（第一卷）》，（上海：商務印書館，1936 年 8 月），頁 211-216。

[9] David S. Landes, *The Wealth and Poverty of Nations: Why Some are So Rich and Some So Poor* （ N. Y.:W. W. Norton, 1999）.

自成一單獨的冒險事業，擁有不同的股東；荷蘭東印度公司則將所有的航行視為長期冒險事業的一部分，並明白告訴投資人，他們只須負有限的責任，而且在 1611 年成立證交所，來進行正規的股票證券交易。

然而，18 世紀初期，英法兩國的政府利用兩家特許公司，即英國的南海公司 (The South Sea Company)與法國的密西西比公司（Mississippi Company），重整 1689 年至 1714 年戰爭期間所累積的龐大債務。它們的目的是減輕公司債的利息成本，方法則是將有定息的政府年金轉換成低利的股票，結果造成史上最大的經濟泡沫。

經濟學之父史密斯（Adam Smith）就批評，特許公司擁有專賣權的事實是很累贅或百無一用，而且不善於或限制貿易；其次，他認為股份公司在先天上就不如獨資經營來得有效率，尤其是代理人的問題最令他擔憂：受雇的經理人對公司的利益不像老闆兼經理者那般夙夜匪懈，疏失與浪費情事必然普遍存在。[10]

也因此，跟合夥企業與各種不同形式的非法人化的公司相比，股份有限公司要一直到 1820 年代開始，法律與經濟方面有了改變，現代公司才算開始成形，尤其是在 1862 年英國通過《公司法》之後。

(四) 19 世紀大型企業公司的崛起

1870 年代走在製造業之前的是諸如希爾斯百貨公司（Sears, Roebuck and Company）等大型零售業崛起。[11]百貨公司連鎖店在美國林立，主要是受到巨資而來興建鐵路的影響，鐵路不只是現代化企業的催生者，也是最早現代化的企業，其對資金的需求若渴，更助長紐約證交所的功能。[12]

而製造業的進展經過福特汽車公司（Ford Motor Company）的結合大量製造與大量經銷於單一公司之內，和洛克斐勒標準石油（Standard Oil Company）與南

---

[10] Adam Smith, *An Inquiry into the Nature and Causes of the Wealth of Nations*（New York: Oxford University Press, 1993）.

[11] Peter F. Drucker, 蔡伸章譯，《管理學導論》，（臺北：桂冠，1983 年 5 月），頁 35-41。

[12] Alfred D. Chandler, jr. , *Scale and Scope: The Dynamics of Industrial Capitalism*（Cambridge Mass: Harvard University Press, 1990）, p.53.

方鐵路公司（Southern Railway Company）聯合組成的卡特爾（Carter），以及標準石油信託（Trust）之後。有兩個人物與托拉斯年代同義，就是洛克斐勒（John D. Rockefeller, 1839-1937）和摩根（Junius Spencer Morgan, 1837-1913）。

到了 1920 年代更因為公司所有權與經營權的慢慢區隔開來，促使大型公司專門化，而這樣多角化企業集團，直到 1980 年代合併（mergers）和購併（acquisitions）風潮改變了企業。因此，融資收購的企業操作手法依然盛行，加上股東的順從與分散，導致大型投資機構的崛起。

換言之，多國企業 （Multinational Enterprises, MNEs），或多國籍公司（multinational companies）的經營型態在 16、17 世紀便已具雛型，尤其是到了工業革命爆發。不過真正的有企業投資於海外則要到 19 世紀末期。二次大戰後，歐洲致力於經濟的重建工作，美國的企業開始直接投資，佔有當地市場而形成多國企業。多國企業之所以形成係受到資源導向、低廉勞力、為確保海外市場、降低關稅與運輸成本，以及規避貿易保護措施等因素的影響。[13]

所以，在全球化經濟中，企業會逐漸被迫從多國籍公司（multinational companies）轉型為跨國公司（transnational companies ）。這兩種公司的區別是，多國公司是指擁有外國子公司的某國公司，這些子公司都是母公司的翻版，例如美國製造業的德國子公司是自給自足的公司，製造的所有產品幾乎都在德國銷售，在德國購料，而且僱用的人幾乎都是德國人。

但轉變為跨國公司是指在產品和服務可能相同，但結構有基本差別，在跨國公司裡，只有一個經濟單位，就是世界。銷售、服務、公關和法律事務屬於地區性，但零件、機器、規劃、研究、融資、市場、訂價和管理都是根據世界的觀點來考量。所以，對跨國公司而言，國界大致上已變得無關緊要。[14]

因此，跨國公司大大地促進了全球經濟的一體化。從 20 世紀 50 年代和 60

---

[13] Peter F. Drucker, 廖月娟譯，《旁觀者：管理大師杜拉克回憶錄》，（臺北：聯經，1996 年 11 月），頁 433-488。

[14] Peter F. Drucker, *Managing in the Next Society: Beyond the Information Revolution*（N. Y.: ST. Martin's Press, 2002）.

年代以國際貿易的大發展為特徵；60 年代晚期和 70 年代跨國公司的對外直接投資明顯增加；從 80 年代中期開始即從以美國主到對外投資的時代轉向多元的、跨國公司活動體系更加複雜的時代，很多國家的對外投資大為增長，美國更成為世界上對外直接投資最主要的來源國和東道國。

跨國公司、技術進步和經濟自由化已改變了國際企業的面貌，跨國公司甚至不再直接投資，改是通過建立複雜的國際聯盟及研究、生產和銷售網路，以促進出口和在國外建立生產設施。

追求全球化經濟發展的結果，許多大型投資機構結合金融業者和稅務會計師合力創造了新型態的公司，因而逐漸走向所謂無國界的超國性企業，也就是企業的經營能力充分表現在高科技的網際網路上，民族國家扮演的中介角色逐漸消失，而被發展中的區域經濟和全球化經濟所取代。[15]

四、 臺灣媽祖文化與近代企業的形成

臺灣傳統社會生活，是以自然村的村廟為中心，透過村廟神明生日的祭典，收取丁錢，演戲酬神，福佑村民，形成休戚與共的村落共同體，在治安不良的時代裡，村民的互助合作，是生存的重要保障。

基於上述，從社會資源可以移轉的結構性角度，臺灣社會的媽祖信仰與近代企業發展變遷的關係，可分別從與荷蘭統治臺灣東印度公司的關係發展、鄭氏王權式家業經營的關係發展、清領臺灣家族企業的關係發展、日治臺灣財閥企業的關係發展，國府臺灣中小企業的關係發展等五階段，加以分析。

(一) 臺灣媽祖文化與東印度公司

臺灣近代企業經濟體的興起，應是開始於荷蘭東印度公司（the East India

---

[15] 大前研一，《民族國家的終結》，（臺北：立緒，1996 年 2 月），頁 6-7。

Company）在臺灣的重商主義經營時期。當時臺灣產業結構尚屬農業生產階段，東印度公司對臺灣農業經營的主要方式，因為需要大量的勞力。所以，採取大量從大明國獎勵移民來臺，以從事比當時原住民還停留在採集經濟上要來得進步的農業生產技術，而在當時移民的漢人裡，許多都是媽祖信仰的民眾。

彭慕蘭與托皮克（Kenneth Pomeranz and Steven Topik）指出，近代初期福建人有一習慣作法，特別依賴家鄉的社會階級，以確保海外生意不致遭人搞鬼汙掉。大戶商賈人家往往派契約僕役出國，替他們管理位處最遙遠地方的家族生意，特別是位於東南亞的生意。契約僕役知道如果在海外幹得好，光榮返鄉，主人才會還他自由之身，收養他為義子，然後義父母會替他找個上等人家的千金，完成他的終身大事。如事業無成，返鄉便沒什麼好處。

所以，離散族群所建構的貿易網絡，仍是全球貿易裡重要的一環。許多西方社會理論批評福建人、黎巴嫩人、猶太人、亞美尼亞人族群任人惟親、不理性、傳統，因而敵視創新，但這些族群仍繼續在透過族緣關係組織貿易，且繼續與那些據稱較理性的做生意方式在競爭，成就斐然。[16]

福建地形多岩崎嶇而人口稠密，多數人民以海為田，而澎湖是天然良港，島上有水源可提供過往船隻補給，附近珊瑚礁林立，也是良好漁場，故宋朝以後即陸續有漢人入墾。1426 年至 1435 年（明宣德年間）鄭和與太監王三保（王景弘）的船艦下西洋，因避風及取水，曾駛入臺南赤崁，即今大天后宮大井頭的古渡口附近汲水，相傳乃其引湄洲香火入臺。

到了大明國以後，漁民定居澎湖者日多，並於明萬曆 32 年(1604)在馬公建有媽祖廟，但荷蘭人離開澎湖時，將所有街肆焚掠一空，甚至所建城堡一磚一瓦也拆卸搬走，天妃廟一無倖免。

換言之，從地理條件和生產技術決定了臺灣農作物種類和農作的方法，更支配了土地的使用和財富的分配，而形塑團體組合經營的經營模式。而離散族群而

---

[16] Kenneth Pomeranz and Steven Topik, *The World That Trade Created: Society, Culture, and the World Economy, 1400 to the Present*（Armonk, N. Y.:M. E. Sharpe, 2006）.

移居臺灣或澎湖的閩粵漢人，主要從事漁業之外，就是農業的土地開墾和經營海外活動的商號。

　　也就是說，只要有漢人移往的地方，通常會有一些生意人（貿易商）跟進前往，以提供同鄉零售商品，包括米、調味品等等，甚至於小額私人信貸，協助他們匯款回家。因此，與臺灣早期企業的發展淵源特別密切的就是荷蘭東印度公司的特許公司制度的引進，它的結構使得臺灣開始調整其具有近代企業經營的雛型。

　　早期荷蘭所屬公司的組織都屬於臨時性質，當商人冒險以發行公債方式籌組商船隊，每次航行回航及商品出售後，立即做利潤分配，而下一次航行時再行匯集資金，也由於資本與利潤實難徹底分開。這種「調節性公司」（regulated company）直到 1602 年荷蘭東印度公司的成立，它是第一個真正的「股份有限公司」，是由股東投資，股東只分配每次的淨利，甚至獲利經常還要繼續投資而逐漸轉型為成永久性的股份公司。

　　1612 年，荷蘭東印度公司甚至要求對公司不滿的股東在證券市場出售其所持有的股份，以回收其資本，公司的資金才得以穩定，資本所有權與經營權的利潤也才開始分開，並由國王處獲得政治、軍事、外交等授權，來遂行其公司目標。

　　荷蘭對亞洲的早期滲透，主要經歷三個階段，第一階段是商船可比作一家流動百貨店或者是加重分量的一挑貨郎擔，第二階段是商行或者「商店」像是在某地區或在某商埠設立的租界，最後階段為領土佔領。

　　換言之，股份特許公司是半政府半企業性質的公司，它們專門經營領土，排斥其他類似的組織，而與 20 世紀的跨國公司是純粹企業組織，在特定生產地區和市場專業分工門的經營模式，跨越多國領土和管轄範圍，與其他類似組織一起合作和競爭有所不同。

　　而荷蘭東印度公司之所以不敵英國東印度公司，是因為荷蘭東印度公司於 18 世紀 70 年代在孟加拉和印度喪失優勝競爭，也因為當大明國逐漸被迫敞開大門時，荷蘭東印度公司未能在廣州的洋商中取得領頭羊地位。

(二) 臺灣媽祖文化與王權家業經營

1662 年當鄭成功家族在臺灣取得統治權，因其一直奉明朝為正朔，鄭氏治臺冊封體制在國家的某種意義上被視為是國王的私有財產，就如同采邑或莊園（manor）是封臣的私有財產。大明國的沿海地區農民，一直過著貧苦的生活。

在土地公有的年代，農民依附貴族而生活，生活得像奴隸；土地自由買賣之後，土地集中在地主手上，農民依附地主而生活，生活得仍就像奴隸。所以，君主和封臣對司法權的延伸，及軍隊所征服來的土地，都視為有利可圖的冒險事業。

換言之，鄭氏統治臺灣時期臺灣農、商業的經營結構似如王權式家業的經營，老闆就是政府，是所有權者也是經營者，這樣的家業組織型態也就成了無所謂盈虧，而只有政權存廢的問題。所幸的是基本市場經濟的交易活動並未遭到徹底破壞。

然而，當時大量漢人隨著鄭氏家族來臺，其中有很大部分是崇信媽祖的徒眾，其精神上寄託的心靈信仰，和工作上的處事態度是與當時生活緊密相結合。雖然鄭氏家族統治臺灣時期因政治因素，在禮制上係承襲大明文化，奉玄天上帝、關聖帝君為主祀神，而對媽祖信仰的民間活動並沒有禁止。例如鹽水鎮的月港，以於荷蘭統治臺灣的前一年，也就是明熹宗天啟 3 年(1623)，迎入首尊媽祖「開基三媽」（或稱為「糖郊媽」）。

鄭氏王國來臺時，部將何積善又將鎮殿大媽於永曆 15 年(1661)迎入駐地。明延平郡王鄭經永曆 17 年(1662）寧靖王朱術桂來臺定居，建府邸於赤崁南向，大井頭北境，初名「一元子園亭」，其正宅四殿即大天后宮的原始建物。

到了清領時期再將二媽自新港溪左岸的洲仔尾迎至駐地，同祀於媽祖廟。由鄭氏王國與大清國將領均支持媽祖信仰看來，昔年作為「大營」所在地，且有州署、巡檢司，以及邊汛等機關的新港、新港西，以及新港東應該會有十分興旺的媽祖廟。

縱使現存臺灣的媽祖廟，沒能確切證明鄭氏家族統治臺灣時曾經由官方正式出面興建，或民間出資興建的大型媽祖廟出現。然而，媽祖廟宇的存在，澎湖馬

公於明萬曆 32 年(1604)就已經存在，而臺灣民間最早建立的媽祖廟，依據蔡相煇指出，是出現在介於鄭克塽遞出降表至清朝決定將臺灣納入版圖之間的這個時段，至於官建媽祖廟則是要到了施琅，因其率領的軍隊是一支信奉媽祖的軍隊，施琅攻臺既受媽祖庇佑，遂於臺灣納入清版圖後，將寧靖王邸改為天妃宮，並通命水師各衙門建天妃廟。

(三) 臺灣媽祖文化與家族企業崛起

清領臺灣時期，臺灣不論是由民間或官府所建立的媽祖廟逐漸普遍起來，而且都是頗具規模，諸如現今的臺南市大天后宮、北港朝天宮、淡水天妃宮、鹽水護庇宮等等。特別是現今的臺南市大天后宮於康熙 23 年(1684)當大清國納東都入版圖，下旨晉封天后於此。

康熙 60 年(1721)5 月臺灣爆發朱一貴事件後，朱一貴入居臺灣道署，建號永和，稱中興王，於大天后宮行登基大典，故稱鴨母王宮，並以洲仔尾海邊浮現玉帶、七星旗，鼓吹往迎回，以為抗清象徵。

事件由施琅的第六子福建水師提督施世驃及總兵藍廷珍平定。施世驃少年時期曾經追隨施琅參與攻臺軍事，所以對其父親在攻打臺灣，攻進鹿耳門，克復安平鎮，正及退潮之際，海水加漲六尺等媽祖陰佑神蹟的運用媽祖信仰情事甚為熟稔。

當今阿姆斯特丹國家博物關館藏有 18 世紀的「媽祖聖蹟圖」托夢護舟，畫中描述從征官員林昇夢見天將助陣，和「媽祖聖蹟圖」湧泉給師，畫中描述井水湧現供應施琅軍隊飲用。[17]

另外，隨族兄施世驃從軍的施世榜，在雍正 4 年(1726)向馬芝遴社社首購入彰化原住民地權，對外的墾（店）號為施長齡，並在鹿港海口捐獻土地，開始修築天后宮為當地居民的信仰中心，此即今鹿港舊祖宮由來。

---

[17] 參閱故宮博物院，《福爾摩沙：十七世紀的臺灣・荷蘭與東亞》，（臺北：故宮，2003 年 1 月），頁 236-237。

　　同時來臺參與攻打朱一貴事件的藍廷珍家族也開墾藍興堡於現今的臺中市，亦建立了媽祖廟藍興宮。至於，其他由官、民建立的廟宇還有彰化市鎮南宮、南瑤宮，竹山鎮連興宮等，總數多達 23 所，都是當地居民崇信媽祖的中心。

　　清政府時期對臺灣居民的媽祖信仰的支持，可以從歷任皇帝賜匾臺南市大天后宮的情形獲得印證。雍正 4 年(1726)、雍正 11 年(1733)雍正分別賜「神招海表」匾、「錫福安瀾」匾，乾隆 2 年(1737)乾隆加封大天后宮「護國庇民妙靈昭應宏仁普濟福佑群生天后廟」、乾隆 53 年(1788)賜「佑濟昭靈」匾，嘉慶 6 年(1801)嘉慶賜「海國安瀾」匾，道光 28 年(1848)道光加封「恬波宣惠」，咸豐 3 年(1853)咸豐加封「靖洋錫祉」、賜「德侔厚載」匾，光緒 7 年(1881)光緒賜「與天同功」匾。

　　清領時期建置媽祖宮有確實的年代者，康熙年間 6 個、乾隆年間 17 個、嘉慶年間 8 個、道光年間 2 個、咸豐年間 1 個、光緒年間 3 個。所以，在清代官建天后宮的宗教政策下，有助於媽祖信仰在臺灣的發展。

　　換言之，當鄭氏王權家族在臺灣發展「屯田」的農業經營時，臺灣社會已逐漸從臺灣土地開墾的過程中，導致市場範圍的不斷擴大，雖然尚未具有近代企業公司組織的型態，但是已經促進商人買賣交易及民間借貸資金的加速流通，從而顯現商業活動的熱絡。所以，發展到了 1683 年更因清領臺灣時期，出現大量開墾土地的「墾號」組織型態，形塑了市場圈的蓬勃發展。

　　因此，當時商人自營商業組織的「舖戶」，即是在地開張店舖的商人。以當時竹塹地區曾將出現的商人行業，至少有：米商、魚商、豬商、油商等多種，而區域性大城市的大稻埕和鹿港的商人行業更包括鴨蛋店、藤椅店、糕品店、雨傘店、麻油店、爆竹店等行業的多樣性和更多商店的家數，更由於供貨範圍與消費人口多寡不同，大稻埕和鹿港等區域性大城市商家，其專業化程度明顯比竹塹城商業的發展來得進步。

　　雖然清領臺灣地區的商人，其商業經營型態依官方的干預程度，可以分成民間的自營商人，和官方特許或加以管制的商人等兩種。這種經官方特許或管制的商人有腦商、鹽商、鑄商、當商等。這些商人不但必須請領牌照，取得官方的許可，而且開設地點、營業家數皆受限制。

有關鹽商和腦商均因官方專賣政策而被限制在特定地點營業，並由官方派專員或委託商人辦理。不過，由於專賣政策時廢時行，以至於經營腦業或鹽業者，有時是專業商人，有時則是官方差員。鑄戶是官方居於治安防亂考慮之下而設置的，鑄戶必須向官方取得牌照，蒙地方官准充，始能營業，並得按時驗照，每年繳交爐稅銀，是受官方控制最嚴密的商人。相形之下，當舖受官方的限制較小，只須取得族鄰甘保具結，由官方發給照帖，按年繳交當稅，即可開設，並未限制家數。

一般而言，商人所謂批發商稱為「行」，同行所組成的公會稱為「郊」。因此，由商業經營型態來區分商人類型，可以分為行郊、辦仲、割店、文市、販仔、出擔、路擔、整船、水客以及番割等類別。

林玉茹則做了更簡要的分類：第一、進出口商：包括船戶（海商）、水客（搭乘他人的帆船，往來於港口貿易的商人）及郊商（是自大陸、臺灣沿岸各港來的船戶、水客以及行舖取得進口商品，又包買地區性物產出口的進出口商人）；

第二、坐賈（固定於街庄開張店舖）：包括中盤批發（割店，又稱武市）、零售的店舖商人（舖戶，又稱文市）；

第三、行走負販商人：包括小販（在地的走販商人）和客商（不在地的走販商人），小販可以分成販仔（又稱走水）、路擔（是在各市街廟前、或是市場前、或是商店亭仔腳下的小販）及出擔（又稱搖鼓擔，通常是一個人肩挑商品，行走於各鄉庄，直接販賣商品予消費者）；

第四、番漢交易商人：包括社商（沿自荷治時期贌社制度）、通事（官方認可給牌，作為番社與官方交涉的代理人）及番割（於生番界與生番交換物品的人）。[18]

這些商家的既聯合又競爭，尤其是行商發展所逐漸組織建立的「行郊」商業性組織。「行郊」就像日本的「同業組合」，亦如歐洲中古世紀的基爾特（guild），是把同一種職業的成員聯合在一起行會。

中古行會的目的旨在免除本行會員相互間的自由競爭，故有種種嚴厲的禁

---

[18] 林玉茹，《清代竹塹地區的在地商人及其活動網絡》，（臺北：聯經，2000 年 5 月），頁 115-216。

止，而會館目的則較擴大，再乎團結同鄉的工商業者成一堅固的壁壘以與外對抗，來保護本團體的利益。會館的會員愈受保護而發展，則他們所組織的會館愈繁榮，故在作用上，會館對於會員消極的禁止較少，積極的保護較多。[19]

中世紀的基爾特往往控制著成員的一般道德標準，類似於禁欲主義新教教派的教規所實行的那種控制，但是基爾特與教派對於個人經濟行為的影響，顯然有著不可避免的差異，基爾特不可能產生現代資產階級的資本主義精神氣質，只有律己和禁欲主義教派的條理化生活方式，才能使現代工業資本主義氣質的個人主義動力成為理所當然。

韋伯（Max Weber）指出，基爾特對產品生產的管理內容方面，包括第一，工業的技術，它限制會員中所可有的工人數，特別是學徒人數，如果將學徒制度作為賤價勞動力時，即限制學徒的人數使每位主人只有一人或兩人；第二，關於原料的品質，為避免不義的競爭，特別實施監督；第三，關於經營技術與商品製作技術的保障；第四，使用工具的品質管控，各個基爾特各自保有只能自己使用的工具獨占權；第五，產品在未賣出前的運送途中，將檢查其品質。由於基爾特的嚴密管控，對經濟發展產生重大的影響，在對內政策強調盡一切手段，使基爾特的會員能機會均等；對外政策則採取獨占策略。同時，基爾特為處理商業糾紛，常設工業警察和工業法庭，以有效維持市場秩序。[20]

換言之，基爾特的具有資本主義市場經濟競爭，是強調工具理性的效率追求，不但以科技改變或改善了人類的生活方式，也衝破了傳統社會的思維狀態，這種科技理性的發展，本身帶有韋伯指出的「理性化的矛盾」（paradox of rationalization），為了追求效率，可能會扭曲人性與社會。

而且亞洲國家傳統社會如中國，早先雖有高度之文明與科技，依然不能產生資本主義工業革命。因為，中國的道教只是巫術祕法，缺乏理性化；儒教雖具有理性精神，其倫理態度卻未能如新教喀爾文教派「入世苦行」的有助於資本主義

---

[19] 全漢昇，《中國行會制度史》，（天津：百花文藝，2007 年 8 月），頁 110。

[20] Max Weber, 于曉等譯，《新教倫理與資本主義精神》，（臺北：左岸，2001 年 8 月），頁 166。

興起，發展成資本主義社會。照韋伯這種看法，不去除儒家思想，不可能發達資本主義。

可是，1860年代開始的日本明治維新和經濟發展成功，以及戰後亞洲四小龍的經濟發展成功經驗，所謂「儒家倫理與東亞經濟」、「亞洲價值」的經濟發展論點，卻提供了資本主義市場經濟在亞洲儒家思想圈是可以有效帶動經濟成長的驗證。

因此，檢視清領臺灣「行郊」的組織，其目的雖然也是為了加強相互團結、保持信用，和增加彼此利益所特別形成的同業商業組織。但是行郊不但是扮演了從事公益事業和協助政府維護社會秩序的角色，尤其是結合媽祖信仰對臺灣社會的貢獻特別具有歷史意義。

基本上，臺灣的「行郊」組織有「內郊」與「外郊」之分。「內郊」是指以島內各港埠市場為主，所以又稱「小郊」，如果再以街市細分有臺南六條街所等等，以行業細分有染郊、香鋪郊等等，以貨品細分有魚鋪郊、油郊等等；「外郊」往來於兩岸，又稱「大郊」，以貨品細分有糖郊、油郊、米郊等等，以地區細分有北郊、南郊、港郊等等，以行業細分有船郊等等。

就「行郊」組織結構而言，商人雖不被強制加入行郊，但實際都加入行郊的活動，以謀求群己利益。郊員稱為爐下、爐丁，或爐腳，須遵守郊規。執掌該郊事務者為爐主，並主辦祭祀事宜；又有董事一職，執掌經常性事務。當其組織較為龐大時，便得雇用辦事員，或臨祭典繁忙期，則由正副籤首予以協助掌理郊務。

惟有關行郊的重要事宜，平時為幾家大行商把持，除非有重大事件，臨時召集諸會員商討外，否則於每年崇奉的媽祖誕辰，或水仙王誕辰，眾會員均須出席祭拜聚餐，爐主於聚餐時將一年來的收支情形，提出詳細報告。

因此，「行郊」組織具有以下功能：第一、在經濟功能方面，壟斷市場，操縱物價；統一度量，防杜作弊；保衛財富，仲裁糾紛；溝通官衙，協調商困。第二、在宗教功能方面，強調寺廟興建的具有社會生存、整合功能與認知功能。第三、在文化功能方面主要以建學宮、捐學租為主。第四、在政治功能方面，平匪治安、抵禦外患、協運兵餉、興築城垣、襄理自治。第五、在社會功能方面，重視公益

事業，包括義渡、造橋、修路、浚河道、建燈塔等；慈善事業，包括助葬、賑荒、救恤等；矯風事業，特別針對改善吸食鴉片的風氣。[21]

　　當然，臺灣商人祈求神明保佑大發利市的現世功利主義想法，是商人崇祀神祇的原因之一。但是透過社會資源的移轉功能，因而很容易形成臺灣寺廟和商人組織的利益共同體，例如竹塹地區的塹郊與長和宮的媽祖信仰活動相結合，以及「府城三郊」集團出錢出力維持臺南鹿耳門媽祖廟和海安宮。

　　而今日龍山寺的後殿，當初是一座完全獨立的媽祖廟，也是泉郊的團體從會員捐款興建，甚至於當年的商會為了統制會員，為了對抗官府，就必須結合民間對宗教的信仰來保護自己的商業利益。臺灣寺廟的特色是以主神為中心，搭配著從神及陪神坐鎮，因而寺廟成為使人們的願望得以實現的宗教性市場，也因此臺灣的寺廟很像是神明的派出所。

　　另外，每當起因於鄉黨意識而發生私人集體械鬥，許多寺廟都因遭受兵火破壞而不得不重建。諸如咸豐 3 年(1853)，泉州的同安人受到泉州三邑人的排擠，從現在地萬華移居到較為北邊的大稻埕，他們就在那裡興建了城隍廟和慈聖宮，這些神廟今天在臺北市仍然擁有眾多的信徒。

　　1860 年以後，臺灣的開口通商促進了北部茶葉（郊）與南部糖業（郊）的興起，其實外商與臺灣貿易，早在 1836 年英國利物浦（Livepool）的貿易商就已在臺灣設置辦事處，但是當時臺灣人民由於投資觀念保守與缺乏國際觀，對於保險金融等新行業一時無法接受，喪失了臺灣結合金融業發展貿易的時機，導致臺灣本土郊商不敵與外商洋行的企業競爭。

　　其實利物浦貿易商早在 1824 年就已在南美洲的巴西等國家，從事甘蔗和黃金等商品的貿易。[22]而當時臺灣的外商中，比較具有企業規模和組織化經營的公司，主要有怡和洋行（Jardine Matheson & Co.）、寶順洋行（Dent & Co.）等。

---

[21] 卓克華，《清代臺灣行郊研究》，（臺北：揚智，2007 年 2 月），頁 130-192。

[22] Kenneth Pomeranz and Steven Topik, *The World That Trade Created: Society, Culture, and the World Economy, 1400 to the Present*（Armonk, N. Y.:M. E. Sharpe, 2006）.

所以，當英美資本進入臺灣之際，外國商館的洋行與本地商人之間商業活動的仲介，就需要透過買辦（comprador）扮演重要角色。買辦熟悉當地的風俗習慣與掌握商情資訊，比較能符合外商發揮企業應有的功能，成為主要英美資本在臺灣發展企業，獲取經濟利益的橋樑。

以茶葉輸出的程序為例，當時製茶資金的主要來源是匯豐銀行，其先提供資金給洋行，洋行貸款給媽振館（merchant），媽振館再供應給茶館資金，最後轉借給生產者。換言之，媽振館不僅做融資，還負責將茶葉交給洋行外銷的雙重角色。

因此，外商資本透過買辦及媽振館的功能，導致分散且沖淡臺灣與大陸緊密的經貿關係；同時，也促進了臺灣島內商品經濟的國際化發展。洋行雖然形塑臺灣市場的部分受制於外商資本，但是由於進入臺灣的外商資本，其本質上並非產業性資本，而僅是一般商業性資本，並沒有真正突破本地既有的商業體系而直接與生產者交易。

然而，外商企業的積極參與臺灣市場的競爭，也間接促進了臺灣本地商業資本的形成與發展。另外，洋行也熱衷於臺灣的公益性活動，如「洋行怡記」的捐助造橋，「怡記、邦記、瑞記、唻記、慶記」等洋行的捐助浚河道。但直接捐助媽祖廟和接納臺灣媽祖信仰活動則有待新資料的出現。

總而言之，清領初期直接自大陸來臺灣地區經商營生的大陸商人，依賴其所攜帶的資本開店經商，經「在臺落業」導致大陸資本轉成在地資本，並購置田宅，將商業盈餘轉投資於土地經營或是其他產業上，這些商人家庭生聚日眾，戶口滋繁。

在經過多少慘澹經營的辛苦歲月之後，臺灣許多原來創業商號，除了成為百年以上老商號之外，也因子孫分別繼承經商事業，而分化出更多商號，而所成立的郊舖已具有在地資本的型態出現。

清領臺灣中期這些在地的商業資本主要以傭工資本、土地資本、高利貸和借貸資本，以及官僚資本的傳統金融型態出現。傭工資本是第一代的創業經商者，如果無資本經商，通常是先在商店當傭工，學習商務，然後始獨立經商。土地資本轉化商業資本，主要是臺灣社會存在「棄農從商」和「耕商為家」的觀念。

　　而高利貸和借貸資本則是以放貸為生，將商業資本轉為高利貸資本。官僚資本則是地方官員也有兼營商業的情況，地方官府也會提供各項基金交由商舖存放生息，成為在地受委託舖戶的經營資金。

　　到了清領臺灣晚期隨著開口通商，歐美商人挾著西方是企業化經營，洋行挾帶大量資金和科技，控制樟腦業、茶葉、糖業等臺灣主要經濟作物，並從生產到行銷，掌握整套產銷體系的經營和貿易，也徹底改變了臺灣在地資本的結構，促使臺灣依賴土地開墾型態的地主家族轉為產業家族，而形成其企業資本的結構主要採用獨資、合股和族系資本等三種方式進行。

　　例如板橋林維源家族的組成「建祥號」，資本額高達 12 萬圓，主要經營茶業生意，另外創立「建昌」公司，與李春生等人合建洋樓，出租給經營茶、樟腦等貿易洋商，這是林家從傳統農業轉向都市房地產投資的重大演變。至於高雄陳福謙組成的「順和行」，和由陳福謙投資一半，另一半由順和行麾下的各分支機構經理認股組成的「和興公司」主要經營糖業。

　　此外，清領臺灣企業經營的另一特殊型態，就是實施專賣制度。臺灣樟腦與金礦的生產規模雖不如茶、糖，但是透過政府的專賣獨占制度，致使部分民間企業的發展乃受到限制。最有名的例子就是劉銘傳授予霧峰林家全臺樟腦的專賣，造就林家真正近代產業經營的階段；九份的金礦則特許林英芳開採，致使原來只是從事砂金淘取者，搖身一變為金礦的採掘者。

　　所以，相形比較之下，臺灣茶商的層級和地位皆遠不如樟腦商。霧峰林家為了經營樟腦專賣，特別由林朝棟與林文欽共同出面，設立了名為「林合」的公司行號，加以經營。

　　至於劉銘傳推動臺灣鐵路、電報等新交通技術和運輸系統的近代化政策，其所從採行的「官僚資本主義」制度，則是一種官營與私營企業徹底相互滲透的「官督商辦」的企業組織型態。

　　當臺灣商務局招集商股購買「駕時」、「斯美」兩船，板橋林家的林維源認股三分之一，其餘三分之二則由盛宣懷所主持的招商局認定，二人合資經營，招商局是公開打出與洋行爭利權的旗號。而板橋林家的林熊徵也參與盛宣懷所主持的

漢冶萍公司的投資經營，漢冶萍公司是大清國第一個近代鋼鐵企業，第一個大型鋼鐵聯合企業。

檢視臺灣企業從墾號、郊商、洋行和「官督商辦」的經營性質，不論是墾號、郊商的家族企業，或是洋行的外商企業，乃至於國家資本的官營企業，不但其基本精神已逐漸具備有如韋伯所謂「資本主義精神」（capitalism spirit），而且其「企業家精神」或稱「創業精神」（entrepreneurship）也已不單純是「外在於經濟」（meta-economic）的行為，對於財富的欲求並非就是資本主義精神。

它所充分代表的不只是精神，而且也是現代文化構成之一的「以職業觀念為基礎的理性的生活經營」，同時也是韋伯所指職業人乃是我們文化時代中的每一個人的命運，必須正視此一命運的嚴峻面貌，才能做我們自己命運的主人。

換言之，真正能讓國家和人民脫離貧困的，還是工作、節儉、誠實、耐心和不屈不饒的韌性文化，對生活於飢餓和痛苦中的人，說這樣的大道理似乎顯得自私、冷漠，但到頭來，沒有一種力量大於自己本身的力量，而這股力量的源頭，對於心中有媽祖信仰的部分徒眾和企業經營者而言，是具有正面積極的啟發作用。

杜拉克（Peter Drucker）指出，創業（企業家）精神對企業發展的效用，有時並非完全經濟行為，其原因可能存在於價值、認知以及態度，也可能是因為人口統計資料、機構和教育的改變。諸如 1870 年代德國與美國創業型銀行的興起。[23]

而資本主義精神的企業家或創業精神，對臺灣社會，簡單而言就是移民精神、革命精神與海島精神，而亦可名之為臺灣精神。因此，發展企業的真正源頭，是不能脫離人民心中所具有宗教信仰的文化情懷。忽略了文化價值因素的生意人，只有失敗一途。[24]

(四) 臺灣媽祖文化與財閥企業形成

基本上，日治臺灣殖民政府對於臺灣人宗教活動的管制是由放任而後逐漸收

[23] Peter F. Drucker, *Innovation and Entrepreneurship: Practice & Principles*（N. Y.: Harper & Row, 1985）.

[24] Francis Fukuyama, *Trust: the Social Virtues and the Creation of Prosperity*（London: Penguin, 1996）.

緊。1895-1911 年的明治時期是放任階段，殖民政府忙著削平反抗，無力管到宗教事務，民間也因戰亂而無力恢復清朝時的盛況。

1912-1925 年的大正時期是繁榮階段，臺灣社會漸趨穩定，各地的寺廟又開始舉辦「鬧熱」的大拜拜和迎神會，甚至利用「鬧熱」場合和活動來促進地方商業的繁榮，殖民政府也藉這機會來舉辦各種公共建設的落成典禮，以增添神社祭典的歡樂氣氛。

1926-1945 年的昭和時期是緊縮階段，特別是 1936 年為了統一全臺的基層教化團體，成立「部落振興會」，在街莊下的各自然村建立部落集會所，倡導生活習俗的改善。接著 1937 年日本的積極入侵中華民國，以及 1938 年更推行「寺廟整理運動」將寺廟合併、拆除、沒收寺廟財產、放逐或改造宗教人士、燒燬神像，以及強制奉祀日本的天照大神、參拜神社。

換言之，殖民政府對臺灣人的媽祖信仰在大正繁榮階段，1913 年臺灣總督佐久間左馬太，和 1930 年石塚英藏總督分別獻北港朝天宮「享于克誠」和「神恩浩蕩」匾。另外，以臺南大天后宮為例，在 1915 年（大正 4 年）5 月府城各廟及三郊出資，恭粧鎮南媽聖像，以代替三媽出巡遶境。

而彰化南瑤宮在經過五年的募金籌資，亦於同年完成該廟的擴建工程，並於 1920 年完成改建，當時臺灣總督田健治郎捐獻 93,960 日元，1936 年更完成前後各殿及兩廊等工程。

然而，到了 1936 年亦難逃殖民政府逐漸採取壓制宗教的政策，南瑤宮的管理遂由「彰化市寺廟整理委員會」接管。根據日治時期 1936 年的調查，當時的臺灣寺廟約 37,000 所，皆難逃殖民政府強制實施的皇民化政策。

從日本近代企業發展的角度分析，日本不但將德川幕府時代的「家」意識轉化為對「公司」的集團意識，有利於公司經營；而且亦將傳統武士道的精神轉化為對「公司」此一群體的效忠，有利於成員對公司的向心力。

而且，在 1870 年日本明治政府模仿歐洲國家成立類似現在通產省的工部省，負責推動國內殖產興業的任務，主要政策是以實施國營企業為主，但該政策推動不久就因為失敗而轉賣給民間企業。政府遂改採行政指導及財源上支持民間企業

的主導模式，並於 1882 年設立日本銀行、1887 年在東京設立票據交換所，和 1890 年頒布《商法》，確立現代企業公司（株式會社）的制度。

1895 年日本開始統治臺灣，首先利用「同化關稅」來隔絕臺灣與中國大陸的貿易關係，也間接切斷洋行的生路。所謂同化關稅就是殖民臺灣和日本之間的貿易不課關稅，而外國貨和中國貨因有關稅負擔，自然競爭不過日本商品，臺灣市場逐漸被日本商品壟斷。日總督府實施專賣制度，把洋行的獨占權全部由政府收回獨占，再委託三井、三菱等日資獨家的經營。

因此，日本企業在臺灣透過政府主導，擁有了經營上的優勢。在跟外國以及中國商人競爭上，日本商人有雄厚的資本，他們加入生產的部門，享有與臺灣銀行合作的便利，受國營專賣的協助，亦受到國家的津貼，且有關稅壁壘為之護衛。逐漸地，靠買辦制度的洋行，其在臺灣的砂糖、茶業、樟腦、鴉片、稻米等市場遂全部被日本企業，尤其是企業經營規模較大的財閥企業所取代。

株式會社臺灣銀行成立於 1899 年 8 月，是日治以後由日本政府出資 20%成立的第一家銀行，在這之前臺灣只有大陸制度下的錢莊或民間的高利貸。殖民政府以發行公債鼓勵臺灣地主參與工商金融業的組成，例如霧峰林家為成立於 1905 年株式會社彰化銀行的大股東、高雄陳家為成立於 1910 年臺灣商工銀行（1949 年 3 月改稱臺灣第一商業銀行）的股東、板橋林家參與 1919 年成立的株式會社華南銀行、基隆顏家參加 1922 年成立的基隆商工信用組合。

有關臺灣企業利用金融資金的經營，1905 年「媽官產業組合」成立於澎湖，1909 年「日掛貯金會」成立於新竹，臺灣開始有了信用組合。因此，殖民政府於 1913 年發布〈產業組合規則〉，農村信用組合紛紛成立，影響鄉村社會甚大。例如農會信用部最先成立於 1900 年 9 月在臺北縣三峽成立，漁會信用部亦成立於 1918 年在高雄市小港區漁會。

不過，各種產業組合，除了信用組合外，購買組合或利用組合，使得舊社會的企業精神，得以在繼續發揮。至於都市各種工商業組合，隨著 1930 年的工業發展，以及戰時經濟統制的措施，行會組合漸多。

日治臺灣時期的企業發展，雖然臺灣部分地主是殖民化政策的受益者，當有

意將農業剩餘資金轉投資工業或金融企業時，就會發覺自身是差別待遇的受害者。因為，臺灣人的資金已被動員成為社會資本，因而乃被日本人資本家所支配。這是資本之本源的積蓄，而「官廳」則為其助產婦，「殖民政策」則為其指導者。

殖民政府只允許臺灣企業的經營權集中於三井物產、三菱商事、杉原產業及加藤商會等與政府關係密切的日本大資本家手中，甚至於臺灣企業對外貿易完全受日本財閥控制。

日治殖民化經濟所形成臺灣企業特色，雖然已經具備現代企業公司的結構型態，但是在資本結構上仍屬家族性企業居多。所謂臺灣五大家族企業分別是經營米、糖業的板橋林家，開採煤、金礦的基隆顏家，專營樟腦的霧峰林家，貿易起家的高雄陳家，以及鹿港的辜家等五大家族。

這五大家族的企業經營模式與風格，除了勤勉、冒險的經營特質、把握經營時機、重視教育及善盡社會責任外，最重要的是善於維持與殖民政府的互動關係。換言之，臺灣殖民化經濟的本質，就是臺灣本地資本必須建立在無奈地接受日本資本的宰制，終至弱化對抗關係而逐步發展起來的企業。

最典型的是成立於 1925 年大東信託株式會社，在 1944 年 5 月臺灣總督府以《信託法》將於 8 月起在臺灣實施，並因應戰時統制需要，開始籌劃將當時比較具規模的臺灣興業信託、大東信託、屏東信託合併，三家信託資本合共 455 萬圓，臺灣銀行等銀行再出資 545 萬圓，增資至 1,000 萬圓資本額（實收資本 250 萬圓），改名臺灣信託株式會社，由總督府財政局長指定菊池真鄉、陳炘、林獻堂、黃朝清、李開山、顏德潤、陳啟川、鄭鴻源為董事，陳煌、黃炎生、輿田四郎為監察人，董事互選菊池為董事長，陳炘為執行董事。[25]臺灣人所建立的大東信託遂被合併，改由日本人主導經營。

整體而言，土地制度變動和農業企業化經營的轉型，促使經濟產生結構性的變化。但是在 1924 年以前，除非有日本人參與投資，否則殖民政府是禁止臺灣人組織任何公司型態的企業單位。而且當時的稅制基本上以銷售稅（sales tax）為主，

[25] 謝國興，《陳逢源：亦儒亦商亦風流（1893-1982）》，（臺北：允晨，2002 年 6 月），頁 190-199。

約占殖民政府收入的 70~80%，加上公司所得稅稅率非常低。

　　同時，日本人所控制的公司企業中大部分具有市場的獨占力量。例如 1912 年臺灣本地企業投資的公司只有 34 家，不及總和 146 家的 5%，其中還包括受殖民政府指導而設立的林本源製糖會社，及彰化與嘉義銀行。從資本額分析，如果將總額 337.4 萬圓，減去林本源製糖會社的 115 萬圓，及彰化與嘉義兩家銀行的 47 萬圓，剩下只有 175.4 萬圓實為本地人自發性成立的公司。[26]

　　另外，1911-1912 年公司家數從 58 家急增到 93 家，增加率高達 60%，但實收資本額僅從 516 萬增到 635 萬，只增加 25%；合資公司從 34 家增加到 41 家，資本額卻從 484.3 萬圓減到 224.8 萬圓，減少率達 50%以上。顯示公司家數出現停滯趨向，雖然臺灣在地企業資本受到壓制，不是被日本資本所吸納，就是暫時退出資本市場，但是引導臺灣企業朝向現代公司企業組織的形成與發展有正面的意義。

(五) 臺灣媽祖文化與中小企業發展

　　戰後臺灣媽祖信仰活動隨著經濟發展而日趨熱絡。臺灣一般對傳統社區寺廟的活動資料都歸入道教的領域。根據宋光宇的統計資料，道教寺廟的數量（含媽祖廟）從 1960 年的 2,947 間、1966 年的 3,322 間、1975 年的 4,084 間、1981 年的 4,229 間、1984 年的 6,955 間、1985 年的 7,116 間、1986 年的 7,224 間、1987 年的 7,353 間、1988 年的 7,461 間、1989 年的 7,959 間。

　　從這些數據突顯臺灣社會經濟從 1970 年代是一個由貧入富的轉型期，在 1970 年平均每人國民生產毛額是 443 美元，1978 年為 1,577 美元、1979 年為 1,920 美元、1980 年為 2,344 美元、1981 年為 2,669 美元，10 年之間臺灣地區的平均每人國民所得增長了 6 倍。在 1981 年至 1985 年之間呈現緩慢成長，隨後又是 5 年的快速上升。[27]

---

[26] 臺灣銀行，《臺灣產業及金融統計摘要》，（臺北：臺灣銀行，1913 年），頁 25-36。

[27] 宋光宇，〈試論四十年來臺灣宗教的發展〉，收錄宋光宇主編，《臺灣經驗（二）—— 社會文化篇》，（臺北：東大，1994 年 7 月），頁 187-189。

　　大致說來，是經濟發展在先，隔三四年就有新寺廟的高峰出現；反之，經濟發展有段時間遭到停頓情境，也要在三兩年後停頓情境才會反映到寺廟發展上。換言之，1970 年代臺灣的經濟發展迅速，使得人們有足夠的財力去建廟。這些寺廟在 1980 年代前後相繼落成，造成 1981 至 1985 年間的寺廟數量躍升的現象。

　　但是 1981 到 1985 年在經濟發展上，出現緩慢成長的現象，人們捐資建廟的意願隨之降低，那麼在 1985 年到 1988 年寺廟的興建數量就明顯的降低了很多。從 1986 年起連續 6 年在經濟上呈現飆漲的態勢，寺廟數量也在 3 年後呈現上揚。

　　由於國民政府統治臺灣時期的經濟政策，在 1980 年代以前基本上是以強調「發達國家資本，節制私人資本」為主的企業發展策略。所以，政府接收臺灣時，首先是將重要鐵公路運輸、電話電報通訊系統，及菸酒樟腦等專賣事業，併歸國營或省營，同時藉由銀行的公營與貿易的壟斷，控制臺灣較具規模的大企業及金融貿易等相關的發展。而當時從日治政府壟斷及日資企業接收，其劃歸國營、國省合營及省營的企業總計 383 個單位。

　　同時，政府並將接收日本人企業而組織成的臺灣水泥、臺灣紙業、臺灣農林，和臺灣工礦等四大公營公司開放民營。這一重大企業政策，不但解決了土地改革地主補償金的問題，並讓臺灣傳統大地主從農業生產轉型企業經營的機會。再加上日治時期和日本人和資經營企業的經驗，臺灣中小企業對 60、70 年代臺灣經濟發展的成功提供了寶貴基礎。

　　而在 1980 年代以後，政府推行「制度化、自由化、國際化」的三化策略，臺灣許多中小企業的家族企業逐漸轉型發展成為企業集團，諸如統一企業集團、新光企業集團、臺塑企業集團、長榮企業集團、富邦企業集團、萬海企業集團等。

　　而 2007 年臺灣七大家族企業的稅後純益排名和資產總額，第一名是臺塑家族，資產總額 2,623,385（百萬元），稅後純益 242,429（百萬元）；第二名是鴻海郭家，資產總額 1,196,200（百萬元），稅後純益 106,913（百萬元）；第三名是新光台新吳家，資產總額 1,196,200（百萬元），稅後純益 53,462（百萬元）；第四名是遠東徐家，資產總額 1,012,840（百萬元），稅後純益 45,413（百萬元）；第五名是中信辜家，資產總額 2,455,452（百萬元），稅後純益 30,727（百萬元）；第六名

是國泰富邦蔡家，資產總額 5,637,457（百萬元），稅後純益 16,142（百萬元）；第七名是奇美許家家，資產總額 60,3945（百萬元），稅後純益 14,063（百萬元）。

但是臺灣中小企業仍然占企業整體結構中的比率，2006 年臺灣中小企業家數為 1,244,099 家，大企業家數 28,409 家，占全體企業家數 1,272,508 家數比率的 97.77%。10 年之後的 2016 年底，臺灣企業總家數 1,440,958，中小企業家數 1,408,313，比率占 97.73%。換言之，臺灣企業的規模還是以中小企業為主，縱使有些較大規模的關係企業集團，已逐漸從累積家族資本，而後逐步擴大到宗族、鄉親的共同投入，甚至成為上櫃、上市公司，甚至政府開放企業集團的關係企業可以投資銀行、證券等金融性產品，發展成為規模較大的金融控股公司，能夠與其他跨國化企業競爭，但不論是在資本結構和人才運用上，基本結構仍然是家族企業的經營型態居多。

檢視戰後臺灣媽祖信仰和企業發展之間的關係，我們觀察到在許多企業經營和轉型的過程中，許多的企業主仍然積極參與媽祖信仰活動。例如吳修齊在 1949 年當他 37 歲時，就已擔任過開基媽祖廟董事長；1983 年臺南北門頭港仔鎮安宮整建完成，主其事的籌建委員會主任委員為吳三連，副主任委員包括吳章興、吳修齊、吳尊賢等，和 1989 年慶安宮的整修，整建委員會主任委員高清愿都是臺南幫的統一企業的重要成員。

五、 臺灣媽祖文化與企業責任

當 19 世紀末，美國許多企業集團的大型企業經營模式形成，他們從放任自由的競爭，推展到組織比較鬆散的卡特爾，進而組成嚴密的托拉斯。因此，美英德等國的企業經營很難預防成員欺騙和搞秘密削價競爭，才有標準石油公司 1879 年和 1882 年私下達成石油跨洲持有的托拉斯協定，終於導致美國《薛曼反托拉斯法》（*Sherman Antitrust Act*）的頒布。

原因是洛克斐勒（John Davison Rockefeller），經營的標準石油公司排除不少

法律障礙，結合數十家不同的企業為一個天衣無縫的完整企業體，在工業規劃和量產上一路領先，並在白熱化競爭的狀態下，充分運用原本很難達成的規模經濟。在洛克斐勒監護下，托拉斯在改善石油產量、開發副產品、削減包裝運輸費用及向全球分銷石油產品上皆有明顯的進展。[28]

　　然而標準石油公司這樣的經營手法，卻是洛克斐勒（John Davison Rockefeller）背負違反企業倫理一輩子揮之不去的夢魘。特別是 1902 年一位新聞記者艾達‧塔貝爾（Ida Tarbell）在《麥克盧爾》雜誌上刊登一連 19 篇的報導，揭發標準石油的內幕，她認為該公司的興盛全靠「詭計、欺騙、特權、下流的非法行為、賄賂、脅迫、舞弊、恐嚇、間諜活動與徹底的恐怖行動」。

　　到了 20 世紀末，許多大型企業經營模式已發展成股東根本無法如許多人預期一樣去約束經理人的權限，終於發生安隆公司（Enron Corp.）的破產案。安隆這家能源公司，在短短數年之內，從幾近兩手空空，發展為財報年營收達 1,010 億美元的大企業，到最後因破產而瓦解。

　　安隆的故事象徵狂飆的 1990 年代所有的錯誤，包括企業貪婪、會計醜聞、製造公共影響力、銀行業醜聞、解除管制，以及自由市場魔咒。安隆的海外營運同樣說明了美式全球化、裙帶資本主義（crony capitalism），以及在國外濫用美國企業力量等黑暗面。[29]

　　安隆公司特別是經營與政府之間的關係，在 1993 年至 1997 年服務於美國柯林頓（Bill Cliton）政府經濟顧問委員會，並曾出任該委員會主席的史迪格里茲(Joseph E. Stiglitz)就指出，美國財政部長魯賓（Robert Rubin）交棒後，擔任花旗集團執行委員會主席，而花旗正是參與安隆諸多惡行的銀行之一。

　　魯賓畢業於哈佛大學法學院之後，曾服務於高盛公司（Goldman Sachs）26年，1993 年至 1995 年出任柯林頓政府的國家經濟顧問委員會主席，1995 年至

---

28 Ron Chernow, 黃裕美、樂為良合譯，《洛克斐勒：歷史上的第一個億萬富豪》，（臺北：商周，2000年 2 月），頁 274-275。

29 Joseph E. Stiglitz, 齊思賢、張元馨譯，《狂飆的十年：一個繁華盛世的興衰啟示錄》，（臺北：天下文化，2005 年 12 月），頁 276。

1999 年擔任財政部長。由魯賓、葛林斯班（Alan Greenspan）與桑默斯（Larry Summers）組成的三人財政小組，被《紐約時雜誌代》（*New York Times Magazine*）譽稱為 1990 年代「拯救世界的三人行」。[30]而小布希(G. W. Bush)時期的陸軍部長懷特(Thomas White)，曾任安隆公司副總裁。

安隆公司隨著創辦人雷伊在 2006 年 7 月因心臟病突發去世而落幕，而標準石油公司的創辦人洛克斐勒（John Davison Rockefeller），在 1937 年 5 月以 98 歲高齡離開爭議的人間。洛克斐勒留下的是個矛盾的遺業組合，一個虔誠與貪婪，熱誠悲憫和兇狠巧詐的混合體，他具現了美國清教徒祖先模棱兩可的傳統，他崇尚節儉與進取，但也具備掠奪天賦。他從宗教訓練中得到混雜信息，也受作風不同的父母的矛盾影響，他既代表企業的貪婪也象徵慈善心的啟蒙，也不讓人意外。

從 1870 年代起，洛克斐勒主導下的標準石油代表美式生活的一個新紀元，一方面激發民眾，但也使他們驚恐萬分。他無與倫比的智慧以及像生意人一樣的掠奪貪婪作風，使他的國家必須去面對一些難題，如經濟的形式、財富的分配、以及企業與政府的適當關係。洛克斐勒把專賣做得十全十美，展示了大企業的效益。以創新的企業形式，他制定現代跨國企業的經營模式，主宰了二十世紀的經濟生活。在進行這些事時，他也暴露了各種形式的濫權，可能伴隨未受約束的經濟強權而生，對民選政府構成威脅。

身為第一個偉大托拉斯的總建築師，他證明了自由市場脆弱的本質，強迫政府制定法規，以確保未來還可以進行公平競爭。而一位貪婪的掠奪者最後變成最大的慈善家，洛克斐勒加快將傳統上專屬富人的個人和特定目的慈善工作，便為更有影響力。換言之，標準石油公司雖然違反反托拉斯法而被裂解成好幾家公司，但因其善盡企業的社會責任，而讓洛克斐勒家族和標準石油公司還能繼續經營下來的主要原因。

無獨有偶，在 1997 年 10 月美國司法部首度對微軟公司（Microsoft Corp.）發

---

[30] Robert E. Rubin & Jacob Weisberg, *In an Uncertain World: Tough Choices from Wall Street to Washington*（N. Y.: Random House, 2004）.

難，認為 Internet Explorer 應是一個獨自分離的產品，微軟將它連結放入 Windows 的作法，以違背 1995 年的「反托拉斯協議」（antitrust agreement）。該協議是為解決早先微軟被進行反托拉斯調查而簽訂的。

微軟將 Windows 這個獨占性產品與 Explorer 結合，屬於一種「非法的連結」（an illegal tying），將會堵住像網景公司（Netscape Communication Corp.）的 Navigator browser 等競爭產品。而當時的網景公司才於 1995 年 8 月正式掛牌上市，這是一家成立於矽谷才二年的小軟體公司，掛牌那一天的公司股價由一股 28 美元直飆 71 美元，網際網路淘金熱於焉展開。[31]

所以，杜拉克（Peter F. Drucker）指出，基於一般商人或是古典經濟學家認為企業是賺錢的組織，企業的經濟論往往強調「利潤的最大化」，它實際上只是古語「賤買貴賣」的複雜化說法而已。利潤本身並不是企業的目的，而是它的一種限制因素。事實上，企業的存在是為了提供經濟貢獻，並因此而獲取報酬，企業的目的是為了創造顧客，也就是提供社會的經濟需要與滿足。[32]

諾貝爾和平獎得主，本身也是一位經濟學家的尤努斯（Muhammad Yunus）就指出，在利潤極大化的傳統企業之外，應樹立另一種新型態的商業機制，推廣以關心社會問題、關心人性真實的多面向需求為特點的「社會事（企）業」（social business）。尤努斯堅持「社會事業」不對投資者分配紅利，完全保留盈餘用於落實其社會使命，是現代版的社會性資本主義。[33]

六、結論

媽祖信仰不屬佛教、不屬儒教、亦不屬於道教，而是道道地地的民間信仰。

---

[31] Alan, Greenspan, 林茂昌譯，《葛林斯潘——我們的新世界》，（臺北：大塊，2007 年 10 月），頁 195。

[32] Peter F. Drucker, 蔡伸章等譯，《管理學導論》，（臺北：桂冠，1983 年 5 月），頁 43-54。

[33] Muhammad Yunus, 曾育慧譯，《打造富足新世界》和《窮人的銀行家》二書，分別由博雅書屋和聯經公司出版。

臺灣是一個沒有「國教」的地區，由於沒有國教。所以，民眾得以自由地選擇其宗教信仰，並可以集合同志成立教團，得以自由傳播自己所信奉的宗教及建設宗教設施。

人們依其地域的不同，而對神的觀念、祭期、祭法、祭具、禁忌等都有所不同，絕非是因為道教教義或宗教混合的原因，而是源於人們的生活意識與知識層面不同的關係。因此，民俗宗教可說是充分反映了人們生活習慣的宗教。

當 1895 年日本開始要統治臺灣之際，深入觀察臺灣各族群已由觀音、媽祖、關公的一般信仰之逐漸取代開漳聖王、三山國王等鄉土神信仰的現象，「中國人」或是「漢人」已成民族運動的重要認同基礎。

換言之，媽祖信仰是具有臺灣社會的普遍價值，其在臺灣人們心中所建立起的善良本性和道德情操，值得大家共同維護和遵循。尤其是企業經營者，在資本主義市場經濟競爭中，企業追求利潤極大化當然是最重要的目標，但是它對社會的重要性遠逾於其對各別企業的重要性。

如果具有中國文化特色的臺灣文化不再被批評為一個「無國籍的現代文化」，我們就要讓媽祖信仰和文化成為臺灣人的核心價值之一，突顯那些比我們所想像的更巧妙且堅強地隱藏著的與時代共生的神祕生命力。例如六堆嘉年華會顯示的歷史文化意義，是 300 年前屏東地區客家庄所成立保鄉衛民的民兵組織，負起地方自保的重責大任，聚集了「先鋒堆」、「前堆」、「後堆」、「左堆」、「右堆」、「中堆」等六堆義勇軍，聚集在現今內埔天后宮所發生的一場光榮戰役，特別突顯了民間崇信和祭拜媽祖，圍繞在以天后宮為核心而在地方上扮演凝聚村民的信仰力量，是值得發揚媽祖信仰的大事。

一般而論，目前對於臺灣企業發展的分析，主要集中興趣於商人的客觀世界和經濟活動方面，而忽略了商人的主觀世界，包括文化背景、意識形態、價值觀念的問題。但是現在臺灣企業已從過去強調「製造經濟」，所導致企業過於重視低成本的「規模經濟」發展模式；而現在臺灣企業需要發展的是具有創意、產銷合一概念的「體驗經濟」，這才是現代文明人追求企業發展和創新生活的最高意義。

從臺灣「發展學」的經驗，臺灣已是遠離強調 1950 年代軍事力、1960 年代

政治力、1970 年代經濟力、1980 年代社會力的年代，現已進入應該重視文化力的階段，而媽祖文化正是經濟發展的另一隻「看不見的手」。當已經成為臺灣人生活一部分的媽祖信仰，難道不是臺灣在發展經濟過程中重要的文化資產嗎？我們要善用創意文化產業的經濟概念，讓目前喪失企業倫理的部分臺灣企業和臺灣人民不再走一味追求權利與財富的錯誤途徑，而只是把公義、道德、民主、自由、人權等普世價值通通成了掩飾爭權奪利行為的工具，這將無法符合熊彼得（Joseph A. Schumpeter）所指出，企業家精神將促使資本主義的成功而逐漸轉變成社會主義。[34]

　　因此，所謂具有媽祖精神的「悲憫式資本主義」市場經濟發展才有可能是我們追求的理想，否則臺灣 M 型社會的形成將是臺灣實施資本主義市場經濟和民主政治的終結。

---

[34] Joseph A. Schumpeter, 吳良健譯，《資本主義、社會主義與民主》，（臺北：左岸，2003 年 12 月）。

媽祖文化圈與東亞海域經貿發展

一、前言

2009 年 9 月 14 日臺灣臺東縣富崗村的媽祖信徒代表，來到寧波市象山縣參加開漁節活動，其中最有意義的是如意媽祖省親迎親儀式，和供奉如意娘娘分身的象山石浦鎮海神廟的舉行奠基典禮。話說國民政府在 1949 年撤退到臺灣時，象山縣石浦鎮漁山島村民移居臺灣臺東縣富崗新村，也隨身請來保佑他們的如意娘娘，建海神廟供奉。所以，富崗新村俗稱小石浦村，相傳象山石浦的媽祖娘娘是姊姊，臺灣小石浦村的媽祖娘娘是妹妹。這次的媽祖省親迎親活動又是兩岸媽祖信仰交流活動的最佳寫照。

這種牽連地緣特殊關係的淵源，除了表現在共同文化的歷史背景之外，我們也可以從地緣經濟和產業發展的角度加以觀察。2009 年 5 月 11 日起至 13 日克魯曼(Paul Krugman)應中國民生銀行與中國移動廣東公司的邀請，走訪北京、上海、廣州，在針對〈全球經濟金融展望兼論貿易保護主義〉的專題發表會上指出，世界兩大經濟體是美國和歐元區，「除非我車禍身亡」，中國應該會在他有生之年，取代美國成為全球最大經濟體。換言之，中國成為最大經濟體尚需 20 年。

緊接著同月 14 日，克魯曼應臺灣《經濟日報》、臺灣金控公司與中華經濟研究院邀請來臺北，仍然針對「全球經濟金融展望兼論貿易保護主義」提出論述。

克魯曼是 2008 年諾貝爾經濟學獎得主，其對學術理論的貢獻而獲獎的主要理由，就是在「產業內貿易」(intra-industry trade)理論方面提出創見，突顯規模經濟

(economies scale)如何影響貿易模式與經濟活動的區位(location)，改變了傳統貿易理論的研究方向，並在貨幣理論上建立了匯率危機的模型，是第一位將區位經濟、國際貿易與規模報酬遞增三項理論整合的研究。

回溯 1994 年墨西哥發生金融風暴，當時克魯曼是最早推斷，預測亞洲國家可能會發生類似事件，果真 1997 年亞洲的馬來西亞、韓國等國家發生金融風暴。克魯曼指出，全球金融海嘯的危機，面臨五大威脅：第一、全球經濟衰退對全球貿易造成很大衝擊，成長與貿易是相關的，這次衰退對耐久財的需求影響特別大，而耐久財的貿易卻是全球貿易最重要的一環，也因為流動性不足而影響全球貿易；第二、是過度或不良的保護主義在經濟衰退的時候，引起大家的緊張，認為政府應該有所作為免於外部競爭；第三、我們又回到凱因斯的重商主義時代；第四、有很多國家採擴張性財政政策，擔心政府債務問題；第五、匯率長期無法消除的失衡問題。

克魯曼認為，基本上許多亞洲國家的經濟發展型態是沿自於美國，資本廣度很高，但透過技術改革升級的資本深度不足，導致研發能力的成長有限，都屬於加工型態，長期發展會遇到瓶頸。所以，亞洲當時許多國家都同時發展紡織、鋼鐵、造船與汽車等工業，導致傳統產業出現供過於求的現象，是金融風暴發生的主因。

所以，在 1999 年 8 月克魯曼出席吉隆坡舉辦的「馬來西亞商業展望研討會」時更深入指出，臺灣經濟結構主要以小型企業為主，與受金融風暴嚴重打擊的南韓比較，顯著不同，南韓的大財閥得到政府幕後的大力支持，臺灣的企業沒有政府的支撐，使他們不敢向金融機構大舉借貸，並謹慎的向國內銀行融資，使企業建立良好信譽，這使得臺灣有能力應付金融危機。

根據克魯曼上述建立的地理區域貿易經濟理論，強調了廠商設廠、居民住所等區位的理性選擇，其結果因為廠商或居民的聚集越多，資源的運用越方便和成本越低，因而形成現代的「都會」、「園區」等經濟或文化的產業聚落，有利於貿易經濟的發展，修正了古典經濟學所主張某地區若廠商數越多，每家廠商的設廠成本越高的「投資報酬遞減」假設。

　　本文將依克魯曼的地理經濟觀點，跳脫過去都市發展由海港開始深入內陸的模式，調整為港市合作結盟的跨邊界思考，爭取區域性都市發展的優勢地位。檢視 17 世紀以來東亞政經情勢和媽祖文化傳播的歷史變遷，並從中論述發展媽祖經濟區的可能性趨勢。

　　特別是 1992 年 12 月黃枝連提出中國大陸、臺灣、香港、澳門四地組成「媽祖(天后)經濟協作區」的「中華經濟」交流協作構想，以及魏萼提出媽祖文明史可以代表臺灣精神，是臺灣經濟發展的原動力，為本文立論兩岸經貿發展，以臺灣海峽作為都市的孵化器(Urban Incubator)，促使兩岸的沿海城市、海灣、島嶼、浮游的載具，以及海面上下的各種生物形成一個新的區域生活圈，進而建構東亞媽祖文化產業區，來共創東亞區域經濟互利共榮的基礎。

二、經濟區的三個面向

　　隨著美蘇武器競爭與冷戰的結束，「地緣政治論」(geopolitics)已轉型為「地緣經濟論」(geoeconomics)，由軍事對立調整為協調合作，國際政經不再強調是「同盟政治」(alliance politics)，而是轉變為「裁軍政治」(disarmament politics)，國際經濟問題更取代軍事安全的關注。

　　冷戰的結束，在全球經濟區域加強經濟安全的結構下，區域及各國自主行為空間的擴大，使有關利益之汲取、交易與衝突的可能性，遠甚於過去。因而，逐漸形成美加自由貿易區、歐盟，及亞太經濟區等三大區域經濟體為主的國際政經新秩序。

　　西歐的整合運動主要是由政治因素推動的，而北美地區的經濟整合是出於政治和經濟兩方面的動機，亞太地區則主要但非完全是由市場推動的。歐盟爭取實現政治目標，包括結束法德的敵對關係和創建單一的政治實體，以提高歐洲在國際社會中的地位。

　　北美自由貿易的建立反映美國、加拿大和墨西哥等三個國家在市場力量推動

下的自然融合，但一些政治動機，諸如加強北美抗衡西歐的地位，以及減少墨西哥非法移民美國等因素也引起了一定的作用。亞太地區即使市場力量是區域經濟整合最重要的因素，政治上的考慮以及日本特定政策的動機也發揮了重要的作用。

所以，區域化經濟實際上是把各國共同關心和追求的宏偉目標結合起來考慮，而不是提供一種替代以國家為中心的國際體系的途徑。換言之，地緣經濟論不但是要超越從國家單位的國際政治秩序觀點，而是要從航海移民交通圈和運輸貿易市場圈等區域經濟發展的因素來考量。

布勞岱爾(Fernand Braudel)曾指出，構成歷史的有三個主要面向：第一面向是政治面向，指的是人們努力奮鬥而時所發生瞬息萬變的政治事件；第二面向是經濟面向，指的是變遷較慢的社會結構或經濟模式轉變；第三面向是大自然的環境面向，指的是變遷最慢的氣候或地理條件變化。整部人類歷史是以上三者交互影響推展而成。[1]

以下將根據這三個構成歷史的面向，檢視構成媽祖文明經濟圈發展的歷史，可以從政治面向的鄭和下西洋、經濟面向的漢人海外移民，和大自然環境面向的黑潮(Kuroshio)海洋資源的三者交互影響中得到最好的印證。

(一) 政治面向的鄭和下西洋

從明成祖永樂 3 年(1405)至明宣宗宣德 8 年(1433)的 28 年間，鄭和船隊經東南亞、印度洋，最遠到達紅海與非洲東海岸，遍訪 30 個國家和地區。有關鄭和下西洋與媽祖女神崇拜的密切關聯，可從鄭和所建原在福建長樂天妃宮的《天妃靈應之記》碑刻得到印證，碑文即記述了鄭和率眾七下南洋的始末，其謂七次所歷「雲帆高張，晝夜星馳，涉彼狂瀾，若履通衢者，誠荷朝廷威福之致，尤賴天妃之神護祐之德也」。

鄭和下西洋主要實現了大明國發展與海外世界友好關係的最終政治目標，發

---

[1] Fernand Braudel, *Civilization & Capitalism, 15th-18th Century Vol.I: The Structure of Everyday Life* (N. Y.: Harper & Row, 1981).

展了大明國主導的亞非海上國際貿易交流網絡,特別是發展了大明國與東南亞各國的關係與市場貿易。

(二) 經濟面向的漢人海外移民

中國的海外移民遍布世界各地,尤其是沿海國家,這些國家的主要城市和地區,大多有「唐人街」之類的海外華人居住區。有許多因素促進移民的關鍵,其中經濟問題是主要的考量。

所謂環中國近海漢人文化圈主要是透過海路傳播影響所形成的東方世界的漢文化圈,在結構類型上從南到北可分為兩種:一是東南亞扇面;二是東北亞扇面。其輻射影響源地有三:其一是八閩和嶺南百越文化,主要輻射影響東南亞漢文化圈;其二是齊、燕、遼文化,主要輻射影響東北亞漢文化圈;其三是江浙吳越文化,以輻射影響東北亞漢文化為主,兼及東南亞漢文化圈。臺灣則屬於東北亞和東南亞的交會處。

(三) 環境面向的黑潮海洋資源

黑潮在經菲律賓和臺灣東海岸北上日本的過程中,部分黑潮海流於呂宋海峽入侵南海,並與南海海流結合後,其部分海流經臺灣海峽,可能再度與黑潮主海流匯合,黑潮部分海流於臺灣東北角流入東海,並與當地海水交會後,再度流出東海與北海上的黑潮主流會合。

黑潮主流是沿著東海陸棚邊緣與日本西南諸島之間海域北上,至奄美大島西北入日本海並分出對馬暖流,主流則轉為日本東岸的海流北上,當對馬暖流流到濟州島東南海面再一次分支,主支經過朝鮮海峽進入日本海,另一支流向西北進入黃海,通稱黃海海流。

因此,在臺灣暖流以東的海域存在兩大系統海域,一是外來的黑潮暖流,二是海域內生成的沿岸流與季風漂流。在臺灣島東北,黑潮向北分出一支流,流向浙、閩沿岸一帶,一般稱為臺灣暖流。

由於海運交通圈和貿易市場圈的經濟因素,促使臺灣成為西太平洋海上交通

中心，連接日本群島、朝鮮半島、中國大陸沿岸和東南亞的樞紐位置，在歷史上也有重大的意義。尤其是臺灣島位於中國大陸棚上，臺灣海峽甚淺，水深約在 50m 左右，由於海峽兩岸的貿易關係，是「黑水溝」(寒流)與「紅水溝」(暖流)的交會地帶，對航海者而言是非常危險的地區。

從鄭和下西洋、漢人海外移民，和黑潮海流，其歷史發展演變都涵蓋了媽祖文明經濟圈的範圍。所以，狹義的媽祖文明經濟圈的範圍是從福建、臺灣到東南亞華僑的福佬或漢人經濟圈，也可稱是儒家文化經濟圈。

然而，本文所指的是廣義媽祖文明經濟圈，範圍是以中國和臺灣為核心，往東北亞有韓國和日本和往東南亞南則有菲律賓，印尼、馬來西亞、越南等地的整個東亞地區。

三、 東亞海域媽祖文化的歷史意義

1368-1398 年的明太祖在位期間，其所開始實施限制國際貿易和海禁的消極政策，除在初衷就具有維持治安的本意之外，亦有抑制宋、元以來，已逐漸發展形成的商品經濟態勢，而將元代的重商政策復為轉向傳統的重農政策，故以海上活動為其經濟命脈的沿海地方，尤其是福建漳州、泉州一帶自不免蒙受巨大的影響。明代遭逢政府禁制，不但港口趨於衰落，整個地方亦因之貧窮。

故政府雖因重國防而絕市舶、禁販海，屢頒禁令，但仍不能杜絕居民之向外發展，即頗多形成私人自擁有武力的變相的走私商人團，亦有下海通番，而往往不得歸還，遂僑居於海外。政府這一嚴禁政策所造成的反效果，更促使僑居海外的人數，自明初之後逐漸增加。

然而，檢視具有普遍性、世界性媽祖信仰傳播的發展歷史，最早當可溯自 960 年(北宋元年)原名林默的媽祖誕生在福建莆田縣，更確切的說法是生於該縣的顯良港而飛升於湄洲嶼。到了 987 年(北宋雍熙 4 年)，林默曾從福建渡海到臺灣，同年羽化成神，被民眾敬奉為海洋女神。此後的 1,000 多年，崇信媽祖的傳播遍

及全球五大洲的 16 個以上的國家。世界各地保存的媽祖廟宇有 4,000 多座，媽祖信眾約計有 2 億之多。

在世界各地的媽祖信眾，以地區而論，其中又以散居在東亞國家所占的比率最高。所謂的東亞，乃指中國大陸和朝鮮半島、日本的九州、西南諸島、臺灣等區域，此區域包含渤海、黃海、東中國海、臺灣海峽，乃至於南海。其主要國家亦即涵蓋了整個東北亞和東南亞的國家，也都是媽祖信仰的主要傳播地區。位屬東北亞地區在日本的琉球、鹿兒島、長崎、東京、千葉、琦玉、大阪、歧阜、八重山等地都建有媽祖廟；在朝鮮半島的首爾、釜山、仁川、平壤、新義州等地都建有媽祖廟。

另外，位屬中國北方沿黃渤海地區的青島、煙台、蓬萊、長島、天津、營口、丹東、錦州、秦皇島等地亦都建有媽祖廟。特別位屬東海的上海、寧波，乃至於臺灣海峽兩岸的閩、粵、臺，不但是媽祖文化的發源地，更當是崇信媽祖最興盛地區；而位屬東南亞地區的馬來西亞、菲律賓、印尼、新加坡、緬甸、泰國、越南等地亦都建有媽祖廟。

以下特別檢視日本、韓國和臺灣對媽祖信仰與媽祖廟的興建情形加以說明。

長崎的福濟寺、興福寺、崇福寺都是 17 世紀開始祭祀媽祖的享有盛名的媽祖廟。而早在 600 年前的明代初期，在琉球群島之一的久米島就建立有天妃宮媽祖信仰。[2]在江戶時代初期鹿兒島城下的船津町地方也建有天妃堂，接著神戶、大阪、東京等地也都因商業活動的關係，建立了媽祖廟。這現象充分反映媽祖信仰是伴隨著中國商船的海上活動而首先傳播到離中國大陸比較接近的九州地方。

韓國崇信媽祖可溯自宋朝創建聖墩祖廟的李姓家族，其藉參與出使高麗的機會，以媽祖顯佑使節船為由，向政府爭取得到廟額，成為合法信仰。1150 年(紹興20 年)李氏並藉擴建聖墩祖廟群的機會，將媽祖地位由陪祀神提升為主神，而原主神被降為陪祀神。

2 清代周煌《姑米天后宮碑記》，碑存日本沖繩縣姑米天后宮，參閱：蔣維錟、鄭麗航輯纂，《媽祖文獻史料彙編(第一輯)碑記卷》，(北京：中國檔案社，2007 年 10 月)，頁 8。

　　而臺灣的地理位置就在東北亞和東南亞國家航線的交會處。就東亞海域的媽祖信仰傳播地理位置而言，臺灣正是東亞媽祖信仰的中心。據傳鄭和船隊曾因避風及取水，駛入臺南赤崁，即今大天后宮大井頭的古渡口附近汲水，乃其引湄洲香火入臺。

　　到了 16 世紀 80 年代之後，因為大明國工商業日趨發達，加上西歐大航海時代的商戰舞台亦已移至東方，導致東亞海上的商業活動頻繁，臺灣更是成為大明國與日本走私交易的交會點。所以，17 世紀初，大陸漁民定居澎湖者日多，並在馬公建有媽祖廟，可惜的是當荷蘭人離開澎湖時，將所有街肆焚掠一空，天妃廟亦遭致破壞。

　　1662 年長期在東亞海域亦商亦盜的鄭氏家族，驅走荷蘭東印東公司在臺灣的政商權益，同年，寧靖王朱術桂來臺，建府邸於赤崁。1683 年(康熙 22 年)臺灣納入清版圖後，1684 年寧靖王邸改為天妃宮，並通命水師各衙門在安平鎮、澎湖、鳳山縣治龜山頂、鳳山興隆莊左營建天妃宮或天妃廟，1712 年建豆門天妃廟(今北市北投關渡宮)，1717 年建諸羅縣天妃廟；1719 年建鹿耳門媽祖廟等 8 間；雍正年間的 1731 年建新莊街天后宮，乾隆年間的 1738 年建彰化縣北門內天后聖母廟，1739 年建馬公天后宮，1742 年建淡水廳北門外天后宮，1748 年建彰化縣東門內天后聖母宮、淡水廳西門內天后宮，1950 年建臺灣縣天后宮，1761 年建諸羅縣署天后宮，1788 年建鹿港海墘天后聖母廟(今彰化縣鹿港鎮新祖宮)、西定坊海安宮(今臺南市中區海安宮)，以後建鹿港新興街天后聖母廟等 10 間；嘉慶年間的 1812 年建王宮港天后聖母廟，1817 年建葛瑪蘭天后廟等 2 間；光緒年間的 1888 年劉銘傳籌建天后宮於臺北府府後街，3 年竣工，1891 年建猴洞天后宮(今臺東市)。上述，總共在明清時期臺灣的官建媽祖廟計有 22 間。

　　另外，明清時期臺灣民間興建的媽祖宮廟有：

　　(一)在康熙年間 1684 年的西定坊小媽祖廟，1691 年以前建旗后媽祖宮，1700 年建笨港天妃廟(今北港朝天宮)，1703 年桃園慈護宮，1716 年建鹹水港街天妃廟(今臺南縣鹽水鎮)護庇宮等 5 間；

　　(二)雍正年間建撿東堡藍興萬春宮(今臺中市萬春宮)；

　　(三)乾隆年間初期建鹿港北頭天后聖母廟、林圯埔天后聖母宮、斗南順安宮、鳳山縣阿猴街天后廟(今屏東市慈鳳宮)、梧棲大庄浩天宮、臺灣府船廠天后宮、礱米街天后廟、磚仔橋天后廟、武定里洲仔尾天后廟(近臺江內海)、新昌里瀨北場天后廟、淡水廳艋舺渡天后廟(今臺北市萬華成都路新興宮)[3]、諸羅縣治西門天后廟(今嘉義市朝天宮)、八里天后宮、西螺廣福宮、諸羅縣蘭井南勢天后廟、鳳山縣埤頭街天后廟(今鳳山市)、鳳山縣阿里港天后廟、鳳山縣萬丹街天后廟、鳳山縣新園街天后廟、鳳山縣南仔坑街天后廟(今高雄市楠梓區)、貢寮媽祖廟(今德心宮)[4]，乾隆中期建彰化縣南門外尾窯天后聖母廟(今彰化南瑤宮)，1768 年建後壟街天后宮(今後龍慈雲宮)，1770 年建大甲街天后宮(今大甲鎮瀾宮)、香山天后宮[5]，1772 年建苑裡街天后宮，1775 年建三峽興隆宮[6]，1779 年建下茄苳泰安宮(今臺南後壁區茄苳村泰安宮)等 28 間；

　　(四)嘉慶年間的 1796 年建芝蘭街天后宮(今士林慈諴宮)、滬尾天后宮(今淡水福佑宮)，1800 年建麥寮拱範宮、西螺福興宮、十分寮成安宮，1803 年建錫口街天后宮(今松山慈祐宮)、內埔天后宮，1806 年以前建東螺街天后聖母廟，1807 年以前建寧南坊上橫街溫陵祖廟、鎮北坊媽祖樓、二林街仁和宮，1808 年建葛瑪蘭廳天后宮，1809 年建鐵線橋通濟宮(今新營市)、打貓街慶成宮(今民雄鄉)、金包裏天后宮(今金山鄉)，1810 年建田中央乾德宮，1811 年建貓裏街天后宮，1814 年建胡蘆墩街天后聖母廟(今豐原慈濟宮，1917 年重修)，1816 年建中港街天后宮(今慈裕宮)，1818 年建新南港街奉天宮(今新港奉天宮)等 20 間；

---

[3] 1746 年(清乾隆 11 年)郊商在現今臺北市長沙街 2 段與貴陽街 2 段的西園路 1 段間，捐建艋舺新興宮，與當時龍山寺、祖師廟並稱艋舺的三大廟。

[4] 1838 年(清道光 18 年媽祖廟改用石材為壁，現今仍保存當時的石柱及古匾額，相傳清同治年間，臺灣總兵劉明燈網草嶺古道時，投宿於德心宮。參閱：葉倫會等，《2009 北臺灣媽祖文化節活動手冊》，(臺北：臺北市政府民政局，2009 年 9 月)，頁 36。

[5] 清領治臺灣時期香山是臺灣與福建貿易的重要港口，行商往來船隻甚多，居民大部分來自福建泉州，相傳香山天后宮即建於 1661 年與香山的發展有密切關係。

[6] 三峽位於大漢溪畔，早年河運暢通，永春先民於清朝乾隆年間到三峽墾拓，在老街籌建興隆宮，1895 年興隆宮是三峽人民抗日的秘密指揮所。

(五)道光年間的 1822 年建甘蔗崙聖母廟(今大林鎮朝傳宮)，1824 年以前建旗山天后宮，1833 年建銀同祖廟、吞霄街天后宮(今通宵鎮慈惠宮)，1834 年建土庫順天宮，1835 年以前建犁頭店街天后聖母廟、西螺街天后聖母廟、大肚頂街天后聖母廟、大肚下街天后聖母廟、小埔心街天后聖母廟、南投街天后聖母廟、北投新街天后聖母廟、大墩街天后聖母廟、大里代街天后聖母廟、二八水街天后聖母廟、悅興街天后聖母廟、旱溪街天后聖母廟，1842 年建大雞籠城天后宮(今基隆市慶安宮)，1848 年以前建員林街天后宮、枋橋頭天后宮；1848 年建斗六受天宮等 21 間；

(六)咸豐年間的 1851 年以前建斗六新興宮，1852 年以前建羅東街天后廟，1856 年建房裏街天后宮，1858 年建臺南市朝興宮等 4 間；

(七)同治 1862 年以前建大雞籠港口天后宮(在和平島上)，1863 年建白沙屯拱天宮，1867 年建中壢仁海宮，1870 年建萬里漁澳順天宮，1874 年建板橋慈惠宮等 4 間；

(八)光緒年間的 1879 年建三湖莊天后宮，1894 年以前建崁頂莊天上聖母廟、崙背莊聖母廟(今崙背奉天宮)等 3 間。

所以，臺灣在明清時期所興建主要官建和民建 110 座媽祖宮廟，主要集中在乾隆、嘉慶和道光的 188 年間，來見諸臺灣崇信媽祖的熱烈盛況。

1851 年的咸豐元年，正是太平天國元年，1853 年美國海軍司令培里(M.C.Perry)率艦進入日本江戶灣，同時培里也因急於赴大清國，展開保護僑民的行動，整個東亞海域繼葡萄牙、西班牙、荷蘭、英國東來之後，美國也加入西方國家爭利的戰場。而東亞海域的媽祖信仰傳播也隨著大清國向外移民的減少，但東亞國家對媽祖信仰更受到政經變化的影響，而逐漸呈現在地化與反分靈的現象，致使東亞國家媽祖信徒對媽祖信仰展露不同的風貌。

四、東亞海域經貿發展的變遷

15 世紀初期的東亞海域活動，就在鄭和船艦於 1405-1433 年的 28 年間，前後七次下西洋揭開了序幕，不但從此開拓了波瀾壯闊的「海上藍色絲綢」之路，所到之處，足跡廣涉東南亞、中亞、西亞、東非等 30 餘國家和地區。在長時間、長距離的航海中，即使是一支前所未有的船隊，在海洋面前也是無比渺小的。

對於船員而言，很多時候除了乞求上天保佑外無所選擇，而作為航海之人的保護神的媽祖自然也就成為船員們崇敬膜拜的對象。鄭和出海遇到風浪凶險時常禱告天妃保佑並多次化險為夷，於是在回報朝廷後，政府在南京龍江建了天妃廟，後來還在南京鳳儀門外修建天妃宮，以及在太倉等地修建、修善天妃廟。[7]

換言之，大明國鄭和的東亞海上活動要比大航海時代西方國家的東來還早，而船艦的陣容也比西方來的強大。因此，明清時期東亞海域的移民潮、海商和海盜活動，更是受到政經變遷的影響最深。其中以「亦商亦盜」的活動為例，除了元朝(1271~1367)已出現朱清、張瑄、顧潤、賀文達、牛大眼等，乃至於方國珍、張士誠、陳友諒等。

從明嘉靖至天啟年間(1522~1627)大明國海盜首領東渡日本的就有：

一、1543 年(嘉靖 22 年)王直與葉宗滿等人在載運硝磺、絲棉等貨物，前往日本，受到平戶藩主松浦隆信的禮遇。在日本淞浦津王直甚至於自己稱王建制為「淨海王」。王直的本名有「汪直」的說法，清代張廷玉等編纂《明史》採用此一說法。主要原因：一是汪姓乃徽州第一大姓，「十姓九汪」，二則當時王直當了「倭寇」，未免連累家族，即可能改姓為王。當然，也有人推測，王直改「汪」為「王」，是因為不屑與前朝臭名昭著的大太監汪直同名。王直下海五年後(1545)，加入許棟所率的海上武裝集團。

---

[7] 王海洲、潘望，《鄭和的時代》，(蘇州：古昊軒出版社，2005 年 7 月)，頁 106。

　　許棟一家四兄弟，不少史料上乾脆以許一、許二、許三、許四相稱，四兄弟的名字，從大到小分別是松、棟、楠、梓，最為掌門人的許棟排行老二。許家四兄弟也是歙縣人，與王直是正牌老鄉。

　　二、1544 年(嘉靖 23 年)許棟東渡日本，招引日本人到浙江雙嶼港貿易。

　　三、1551 年(嘉靖 30 年)徐海隨其叔父徐銓東渡日本，得日人資助，從事造船、航海貿易，並招誘倭寇攻略浙、直(「直」這地方應指「南直隸」的簡稱，為明代所稱南京附近歸中央直屬的區域，清代改稱「江南省」)等地。

　　四、1522-1566 的嘉靖年間，陳東、葉明，毛烈(即毛海峰)，謝和，以及鄭文俊、林碧川、沈南山、李崇山、林國顯、沈門等人聚眾分別到了日本，不但從事商業和貿易，並參與海盜活動。

　　五、1558 年(嘉靖 37 年)許棟自往日本，勾倭謀舉。

　　六、1573-1620 的萬曆年間，李旦屬於「商性重」，在日本長崎經商，人稱「中國甲必丹」，其船隻運載中國生絲、貨物來往於日本、臺灣、廈門、澳門與柬埔寨、交阯等地，在萬曆末年顏思齊屬於「盜性重」，居住日本平戶，初為人裁縫維生，積累財富，其黨羽楊天生、陳衷紀與鄭芝龍等人皆賈販日本，尤其李旦、顏思齊相繼過世後，鄭芝龍繼任顏氏的「日本甲螺(頭目、酋長之意)」。在萬曆與天啟年間更是在中、日、臺海域從事「亦商亦盜」海上貿易活動。因此，所謂「倭寇之亂」乃是「海商之為寇也」。寇與商同是人，市通則寇轉為商，市禁則商轉為寇。

　　七、1621-1627 的天啟年間，周鶴芝在日本，與薩摩藩主關係密切，結為父子。

　　而明清時期航海到南洋的「亦商亦盜」活動主要有：

　　一、1368 年(明洪武初年)的張汝厚、林福駕船載貨往占城(今越南中南部)。

　　二、1403-1424(永樂年間)陳祖義從廣東南海前往舊港，販運木材。1522 年(嘉靖初年)許折桂、鄭宗興等人從東莞駕船往南洋經商，鄭宗興等人「潛往大泥國」，大泥國，也叫渤泥國，即今日泰國的北大年港(Pattanti)，渤泥歷來都是華商的聚居地；徽州許二(棟)等人下海通番，入居大宜滿剌加(麻六甲)；林剪駕商船往彭亨貿易。

　　三、1540 年(嘉靖 19 年)王直、葉宗滿等人從徽州經廣東海濱，到邏羅、西洋

諸國貿易。

四、1568 年(隆慶 2 年)吳平率船隊往安南。

五、1522-1620 的嘉靖萬曆年間張璉從潮州航海到舊港；林道乾兄妹從臺灣航海到北大年，在渤大泥邊地闢「大乾港」，妹林姑娘死後，當地人尊為女神。

六、1574-1575 的萬曆 2 年至萬曆 3 年，林鳳從臺灣澎湖率船隊遠征菲律賓，與殖民者西班牙交戰，後返航潮州。

七、1644-1661 的清順治年間，鄭耀據龍門抗清，兵敗走交趾。

八、1683 年(康熙 22 年)楊彥迪從臺灣率船隊往廣南、柬埔寨。

九、1690 年(康熙 29 年)方雲龍從廣東到安南。

十、1736-1820 的乾隆嘉慶年間陳天保等人介入安南國的政權之爭，據安南港。

十一、1807 年(嘉慶 12 年)楊就富等人入越南。

十二、1808 年(嘉慶 13 年)蔡牽率船隊至交趾。

十三、1810 年(嘉慶 15 年)粵洋青旗幫主李尚青遭官兵追討，走往呂宋。

上述是從東北亞海域和東南亞海域的主要「亦商亦盜」活動，在東北亞和東南亞兩個海流交會處的臺灣。檢視下表中更可以突顯出，從 1554 年開始的嘉靖 33 年起，就陸續有陳老、曾一本、林道乾、林鳳、林辛老、李旦、顏思齊、鄭芝龍、楊六、李魁奇、何斌、鄭盡心、蔡牽、朱濆等「亦商亦盜」集團，分別在東亞海域從事商業貿易和海盜搶劫的行為，並在不同的時間來到臺灣落腳生活。

明清時期主要海商和海盜到臺灣、澎湖活動簡表

姓名	航海到臺灣年代	在臺灣島上的活動簡況	備註(引據史籍)
陳老	嘉靖 33 年(1554)	漳州人，結巢於澎湖，是與臺灣最早發生關係的。	卜大同《倭圖記》
曾一本	明嘉靖年間(1522-1566)	率領船隊航海至澎湖，據為巢穴，1569 年(隆慶 3 年)死後林鳳漸抬頭。	何喬遠《閩書》
林道乾	嘉靖 45 年(1566)	率領船隊航海至北港、打鼓山，屯駐部眾，造船擴	《福建通志》、《泉州府志》、《潮州府志》、《臺灣

姓名	航海到臺灣年代	在臺灣島上的活動簡況	備註(引據史籍)
		大船隊。	府志沿革》
林鳳	隆慶、萬曆之際(1567-1620)	1574 年(萬曆 2 年)率領船隊至澎湖、魍港。	《明史‧凌雲翼傳》、《潮州府志》
林辛老	萬曆、天啟之際(1573-1627)	航海至東番(臺灣)屯據	《明熹宗實錄》
李旦	天啟年間(1621-1627)	從長崎到臺灣經商，在島上有會館。	荷蘭東印度公司《巴達維亞城日記》
顏思齊、鄭芝龍集團	天啟年間(1621-1627)	從長崎到臺灣，據北港，築寨以居，鎮撫「土番」，分汛所部耕獵。顏思齊去世後，眾推鄭芝龍為首領。鄭芝龍組織部眾，擴大船隊，縱橫海上，招集漳、泉無業貧民三千人到臺灣屯墾。	曹履泰《靖海紀略》、連橫《臺灣通史》、《廈門志》
楊六、李魁奇、何斌集團	天啟年間(1621-1627)	率領船隊至臺灣，據為巢穴。李魁奇糾合漁船會集澎湖，掠洋船。楊六有眾數千，屏息東番。	《明熹宗實錄》、《明史‧雞籠山傳》、乾隆《臺灣縣志》、江日升《臺灣外記》
鄭盡心	清康熙 50 年(1711)	藏匿於臺灣淡水，反官府，抗官兵。	黃叔璥《臺灣使槎錄》
蔡牽、朱濆集團	清嘉慶 5 年至 12 年(1800-1807)	蔡牽幾次率船隊進取臺灣，聯合島上人民反抗官府，他與朱濆帶領部眾到蛤仔難(宜蘭)謀求墾田務農。人稱「鎮海王」，因官兵的追捕攻擊而溺死。	道光《噶瑪蘭廳志》、《仁宗實錄》、臺灣故宮博物院藏〈宮中檔嘉慶朝奏摺〉

資料來源：鄭廣南，《中國海盜史》，(上海：華東理工大學，1999 年 3 月)，頁 386-387；曹永和，《臺灣早期歷史研究》，(臺北：聯經，2002 年 3 月)，頁 140；松浦章，卞鳳奎譯，《東亞海域與臺灣的海盜》，(臺北：博揚，2008 年 11 月)。

從 1796-1820 年的清嘉慶時期開始，大清國沿海特別是在東南沿海的海盜行為，在 1821-1850 年的道光時期最為顯著。這觀點係松浦章教授依據《東西洋考每月統計傳》和《遐邇貫珍》所揭載在中國華南沿海地區，經常發生海賊、海盜的相關記事。而在 1895 年之後，日本統治臺灣的 50 年，對於東亞海域，尤其是臺灣海峽出沒的海盜，仍是日本政府所要面臨的問題。[8]

換言之，對照明清時期臺灣官府和民間所興建媽祖廟與臺灣海域亦商亦盜的海上出沒，以及明清官府海禁政策實施的時間，突顯的一個現象就是當官府愈是嚴厲實施海禁政策，如果居住在陸地上人民生活還勉強可以過活的時候，海禁政策仍然可以達成禁止大陸沿海百姓朝向海上發展的效果，東亞海域的海商和海盜數量就會減少些；但是當政局發生動盪，社會呈現不穩定，或是氣候因素導致經濟蕭條的時刻，要禁止大陸沿海居民不往東亞國家移民，或是不在東亞海域參與海商和海盜的活動也就變得緣木求魚了。

五、結論

區域經濟發展的受到重視，起因於當前對經濟全球化議題尚存在著許多爭議，反對經濟全球化的觀點認為：全球化將利潤看得比人還重要，而實際上能因全球化而獲利的國家很少。

所以，在主張全球化與反全球化的經濟發展之間磨合出所謂的轉型主義論 (transformationalists)，主張將全球化被視為一般強有力的轉型力量，引發政治、經濟、社會、企業，和世界秩序的大規模變動的主要原因，尤其在經濟全球化的過程使國家經濟面臨重組，國家經濟活動空間不再與國家領土界線相契合，跨國生產、交易與金融體系網路處使不同區域的社群與個人的緊密地結合，促使當前東亞的「亞太經濟合作會議」(Asia-Pacific Economic Cooperation, APEC)和「東南

---

[8] 松浦章，卞鳳奎譯，《東亞海域與臺灣的海盜》，(臺北：博揚，2008 年 11 月)，頁 152。

亞國協」(Association of Southeast Asian Nations, ASEAN)的主要區域經濟的形成與發展。

　　審視媽祖信仰傳播在東亞地區的興盛時期，主要發生在明清階段，特別是在 15 世紀初期到 19 世紀中葉的 400 多年間。亦即自 1850 年代起西方和日本帝國主義開始以東亞海域為其掠奪目標，一直到起到 1980 年代的冷戰結束，東亞海域的戰事才逐漸和緩，加上臺海兩岸的關係朝和平方向邁進，於是東亞區域經濟共同發展的構想也才浮上檯面。

　　然而，東亞區域經濟發展受到日本在二次大戰時期高唱「大東亞共榮圈」(East Asian co-prosperity sphere)，以及美國霸權主義不放心中國主導東亞力量的崛起，短時間內要發展成為具有政治意義的「東亞共同體」或「亞洲共同體」，可能會遭遇到比較大的困難。因此，東亞海域的區域經濟由中國大陸加上東北亞的日本、南韓，以及東南亞國協的 10 國，而形成「東亞經濟體」是可以預見的發展模式。

　　在這過程中，鑒於早期媽祖信仰傳播在東亞海域國家所累積的基礎，建立「東亞媽祖經濟區」不但要比「大中華經濟圈區」或「華人經濟圈區」來得被東南亞國家所接受，也就比較不會再度出現「排華」事件的歷史重演，而共同致力於形成「東亞媽祖經濟區」又必須先植基於「東亞媽祖文化產業園區」的立論。

　　換言之，「東亞媽祖文化產業園區」的建構是將近 3、4 世紀以來，媽祖信仰在東亞各地已經逐漸在地化總成果的累積，重新經由創意、創新、創業、創造等「產業發展四部曲」所展現的各地媽祖信仰特色賦予新意義，在整合文化產業概念的推動下，「東亞媽祖文化產業園區」爆發性的經濟產值，遂成為東亞區域經濟發展中的最大滋養元素。

　　從發展文化產業角度而論，東亞媽祖文化產業園區的建構是超越「海西經濟區」所指福建九城市、廣東潮汕地區、浙南溫州及江西贛州等跨越四省區 20 個城市在內的海峽西岸城市群；乃至於從兩岸正發展成強大「海峽經濟區」的避開尚未展開政治協商的敏感議題。而東亞媽祖文化產業園區的建構將是「天津媽祖文化經貿區」和臺灣大甲鎮瀾宮合作案，以及包括臺、閩、東南亞華僑經濟合作的所謂「福佬經濟區」的衍生和擴大。

　　臺灣是媽祖的新故鄉。檢視臺灣媽祖宮廟在東亞海域所展開的對外文化交流對象，臺灣的媽祖宮廟都建立起自己獨特的與東亞國家媽祖廟的交流模式，以大甲鎮瀾宮、臺南慶安宮、臺南鹿耳門天后宮、臺南大天后宮、北港朝天宮、鹿港天后宮、臺北慈佑宮、基隆慶安宮等宮廟為例，他們為了加強與海外的文化交流活動，也都企圖透過媽祖文化交流來促進與東亞國家，尤其是華人占該國家人口比率較高國家的關係，來帶動彼此國家的文社政經發展。

　　特別是過去十多年來，新加坡企業在政府鼓勵和協助下進軍中國所創下東南亞華人社區的成功經驗。同時，根據臺灣主要媽祖宮廟與東亞國家交流情形，幾乎占 80%以上都直接與大陸的媽祖宮廟交流最密切和最頻繁，突顯兩岸透過媽祖文化交流的特殊義涵。

　　2008 年當兩岸經濟交流更為密切時，韓國媒體就曾以「CHAIWAN」報導兩岸經貿與產業互動加溫所帶來對韓國經濟成長的衝擊，主因當然是臺灣與南韓長期以來一直是出口貿易的競爭對手。文化創意產業是當前臺灣所極力強調的六大新興產業之一，華人文化創意產業更是兩岸共同的利基。所以，從兩岸媽祖信仰交流，逐步推動了具有共同基礎的文化交流，再藉由臺灣海峽兩岸的經濟交流，擴及東亞區域性經濟的組織與發展。

　　中國大陸推「一帶一路」政策，除了著重跨國性區域經濟發展，宗教文化也是重要一環，其中媽祖文化是中國南向絲綢之路的重要元素。2017 年 7 月福建湄洲媽祖廟為首發起「媽祖下南洋，重走海絲路」的到馬來西亞吉隆坡、麻六甲與新加坡等廟的會香活動，臺灣北港媽祖廟亦配合該項活動，彰顯從人文精神到區域經濟的交流意義。

　　當前兩岸人民都已有「何事紛爭一角牆，讓他幾尺也無妨；萬里山河今猶在，不見當年逐鹿人。」的體會，和兩岸關係發展上總難免會有一些干擾的理解。然而，兩岸關係也可以套用宋朝大儒朱熹的詩境：「昨日扁舟雨一蓑，滿江風浪夜如何，今朝試捲孤蓬看，依舊青山綠樹多。」的美好遠景。

第三部分

臺灣政經發展的安全性
思維

臺灣發展安全產業的政經分析

一、前言

　　曾是美國總統的富蘭克林（Benjamin Franklin）指出，凡出賣基本自由以冀獲得暫時經濟安全的人，既不配享有自由，又不配享有安全。全世界只享受過兩段較長時間的貿易自由化和日益繁榮，這兩段時期是 1914 年第一次世界大戰之前的「大布列顛治下的和平」時期，和 1945 年第二次世界大戰之後「美利堅治下的和平」時期，其根源都立足於強大的政治基礎，也就是從 1500 年至 2000 年經濟變遷與軍事衝突的一部霸權興衰史。

　　因此，20 世紀有兩個非常明顯的分界點：1914 年和 1945 年。前者代表所謂大戰(Great War)的開始，也是人類歷史上最荒謬的一個衝突。四年的混亂造成 1 千萬人死亡，和無數人的受傷、驚嚇，並使一個原本繁榮進步的歐洲變得民窮財盡，落入衰敗。

　　1945 年代表是一個勝利、但也是失敗的年份，是興奮、但也是毀滅的年份。在戰場上有 5 千 5 百萬人死亡、3 千五百萬人受傷、3 萬人失蹤，另外還有 3 千萬老百姓，包括 6 百萬的猶太人，在戰爭中死亡。部分從戰爭中存活下來的人，以戰爭從此不會再來的希望安慰自己，其他則有人療傷止痛，有人積極作為，設法將世界變得更好。然而，1945 年的世界已出現了兩極，一邊是小資產階級和資本主義國家，另外一邊是社會主義和共產主義國家。

　　戰爭的工業化曾把全球戰爭變成革新交通、通信和破壞手段的巨大推動力，

這些革新使地球縮小，威脅到即使是最安全的國家安全。因此，911 事件之後，恐怖主義與反恐怖行動成為全球化政治經濟最關注的焦點。國際恐怖主義就像幽靈似的陰影，籠罩在全球經濟，嚴重影響經濟成長。

許多自由民主發展高度的國家，尤其是美國驚覺有感於國土安全政策的重要性，認為國土安全政策的實施特別需要加強。所以，有關國境安檢、交通運輸安全、消防救災、資訊安全及情報預警等安全措施普遍受到重視。這一新的趨勢對於全球安全價值鏈相關產業的發展環境、經營管理與市場商機勢必產生重大影響與轉變。

對臺灣而言，臺灣在兩岸關係上的直接通航和通商等政策的開放與否，其所爭辯焦點也糾葛在經濟發展與國家安全的兩難選擇。就以開放直航的議題而論，一般民眾大都數贊成直航，其中以工商業者對直航的需求最為迫切；但若加入直航涉及國家安全的選項，則贊成人數便明顯減少。換句話說，在不考慮直航的國家主權和安全的外部效果下，民眾基於經濟誘因，大多數贊成直接三通。

臺灣如何擺脫「軍購困境」，朝向有利於解決兩岸關係的方案，臺灣有必要超越現實主義的「權力平衡」概念，從國際政治經濟結構面尋找和平因果的機制，而強調區域經濟的整合，把兩岸經貿關係調整為經濟全球化發展的一環，不但符合承認是行使臺灣主權的主體利益，相對地更重視非國家或非政府，或者是超國家和政府的經濟全球化發展的影響力。

這種論述不但符合整體區域和平的架構主張，更能超越傳統現實主義的思維邏輯，不再單純的強調只有透過維護國家權力，才能確保國家安全。雖然現實主義觀點並不否認如果沒有兩岸問題並不表示東亞就可以有一個和平的秩序，但東亞強權若有衝突，兩岸必陷入其中。因此，追求經濟發展和維護國家安全的兩難問題遂引發了本文撰寫的動機。

筆者在警大公共安全系講授經濟學，對於公共安全學系所開的經濟學課程，除了介紹經濟學中供給與需求、生產與消費、市場結構、政府經濟職能、國民所得、景氣循環、貨幣政策、財政政策、國際貿易政策、國際金融，和經濟成長等基本理論，並就和警察業務相關領域做整合性探討之外，還特別針對經濟發展與

國家安全的議題和學生相互討論；並實施影片教學，安排學生觀賞《美麗境界》
(*A Beautiful Mind*)和《世界經濟之戰》(*Commanding Heights：The Battles for the World Economy*)等兩支片子，以及閱讀相關專著。

　　推薦的參考書目諸如：傅利曼(Milton Friedman)的《資本主義與自由》
(*Capitalism and Freedom*)、史迪格里茲(Joesph E. Stiglitz)的《狂飆的十年：一個繁
榮盛世的興衰啟示錄》(*The Roaring Nineties: A New History of the World's Most
Prosperous Decade*)、高伯瑞(John K. Galbraith)的《不確定的年代》(*The Age of
Uncertainty*)、吉爾平(Robert Gilpin)的《全球資本主義的挑戰：21 世紀世界經濟》
(*The Challenge of Global Capitalism: The World Economy in the 21st Century*)、赫斯
特(Paul Hirst)與湯普森(Grahame Thompson)合著的《全球化迷思》(*Globalization in
Question*)、海爾德(David Held)等人合著的《全球化衝擊：全球化對政治、經濟與
文化的衝擊》(*Global Transformations: Politics, Economics and Culture*)，尤其甘迺
迪(Paul Kennedy)的《霸權盛衰史：1500~2000 經濟挑戰與軍事衝突》(*The Rise and
Fall of the Great Powers: Economic Change and Military Conflict from 1500 to 2000*)
等與國際政治經濟學有關的著作。

　　為什麼特別選擇這兩支片子實施影片教學，主要原因是：《美麗境界》是在
2002 年由羅素克洛(Russell Crowe)主演的奧斯卡獎的最佳影片，故事是描述 1994
年諾貝爾經濟學獎得主納許((John Nash)的學術成就，和其遭受精神分裂症的痛苦
折磨。其中有段特別描述刺激納許所建立「非合作均衡」(non-cooperative equilibrium)
理論的經過，其靈感得自於在一場有 4 男 5 女的舞會配對遊戲。

　　若一開始 4 男共同追求最美麗的那一位女孩，在競爭與牽制下沒有人可以成
功，這時才退而轉追求其他四位，則讓她們覺得自己有備胎的不好感受，而不願
領情；但如果一開始即放棄最美麗的那一位，4 男可以平均分配追求其他四位，
最後結果是都有一位舞伴與其共舞。

　　因此，納許通過博士論文審查的最重要原因是，他所提出的觀點挑戰了經濟
學之父史密斯(Adam Smith)所強調每個人理性自利可以創造國家財富的經濟自由
發展理論。推演納許的論述，每個人自私自利的結果將導致集體的損失，若是能

兼顧對手的策略，取決於他人的決定之決定，也是符合經濟效益的模式之一。換言之，如果這4位男孩自私自利競爭的結果，導致皆未能贏得最美麗小姐的青睞。

至於《世界經濟之戰》這支片子的內容是分析從第一次世界大戰之後，有關經濟理論對國家經濟發展和全球化經濟的影響。特別是詳細評論了凱因斯(J. M. Keynes)與海耶克(Friedrich August von Hayek)在主要經濟思想和理論上的論辯。他們二人的經濟觀點可以簡約是主張政府功能與強調自由市場機制的程度上差異。更確切的說，也就是政府與市場對有效解決經濟問題的理論之爭。

主張政府介入市場有其必要性的凱因斯經濟理論，盛行於1930至1960年代末期。凱因斯在1919年以英國財政部首席代表的身分參加巴黎和會，由於他不同意凡爾賽合約中對德國過分苛責的要求賠款，因為德國經濟如果破產，對戰後歐洲的經濟並沒有好處，乃憤而辭職，並撰寫《和平的經濟後果》(The Economic Consequence of the Peace)一書；1936年出版他的經典之作《就業、利息和貨幣的一般理論》(The General Theory of Employment, Interest and Money)，三年後爆發第二次世界大戰；1940年更出版《如何籌措戰費》(How to Pay the War)的小冊子；1944年大戰結束的前一年，凱因斯以英國代表團團長的身分參加在美國新罕布夏州(New Hampshire)召開的布列登森林(Bretton Woods)會議，就戰後經濟復原的問題提出具體的國際合作方案，如成立國際貨幣基金(IMF)和世界銀行(WB)。因此，凱因斯的經濟理論有時候又被稱為戰爭或國防經濟學。

但當1970年代世界經濟出現嚴重的停滯性通貨膨脹(Stagflation)時，海耶克主張的市場自由經濟理論則重新被許多國家接納，海耶克也因此在1974年獲得諾貝爾經濟學獎。海耶克在1944年出版《到奴役之路》(The Road to Serfdom)一書，這本書的大部分內容是社會主義計畫經濟論戰所衍生的政治上和道德上的分枝果實。它主要並非是從經濟生產力的角度來探討問題，而是側重於從正統社會主義體制所必然產生的政權和社會類型的角度來做論述。

由於該書像是站在曠野上的大聲疾呼：正統社會主義如果實現了，將會帶來政治、道德和經濟上的奴役制度。但是在當時的氛圍下，這本書的許多觀點並不為社會大眾所接受。海耶克的獲得諾貝爾經濟學獎，已距離其1944年出版《到奴

役之路》一書，和凱因斯在 1946 年過世的時間達 30 年之久，社會似乎對這位自由經濟大師海耶克的長時間冷漠不是很公平，幸好他的生命夠長、活得夠久。

《世界經濟之戰》這支片子還介紹在 1970 年代遭受通貨膨脹比較嚴重的中南美洲國家，如智利、玻利維亞等國家的經濟受傷最重。另一位自由經濟學家傅利曼 (Milton Friedman)大力倡導尊重市場機制的穩定貨幣政策，不但解決智利等國家嚴重的物價上漲問題，也促使國際經濟理論的主流紛紛回歸尊重市場機制。

傅利曼夫婦合寫的《兩個幸運的人：諾貝爾經濟學獎得主傅利曼自傳》(*Two Lucky People: Memoirs of Milton and Rose D. Friedman*)，可以當成了解 20 世紀經濟的發展，和當代偉大經濟學家的傳記慢慢細讀。加上，美國雷根(R. W. Reagan)和英國佘契爾(M. H. Roberts)政府的積極推動市場自由化，加速了導致蘇聯共產主義國家經濟制度的解體，有助於經濟全球化時代的早日來臨。

因此，除了首先說明撰寫本文動機與結構安排；其次，是介紹均衡理論的發展與應用；第三、是定義了安全產業及其範圍；第四、是敘述當前全球安全產業發展的趨勢，並從中分析產品策略的利基與商機；第五、是針對臺灣發展安全產業的優勢條件提出建議；最後，做簡單的結論。

二、 均衡理論的發展與應用

在經濟學原理中的均衡理論，消費者行為強調了消費者只要知道自己對於所要消費物品的效用就可據而採取行動，以令自己的欲望得到最大的滿足；同樣地，生產行為者強調每一個廠商也只要知道自己所要利用的生產要素，以及自己所製成產品的價格就可據而算出所須支付的成本暨可能獲致的收益，然後再求出最大利潤的所在，縱使有時不能獲利，也可由此求出最少損失之所在，以作為自己決定短期策略的依據。

因此，現代經濟社會中的價格機能在市場經濟中發揮了很大的功效。然而，在現實的世界仍然是充滿著「不確定」 (uncertainty)與「策略」 (strategy)的如何

運用。在「不確定」的動態中，例如，1999 年 7 月，李登輝總統提出「特殊國與國關係」(special state to state relationship)，一時造成中華民國與中華人民共和國關係不確定性的緊張情勢。

至於「策略」一詞，首次被錢德勒(Alfred D. Chandler)出現在他 1962 年出版的《策略與結構》(*Strategy and Structure*)的先驅著作中，首次被用於商界，主要探討大企業中所發生的管理演變。另外，1963 年杜拉克(Peter F. Drucker)撰寫有關企業策略分析方面的書時，認為以策略當作書名，勢必會造成讀者對「策略」的意義，誤解是軍隊的管理或政治的選舉活動，雖然討論的是現今大家所了解的「策略」內涵，但杜拉克仍認為把自己出版的新書，仍取名為《績效管理》(*Managing for Results*)為宜。

對於「不確定」與「策略」兩者的討論，現代經濟理論將前者稱為「不確定的經濟學」(uncertainty of economics)或「不確定理論」(uncertainty theory)；而將後者則被稱之為「賽局理論」、「博弈理論」、「對策理論」或稱「遊戲理論」(game theory)。以下，就兩者的理論分別稍加以論述：

(一) 不確定理論

「不確定」指的是一種對於事件的是否會發生，並無法知道的狀態。其中主要含有「機率」(probability)及「風險」(risk)的二個概念。機率是 0 與 1 之間的數字，用來測定事件發生之機會的多少。簡單地說，如果機率等於 1，表示這事件一定會發生；如果機率為 0，表示這事件不會發生。風險則為一種許多情況都可能出現的狀態，而其中每種情況出現的機率是可以估計的。

然而，市場機能是如何來避開或分散風險呢？這就必須深入了解「投機」(speculation)的功能所在。可是社會上往往將投機認為是一種不道德的行為，但在經濟理論上卻是很重要的有關不確定商業行為方面的探討，尤其被充分運用在當貨物在低價時買進，而於高價時賣出，以謀取利益的行為。因此，若指投機者從一地買進一批貨物，而同時又在另一地以較高價格賣出的行為，也就被稱為是一種「套利」(arbitrage)的行為。

一般說來，從生產者到消費者之間存在有許多的隔閡，諸如空間的隔閡、時間的隔閡、資訊的隔閡、價值的隔閡、認知的隔閡、所有權隔閡、數量上的隔閡、貨種的隔閡等等落差，這種將貨物從一個供給充裕的時期或地區移轉到另一個供給缺乏的時期或地區，以減少物價在時間上或地區上的差異，不但減少了物價波動的風險，而且增加了經濟效率，雖然投機者的活動完全是在追求私利，但結果亦同時增加了整個社會所能享有的經濟福利；並且還能進一步將他人所不願意肩負的風險轉而由自己承擔。

然而，又如何處理這投機者只希望獲利而不願意承擔價格高低的風險呢？這就必須透過從事一種相反投資的操作，以避免原來投資所冒風險的「避險交易」(hedging exchange)了。當然，受到邊際效用遞減律(Law of Diminishing Marginal Utility)的影響，人人不願冒險，但投機者在避險交易上可透過「期貨合約」(future contract)方式來進行，或透過「保險」(insurance)而分散風險。

對於投機論而言，凱因斯(J. M. Keynes)指出，「長期而言，每個人終歸一死」(in the long run, we are all dead)。投資與投機的最大不同是在知不知道風險，知道風險者為投機，不知風險者為投資。這是與時下投資大眾將短期進出視為投機，而所謂長期持有是投資的看法有很大的不同。

(二) 賽局理論

賽局理論是在二次大戰中和戰後的短暫期間發展出來的，主要是為了軍事需要而應用在國防合約上。它被用來計算戰機飛行員如何在空中纏鬥時選擇適當的戰略位置及選擇何時開火，以擊落敵機並讓自己全身而退。剛開始的研究集中在零和賽局(zero-sum game)，也就是一方的所得來自於另一方的損失，因此任何策略組合的報酬和為零。例如：分割一項獎品，在美式足球上往前推進碼數，在大學裡分配各單位經費，或在高爾夫逐洞賽取得點數。

因此，賽局理論就是一種策略性思考，透過策略推估，尋求自己的最大勝算或最大利益，從而在競爭中求生存。這是一種「視對方怎麼預期，我方會如何對其反應拆招」的行為模式，是探討廠商競爭而彼此牽制的賽局理論，而這理論是

由馮紐曼(John von Neumann)與摩根斯坦(Oskar Morgenstern)共同於1940年代建立的。

馮紐曼於1920年代就陸續針對人類理性提出了新理論系統，專門討論理性人在面對遊戲或賽局的行為；摩根斯坦則是提出以經濟行為者的相互依賴性來挑戰所有的經濟理論，強調相互依賴在所有經濟決定中扮演著顯著的角色；另外其他學者諸如Ronald R. Braeutigam是西北大學經濟系與運輸中心教授，特別針對電話、運輸和能源部門領域，與Bruce Owen合著《管制賽局》(*The Regulation Game*)。

換言之，賽局理論所指的主要特徵，就是一種分析「策略性行為」(strategic behavior)的方法，也就是一種將對方如何反應考慮進去而決定採取的行為。因此，它所指的經濟主體，包括個人、國家、廠商、政府或制度，在受到他人行動影響時，選擇自己如何行動。

在古典學派經濟理論的理想競爭概念中，包含了為數眾多的買方和賣方，因此單一的買方或賣方不必擔心其他人的反應，這樣的觀點可以預測完全競爭自由市場經濟的演進，也給決策制定者一個指導方向來鼓勵成長，公平地分食經濟大餅。

但是在大型購併、大型政府、大量外資直接進場，以及民營批發的不完全競爭市場世界裡，只是幾個人在玩遊戲，每一個玩家都得考量其他人的反應，設想如何尋得最佳策略，這時賽局理論就可以被派上用場，充分發揮功能了。

所以，到了1970年代末至80年代初，開始將賽局理論廣泛的應用，由貿易到工業組織，再發展運用到公共財政上，賽局理論也因此開啟了「閉鎖的系統性思考之門」(terrain for systematic thinking that was previously closed)。

尤其，當賽局理論與資訊經濟理論的整合發展越具成效時，對於傳統認為合乎純競爭模式的市場，也開始盛行採用賽局理論的假設來做研究，如今已提供作為重新改編經濟學基礎的生產與消費者理論，普遍地運用策略性的賽局理論來做探討。

(三) 均衡理論的應用

由於策略性互動幾乎運用到所有經濟學領域，譬如假設有一家小鎮的補習

班，其暑期班廣告預算將決定於競爭者的預期廣告開支；如果是在一個寡占市場中，是否要提高價格，將視同業的預期價格反映而定；如果是在一項卡特爾(Cartel)的協議中，產量的決策決定於其他盟友。

例如「石油輸出國家組織」(Organization of Petroleum Exporting Countries, OPEC)即是一種相當典型的卡特爾。由於 OPEC 生產的石油占世界總消費量的70%，其出口量占世界石油出口量的 90%，只要 OPEC 會員國共同減產，就可以顯著降低全球石油供給量，提高價格。此種以限制產量來抬高油價的方法，造成各產油國瓜分市場的問題，而產油國之間要達成配額協議，並非易事。而且，即使生產配額能達成協議，也很難保證每一產油國不會私下增加產量，而產生欺騙的行為，進而破壞協議，導致組織的瓦解。

又譬如如果兩個相鄰的社區面對同樣的毒品問題，就必須意識到如果一邊掃毒，而另一邊並不掃毒，那麼毒販很可能會往另一邊搬遷。

在競爭策略(competitive strategy)中，假若是一種不管對方採取何種策略都可致勝的策略，就被稱為「優勝策略」(dominant strategy)，因此若是這種雙方都採取自己的優勝而產生的均衡，就稱為「優勝均衡」(dominant equilibrium)。

然而，如果賽局中一方的策略已經決定，則任何的一方都不能改變策略以改進其境況，就稱為「非合作均衡」(non-cooperative equilibrium)，或稱「納許均衡」(Nash equilibrium)。因為，「非合作均衡」賽局中的參與者都是自己選擇策略的，並未與別人協商，他之所以如此選擇都是為求自己的利益，並不考慮他人或社會的福祉。所以，「優勝均衡」也是一種「非合作均衡」。

最典型非合作均衡可舉「囚犯兩難」(prisoner's dilemma)為例，這是納許的指導教授塔克(Albert W. Tucker)從心理學觀點認為，兩位囚犯即使明知相互合作能使雙方共同受益，合作卻終究失敗。換言之，雙方彼此的不信任度不夠，在各自追求己利而導致令人失望的結果，充分說明了為什麼經濟個體之間要維持合作關係常常會很困難。

囚犯兩難的發生是：有兩個人在一輛汽車上被攔下，警察懷疑他們與附近的一宗武裝搶劫有關，這兩位嫌犯不但符合證人模糊的描述，而且還在他們的車上

搜出一把手槍。檢察官知道，即使有槍和證人描述，要將這兩人以武裝搶劫定罪，仍然證據不足，除非可以拿到嫌犯的認罪，否則只能以非法持有槍械定罪 1 年。於是檢察官隔離這兩位嫌犯，與他們交換條件，如果只有 1 人認罪，認罪者坦白從寬，可以獲得自由，而不認罪者必須為搶案服 5 年徒刑；如果雙方都認罪，兩人都可減刑至 3 年。

換言之，均衡點是可以推算出來的，譬如上述的兩個囚犯他們會找到一個均衡點，警察或法官要設計報酬矩陣，他們就會到你想要的那個點，就會最有效率的查問出所要的事件，也就是所謂的「優勝均衡」。根據表中，囚犯甲與囚犯乙分別有兩個策略，認罪或不認罪。因此對嫌犯來說，有四個可能的策略組合：兩人都認罪(方格 A)，只有甲囚犯認罪(方格 B)，只有乙囚犯認罪(方格 C)，以及兩人都不認罪(方格 D)。

每一個方格中的第一個數字是囚犯甲的刑期，第二個數字是囚犯乙的刑期。從甲的策略而言，當囚犯乙認罪時，囚犯甲認罪的 3 年刑期比不認罪的 5 年刑期為佳；反之，囚犯乙不認罪時，囚犯甲認罪還是比較有利，因為，可以獲得自由比不認罪的 1 年刑期為佳，因此囚犯甲的認罪是「優勢策略」。

當雙方行使各自的優勢策略時，產生的「優勝均衡」結果是因為不合作而兩人都是服 3 年刑期的方格 A。但明顯的，兩人合作都不認罪(方格 D)才是兩人比較有利的結果。然而，合作所產生的自利利益不足以說服講究自利者去獲得這個利益，也因此了解囚犯困境所提問題的人，比不了解此問題者更可能招供。

在囚犯困局中，每一個參賽者都成了自己優勢策略下的囚犯，導致了較差的結果，而共同認罪的策略呈現了「納許均衡」，這是納許在 1994 年獲獎的非合作賽局理論。

從囚犯困境來思索效益的極大化，其實不是個人利益的極大化，而是思考各退一步的創造雙贏。換言之，當參與者的策略都是應付對手策略的最佳對策，而又沒有人偏離選定策略的動機時，就達到平衡狀態的「納許均衡」。以 2004 年 3 月臺灣總統大選正如火如荼進行時，黑門山上的劇團推出一部新戲「不合作賽局」，劇中一個臺灣分公司想要「獨立」，引發一連串爭權奪利的鬥爭。

以納許的賽局理論來隱喻人生和政治現實，當弄清楚賽局理論後，也就能更了解政治人物在玩什麼遊戲。也就是每一方在選擇策略時都沒有「共謀」，他們只是選擇對自己最有利的策略，而不考慮社會福利或其他對手的利益，個人追求利己行為而導致最終結局。因此最符合個體理性的選擇卻是集體非理性的。

囚犯困局策略表

甲的策略＼乙的策略	認罪	不認罪
認罪	(3 年，3 年)　A	(0 年，5 年)　B
不認罪	(5 年，0 年)　C	(1 年，1 年)　D

資料來源：本文作者。

當囚犯困境遊戲只玩一次時，背叛乃是玩者的優勝策略，因此無法達成照顧到玩者整體利益之有效率的結果。然而，大家都知道，如果這種情形一次又一次的重複出現，許多集體行動的問題就會出現背叛而並未必是優勝策略。所以，在一個反覆的囚犯困境遊戲中就無所謂的優勝策略。

至於，2005 年諾貝爾經濟學獎得主之一歐曼(Robert Aumann)則是對「合作賽局」(cooperative game)的理論建構分析。因為，不合作賽局強調只要對手的策略確定，競爭者就可以有最適反應，當一組策略是最適反應時，就會有出現納許均衡的機會。而歐曼的合作賽局是特別指在利益衝突的環境中，經過多次的互動，因為雙方會產生隱性的勾結，漸漸由對立到合作，最後達到雙贏的結果。

歐曼讓世人更加了解人類合作的先決條件，顯示賽局參與者之間在短期內有強烈的利益衝突，但是就長期的重複賽局而言，和平的合作往往才是均衡狀態，其見解不僅有助於解釋價格戰、貿易戰等經濟衝突，也釐清了許多不同社會體制的存在理由。

同時得獎的另一位是哈佛大學政治經濟學教授謝陵(Thomas C. Schelling)，則將賽局理論運用到冷戰時期的全球安全與核武競賽，而成為「嚇阻理論」(deterrent theory)大師，特別強調衝突策略運用是其最主要的理論。其主要論著如《衝突的策略》(*The Strategy of Conflict*)、《戰略與軍控》(*Strategy and Arms Control*)等，皆

提出賽局理論作為社會科學的研究途徑。

謝陵認為，當對抗中的一方如果侷限自身的行動選項，甚至自斷後路，反而可以因此獲益，報復的能力比抵抗攻擊的能力更為有效，而且越不確定是否報復的策略運用，要比確定報復更具嚇阻力。這一賽局理論的發展最後最適合被運用在美蘇核武談判、古巴危機以及臺灣八二三金馬砲戰上。因此，謝陵的策略主軸其終極目標是要能避免戰爭，也是主張合作的賽局理論。

2006 年 11 月 2 日謝陵曾應遠東企業集團邀請來臺灣訪問，並以〈衝突與機會〉為題發表演講表示，兩岸目前的關係不是「零和關係」，臺灣不應該拘泥於是否繼續深化兩岸經貿關係，應該將自己視為全球化的一環，而不是只是中國大陸旁邊的陰影。儘管他不認為，擴大與大陸經貿關係，是臺灣唯一的目標，不過他相信臺灣與大陸進一步的經濟整合，有助於區域衝突機率的降低。

在面臨中國大陸崛起的過程，臺灣與美國政府都太過關注於潛在的危險，認為以大陸龐大的人口與幅員，未來可能會成為具有敵意的競爭者，臺灣應該從全球化的角度，將自己視為全球經濟的一環，而不是擔心成為中國大陸旁邊的陰影。至於臺灣到底需要多少軍備，他個人認為，只要有足夠能力嚇阻中共犯臺就行。

根據經濟學原理所要探討在限制條件下(如資源稀少)的最適行為，而賽局理論就非常適合地為經濟學提供一個統一性的架構。因為，它同樣是基於「最適化」(optimization)原則。換言之，經濟學和賽局理論的基礎動機是相同的，都是要在各種情況下竭盡所能。特別是基於一個廠商策略的選擇必須以另一廠商的狀況為基礎，顯然在寡占市場中最為符合賽局理論。

檢視均衡理論應用在經濟發展與國家安全的兩難困境，就如同囚犯困局的非合作均衡，雖未能同時為兩者創造最高利益，卻可達成次等利益的均衡。當臺灣社會出現部分強調經濟發展的偏好市場利益佔有者，而可能成為經濟的世界主義者；部分強調國家安全的偏好政府或主權角色者，而可能成為經濟的民族主義者。因此，對臺灣當我們還存在著嚴重的「國家認同」危機時，自然隱約形成有人認同臺灣主權而偏重於主張臺灣意識，有人則因認同中國統一而偏重主張中國意識。

權衡偏重臺灣與中國意識兩者，其實也都是主張要以臺灣主體權益為最高的

原則。所以，本文指出，當前臺灣所面臨經濟發展與國家安全的兩難困境時，為有效地處理兩者的均衡問題，除了可以選擇採取合作均衡創造臺灣的最高利益，也可以運用非合作均衡的策略來為臺灣創造次佳利益之外，如果臺灣重視發展安全產業，亦是從經濟發展的市場利益考量，而能同時兼顧國家安全的另一優勝策略。

三、 安全產業定義與範圍

基於上述，整合經濟發展與國家安全而極力推動的發展安全產業途徑，遂成為臺灣重視國家安全和兼顧經濟發展的可能性和合理性。安全產業的定義依各國國情與產業發展階段的不同而有所差異。

狹義傳統概念的安全產業大致包括監視、對講、防盜與門禁等四項家庭與商業安全器材行業；就廣義的概念而言，可就安全領域的概念結合安全器材、工安消防、資訊安全、通訊安全及系統整合與服務等範圍，建立綜合性安全產業。

美國發生 911 事件之後，機場與港口等重要地點，旅客、行李、貨櫃、郵件等安全檢查，以及各種巡防、監控、防護、救災的相應加強與技術發展，導致安全產業範疇的出現更多的商品和服務。加上，經濟金融的全球化，網路化的趨勢更是方興未艾，一連串的金融盜領、偽卡事件益發突顯金融資訊安全的重要性。

臺灣對於「安全產業」的在考量國情與產業發展情況，定義為：凡有關提供人身、重要基礎設施、資訊、金融體系保護與國土安全防護之設備與服務的產業。安全產業為一跨領域整合型的產業，涵蓋範圍幾乎遍及各行業與領域，例如：高科技產業安全管理、交通運輸安全管理、消防與防災、救災、資訊安全管理、國防邊境的安全管理、防疫等。在有限資源的分配情況下，安全產業將以資通訊安全、安全監控、工安消防、安檢器材及系統整合等為主要推動範疇。

因此，本文在此並不包括軍事用途的國防武器在內。就安全產業的類別與產品項目而言，依經濟部工業局的分類包括：

第一、商業器材類：監視、對講、防盜、門禁等；

第二、消防安全設備類：滅火設備、避難逃生設備、排煙與警報設備、其他週邊設備等；

第三、工業安全器具類：救災搶護器材、救災車輛、破壞器材等；

第四、個人防護裝備類：呼吸防護器、防護衣等；

第五、安全檢查設備類：旅客、行李、貨櫃、郵件等安全檢查等；

第六、巡防警用設備類：武器、照明器材、防彈背心與頭盔、通信器材等；

第七、偵測警示設備類：毒化災偵測器、核生化偵測器等；

第八、建築防火材料類：耐燃材料、防火塗料與披覆、阻火填塞材料類、防火門(窗、玻璃)、防火閘門、耐燃耐熱電線(電纜)等；

第九、保全器材服務類：系統保全、駐衛保全、居家保全、人身保全、運送保全等；

第十、資訊安全管理類：網路安全、內容安全、機房安全與顧問服務等；

第十一、安全工程服務類：系統規劃、系統整合、工程設計、工程施工、系統維護等。甚至於包括衛星定位系統、影像處理等高科技產業的發展。

四、 臺灣發展安全產業策略分析

從經濟學的角度而言，安全是有「價格」的。每當我們乘電梯、或乘汽車、坐飛機時，我們都在承擔電梯纜繩斷裂、車禍和隨機的「風險」。我們明明知道這種風險的代價，卻仍然願意去搭乘電梯、汽車和飛機，乃是因為搭乘交通工具有它的效益。風險與效益權衡之下，絕大多數人還是寧願面對風險，只因為效益大於風險成本。

從國際政經因素考量，美國和中國大陸是臺灣發展安全產業的主要市場。政府基於國防工業產業化、民生化，甚至於國防工業民營化的理念和國際潮流，目前安全產業在市場上的重要性與發展空間，將關乎國家安全的監控產業列為積極

推動的新興產業，並協助相關廠商競逐安全產業在國內外市場所能創造的利益。
尤其在全球化經濟臺灣經貿受到美國與中國大陸市場因素的影響最大。

(一) 臺灣發展安全產業的美國市場因素

　　由於美國是一個不願意為公共安全付出代價的國家，因而極易忽略飛航安全
的情形，令人痛心疾首。多年來，我們都知道美國是恐怖份子的目標，所有專家
都警告，恐怖份子下手的對象會是商業航空公司，但美國境內機場的安全人員時
薪極低，還不如到速食餐廳打工，這些攸關我們性命的守衛所受的訓練不多，而
90%負責檢查行李箱的安檢人員，在職訓練時間又短。

　　但 911 事件改變了美國價值，促使美國為因應恐怖主義行動，特別加強國土
安全措施，主要具體作為包括：強化反恐情報蒐集與預警體系、強化邊境管制與
交通運輸安全、整合建構全國性反恐怖主義組織的機制網路、確立資訊安全與基
礎設施保護、提升反恐怖組織的專業知識與技術創新，以及健全急難準備與提升
因應能力。

　　從美國國土安全政策和衍生的產業技術和生產項目，臺灣可從這些相關產業
的商品中，選擇對臺灣最有利的商機：

　　第一、對邊境與運輸安全提升有關的產品：例如機場與港口安全器材與安檢
系統、貨櫃安全檢查器材與系統、消防與巡防器材與機具、智慧型邊界系統(Smart
Border System)、空中監視警報系統等。

　　第二、對緊急事件應對發展有關的產品：例如急難通信系統之建置、緊急醫
療與醫院防護系統、疫苗研發與儲存設備、核生化污染排除技術與設備等。

　　第三、對國土安全相關科技有關的產品：例如電子資訊產業之生物辨識系統、
門禁監視與敵意辨識系統、視訊會議系統、網路安全系統、生化戰劑、核生化防
護衣物與器材、耐火與抗高溫材料等。

　　第四、對資訊分析與設施保護有關的產品：例如網路安全相關之通訊原件與
資料儲存設備、新型防火牆設置、資料分析與模擬系統、關鍵基礎設施資產調查
所需之工程承包、法規與標準研擬、檢驗認證系統、人才訓練等。

因此，我國於 2001 年 1 月通過〈建立我國通資訊基礎建設安全計畫〉，並且成立跨部會專責資訊安全的「國家資通安全會報」，推動我國的資訊通訊安全，遏止駭客入侵，將我國重要的政府機關建立資訊安全防護體系，就不同之屬性及等級加以分類，提供不同要求、諮詢及服務。未來臺灣應比照美、英、日等國家建立全天候的資通安全監控中心，以有效維護國家資訊的安全。

第五、對順應美國加強貨櫃安全管理的趨勢有關的產品：例如貨櫃用電子封條與記憶晶片、智慧型與防破壞型貨櫃等，這些都是臺灣廠商可以投入開發和生產的項目。尤其美國在大型貨物安全檢查設備的市場，在 911 恐怖攻擊事件和美國總統川普(Donald J. Trump)強調美國與墨西哥的邊界安全之後，市場需求量更是有大幅成長，相關的安檢設備產品，更為臺灣出口市場帶來無限商機。

(二) 臺灣發展安全產業的中國大陸市場因素

在兩岸關係發展的複雜因素中，政府不可低估或完全排除大陸對臺灣經濟制裁的可能性，特別是在 2016 年蔡英文政府執政之後，兩岸關係陷入僵局階段，臺灣宜檢討設立經濟安全網的監控系統，訂定管理標準，如果整體情勢發生異常現象，並危及國家安全，則應考慮在 WTO 架構下，依國家安全條款或特別防衛條款，採取適當措施。

另外，也可以透過國家安全基金，和民間非戰論述的形成來安定經濟社會。比如，日本之所以會保護「夫妻店」(mom and pop)免受日本大公司和外國公司的競爭，主要是為了維護社區穩定。雖然這一政策的初衷不是實行保護主義，但它對進口確實有歧視。

畢竟一個國家富強與否，並不是看國家的富裕程度或財富的不安全性而定，而是端賴於其鄰國國力的大小和財富的多寡。例如，18 世紀中葉的荷蘭絕對比 100 年以前更富有，但那時它已算不上是強國了。1914 年的法國也確實比 1850 年時更富強，但是與強大多多的德國相比，就顯得黯然失色。

經濟制裁的形式及手段非常多樣化，除了國家與國家、地區與地區之間的貿易禁運、選擇性限制進口外，還包括中止援助、凍結金融資產，以及將特定公司

或個人列入制裁黑名單的針對性措施等，其中又以政府對企業的制裁最容易執行，從這角度觀察，大陸對臺商的經濟制裁已不是可能不可能的問題，而是已經發生的事實。如大陸輿論點名奇美電子公司董事長許文龍是「綠色臺商」，致使奇美企業集團的經營管理階層受到衝擊，不得不調整公司的經營策略。

所以，國家安定基金應該跳脫穩定財經格局，不能被矮化為股市穩定基金，而無法真正達到安定國家社會的目的，特別是當國家遭受天然災害時，如水災、震災，或是兩岸關係發生重大變化時，政府就應該適時扮演安定國家社會的角色。同時，大陸當局似乎不宜高估自身的政經發展能力，而忽略兩岸、甚至全球經貿依賴帶來的政經不可分割性。

「要接近朋友，更要接近敵人」(Close to your friends, and closer to your enemies)，這是《教父》電影中的一段對話。當老教父維多‧柯里安(馬龍白蘭度飾演)剛過世，幼子麥可‧柯里安的地位和地盤未立，周旋於眾多強權勢力之間，一方面虛與委蛇，一方面培養實力。此時，老教父生前教導幼子麥可‧柯里安的這句話發揮了關鍵影響。對長於黑幫權力鬥爭的老教父而言，接近或不接近都只是手段，生存才是目的；爭取到了生存權，才有真正的安全可言。

從政治與經濟整合論的觀點，兩岸關係是國內關係或國際關係並非考量的重點，而是關心兩岸在何種條件下得以啟動整合的過程，以及過程中經濟力和政治力扮演的角色。因此，兩岸的政府和產業都不能忽視下列所發生的現象：

第一、在兩岸經貿的產業結構中，臺灣輸往中國大陸的產品是以替代性低、生產性高的中間財(如機器設備)為主；中國大陸出口臺灣卻是以替代性高的消費品(農產品)為主。大陸產業對臺商的依賴，也會導致中國大陸對臺灣經濟制裁甚至發動戰爭的成本與日俱增。

第二、兩岸都應理解所謂臺商「特洛伊」(Trojware)的木馬角色，臺商未必然成為中國大陸威脅臺灣的經濟人質。從發展安全產業策略的觀點，臺灣政府更應重視臺商的戰略價值，幫助臺商進軍中國大陸的策略性產業，肩負兩岸經貿樞紐的臺商不是經濟安全、政治安全和文化安全的負數。

而是涉及「二元技術」(dual technologies)，即對軍事武器和經濟競爭力的重

要技術領域，商業與安全上的原因都促使各國採取措施，盡可能地確保在二元技術上的強大實力。

特洛伊木馬的角色亦可以比喻在資訊安全上，其所指的是預藏於一般正常電腦程式內的程式，當程式執行後，此程式會藏於系統內執行損壞系統的工作。

2004 年 5 月臺灣與美國聯手破獲「戰略性管制品」出售大陸案，新竹科學園區某家高科技公司涉嫌將戰略性高科技管制品紅外線熱像儀，經由香港轉售給大陸。紅外線熱像儀是瓦聖納公約及防止武器擴散條約管制之戰略性高科技貨品，非經許可不得輸往大陸、北韓、利比亞、伊朗、伊拉克等五個國家。

紅外線熱像儀是用以感應物體熱射線而產生影像的原理，不需外部光影投射即能顯像，白天與夜晚都適用，可作醫療器材，但主要功能是用於戰車與戰機夜視儀，及飛彈定位尋標器等軍事用途。

第三、兩岸應將冷戰時期所抱持的「絕對安全」觀轉化成「相對安全」的新思維。1945 年二戰之後的冷戰時代，在國際關係概念中有所謂的「安全困境」說，即某一方增強自我安全的行為會導致降低他方的安全，從而使他方為自身安全而竭力增加自己的實力，以致捲入安全競爭的惡性循環中。

換言之，「安全困境」的出現，主要在於雙方都主張「絕對安全」觀。後冷戰時代，透過裁軍談判、安全協商、貿易契約等方式，逐漸形成「相對安全」的新思維。沒有好的戰爭，也沒有壞的和平(no good war, no bad peace)，我們的經濟是否是一種「戰爭經濟」(war economy)，如果世界性的裁軍有效執行的話，我們經濟是否要陷於崩潰。我想沒有一個經濟學家會認為如此。因為，即使軍費縮減的話，許多軍火商必然會轉而製造和平用途的商品，而隨著降低國防支出而來的減稅措施，將加強一般消費者對這些物品的購買力。

特別是臺灣如何擺脫「軍購困境」，解決兩岸問題，必須重視現實主義大師摩根索(Hans J. Morgenthau)提出國際關係的「權力平衡」理論，從國際政治經濟結構面尋找和平因果的機制，不但符合臺灣利益，也符合整體區域和平的架構主張。按照現實主義的邏輯，沒有兩岸問題並不表示東亞就可以有一個和平的秩序，但東亞強權若有衝突，兩岸必陷入其中。戰爭是一種解決衝突的方式，但卻可能是

最糟糕的一種。

第四、兩岸應協商如何降低因兩岸經貿連帶兩岸跨境犯罪的大幅成長，唯有透過兩岸治安機關的建立機制和直接合作，才能打擊兩岸歹徒共同犯罪增加的趨勢。大陸對臺灣除了武力威脅的國家安全之外，目前存在各層面的安全問題，包括組織犯罪外、非法入境、走私毒品與槍械、藉交流進行的統戰與滲透等，都對臺灣的社會安全具有嚴重威脅性。

第五，採取「策(戰)略貿易理論」(strategic trade theory)，研擬「聯外制敵」產業策略，鎖定技術研發領先且過去合作良好的國家，如日本、美國等國家，利用「美國研發、臺灣生產」，或是「日本研發、臺灣生產」，以及「軍事工業複合體」的臺灣產業發展優勢。政府應該支援「策(戰)略貿易型」產業，在這些產業中，規模經濟要求它們擁有比單個國家更大的市場，製造商借助學習曲線獲得優勢，使產品升級，從而超越競爭對手。

第六，在知識經濟時代，國家安全的新思維是應該容許國人以科技的發明或專利所為臺灣帶來重大經濟效益，取代以往荷槍實彈的駐守前線的安全效果。

五、 結論

當前國際反恐怖主義風潮方興未艾，和兩岸關係的複雜性，對發展安全產業市場地需求逐漸擴大，政府應該輔導產業界做好規劃生產的角色，從獎勵投資、優惠關稅等政策層面上努力，為臺灣目前陷入低迷的經濟發展再開闢出一條新的活路來。

檢視臺灣經濟發展的歷史變遷，臺灣發展安全產業才能因應在中國大陸、日本和美國等強權國家的環伺環境下，「南聯」東南亞、大洋洲、中南美洲，與「西和」中國大陸，以及「北進」南韓、日本、美國和俄羅斯等各項政策，相互配合，才能突破以往的限制，重新發展出以臺灣安全產業為主體的思考模式。

這是臺灣在不強調發展攻擊性武器之外的另一維護國家安全的途徑，唯有透

過不斷地合作均衡理論的協商、談判，才能與創造臺灣整體最高利益的思維不相違背。

從經濟發展的角度，所有的安全政策不可能是沒有成本的，臺灣不但要投資於治安，當然也要關注於經濟安全的發展策略，並突顯臺灣安全在全球化政經體系的重要性。對於當前臺灣所面臨的產(農)業轉型困難、能源自給率的不足、金融體系的不健全、財政惡化與租稅的不公平等影響經濟安全因素的論述雖然不多，但經濟安全問題是可以藉由發展安全產業途徑來協助獲得部分的解決。

不均衡代表大危機，也代表大轉機。當前臺灣國家經濟安全的威脅來源，包括產業轉型困難、中國大陸的磁吸效應、能源自給率不足、經貿空間遭限縮、金融體系不健全、財政惡化與租稅不公，以及農業結構調整等多類項目。甚至應該涵蓋 2007 年 7 月通過的《國民年金法》，從年金保險的經濟安全的目標訴求上，延伸至勞動安全、健康安全、社會安全等層面。

產業發展的困境導致政局的動盪與經濟的不安，人民一旦生活絕望就會爆發恐怖攻擊事件。以政治經濟手段解決貧窮，可以為世界和平帶來曙光，更有助於國家安全的維護。

經濟與警察的安全性整合論題

一、前言

　　警察大學與綜合性大學開設經濟學課程，在教材與內容方面的安排，是有相當程度的不同；而綜合性大學又有經濟系與非本科系的差別。以綜合性大學經濟系所開的課程為例，內容偏重在經濟學原理、個體經濟學、總體經濟學、經濟思想史、計量經濟學、數理經濟學、經濟發展史、區域經濟發展、貨幣銀行學、商事法、財政學、財務管理、管理經濟學、會計學、產業組織與發展、貿易理論、勞動經濟學、產業經濟學、統計學、投資學、微積分等專業科目。

　　至於綜合性大學的非經濟系課程，為幫助學生學習從經濟學的角度來分析社會現象，除了經濟學原理或經濟學概論的基礎課程之外，則會斟酌加開如教育經濟學、福利經濟學、法律經濟學、運輸經濟學、資訊經濟學、都市經濟學、環境經濟學、歷史經濟學、生活經濟學、家庭經濟學等整合性課程。因此，無論經濟系和非經濟系所開設的相關經濟學科目範圍雖然很廣泛，但每所學校仍依其特性開設課程。警大非屬綜合性大學，又非經濟系的本科。

　　所以，在通識教育課程中特別規劃開設經濟學概論、生活經濟學、個人財務規劃等課程，至於在其他科系亦開有資訊經濟學、運輸經濟學或法律經濟學等整合性課程，這對警大學生修習經濟理論和政策方面的知識有很大的幫助。雖然警大學生修習經濟學，或個人財務規劃的等相關課程，有時難免讓人誤以為警察過於重視金錢追逐，而有道德方面的罪惡聯想。

如果社會大眾和警察對經濟或財富管理方面都能建立正確的觀念，能深入了解警察為什麼要研讀屬於基礎學科的經濟學，和經濟倫理在現代社會裡所具有的正面意義，才能進而要求警察能在資本主義國家自由市場經濟中扮演該有的角色。

二、 經濟學與警察學的科際整合研究途徑

承上論，透過經濟學的研究途徑，人類可以運用這些學理，設法以有限的資源滿足人類無窮的慾望。雖然經濟學並不一定可以提出一組保證有效的定律，但確能提供一套系統化的思考方式與工具，透過比較科學的方法協助我們了解並因應許多經濟問題。

在社會科學的研究方法中，有關「意向並不等於行動」，為使「意向」接近「行動」，應讓其間所牽涉到的成本與利益為人所了解，才能測出真正的「意向」。所謂存在不一定合理，但是存在一定有原因，由於經濟分析的角度，可以試著解釋各式各樣的社會現象。

奧默羅德(Paul Ormerod)指出，經濟學一但接受個人行為可以直接受到他人行為影響的觀念，我們就脫離了社會科學的傳統領域，進入一個完全不同的世界。這一方法可以比傳統思維更讓人滿意地解釋範圍廣泛、看似不相干的社會與經濟現象。每一個現象都有其自身的細微差別，但都以其普遍的意涵聯繫在一起。我們所需的是一種新的、有機的經濟學，有靈活風格、足夠複雜的經濟學來考慮互動。

因此，經濟學和更普遍社會科學其模型的行為原理，必須與紮根於實驗證據的基本科學規則相一致。證據可來自諸如心理學、犯罪學等學科，以支援具體運用時所做的假設，或者也可以表明行為假設所導致的結果類似於實際觀察的結果。因此，經濟學者對經濟理論的表達方式，主要透過文字敘述、幾何圖解、數學模型來分析。[1]

---

[1] Paul Ormerod, *Butterfly Economics: a New Gerenal Theory of Social and Economic Behavior* (London: Faber and Faber Limited, 1998).

　　特別是用數學來解析經濟學原理，以簡馭繁，使許多經濟理論變化建立模型 (model)。然而，經濟模型的好壞不全是依其假設之是否合乎實際來判斷，而是依模型解釋現象與預測未來之能力來判斷。例如「超車」行為，我們接受「若己車與對面來車交會所需的時間，大於己車超越前車後切入原車道的時間，則決定超車；反之則決定不超車」。我們覺得這模型很有道理，但不切實際。因為開車的人幾乎很難在超車瞬間真正去計算超車、會車所需的時間。

　　從傳統的角度來看，經濟學是哲學的一種，雖然近代經濟學的研究已相當的科學及量化，但是與物理、化學相比，經濟學只能算是一種軟性的科學。由於歷史的資料有其不可重複性，而經濟的數據往往又包括了許多複雜的行為變數，因此傳統上一般學者不認為經濟學是可重複實驗的方法來加以驗證的。

　　所以，經濟是生物，不是機器。經濟的個體是依靠慾望、心理而生存在經濟的生物環境中，而不像鐘錶這樣的機器只要政府把發條上緊，它就能無休止的而且準時的走動。經濟人比如投資者個體，如果利潤不豐碩或是各種交易成本過高，自然有如生物不適應環境而進行遷徙的生物圈移動。而所謂經濟小環境，其真實的內核是政治和文化，如果經濟的政治內核不進行根本的改造，經濟遷徙的現象只會越演越烈。

　　人類在追求知識的過程中，學科的分類有優點也有缺點。專業化讓各個學者成為狹窄主題內的佼佼者，能快速取得知識。專業領域與次領域創造出自己的行話、術語、符號、方法，對其他人構成進入的障礙。然而，許多問題牽涉多個學科，無法僅以單一學科的工具來了解，因此有必要採取科際整合的研究途徑。

　　所以，1960 年代之後，經濟學即逐漸展在其「帝國式」學科的模樣與架式，之所以稱為「帝國經濟學」，也就是說經濟分析的領域已伸入其他學科的範圍，其影響力有如古代帝國勢力的擴張，而又稱其為「經濟學帝國主義」(economic imperialism)。凱伊(John Kay)指出，有效的市場經濟制度深植在精心策劃的社會、政治和文化關係中，在這種關係之外，市場經濟制度就無法發揮功用。所以，經濟非純然經濟學理論，而是政治學、社會學、心理學、和法律學等，再加上經濟

學的科際整合經濟學。[2]

　　史迪格利茲(Joseph E.Stiglitz)評論美國 90 年代的經濟榮枯盛衰指出，經濟學是他的起點，然而他卻不得不探討經濟學以外的問題，諸如政府與市場均衡的角色、全球化經濟的社會公平正義論題。對於非經濟系的本科生而言，由於學習目的的不同，對經濟學的情懷就有點像社會大眾一樣，知道經濟學很重要，也想要稍加涉獵，可是未必能夠登堂入室，一窺堂奧。[3]

　　至於警察學的意涵，根據梅可望指出，警察學是一種綜合性的科學，屬於社會科學的一種，其中一部分並包括自然科學中的應用科學。警察學的綜合性遠在其他社會科學之上。[4]所以，警察學與經濟學的聯結就如同其他學科的科際整合對人類和國家的發展是如此重要。強調經濟學與警察學在理論和實務方面的整合(integration)，就是希望以理論檢驗實務，從實務中印證理論。

　　因此，在警大開設經濟學課程，除了必須針對經濟學與警察學的基本理論之外，更要發展出整合政治的、社會的、法律的、歷史的，甚至是文學的觀點，嘗試為警察經濟學開闢出一條新的研究道路來，這也無非是要將經濟學應用到許多有趣的主題，要提高同學學習的樂趣，讓授課內容更為生動、豐碩，並將理論與實務相結合。

　　與警察有關的文學經典之作，例如法國文學史上佔有舉足輕重的抒情詩人雨果(Victor M. Hugo 1802-1885)，於 1862 年 6 月在比利時出版的《悲慘世界》(Les Miserable)。雖然小說出版後，有人批評它是一部「政治小說」，還有的說它是一部「流氓史詩」。然而，它主要是描述正義與罪惡在一線間。就誠如雨果在書的前言裡所要闡述的「只要由法律和習俗造成的社會懲罰依然存在，在文明鼎盛時期人為地製造地獄，在神賦的命運之上人為地妄加噩運；只要本世紀的三大問題

[2] John Kay, *The Truth about Markets: Why Some Nations are Rich but Most Remain Poor* (London: Penguin Books, 2003).

[3] Joseph E. Stiglitz, *The Roaring Nineties: A New History of the World's Most Prosperous Decade* (N. Y.: W. W. Norton, 2003).

[4] 梅可望，《警察學原理》，(桃園：中央警察大學，2000 年 9 月)，頁 28。

——男人因貧困而沉淪，女人因飢餓而墮落，兒童因黑暗而愚蒙——得不到解決；只要在有些地區，社會窒息的現象依然存在。換句話說，從廣義的角度看，只要地球上還存在著愚昧和貧困，像本書這一類的作品就不會是無益的。」

雨果筆下的男主角尚萬強(Jean Valjean)，究竟是善人或惡人，並沒有標準答案。小說裡還特別突顯扮演正義堅持者的警察賈維(Javert)，他盡忠職責要將尚萬強抓回監獄，但發現尚萬強本性多麼善良，當他在下水道放走尚萬強之後，由於無法在面對自己持守多年的信念而選擇跳河，結束他寶貴的生命。

例如《湖濱散記》(*Walden: Or Life in the Woods*)的作者梭羅(H. D. Thoreau)，他因拒絕繳稅而被囚於康科特監獄。該書闡述經濟自由，繼而追求從容生活，最後悟出生命真諦，推翻傳統價值觀念，抗拒當時存在美國社會中的重商主義和順應群體的習俗。然而，稅又是為使文明社會順利發展所必須付出的代價，如果沒有租稅，文明社會就不會存在。我們期望政府會提供人民某些服務，諸如提供警察服務以維護治安等等。

除了雨果和梭羅兩位文學家之外，甚至介紹瑞典作家曼凱爾(Henning Mankell)所寫的《死亡錯步》(*Sidetracked*)、《無臉殺手》(*Faceless Killers*)等犯罪推理小說。至於，國內經濟學家的代表性人物則介紹孫震所謂「經濟學者的文學後花園」所寫《回首蕭瑟來時路》，和 1996 年過世的費景漢特別喜歡詩詞，以及評論家南方朔出版的《經濟是權力，也是文學》，透過國際政治經濟社會學的分析，將經濟視為權力，同時也是為文學，因而突顯經濟學也可以如此地文學化。

三、 文獻探討與結構說明

根據上述的科際整合性思維，在許多從經濟學角度分析其他學科的研究文獻中，如納許(John Nash) 論述經濟學與數學有關的賽局理論(game theory)，納許 1994 年諾貝爾經濟學獎得主，對不合作賽局均衡狀態的分析，建立「納許均衡」的賽局理論。不合作賽局只允許個人的自利動機決定結果，任何約定一旦違反自

利動機便無法維持下去，舉凡寡占、拍賣、談判等經濟學議題，或投票、限武、制憲等政治學議題，都立基於納許提出的分析架構。

如卡尼曼(Daniel Kahneman) 論述經濟學與心理學有關的「展望理論」(prospect theory)，卡尼曼 2002 年諾貝爾經濟學獎得主，解釋人類做成決定時的各種特性，同時整合認知心理學與實驗經濟學的「展望理論」(prospect theory)，有助於解釋股市泡沫化現象與規範各種公共事業等經濟活動，如放寬電力市場及公用獨占事業的民營化。

如布坎南(James M. Buchanan)論述經濟學與政治學有關的「公共選擇」(public choice)。

如諾斯(Douglass C. North) 論述經濟學與歷史學有關的「制度理論」(institutional theory) 和熊彼得(Joseph A. Schumpeter)的「經濟分析史」(history of economic analysis)。諾斯 1993 年諾貝爾經濟學獎得主，革新經濟史的研究，運用經濟理論與數理方法來解釋經濟與組織的改變。

如蒲士納(Richard A. Posner)論述經濟學與法律學有關的法律的經濟分析(economic analysis of law)和傅利曼(David D. Friedman)的法律的秩序(Law's Order)。蒲士納是芝加哥法學院教授，也曾在美國聯邦上訴法院任職法官多年，曾主審微軟違反托拉斯法一案，擅長以經濟理性模型分析人的非市場行為，是美國法律經濟學的重要代表人物之一。蒲士納認為對於公平正義的追求，不能無視於代價。他的代表作《法律之經濟分析》(*Economic Analysis of Law*)、《法律與文學》(*Law and Literature*)、《性與法律》(*Sex and Reason*)、《老年、社會、法律經濟學》(*Aging and Old Age*)等多本著作。大衛·傅利曼任教於美國聖塔克拉拉大學的法學院和商學院，講授法律經濟學，雙親都是經濟學家，父親是 1976 年諾貝爾經濟學獎得主傅利曼(Miltom Friedman)。

如奧默羅德(Paul Ormerod) 論述經濟學與生物有關的「蝴蝶效應」(butterfly effect)，奧默羅德倫敦與曼徹斯特學院經濟學教授，認為社會是有生命和可以適應和學習的生物，經濟體和社會像是有生命的有機體，彼此互相影響，會產生所謂的「蝴蝶效應經濟學」。

　　如貝克(Gray S. Becker)論述經濟學與社會學有關的出版《家庭論》(*A Treatise on the Family*)一書。貝克 1930 年出生，大學時代曾先修社會學，之後才轉念經濟學，1955 年以市場歧視不只直接影響經濟，間接更波及非市場範疇的創見，而獲得芝加哥大學經濟學博士，並在該校經濟學系和社會學系任教，1992 年獲得諾貝爾經濟學獎。貝克以經濟分析來研究社會課題，舉凡歧視、婚姻、家庭關係、教育、移民、治安、毒品、犯罪等問題，都有精闢的見解和分析。

　　在這些已有相當多討論和論著出版的文獻中，如果要針對從經濟學角度探討與警察學之間的關係，大部分是要從一般被歸類在與社會學相關主題的論述中，而其中又特別集中在經濟與犯罪的領域。所以，在這方面的研究文獻主要是貝克(Gary S. Becker)和艾爾力克(I. Ehrlich)等人。

　　艾爾力克任教於水牛城大學(University of Buffalo)，最關心的問題是經驗證據沒有真正說明，到底是積極的誘因還是消極的誘因對犯罪的影響更大。積極的誘因是那些鼓勵人們接受合法的工作，不要採取犯罪的刺激，如有份工資過得去工作的可能性、改造方案，以及有助於向那些最可能犯罪的個人提供扮演剛強卻非犯罪角色形象的政策；消極的誘因就是那些阻止及預防犯罪的刺激，如懲罰的可能性和嚴重性。

　　所以，特別針對從經濟學角度來廣泛論述與警察學整合性論著的文獻並不多，畢竟警察學所涵蓋的範圍並不只有經濟犯罪一項，就如同警大除了犯罪防治系之外，還有消防、國境、安全等其他 12 個科系。

　　因此，本論題的研究途徑雖然是將經濟學定位在：第一，特別強調經濟主體如消費者、廠商、政府在做決定時的互動關係；第二，市場並不是永遠完美地運作，它有時需要公部門來指揮資源作最有效的配置；第三，不把許多變數看成給定的條件，因此制度安排、個人喜好、甚至知識，都變成經濟分析的重要因素；第四，無論在方法、主觀與觀點上，強調與其他社會學科的科際整合；第五，非只著眼於最後的均衡點，而是更重視動態因素所扮演的角色；第六，資訊和時間成本因素的考量。

　　但是所採取的是科際整合方式，也就是以制度經濟學和政治經濟學的觀點幫

助學生對通識課程的學習，並為日後有意做更深入的研究奠定基礎。因為，它們都是重視人的價值判斷，對問題之研究與政策的擬定能發生極大的影響。警察與政治經濟的對話就是採取政治經濟學與警察學的理論整合(integration)，並希望在實務中作印證，它也必然要顧及經濟生活是生活在經濟制度之中，或是透過經濟制度生活。

承上論，警察與政治經濟的對話除了警察學與經濟學的基本理論之外，也整合了政治的、社會的、法律的、歷史的，甚至是文學的觀點，嘗試為警察經濟學開闢出一條新的研究道路來。

最後，整合理論發展的新思維，整個人文社會科學所帶來的普世價值，在我們面對重大人類問題時，能夠理解這些問題並且處理得更為完善。社會學、犯罪學、心理學、政治學等各個學科，越來越倚重經濟學所帶來的啟發。

史蒂格勒(George J. Stigler)指出，經濟學帝國主義列車已經啟動，但是經濟學家也必須更加重視各種規則，正如道德以及社會反映的角色等為其研究所帶來的影響。[5]

四、 經濟與警察的安全性整合論題

本文除了緒論中說明警大選修經濟學課程的特殊性、經濟學發展階段、經濟學與其他學科的科際整合性理論，以及介紹相關文獻之外，將分別從(一)賭場的合法化論題、(二)毒品的價格機制論題、(三)犯罪的成本效益論題、(四)拚治安的最適選擇論題、(五)安全帶的不安全論題、(六)線民制度化的機會成本論題、(七)卡債的啟示效應論題、(八)消防救災的公共財論題、(九)罷工的資訊不對稱論題、(十)真洗錢的假貿易論題、(十一)非法移民的外部性論題、(十二)交通事件的運輸利益論題、(十三)警察教育的公費補助論題等 13 則論題，期透過經濟與警察的安

---

[5] George J. Stigler, *Memoirs of an Unregulated Economist* (N. Y.: Basic Books, 1988).

全性整合論題加以分析。最後,結論。

(一) 賭場合法化論題

　　2009 年全球發生金融海嘯,美國各州普遍遭逢預算危機,政府機關為了籌措財源,加州有議員建議開放大麻自由買賣,喬治亞州議員提議對鋼管舞俱樂部門票課稅,維吉尼亞洲則要提高受刑人的「房租」,更多達 19 個州有志一同,擬開放賭博行業,增加稅收。

　　紐約州因為物價最高,每年要花費 10 億美元在監獄囚犯身上,議員建議坐牢一晚要收 90 美元,看一次醫生付 10 美元,囚犯若要上廁所還得自備衛生紙。賭場這個地方,你可以把你所能拿出來的東西輸光,玩這遊戲既不需要鑑賞力,也不需要資格認可,不需要社會美德,也不需要朋友,它所需要的只是金錢而已。

　　賭場合法化不只增加稅收,但是設置賭場也會因競爭而不再穩賺不賠。最主要是可以讓很多想進賭場賭運氣的人,不用再到黑道幫派所控制的非法賭場。當然衛道人士認為,賭博是不道德的行為,不應該加以鼓勵,但如果與抽煙、喝酒比較起來,賭博的壞處還算比較輕。吸煙有害健康,酒醉可能車輛和工作受到傷害,如果依某些不道德的程度而課稅,賭博的稅率應低於抽煙及喝酒。窮人購買樂透,賭賭運氣,也會到非法賭場試試手氣,有錢人玩的是股票、房地產等高風險投資。

　　政府禁止賭博的可能結果是需求大幅減少,但並沒有完全消失,就供給面分析,賭場的供給只會從地上轉為地下,成本因而增加,供給曲線上移,新的均衡價格可能高於原有的均衡價格。

　　根據下圖的說明:一、在左圖 S_1 和 D_1 是原來的供給和需求,禁止賭博後,S_1 和 D_1 都左移,導致均衡價格較高,數量較少。二、在右圖 S_1 和 D_1 也是原來的供給和需求,禁止賭博之後,需求可能變化不大,但供給成本增加,新的均衡價格大幅度上升,但數量只略少於原來的均衡數量。

　　因此,在左圖所呈現的很可能只是一般社會大眾和政府所希望的情形,然而實際現象可能比較接近右圖的情形。因為,在右圖雖然呈現原有的均衡價格及數

量和左圖的相同，但是需求曲線比較陡峭，反映出賭徒對賭博的需求不太受價格高低的影響。[6]

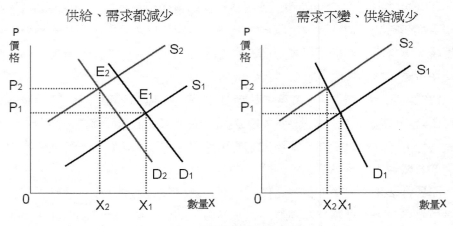

供給、需求都減少　　　　　需求不變、供給減少

禁止賭博的可能結果圖

所以，貝克(Gary S. Becker)指出，真正會因賭場不准設立影響的主要是中產階級。不過中產階級的家庭也沒有幾個人會拿收入及資產去賭賭運氣。有些反對賭博的人，會把喜歡賭博的人說成為滿足心理慾望，而逐步走向傾家蕩產的人。[7]不過根據購買彩券及進入賭場者的行為分析結果，發現染上賭癮的人並不普遍，比有煙癮和酗酒習慣的人要少得多。

很少人因為買太多彩券而弄得沒有錢買菜，多數到賭場的都是中年人，只不過想和朋友找點刺激。很多反對賭場合法化的人，其實根本不擔心賭博到底道德不道德，也不擔心人們是否會上癮，真正擔心的是犯罪集團。

但合法化後，就會改由世界級的觀光旅館接手。黑道組織主要是採取控制販毒和六合彩等非法活動，這些黑道份子和正經的生意人比較起來有個優勢，就是

----

[6] 霍德明等，《經濟學(上、下冊)：2000 跨世紀新趨勢》，(臺北：雙葉，2002 年)，頁 49-51。

[7] Gary S. Becker and Guity Nashat Becker, *The Economics of Life* (New York: McGraw-Hill, Inc.1997).

可以賄賂官員，也可以用暴力方式討債，未來合法化之後，自然減少。合法賭博基本上有兩種型式，一種是由政府自行坐莊，發行愛國獎券、彩券、樂透等各種工具，進行集體的賭博；另一種是由政府特許民間經營賭場或者以運動比賽為對象，進行賭博，例如賽馬、鬥蟋蟀、賽鴿、賽車、拳擊、棒球等皆可作為賭博標的。

動運彩券是軟式賭博(soft gambling)的一種，可以視為臺灣未來活絡博弈市場的先聲，也是博弈開放的「暖身區」。不論是以經濟活動為對象的賭盤，或是運動賭局都是具有刺激性或懸疑性的基本特質。臺灣過去在法律的禁止下，民間也有運動賭盤存在，除了賽鴿之外，職業棒賽發生挾持球員、脅迫放水的情事，招來警方的大力取締，使得職業棒球發展一蹶不振，可見缺乏管制的賭博會造成市場失靈的現象。

2009 年臺灣職棒兄弟隊、La New 等球隊又發生了打「假球事件」，再度打擊臺灣棒球的發展。民間之所以無法長期經營運動賭博，除了「規模經濟」因素之外，主要是因為難以建立遊戲的公平性，和維繫顧客的忠誠度，也無適當的風險機制，以處理莊家大輸而無力理賠的狀況。

坐莊設賭或是球賽是有經營成本的，其輸贏的機率必須有利於莊家，賭局才能長期維持。如果輸贏的概率各半，莊家長期的預期利潤為零，則賭局難以為繼。如何維持莊家合理的利潤，而不失賭局的公平性，需要政府介入制定遊戲規則，並加以管理。

因此，賭博是一種特許行業。根據近代賭博經濟學家、加拿大蒙特婁大學經濟研究暨發展中心的教授布林勒(Reuven Brenner)，在《賭博史》和《觀念之賭》等著作中指出，具有「運氣遊戲」的賭博，在遠古時代即已出現。16 世紀，今日的彩券已曾有過合法的紀錄。

而今日所謂的賭場，在 19 世紀後期也合法出現；今日的樂透則於 19 世紀及 20 世紀初興起。演變至今，部分國家的政府都已是彩券的坐莊人。賭博越來越成為一種產業，而賭客則被視為「志願納稅人」(voluntary taxpayer)，真是一幅「政府樂透、人民禁賭」景象。儘管許多宗教社團反對，例如穆斯林教派是堅決反對賭博，但在阿聯大公國政府卻批准賽馬吸引遊客。

《聖經》則沒有清楚說明不准賭博。臺灣也有部分佛教團體站出來反對設立賭場。他們認為「賭博使得人們把它的位階放得比上帝還高」。然而，自 16 世紀以來，賭博已越來越成為一種財政工具。各國政府為了濟貧、戰事、或重大工程建設等需要而發行彩券，擺脫道德學，變成一種理性選擇的風險經濟學。又因為窮人買得多，形同一種變相的窮人稅，雖然賭場合法化的目的並不純然為了增加政府稅收。

因此，賭場合法化成為趨勢，遂使得到底要透過「價管」，或是「量管」賭場，成為經濟利益上熱門議題。由於賭場具有只有在賭場所在地，才能進行賭博行為的特殊條件，賭博不僅可能會造成賭場當地的治安問題，當賭客輸光錢，回到自己母國事業受到影響，也會讓這種「社會負產品」出現缺口。

因此，採取「量管」的政策是比較可行的作法，特別是小區域獲益較大區域為大。因為，地區越小，賭客越可能來自外地，且因賭博衍生的負面代價越可能在外地發生。也因為賭場合法化已成為趨勢，新加坡、澳門也都先後讓賭場成為觀光休閒產業的重要項目之一。

長期以來，臺灣討論是否開放賭場也在立法院完成立法之後準備上路，但在 2009 年 9 月澎湖舉行「澎湖要不要設置國際觀光渡假區附設觀光賭場」公投的結果，在澎湖 73,651 投票權人數中，同意票數 13,397，不同意票數 17,359，無效票數 298，投票人數 31,054，投票率 42.16%。

這樣公投結果等於是否決了臺灣賭場合法化的議題。或許澎湖終結博弈，為的是有個美麗的開始，不要賭場之外，澎湖還能擁抱陽光。澎湖人挑戰大海，為錢賭生命，但不代表澎湖人天生視賭如命。1725 年的大清國雍正 3 年，澎湖瓦硐港制定的鄉約中，嚴禁村民賭博，違規的年輕人罰以遊街，50 歲以上者，罰戲一檯，且臉上寫著名字，跪在戲檯前。這段歷史突顯澎湖人質樸的人文傳統。

隨著澳門、新加坡賭場陸續開張營運，臺灣主管國內博弈興建及管理的國際渡假村及博弈專法已陸續公告招商，地方政府如果完成博弈公投，確定國際渡假村開發位址，建築完工後順利營運，惟目前臺灣的博弈產業發展至今顯然仍在能否設立之間擺盪。

　　政府與民間亦有開放賽車、賽馬的構想，主要原因是為了提振南部的觀光和運動產業，經建會與體委會研議「推動特許競技型運動」計畫。但從產業文化的適合性問題，賽鴿文化存在臺灣民間已久，而且需要的場地不若賭馬或賽車，且可以與澳門、韓國等地的博弈活動作市場區隔，發展臺灣特有的文化休閒與創意產業。

　　當前網際網路時代的到來，網上賭博的方式更造就了巨大無比的商機，不但會以老鼠會型態吸收下線，擴張迅速，加上境外不受管理的特性，已使它成了足以與實體賭場並駕齊驅的新產業。臺灣刑事局曾破獲一個跨國職業賭博網站，該集團在短短三個月內在臺灣設置 80 多個總代理商，受理國內及大陸、加拿大、菲律賓等地賭客下注簽賭職棒、職籃、足球等競賽。

　　美國也開始由限制金融機構網際金融流通，進而要求各大網站不得刊登賭博性的廣告，但是網上賭博的網站還是遍及全球。由於簽注金額相當高，時常有賭客不付賭債的情事發生，甚至還有經銷商黑吃黑的現象，於是公司結合了討債集團，以暴力介入。

　　賭博已不是道德問題或社會正義問題了，而是成了簡單的經濟財政問題，是一種日漸興起的產業，沒有人會去在乎「社會成本將會高過經濟利益」的問題了。

　　從經濟發展的角度，賭博只是一種財富的移轉，並不會創造出新的財富，賭博並不會對經濟做出真正貢獻，可是對於臺灣猶如內華達州拉斯維加斯的澎湖才是真正考驗的開始。

　　澳門在中國收回前，歷經亞洲金融風暴，經濟萎靡不振，連續四年負成長。然而，在中國大陸接手後，澳門經濟發展比香港幸運許多，主要還是受到開放博彩業和轉型文化創意的影響，也帶動 GDP 的成長。

　　澳門在 1847 年葡萄牙政府首次將博彩業合法化，而有「東方蒙地卡羅」之稱，蒙地卡羅只是歐洲的小賭城，如今澳門更躍升為「東方拉斯維加斯」，而且正在急速地要讓拉斯維加斯成為「西方的澳門」。當前澳門博彩業除了吸引西方和大陸遊客湧進澳門小賭怡情之外，具有中國特色的貴賓廳也成了大陸富豪、貪官洗錢，以及色情氾濫的場所。

新加坡為因應經濟不景氣，亦開始設置賭場行業，雖然長期以來星國開國總理李光耀就曾經指出，除非我死掉(Over my dead body)，否則別想在新加坡開賭場。但是隨著賭場的開始營運，到星國的旅客歷年來都有成長，星國政府非常清楚地知道「政府一定會衡量其經濟效益，是否能超越社會可能要付出的代價」。

另外，例如國家對運動員的培養皆由社會負擔公費，聘請教練或支付運動員生活津貼等成本，一但技能和體能養成之後，由外國球團加以接收，賦予高薪，球員雖然因此得利，但為其支付訓練費用的本國並沒有得到應有的報酬。因此，經濟學家主張人才流入的國家應對人才流出的國家提供適當的補償。警大公費生和師範公費生制度也有會產生社會成本的問題，久來亦是熱門的話題。

(二) 毒品的價格機制論題

電影《玫瑰人生》是根據法國香頌女神在全世界的代表人物皮雅芙(Edith Piaf)的一生改編而成。皮雅芙幼年在妓院長大，6 歲時遭逢失明的危險，又奇蹟式的重現光明。身高僅有 147 公分，但卻能傳送出巨大能量的歌聲。賣唱維生的皮雅芙，當他驚聞兩歲的女兒因腦膜癌而夭折，和是世界拳擊王的丈夫馬塞瑟丹(Marcel Cerdan)遭遇空難的噩耗之後，企圖以毒品和酒精來麻醉自己，他的吸毒更是報紙的頭條新聞。

這部電影突顯在那個禁忌保守的年代裡，皮雅芙做為一位女性，吸毒在當時都屬於非常前衛的行為。冷戰結束後，毒品作為超強爭霸的工具性格已不再獲得支持，但全球毒品的生產並未因此減少，反而繼續向上攀升，且因經濟全球化、貿易自由化和各國國界管制放鬆等趨勢而更形蔓延。

當前毒品最嚴重的問題是，毒品生產成為賺取外匯的手段，許多第三世界國家越來越多良田種植糧食的面積縮小，減少糧食生產；毒品產業的規模增加，具有擴大就業(雇用)的效果，帶來貧民窟化和經濟犯罪的惡果；毒品產業所獲得的巨額資金，常被用來政治獻金，敗壞社會風氣；另外，毒品生產的蔓延，尚會造成對森林的破壞、水質污染等嚴重的生態問題。至於毒品對於人體的危害、中毒患者的增加、心靈的幻化，連帶著刺激與毒品交易相關的強盜、殺人等犯罪問題，

更是社會經濟的一大損失。

一般而言，需求量變化的百分比大於價格變化的百分比，對於需求彈性大於 1 的商品，政府可利用租稅課徵提高價格來達到以價制量的效果。貝克(Gary S. Becker)指出，毒品合法化讓毒品價格依市場自由供需原則決定，即毒品量多價跌，毒梟將無利可圖，自然退出市場，不但無需勞動警力，政府也不必付出龐大代價來維持警力。[8]

麥基(N. Gregory Mankiw)也指出，禁毒的目的是減少毒品使用，其直接衝擊是在毒販而非購買者的身上。當政府阻止某些毒品流入國內並逮捕更多的走私者時，他會提高毒品的銷售成本，造成吸毒比吃黃金還貴的交易現象，因而減少了在任何既定價格下毒品的供應量。毒品需求對消費者在任一既定價格下，願意購買的數量並未改變。[9]如下圖，政府禁令使供給曲線 S_1 左移至 S_2，而需求曲線並未移動。

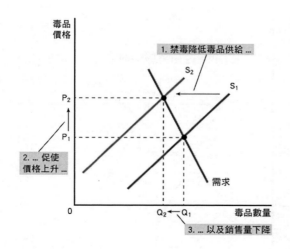

毒品禁令圖

[8] Gary S. Becker and Guity Nashat Becker. *The Economics of Life* (New York: McGraw-Hill, Inc., 1997).

[9] N. Gregory Mankiw, *Principles of Economics* (Ohio: South-Western, 2004).

　　當毒品的均衡價格從 P_1 上升至 P_2，而均衡數量從 Q_1 下跌至 Q_2，均衡數量的下跌顯示禁毒確實減少毒品的使用，但因為只有極少數的吸毒者會因為毒品價格的上漲而戒毒，毒品需求可能是無彈性的，則價格上升將造成毒品市場的總收益提高，亦即由於禁毒使毒品價格上升的比率超過毒品使用量下跌的比率，禁令導致吸毒者購買毒品的總金額增加，對那些已經必須藉由偷竊才得稍解毒癮的吸毒者而言，他們現在對現金的需求更加迫切。

　　因此，禁毒會增加毒品相關的犯罪案件。換言之，被逮捕且入獄服刑的毒販，會迅速被其他毒販所取代。因此，一名毒販被消滅，絲毫無法改變整個市場。由於禁毒的負面效果，所以，政府加強透過反毒教育來減少毒品的需求。如下圖，需求曲線從 D_1 向左移動至 D_2，均衡數量從 Q_1 下跌至 Q_2，而均衡價格從 P_1 下跌至 P_2，總收益定義成價格乘以數量也下跌。相對於禁毒措施，反毒教育可以減少毒品使用和毒品相關的犯罪案件。

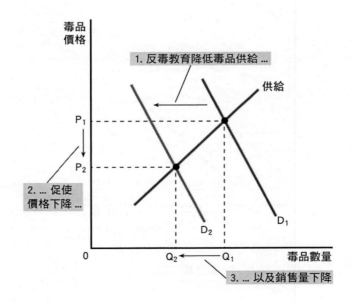

反毒教育圖

經濟學者誠然以經濟理論來分析問題，進而藉由市場供需原理來解決；然而，實際上法律的規範亦有其存在的價值。根據貝克從經濟觀點，主張毒品合法化為促使毒品降價，減少反毒成本，也可使大量販毒人口減少。但是一個國家如果因為毒品擴散而使其合法，這個國家的心理及道德防線豈非完全棄守？這些都是「超市場」的問題。「超市場」的問題乃是重大且是不確定的政治選擇。

所以，藍思博(Steven E. Landsburg)指出，縱使毒品合法化的效益超過成本的推論是正確的，但從另一個角度思考，即使一項政策的直接、間接成本和效益都可以經由嚴謹的定義加以具體衡量，是不是意謂所有政策、議題都可以利用成本效益的基準加以簡化的分析呢？[10]

毒品合法化、賣淫合法化這些違反社會公序良俗、道德規範的政策，即使效益超過成本，是不是我們也要依照成本效益準則的指示而真正的去執行。因此，衡量毒品合法化對吸毒者的影響時，要問的不是我們認為吸毒者在合法取得毒品後，處境會不會更好，而是他們認為自己的處境會不會更好，即每位吸毒者願意支付多少金額來促使毒品合法化。[11]

另一個相關的問題是香菸價格如何影響禁毒，如對大麻的需求。例如加拿大溫哥華有家規模不小的書店，書店一角有個雲霧館，館中陳列了各式各樣的大麻種籽，根據其郵購型錄，他們供應的大麻種籽足足有 534 種，書店帶來群聚效應，形成一條大麻商品街，除了販賣大麻種籽外，還有一進門就是大麻香味瀰漫的咖啡廳，以及吸食大麻用具的專賣店。

不過居民對此似乎見怪不怪，而警察似乎也懶得多管閒事，上回警方來此突擊檢查已經是八年前的事。怪的是，書店老闆受不了被忽視，他在稅單上把自己的職業列為「大麻種籽商販」，並且誠實申報大筆稅金。加拿大國稅局裝聾作啞。他告訴郵局他以郵寄方式把大麻種籽寄給客戶，郵局照樣幫他送貨。他還在網路上設立大麻電視臺，創辦《大麻文化》月刊，以及成立卑詩省大麻黨，推出 79

---

[10] Steven E. Landsburg, *The Armchair Economist: Economics and Everyday Life* (N. Y.: The Free Press, 1993).

[11] David D. Friedman, *Law's Order* (Princeton: Princeton University Press, 2000).

名候選人，可惜全軍覆沒。這一切行為只為推動大麻合法化。

2005 年他在加拿大被捕，美國政府希望引渡在美國受審，起碼會被判 30 年，但他相信坐牢會加速大麻合法過程，如果他死在牢裡，過程會更快。例如反對課徵香菸稅者通常認為香菸和大麻是替代品(substitution goods)，如果香菸價格上漲會使大麻的吸食者增加。

相反地，許多研究毒品濫用的專家視菸草為入門毒品，引導年輕人試驗其他有害的毒品，他們發現香菸價格下跌與大麻吸食者的增加相關。因此，香菸和大麻是互補品(complementary goods)而非替代品。所以，在某些情況下，政策制定者可能選擇不關心消費者剩餘(consumer's surplus)。例如有毒癮的人願意支付高價購買大麻等毒品，但是我們不會認為吸毒者能以低價購買毒品而得到大量的利益。

從社會觀點而言，願付價格並非是衡量消費者利益的良好指標，而消費者剩餘並非是衡量經濟福利的良好指標，因為吸毒成癮者在價格成本上並非尋求他們自我利益的最大。為解決毒品氾濫的問題，從長期而言應從加強反毒教育政策，加強教育青少年對毒品為害身心的嚴重性；如果單要求透過警力的全力查緝，甚至於提高到危壞國家安全的層級，也都只能收到短期效果的治標而不是治本之道。

(三) 犯罪的成本效益論題

2009 年在臺灣和韓國同受到關注政經與犯罪的議題，同屬因為國家第一家庭的涉入貪污案件。陳水扁和盧武鉉的出身背景有許多相同之處，都是貧苦農家長大，都是執業律師，也都是以標榜「改革」，也順利在選舉中獲得總統大位，卻也都是家庭成員涉入與貪污有關的事件，而走上法庭。

這兩位曾經擔任過總統，權傾一時的風雲人物，盧武鉉後來自殺，陳水扁則進入牢裡，目前保外就醫。諾貝爾經濟學獎得主史蒂格勒(George J. Stigler)指出，犯罪問題是長期以來經濟學家關注的論題，畢竟，犯罪也是一種職業。因此，它是屬於勞動經濟學的範疇。誰會成為罪犯？他們會犯什麼罪？他們又能從中獲得多少收益？不僅如此，犯罪還是一個令人頭疼的巨大社會問題，怎樣才能抑制犯

罪，並使人們不受其誘惑呢？[12]

　　所謂的成本就是效益的另一面，也就是其他地方不見了的效益。是否參與犯罪，是透過權衡成本與效益來冷靜地、理性地決定。效益就是犯罪收入的利得，而成本包含了進行犯罪所發生的實際成本(如竊賊購買撬棒)、被抓的機率、宣判時的可能懲罰。在這個模型，刑事司法系統的懲罰，可以看成是對犯罪供給的徵稅，因其增加成本，從而減少供給量。

　　然而，根據犯罪學(Criminology)的觀點，判刑坐牢的機率和嚴厲性，對威嚇許多潛在的罪犯沒有多少作用，而經濟學者從理論上就理所當然認為有影響。所以，貝克(Gary S. Becker)認為，犯罪機會的預期效益(expected utility)就是犯罪成功的可能性(possibility of success)乘以預期從犯罪收入的利得(gains)減去犯罪失敗的可能性(possibility of failure)乘以失敗後所遭受的損失(losses)。[13]

　　同時，在均衡狀態，竊賊市場與其他市場一樣，邊際成本等於平均成本，也等於價格。竊賊並不是簡單的移轉，而是淨成本。例如偷 1 千元臺幣要花費價值 1 千元的時間和財力。竊賊的成本和收益正好相互抵銷，而受害者的成本是淨損失，如果加上防盜成本，包括私人成本的門鎖、報警器、保安等，還有公共的防盜成本，如警察、法院、監獄等。另外，政治候選人承諾為你和你的朋友提供某種特別好處。因此，你為他的競選捐款，這種產權轉移行為的實質與竊盜者花錢買工具相差無幾。

　　貝克自稱其早期在對犯罪的研究中，有關竊盜為何會對社會造成危害一事深感困惑。因為，貝克認為竊盜似乎只是重新分配資源，通常是把資源從較富有者身上分配給較貧窮者。後來，深入探討才了解到犯罪者花錢買武器、花時間規劃並執行犯罪，而這種行為對社會毫無生產力可言，也終於解開了這個謎題。沒有組織化的犯罪更糟，因為社會上認為有價值事物的生產，壟斷是不好的，它導致人為抬高價錢和限制產出。

---

[12] George J. Stigler, *Memoirs of an Unregulated Economist* (N. Y.: Basic Books, 1988).

[13] Gary S. Becker, and Guity Nashat Becker, *The Economics of Life* (New York: McGraw-Hill, Inc. 1997).

可是，社會所反對的事物，例如賣淫或非法用藥，壟斷(或組織)帶來產品減少，應是好事。犯罪組織的壟斷可能有其社會效益，不要只大力宣導反組織化犯罪而忽略對一般的、層出不窮的犯罪行為執法。但是組織化的犯罪是一種侵略性的權力中心，能腐化警察和政客，這些有腐化力的罪行，目的是獲得力量提供非法服務。因此，對政治的正當性構成威脅，讓集團來組織並從而限制賣淫與毒品市場或許會有效，但是等到公務員循私收賄，而付出政治正當性與立法成本，可能得不償失。

依世界銀行對公務員貪污的定義，是指濫用公權而獲私利的不道德行為，是環境污染之外的第二類污染——文明污染。其為害，上至國家利益，下至個人的價值認同；更精確的說，它具有難於估算的外部性，直接危害國家整體的經濟運行的後果。

綜合說來，貪污對經濟產生的影響有：

第一，貪污是一種特殊的競租(rent seeking)行為，競租或被稱之為「尋租」(rent seeking)，意指當某些人有機會動用資源，將財富從他人那裡移轉給自己時，就會發生這種現象。其競租行為指企圖創造獨占的一種行為，或任何個人或廠商極力想從政府獲得有利待遇的追逐利益行為。

換言之，是個人或廠商努力想從政府獲得有利待遇的追逐利益行為，它腐蝕公務人員的良心並使資源配置扭曲。

第二，政府中競租最大的部門，要屬軍購、特殊工程，這些部門的預算金額龐大且充滿誘因，從而對教育、文化的預算產生排擠效應。

第三，貪污導致國家稅負總量的減少。

第四，貪污是遊走法律鋼索的冒險活動，由於這種後果的不確定性，常使正派投資者的投資意願下降。

第五，貪污導致與貧窮的惡性循環。

如果政府基本的經濟政策大方向正確，政府治理有一定的水準，即使貪汙，也「貪得很制度、很有效率」。通俗的話，就政官員「拿錢要辦事」。經濟學上論貪腐如果「穩定且可預料」，其實就成為一種「稅」。

柏拉圖(Plato)的《共和國》(*Republic*)書中，有一則格勞空(Galucon)故事：有位名叫蓋吉斯的牧羊人，他無意間撞見一個秘密洞窟，裡面有具屍體，手上戴著戒指。蓋吉斯取下這枚戒指戴上時，發現自己變成了隱形人。於是他在別人看不到的情況下幹盡各種壞事，諸如引誘皇后、殺死國王等等。這則故事提出了一個道德問題，如果知道自己的行為別人看不見，我們是否能抗拒作壞事的誘惑？格勞空似乎認為答案是否定的。但是經濟學家李維特(Steven D. Levitt)引用數據檢證的結果，卻是接受亞當史密斯在《道德情操論》裡所主張的人類有誠實的天性。[14]

然而，犯罪的「良心」或「聲譽」成本有時被視作不能量化的因素，但未影響經濟學者的結論。以逃漏稅來說，只要逃稅被發現的機會乘以應處的罰金少於標準稅率，試圖逃稅是明智的。如果運用價格來分析道德化事件，很難相信會有完人、聖人。因為，人都是「自私」的。例如討論貪污，從成本效益而言，貪污因可能被抓、被判刑，或對不起良心，因此貪污是有成本的。

不貪污的原因，是預期效益小於成本的結果，由此推論，可能 10 萬的價碼，人可以抗拒誘惑，100 萬就會考慮，1,000 萬就有人不計後果會接受，這是從「量變」到「質變」的結果。所以，從成本效益的觀點，不要過於期待人性的完美或道德的力量，我們必須承認人之所以為人，「私」與「貪」的業障難以根除。又如對小偷的行為，從資源利用而言，盜竊並不見得有什麼不好，物品一樣有人使用，甚至如果小偷更會利用資源，更能達到「物盡其用」。畢竟罪犯認為犯罪是值得的，真正的答案是要調整犯罪的成本。

從路徑依存和適應性的經濟行為中，貪污和誠實的行為都自動生效的。擁有誠信聲譽的組織，其成員就會想揭發不誠實的事。腐敗組織的成員則會發現要誠實很難。所以，俠盜羅賓漢、義賊廖添丁[15]的劫富濟貧有時候為人稱頌。又如莎

---

[14] Steven D. Levitt & Stephan J. Dubner, 李明譯，《蘋果橘子經濟學》，(臺北：大塊文化，2006 年)，頁 82-84。

[15] 廖添丁生於 1883 年的臺中秀水庄，自小父親過世，母親改嫁，他自臺中北上落腳大稻埕，既偷竊又搶劫還鬥毆。1909 年時，因為偷了日本警察的槍枝武器被追捕，是年 11 月 18 日被警方與同夥圍困在八里，最後被擊斃，得年僅 27 歲。傳說廖添丁劫富濟貧，其實他不只偷日本人的東西，也偷臺灣人的東西，只是當時政治經濟環境，反應了臺灣人民被殖民、受壓迫的反抗心理投射。

士比亞的馬克白夫人是蘇格蘭大將軍馬克白的妻子，由於對權勢的渴求，於是唆使丈夫一同犯下弒君的罪孽，最終又不堪良心譴責而鬱結成疾，在夢遊中吐露真情，罪行因而敗露。假若一切罪惡的源起都是因為愛，以愛為名的犯罪是否值得同情。

然盜竊的壞，就在會增加社會成本，人們為了防止自己東西被偷，就會上大鎖、加鐵窗及僱用保全，而這些辦法所使用的資源可能非常的大，以經濟學的觀點而言，這些資源就是被浪費，為了讓所有資源使用更有效率，盜竊必須被認定是違法的。如此，是否需不需要道德，當然是需要，因為有道德、有操守，可以把做壞事的成本墊高，這些都在加重做壞事的成本價格。

至於企業犯罪，傅利曼(Milton Friedman)指出，企業的主要責任是「經濟責任」。因為，企業是由股東出資組成，是企業的所有權者，企業中的專業經理人接受所有權者的委託，其目標是創造股東的最大財富，完成最基本最優先的經濟責任即可。所以，企業只有一個社會責任——運用它的資源，從事於提高利潤的活動，但必須符合遊戲規則，也就是說，從事公開和自由的競爭，不能有瞞騙和詐欺。[16]

從公司治理的角度而言，公司經營者對股東負責，但企業主經常玩「口袋遊戲」。大企業主所屬的許多關係企業，往往以個人名義在這些企業持股並掌控經營權，經常在眾多口袋之間相互移轉資源，如果這些企業的公司治理不是很完善，則資源移轉的對價往往就不能正確反映市場價格，企業主就能從中獲利，而小股東的利益就因此受害。

然而，企業犯罪的處罰，應該包括罰款在內，而罰款金額則是根據犯罪行為對個人及其他組織，或整個社會所造成的損害程度來決定。罰款額度應該比他人所受到的損害多幾倍才合理，因為很多違法者並沒有受到懲罰。如果被認定有罪的公司所繳納的罰金只相當於他人所受到的傷害，那麼阻遏犯罪的效果太弱了。因為，沒有被抓到的話，連一毛錢都不用付。

---

[16] Milton Friedman, *Capitalism and Freedom* (Chicago: Chicago University press, 1962).

　　假定有家鋼鐵廠對附近環境都造成了污染，如果這家工廠每生產 1 公噸的鋼，就會對附近環境造成 1,000 元的損害，而該廠因污染環境被判有罪的機率是四分之一，那麼適當的罰款額度就是每生產 1 公噸的鋼，就必須受罰 4,000 元。當然，有可能出現違法所得的利益大於罰款的情形，這未必是壞事。如果工廠每生產 1 公噸的鋼可以獲利 5,000 元的話，那在付清罰款後，每公噸還可賺 1,000 元，但這些利潤是來自市場上對鋼品有需求的人，而不是因為對環境造成損害而得到的。

　　我國《行政程序法》對於行政行為採取的方法所造成之損害不得與欲達成目的之利益顯失均衡，義涵上實含有成本效益分析的思維。1996 年爆發的國內治安史上最大貪瀆弊案的周人參電玩弊案，檢察官先後起訴 194 人，其中官警部分有 30 人，這可從社會因素影響警察的參與犯罪行為。

　　因此，在犯罪經濟學有的「社會因素論」與「恐嚇理論」。「社會因素論」是指犯罪行為的存在，是因為社會沒有好的教育與照顧到這一群人。所以，應該多做社會工作、多做職業訓練。「恐嚇理論」是指許多罪犯在衡量作案利潤與刑罰風險之後，才選擇犯罪以謀取利得。所以，應該加重刑罰。經濟學家實證研究結果，發現社會工作和職業訓練對初犯者較有效，對累犯者較無效。所以，「社會因素論」對初犯者有部分解釋，「恐嚇理論」對累犯者較具解釋力。另外，增加破案率遠比加重刑罰更能有效遏止犯罪。[17]但政府一味地要求增加破案率，又另外衍生成本效益的相關論題。

　　近年來，臺灣在企業犯罪方面最引人注目的是 2004 年 6 月爆發的上市公司「博達案」。短短兩個月，臺灣股市接續發生衛道、太電、茂矽、茂德，及訊碟等多家公司涉嫌掏空、內線交易的疑案，影響投資人權益及資本市場的健全發展。社會輿論強烈要求主管資本市場秩序的金管會和證交所等單位，應該適時扮演「證券警察」的角色。

　　然而，以成本效益分析的方法亦有其侷限，由於其將一切的價值都採取貨幣

---

[17] 參閱：黃富源、張平吾、范國勇，《犯罪學概論》，(桃園：警大，2002 年 4 月)，頁 263-265。

量化的方式，透過單一的量化標準來衡量政策的優缺點。比如刑事政策、乾淨的空氣、癌症死亡率下降，這些績效如何量化？再者就算所有的事務都可以被量化為貨幣單位，哪些因素會被納入成本的考量，恐怕也會受到既有資訊的限制(潛在的風險無法事先預知)、短視近利的影響(開發可以帶來經濟繁榮)、主觀篩選的操縱(只有某些價值被承認)。這種種可能出現的思考誤差，都突顯成本效益分析的侷限。

進一步深入分析，如果以成本效益分析(cost-benefit analysis)的觀點而言，當成本是用貨幣單位來衡量，可是效益不是以貨幣單位來衡量，也就如計算設置紅綠燈的成本可以降低死亡車禍發生率，則必須先弄清楚如果認定「生命是無價」，就應該在每一個十字路口裝設紅綠燈。如果認定生命是有價的則通常法院在判決過失致死的賠償案件時，採用的方法是如果不死的話，就計算那個人一輩子總共可以賺入多少金額。

換言之，先弄清楚生命是有價還是無價，才能進一步作成本效益分析。又如「愛情有價或無價」？愛情是盲目的嗎？在經濟學家的眼中並不成立。愛情也是有供給和需求者，與一般物品不同的是，它是由供給與需求雙方共同創造出來的，「你泥中有我，我泥中有你」，雙方既是供給者也是需求者。一般說來，愛情會隨著婚姻的時間而增強。所以，愛情本身就是家庭產業的一項產品。

換言之，沒有愛情，只有愛情的證據。如果用邊際報酬遞減法則來比喻，男女開始交往，就像菜圃中種瓜得瓜、種豆得豆，你付出的每 1 公斤的努力，都能引起對方 1 公斤的回應。如果他愛你超過你愛他，你甚至於能得到超過 1 公斤的回收，但是熱戀期一過，一但雙方有了牽手、上床、結婚等某種形式的承諾，就會出現邊際遞減現象。

當然，愛情會起風波，供給與需求的關係就會重新調整。所以，愛情也會出現「學習曲線」的成果，當談情說愛的經驗多了，就容易體會其中的訣竅，而成本降低，效率提高。然而，愛情是件美好的物品，既是好東西，不但要支付代價，也要珍惜。代價如何，有人說「愛情無價」，請問當供給與需求的關係消失時，其代價又有誰支付得起？又如供需失衡，也就是市場上看不見的手失靈時，需要政

府介入，在愛情市場上則需要父母親的介紹，就像是干預市場的政府。政府干預市場是為保護人民的福利，就像積極安排相親的父母，都是為了子女幸福。

最後以人民對於治安的滿意與否為例，也不是單純由警政首長公佈破案率提高，和犯罪率降低就代表人民接受治安已有改善的觀點。因為，人民對治安的是否改善有些時候是憑個人感受，如果他家裡最近遭偷竊，或是他居住社區發生兇殺案，則不論破案率多高和犯罪率多低，對他而言都是安全受威脅，社會治安當然沒有改善。

(四) 拼治安的最適選擇論題

經濟學中的生產函數是指當一個生產要素不變，而另一生產要素發生變化時，其對產量所發生的影響。然而，當所有生產要素都作同一方向的增減時，如產量之增加的比例大於所有生產要素之增加的比例，就是所謂的「規模報酬遞增」(increasing returns to scale)或稱發生「規模經濟」(economies of scale)。換言之，規模經濟就是隨著產量的增加，長期平均總成本下降的特性。

反之產量之增加的比率小於生產要素之增加的比率，就會發生「規模報酬遞減」(decreasing returns to scale)或稱為「規模不經濟」(diseconomies of scale)的現象。換言之，規模不經濟就是隨著產量的增加，長期平均成本(long-run average cost, LAC)也隨之上升的特性。若是相等的話，就是所謂的「規模報酬不變」(constant returns to scale)。因此，廠商在長期的生產過程中，追求的是平均成本為最低的最適當生產規模。

換言之，如果市場不完全競爭的狀況不存在的話，古典一般均衡模型一直被用來展示市場機能在達成經濟效率上的優點，也就是經濟學家完成的柏雷托最適(Pareto optimality)：一種無法減少某些人的效用(或福利)而提高他人效用(或福利)的狀態。亦即在其他情況不變，也就是在某些前提下，市場機制能運作至極致以後，將無法再進一步增加每個人，或者無法在減少任何其他人的效用之下，增加某些人的效用。因此，在假定每個人必定把追求自利當作唯一動機，依此經濟理論的觀點衡量對警察維護治安的「最適化」(optimizing)程度，並不是一定要把所

有的犯人都抓到。

從經濟學的觀點而言，該政策必須明確規定「最適」的資源數量，如警力、檢調人員、監獄等，並且發揮這些資源最大的效用，以達到期望的目標。如果整個社會幾乎是全心投入其資源維護秩序，那麼趨近於零的犯罪率是可望達成的，但是整個群體需要付出很大的成本。真正的成本亦即機會成本，這些資源的對等金額，如果投入生產活動時所可望創造出來的財富。因此，如果能夠明確的規定出，運用在各種維持治安行動的「最適」金額，訂出一個能夠達到「最適」防治犯罪效果的金額。

成本效益分析，例如就業訓練方案的效益不只是參加訓練的人享受到，社會上其餘的人也受益。參加的人因為訓練後會有較高的收入而受益，而且可能降低了對政府的善心的依賴，減少吸毒或酗酒，減少靠非法行為謀生等等而受惠。

社會其餘部分則經由訓練期間所生產的商品與勞務、學員結訓後有了工作及收入而繳的稅，福利、戒毒、防制酗酒等方案的支出減少，以及由於幫助了條件較差的人在這個世界上闖出一席之地，而在心理上倍感安慰等等因素而受惠。尤其，測度擴大就業方案而造成的犯罪率降低的效果，這些犯罪率降低的情形包括個人受傷害情形的降低，財產損失的減少，被偷竊物品的減少，以及刑罰體系成本的減少等等，這種在參加像工作團(job corps)之類的留宿訓練期間犯罪率降低的利益，經證明極為龐大。

但就業訓練之利益的估測最大困難是不容易找到一群好的控制組，以將其他因素的效果與就業因素的效果明確的區分開來。這問題影響到對所得增加部分以及犯罪率降低所造成之成本降低部分的重要估計。[18]所以，邊沁也譴責當時英國未開化的監獄系統，認為懲罰應該只是工具性的，是要制止報復，而不是假借正義之名來實行洩怒與報復。邊沁認為，畢竟罪犯衡量犯罪是值得的，真正的答案是要調整犯罪的成本。

---

[18] Steven E. Rhoads, *The Economist's View of the World: Government, Markets, & Public Policy* (Cambridge: Cambridge University Press, 1998).

　　史蒂格勒(G. J. Stigler) 指出，即使澈底執法的可能性與機會存在，這樣的觀念和做法仍然應該被拋棄。因為，成本過高。因此，拼治安的最適化程度不一定就是把所有的犯人都抓到，才是最符合經濟效益的。[19]如下圖，假設橫座標是「犯人被抓到的可能率」，縱座標是「政府抓犯人所發的成本」，A 線表示抓犯人的成本曲線是一條由右向左而下，有如供給曲線，犯人被抓的比率越高，所花費的成本也越高；B 線表示犯罪引起的成本曲線則是一條由左向右而下，有如需求曲線，犯人被抓到的比率越低，社會成本就越高；C 線表示總成本曲線就是抓犯人的成本與犯罪引起的成本的總合。

　　所以，當「犯人被抓到的可能率」為十分之四時，「政府抓犯人所發的成本」是 oa，「犯罪引起的成本」是 ob，兩者的加總等於 oc，如果「犯人被抓的可能率」是十分之八時，總成本為 od。從經濟上最低成本的觀點來看，「犯人被抓到的可能率」為十分之六時是治安的最適程度，因為總成本最低，也就是 oe。[20]

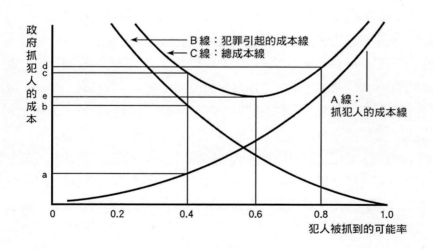

拼治安的最適選擇圖

[19] G. J. Stigler, "The Optimum Enforcement of Law," *Journal of Political Economy*, 1970 (78) :526-536.

[20] 高希均，《經濟學的世界——經濟觀念與現實問題》，(臺北：天下，1988 年 8 月)，頁 41-42。

　　換言之，外部規模經濟是指整個產業活動的變動，使整條長期平均成本線下移的現象，其原因是要素價格下跌、技術改進及學習效果等因素。外部不規模經濟是整條長期平均成本線向上移的現象，其原因是技術退步、金融風暴、地震，以及要素價格上漲等因素。

　　如果我們能在不讓他人經濟生活變差的情況下，讓自利者和中產階級更富裕，我們就能有更好的政策、或把資源作更適當的分配，這就是柏雷托改善(Pareto improvement)。社會治安問題主要包括了重大刑案的呈上升趨勢、吸毒案件上升、走私犯案增多、集團犯罪和黑社會組織犯罪遞增、群眾抗爭事件頻傳，以及政府官員貪腐問題的嚴重等等。

(五) 安全帶的不安全論題

　　2009 年 12 月當立法委員看到單車人口和單車事故日增，顧及單車族的安全，有意立法強制騎單車戴安全帽，再度引發繫安全帶是否比較安全等交通安全的議題。一般人誤以為戴安全帽可以和安全騎車劃上等號，根據英國巴斯大學的一項研究顯示，汽車駕駛人比較傾向於逼近戴了安全帽的單車騎士。

　　換言之，從依序在單車最普遍的國家荷蘭、丹麥、瑞典、德國等國家當中，戴安全帽比率最高的國家，正好是單車事故頭部受傷比率最高的。所以，提高單車騎士的安全性不單是戴安全帽的問題，其他諸如安全課程講習，保持安全距離規則的訂定，提供單車專用道等等，亦應一併加以考慮。

　　如果從市場交易理論探討供給(supply)和需求(demand)的法則談起，男女愛情也可用供給和需求的法則來比喻。它是由供給與需求雙方共同創造出來「你泥中有我，我泥中有你」的市場行為，雙方既是供給者也是需求者。當然，愛情會起風波，供給與需求的關係就會重新調整。然而，愛情是件美好的物品，既是好東西，不但要支付代價，也要珍惜。代價如何，有人說「愛情無價」，請問當供給與需求的關係消失時，其代價又有誰支付得起？

　　假若金融市場發生供需失衡，窮人無處借貸，地下錢莊是資金供應者，借錢的人是資金需求者，而利率是借貸的價格。因此，地下錢莊與合法金融機構有何

不同？至於，教授價格，也很難用論文篇數、授課品質來論。史蒂格勒(George J. Stigler)在 1982 年得到諾貝爾獎的獎金，不到 30 萬美金；而寇斯(Ronald H. Coase)在 1991 年得到諾貝爾獎的獎金接近 100 萬美元，他們的成就當然不能純以獎金差額來論定。或許比較恰當的說法是經過篩選和競爭，他們都得到了象徵最高成就的諾貝爾獎。

如果以成本效益分析(cost-benefit analysis)的觀點而言，當成本是用貨幣單位來衡量，可是效益不是以貨幣單位來衡量，也就如計算設置紅綠燈的成本可以降低死亡車禍發生率，則必須先弄清楚如果認定生命是無價，就應該在每一個十字路口裝設紅綠燈。如果認定生命是有價的則通常法院在判決過失致死的賠償案件時，採用的方法是如果不死的話，就計算那個人一輩子總共可以賺入多少金額。換言之，先弄清楚生命是有價還是無價，才能進一步作成本效益分析。

諾斯(Douglass C. North)指出，生產成本是轉換成本和交易成本的和。[21]而寇斯(Ronald H. Coase)指出，只有當交易成本不存在時，新古典學派才能得出其涵義的配置效果，當交易成本為正時資源配置會隨著財產權結構而改變。基於自願交易原則是指如果交易雙方是自願的，則雙方一定覺得該交易對雙方都有利，才願意進行。[22]

因此，政府的工作是在保護第三者，而非參與交易的任何一方，例如保護存款戶的問題，政府是沒有任何理由在事後幫助被倒債的存款戶；又例如證券市場的投資者、餐廳消費者，這種可以透過個人的選擇行為加以規避的私人危險。

換言之，其所面臨的並不是公共危險，政府不維護私人安全，並不會陷人民於恐懼之中，但是政府如果不防止對第三者的危害，則人民確實會陷入恐懼之中，例如政府不嚴加取締酒醉駕車、不牢靠的招牌與路旁會危害行人的營建工程，則民眾在日常的行車走路當中都會陷於深深的恐懼。基於自願交易原則，政府保護

[21] Douglass C. North, *Institutions, Institutional Change and Economic Performance* (Cambridge: Cambridge University Press, 1990).

[22] Ronald H. Coase, "The Nature of the Firm," *Economica*, 1937, 4(4):386-405.

第三者重於保護交易者。所以，政府嚴格取締酒醉駕車是符合經濟學原理的。

2003 年 11 月警政署鑒於酒後駕車事故死亡人數逐年增加，有意仿效日本，建議修法增訂帶有酒氣及提供駕駛酒類及勸酒者的連坐措施。此一政策隨即遭到立委及輿論批評，使得警政署對這一項好的決策不得不以一時失慮，忽略國內民情為由，暫時趕緊打住。

從經濟學的觀點，例如美國政府為了保護駕駛的安全，規定駕駛座之前須配備安全氣囊，這政策因駕駛在安全上有安全氣囊的保護，開車會比較不小心，反而會增加對第三者的危害。所以，政府應該針對安全氣囊課以比較重的稅。駕駛人因為使用安全帶後，誤以為已經加強了安全保障，反而開車會比較不專心，其大意的後果，就是造成車禍發生的頻率增高；相對地，也會增加交通事故的傷亡人數。

所以，過於強調綁上安全帶，而忽略其他應注意事項的配套，並不一定會減少交通事故與傷亡人數。何況國人尚未養成綁上安全帶的習慣，雖然透過法規加強管理，但是車禍仍然頻傳。為喚醒社會大眾對「任何速度都不安全」(unsafe at any speed)的正確觀念，一般人的反應就是透過立法要求新車必須提供安全帶作為標準配備。

另外，安全帶的法律規定如何影響汽車安全，當乘客綁上安全帶之後，從重大車禍中存活的機率上升，但法律藉由改變誘因也改變人類的行為。緩慢且小心駕駛的代價高。因為，駕駛人必須付出更多時間和精力的成本。理性的駕駛人會計算安全駕駛的邊際利益與邊際成本的差，當增加安全駕駛人的利益大時，駕駛人便會要求自己更緩慢且小心駕駛。

安全帶法律改變了駕駛人的成本與效益計算。安全帶降低車禍或死亡的機率，安全帶使車禍意外的成本下降，因此，安全帶法律的最終結果是使車禍意外事件大量發生。結果綁上安全帶反而害人？當車禍發生時，安全帶確實可以減少傷亡程度，但是當駕駛人在依賴安全帶較為安全的情況下，導致較容易開快車，也造成車禍次數的增加，撞車的程度也較為嚴重，駕駛人的安全反而更不安全。

如果超車行為給其他機動車駕駛者造成損失，那麼我們可以使用交通罰單迫

使機動機者考慮這種損失，從而決定自己行駛的速度。當然，並不能保證每次都能抓到違法者，為了避免發生這種情況，提高處罰的有效性，必須按比例提高懲罰的力度。但當越想抓住違法者所付出的代價就越高。因此，隨著逮捕率的增加，強制執行的成本隨之也越高。

所以，我們得出阻止低效益犯罪的一個簡單規則，即照懲罰總成本曲線上的最小成本組合，使預期的懲罰與造成的損失相等。2003 年當臺灣接連發生大客車尊龍客運、國光客運火燒車意外，政府也加強公車安全設施的檢查，發現雖然安全門、滅火器均按照規定處理，但是不牢靠的座椅安全帶根本「抓不住」乘客的情事，不但是前座乘客安全帶未綁緊，就是最後一排座椅安全帶則是「卡」在座椅的底盤，而無法使用；還有安全帶是置於大腿骨左右兩邊的作法，不是採用橫胸而是掛式，更增加傷亡。

2006 年 10 月臺中市長胡志強即其夫人邵曉鈴在高速公路遭遇嚴重車禍，接著發生梅嶺遊覽車摔落山谷的大車禍，突顯交通安全仍是臺灣的夢魘。於是同年 12 月立法院通過後座乘客必須繫好安全帶的法律條文，透過交通法規的補正，以防悲劇的再發生。

如果我們從尊重動態的駕駛角度分析，就德國為例，除非是基於道路特性而有速限的路段，否則它的行車並無速限，就因為這純粹簡單的作法，從而延伸的後續規定，例如禁止右線超車、非最速車禁止佔用內線、禁止路肩超車、接近交流道時保留外車道淨空以便他人入道等等，直線而減少變化多點交差的可能，使得德國高速公路並不因為無速限而增加車禍，反而是 30 公里速限區是其交通事故最易發生地段。可見速度並不必然造成高速公路交通安全的問題。因此，如何減少行車交差的因素，才是執法管制的重點。

2003 年 10 月，立法委員質疑警政署道路交通安全人員獎勵金支領規定不當，交通裁罰收入從基層員警到分局長、主任秘書、督察長雨露均霑、人人有獎，而開罰單的交通警察每月只能領 3 千餘元獎勵金，警察局長卻可領到 8 千餘元，根本是高階警官自肥。立法委員要求警察獎勵制度應確實反映警察業務之輕重緩急，警政署全面檢討交通罰款獎勵金的分配制度，修改支領對象與支領標準，使

其回歸基層員警和公眾利益。

　　另外，臺灣地區道路交通違法取締案件，五年來每年平均超過兩千萬件，其中逕行舉發案件高達七成。因此，2003 年 11 月立法院在審查九十三年度交通部歲入總預算案，交通部歲入編列「罰款及賠償收入」69 億 4,600 餘萬元，其中交通違規罰緩收入 66 億 4,300 萬元，與上年度預算數相同，但立委認為，交通違規舉發案件高達 7 成以上，不但無法達到交通教育的目的，也讓人民質疑政府搶錢，拿人民當提款機，有損政府公權力形象，委員會決議刪減 6 億元，並通過附帶決議，建請交通部轉請警政署將逕行舉發違規裁決案件降至 5 成以下，提高當場攔檢比率至 5 成以上，以減輕民眾不明究裏遭罰的不合理。

　　亦有立委指出，政府交通違規罰緩實際收入往往超過編列數字，達到 100 億元以上，但部分民眾違規是因路況不佳、標示不清，政府一味採取重罰，罰緩所得確為專款專用於改善違規路況。相關辦法雖規定直轄市、縣市政府分配的罰緩收入至少應提撥 20%為交通執法與交通安全改善經費，但中央政府並未進行任何督導。

　　2007 年 6 月開始，警方以偵防車、制高點取證等「隱藏性執法」方式，加強取締高危險及惡質性交通違規，提升警方執法的層次，以有效遏止駕駛人違規行為，降低交通事故的發生。雖然「隱藏性執法」在技術性交通執法技巧容易被認為「偷拍」，有侵犯個人隱私權之虞。另外，為了交通安全，車禍傷亡理賠是否應該提高。

　　目前車禍傷亡業務過失理賠金額 120 萬及汽車強制責任險 140 萬的額度是否過低。人命不值錢，以致肇事率居高不下，如果採用符合經濟學的「車禍傷亡最低賠償標準」，建立賠償計算制度，或許就可以解決車禍賠償過程漫長且不合理的金額。其他採取健全交通安全法則與組織，推動全民交通安全運動，建立駕駛執照分級制度等做法，比起交通硬體建設的花費，不但是更為經濟，也同樣達到交通安全的目標。

　　愛因斯坦主張凡事必須儘可能簡潔，但也不要太極端。就公路地圖為例，如果我們從臺北要儘快抵達高雄，我們會查閱公路以及主要交通路線圖。這種地圖

是一種簡化的表現方式，這種粗略的表現方式卻比詳盡的街道圖對我們來說更有用。如果我們使用複雜的街道圖而放棄簡單的公路地圖，只會造成嚴重迷路的後果。因此，政府政策不管是複雜程度與精確程度如何，重點是應該對症下藥。

2003 年 11 月，估計市場高達 30,000 億元的高速公路電子收費系統已進行招標，學者認為，目前的做法至多只是達到自動收費、造就金融(電子錢包)等業者的利益，對於整體交通的改善沒有直接助益，以該系統必須投入前後端建置成本(包括車主個人必須裝設電子單元)，效益卻不明顯，建議政府考慮全面裝設第三張電子車牌，以促成自動的交通管理，進而有效改善交通。

第三張車牌屬於智慧化號牌，是除了車輛前後車牌之外的植入晶片的牌照，貼於車輛之前車窗內，具備雙向資料傳輸讀寫功能。智慧化號牌之電子收費與自動交通管理模式，不但能有效解決目前一般社會大眾對於電子收費系統之疑慮，未來若能付諸實施，將可作為其他智慧型運輸系統之示範。只是在實施時必須面對用路人「隱私權」遭受侵害之質疑。不過，可以運用類似健保卡資料電子化之安全保密機制來減少其衝擊。[23]

所以，在某些情況下，政策制定者可能選擇不關心消費者剩餘。例如有毒癮的人願意支付高價購買大麻等毒品，但是我們不會認為吸毒者能以低價購買毒品而得到大量的利益。從社會觀點而言，願付價格並非是衡量消費者利益的良好指標，而消費者剩餘並非是衡量經濟福利的良好指標，因為吸毒成癮者並非尋求他們自我利益的最大。

(六) 線民制度化的機會成本論題

經濟學將成本分成顯性成本(explicit cost)及隱性成本(implicit cost)。顯性成本是指實質的現金支出，是會計師唯一要看的成本；隱性成本是機會成本，如果單看坐牢的顯性成本好像很划得來，但考慮其機會成本，則令人不能接受。所以，警察不用擔心監獄前面會出現有人自願大排長攏要進入監獄服刑的景象發生。

---

[23] 霍德明等，《經濟學(上、下冊)：2000 跨世紀新趨勢》，(臺北：雙葉，2002 年)，頁 104-105。

　　傅利曼和羅絲(Milton & Rose D. Friedman)在他們夫婦共同撰寫的回憶錄裡，也有對機會成本的妙喻指出，如何讓自己學生準時進教室的故事：「因為每次上課，總有一、二位學生會遲到，我只要喊住這個學生說，如果你遲到而使班上同學產生成本，你乾脆不來上課，因為這只會對你自己產生成本，而不要讓你的同學必須負擔機會成本，我常用這個方法使個個學生都能準時來上課。」[24]

　　有部老影集《基立根島》被用來描述亞當斯密斯(Adam Smith)的絕對利益(absolute advantage)和李嘉圖(D.Ricardo)的比較利益(comparative advantage)理論。李嘉圖證明了無論個人或國家都應該在犧牲最小的事上取得分工，這就是比較利益強調的以所放棄生產的東西來衡量的犧牲，也就是以較低的「機會成本」(opportunity cost)來決定分工的項目。

　　曾任美國總統的艾森豪(Dwight D. Eisenhower)指出，每一把造好的槍，每一艘下水的戰艦，或每一枚發射的火箭，總結說來，都是相對於那些飢餓沒有糧食者，和寒冷沒有衣服者的偷竊。窮兵黷武的世界，不僅是消耗了錢財，也消耗了勞動者的汗水、科學家的才智，以及下一代的希望，這絕不是我們應有的生活方式。

　　因為，這是武器競賽所造成我們必須付出的機會成本。如果臺灣用來購買武器的費用，相對於發在加強警察維護治安所需的裝備，這是經費的排擠作用，亦是機會成本概念的延伸。艾森豪畢業西點軍校，雖號稱「大戰英雄總統」(the war hero president)，但本性喜愛和平，總統任內提出「新貌」(the new look)的觀念，強調軍事支出應自傳統的武力裝備轉向核子武器，這是從節省經費的角度思考。

　　從經濟學的機會成本角度思考，政府現行採用的徵兵制未必節省經費。因為，付給募兵制軍人的費用，是取自納稅人的稅金，再整個移轉到阿兵哥的口袋，這些錢並沒有消失掉，只是從社會的某個部門移到另一個部門，這只是一種移轉性的支出，就如同政府所實施的社會福利政策一樣，是一種移轉性支付。

---

[24] Milton Friedman & Rose D. Friedman, *Two Lucky People : Memoirs* (Chicago: Chicago University Press 1998).

　　經濟學家在計算的時候，並不認為這種移轉會造成淨成本。因此，維持一支軍隊的成本相當於那些年輕人從軍時所放棄機會的價值(或成本)。要衡量這些機會的價值(或成本)，得衡量這些軍人願意付多少錢(代價)與它們交換。假設有位年輕人需要 72 萬元(每月 2 萬元，一年 24 萬元，三年 72 萬元)才能利誘他志願當兵(募兵制)，要是他被徵召入伍(徵兵制)，一毛錢也拿不到，便失掉 72 萬元的自由代價。如果受徵召入伍，拿到 18 萬元(每月 5 千，一年 6 萬，三年 18 萬)，那他損失的是 54 萬元，而付錢給他的納稅人損失 18 萬元，總數仍是 72 萬元。如果我們讓這些年輕志願入伍，那麼納稅人必須負擔 72 萬元，總數跟前面一樣。因此，徵兵制未必省錢。

　　又如某家專賣店推出澳門的葡式蛋塔 1 盒原價 300 元，改以 1 盒 1 元廉售、又限量 300 份的促銷活動，排在第 1 位的客人足足等了 6 個小時，才買到 1 盒的「1 元蛋塔」。實際上，排隊才買到的商品，消費者所付的價格，非只要計算金錢的價格，而且還要計入等待的時間成本。

　　所以，「1 元蛋塔」的真正價格是 6 小時的時間成本再加上 1 元。因為，每個人的時間成本不同，因此每個人買到蛋塔的價格也不同，而出現在專賣店排隊的消費者大部分是時間成本比較低的人，或是沒有工作的人，甚至於是翹班而不會被扣薪水的人。機會成本概念也充分被運用在財務的管理上，譬如經濟附加價值(EVA)就是一套由會計學發展出來的績效衡量指標，所謂的剩餘利益(residual income)就是強調其與一般財務報表上所列示營業利益的不同。因為，其中最大區別在於剩餘利益考慮機會成本，營業利益則沒有。

　　舉例來說，年初甲公司以 100 萬元購買股票，年底股票賣出，扣除各項費用後得到現金 110 萬元，如按財務報表上列示的該年度營業利益為 10 萬元；如果依照剩餘利益的觀念，該公司的貢獻並非 10 萬元，因為年初那 100 萬元只要向銀行購買一年期定期存單，年底也可以領到 103 萬元現金(假設年利率為 3%，且該利息為免稅)。所以，該年度真正的貢獻是 10 萬元扣掉 3 萬元的機會成本後剩餘的 7 萬元，這 7 萬元就是剩餘利益。因此，公司或個人應該追求剩餘利益，也就是提升自己的經濟附加價值。

　　因此，在機會成本概念上的運用，如果警察單位通過一項「警察遴選第三人蒐集資料辦法」，警方認為只要通過警察忠誠、信賴度查核，並施以「情報」訓練，經過警察局長或分局長的核准，過去被犯罪集團視為「二牌」或是「抓耙子」的警方線民，便可成為警察耳目，協助蒐報犯罪資訊，事成之後，論功行賞。

　　然而，許多員警辦案多是靠檢舉人舉發，如果檢舉人其實就是線民，當他們聲請搜索票或拘票時，部分檢察官和法官擔心員警捏造檢舉事由，就直接打電話詢問檢舉人，造成檢舉人的恐懼，而不願出面指證。如果還要採取線民參加受訓，那將更令線民卻步。從線民的機會成本分析，如果線民制度化的結果，情蒐工作會讓線民因名字或身分曝光而心生恐懼，其付出的機會成本甚至可能會有生命危險，這才應該是線民止步而促使線民制度化無法發揮績效的重要因素之一。

　　北市刑警大隊曾有警員養線民拼績效，誤踩了法律。承辦檢察官指出，養線民應該是「假買毒、真辦案」，而不是「真買毒、真販毒」。另外，彰化縣有位前科累累慣犯，是警局、監獄常客，深知警調人員辦案績效的壓力，他每次入獄，都找獄友套交情，掌握對方身分背景、素行和交友狀況，做成筆記，致警調人員查證他檢舉對象的身份和情節都符合，才會誤判上當。而該慣犯就是以如此手法，主動找上門賣假情資，以騙取線民費。

　　美國在 2009 年 5 月發生這一案例，就是遭美國金融管理單位指控有詐財之嫌的德州億萬富豪史丹佛，其經營的「史丹佛銀行」被發現宣稱有 72 億美元存款，只找到 5 億，而高達 67 億美元的缺口，導致 2 萬 8 千名存款人的投資憑證幾乎變成壁紙。而「英國廣播公司」11 日播出的《全景》節目指出，史丹佛經營銀行業務能不受監督達 10 年，原因是他一直把情報提供美國緝毒署，憑以了解哥倫比亞、墨西哥及委內瑞拉等國大毒梟的洗錢活動。

　　根據了解美國緝毒署的消息人士向《全景》節目透露，相信史丹佛的銀行吸收了數以百萬計的販毒所得，但很難找到證據來咬死史丹佛，原因係史丹佛至少自 1999 年以來，便是緝毒署的機密線民。

(七) 卡債的啟示效應論題

　　所謂消費函數就是強調可支配所得(disposable income)對消費的影響。因此，相對所得的理論，可以用以說明消費的示範效應(demonstration effect)對個人消費行為的影響。換言之，當低層的消費支出，受高層的消費生活影響而提高，強調消費行動有社會的性格。亦即認為後進國儲蓄率普遍低，不能脫離經濟停滯狀態的理由，是因為先進國家的消費方式，給予後進國民消費生活方式的影響，故無法實現高的儲蓄率，導致經濟發展的落後。

　　貨幣的一個特性是可交換(fungible)，意指原則上幾乎什麼都可以買得到。同時貨幣可在任何兩個人之間轉移，這種普遍可運用的特性使其成為非常便利的交換媒介。美國是世界上流通信用卡最多張的國家。2003 年 3 月臺灣銀行爆發客戶存款被盜領案件，牽連到提款卡、現金卡、信用卡等「塑膠貨幣」盛行之後，已經衍生出金融犯罪新趨勢，導致民眾排隊刷存摺、提現金的景象。

　　有名劣幣驅逐良幣的「格萊興法則」(Gresham's Law)，源自於 16 世紀有一位英國貴族，名叫 Thomas Gresham 是銀行家出身，1551 年被愛德華六世指派管理皇家外債，當時英鎊值 16 先令，格萊興主張提高英鎊價值，愛德華六世接受他的建議，給予特定商人的國際貿易壟斷權，而商人必須以法蘭德斯幣借錢給國王，且這筆錢是在國王制定的匯率下以英鎊償還。1560 年格萊興說服伊麗莎白一世將銀幣面值減半，並重新鑄造，英鎊匯率上升為 22 先令，這項改革讓國王受益，卻不利於商人。

　　到了 18 世紀的美國，政府鑄造 10 美元的金幣，重量為 247.50 grains，及 1 美元的銀幣，重量為 371.25 grains，在鑄造時黃金 1 盎斯價值 19.39 美元，白銀 1 盎斯價值 1.29 美元。1799 年黃金在國際市場 1 盎斯價值 20.30 美元，所以將黃金拿到國際市場出售，比賣給造幣廠每盎斯幾乎多賣 1 美元，故金幣逐漸從美國國內流通市場消失，1857 年蘇格蘭經濟學家麥克勞德(H. D. Macleod) 將這條法則歸功於格萊興。

　　這法則的最主要意義是貨幣具有本身的貨幣價值與其在公開市場的商品價

格。貨幣價值是由法律決定，並且相當固定；商品價格是由市場供需決定，並且隨時會改變。「良幣」是指商品的價值高於貨幣的價值，它會慢慢地從流通市場中消失，例如手上有兩種面額相同但含金成份不同的金幣，當你購買商品時，你會使用含金成份較低的金幣，而保留了較高的金幣在手上。

國際金融(International Finance)是金融政策(financial policy)的一部分，重點是有別於國內金融的制度與管理，基於國際貿易與國內交易之不同·在國內交易時，交易雙方同以本國貨幣作為交易的媒介；而在國際貿易上，為使本國貨幣能買到所希望的財貨和勞務，唯有將其折算成外國貨幣，並寫成支票而滙給外國人，這張支票一般又稱為「外匯」(foreign exchange)，其所指的是一張可以收到外國貨幣的憑證，也是一種可以作為國際支付工具的外國貨幣。而本國貨幣與外國貨幣的兌換比例，就稱為「匯率」(exchange rate)，所指的就是外國貨幣以本國貨幣表示的價格。

所以，名目匯率(nominal exchange rate)是指一個人可將一國的貨幣兌換成另一國貨幣的比率。而實質匯率(real exchange rate) 是指一個人能將其國內的商品與服務兌換為另一國的商品與服務的比率。因此，實質匯率等於名目匯率乘於國內物價再除以國外的物價。

至於實質有效匯率指數(Real Effective Exchange Rate, REER)是拿來衡量一國貨幣的匯率，是否遭到低估或高估的重要指標，可顯示本國貨幣對外國貨幣的平均真正價值。該指數若超過 100，顯示平均幣值較基期的水準升值，也就是該國貨幣價值有被高估的情況；若低於 100，表示平均幣值較基期貶值而有低估現象。所以，衡量一國通貨匯率變動對出口價格競爭力的真實影響，必須同時考慮匯率變動後所引發物價變動的效果，最後淨效果才是影響進出口競爭力變動。

對於外匯的需求，其主要原因為：第一，支付進出口物品與勞務的價款；第二，本國國民因旅遊、留學、洽公、經商、或派駐在國外服務等原因，而在外國停留期間的開支；第三，付予外人投資或貸款的紅利或利息；第四，對外國的移轉性支付；第五，短期資本外流；第六，對外長期投資或放款；第七，償付外債之本金；第八，中央銀行為了增加外匯存底而購進外匯。至於外匯的供給，可以

利用上述外匯需求的原因，向反方面推論而得。

為了了解整個國家的外匯收支情形，各國編製「國際收支平衡表」(balance of international payments)，是將一國在某一期間（通常為一年）內支付世界其他各國的款項，以及由世界各國所收取的款項，予以有系統彙總而成的報表。表內依其實際需要而劃分為「經常帳」(current account)、「資本帳」(capital account)，及「官方準備交易帳」(official reserve transaction account)等三個主要的帳。經常帳主要可分為二類，一類是紀錄貨物與勞務的交易，其中包括私人與政府在這方面的經常輸出與輸入，另一類為單方移轉帳，或稱為移轉性支付，紀錄各項無償取得或供給外國資源或證券的科目。

資本帳是紀錄所有私人與政府對外的長期與短期的借貸與投資的帳目。官方準備交易帳是紀錄本國政府所持有之外匯、黃金與特別提款權等等的帳目。以2000年臺灣國際收支為例，在資本帳中臺灣只列借貸，而有關投資則另列在「金融帳」內，另增列「誤差與遺漏」項。[25]

至於國際收支的均衡與否，從國際收支平衡表始終是平衡的，但實際上收支可能是不相等的。當收入超過支出，稱為國際收支盈餘或稱「貿易順差」(favorable balance of trade)；若支出超過收入，就稱為國際收支虧絀或稱「貿易逆差」(unfavorable balance of trade)，這種不相等的情形經濟學上就稱之為「國際收支的不均衡」(disequilibrium of the balance of payments)。

因此，在國際收支平衡表中，可大致分成二種不同性質的交易，分別為自發性交易(autonomous transaction)和調節性交易(accommodation transaction)，自發性者是由於其產生有其自身的目的，與國際收支平衡表的情形無關，而調節性交易則是在當自發性交易發生差額時，事後用來彌補此項差額，以使這些自發性交易能順利完成，並始終維持整個國際收支平衡表的平衡。國際貨幣匯率的變動猶如持續旋轉的華爾滋，把人攪得頭昏眼花。

在均衡匯率的決定，是由外匯需求與外匯供給的二個曲線的交點所對應的匯

---

[25] 霍德明等，《經濟學(下冊)：2000跨世紀新趨勢》，(臺北：雙葉，2002年)，頁312。

率；同時，因需求與供給的變動，導致匯率的調整。造成外匯供給或需求曲線的移動，其因素有：第一，國內外物價的相對變動；第二，利率水準變動；第三，對匯率變動的預期；第四，國內外的經濟景氣；第五，政府的貿易政策與外匯管制；第六，中央銀行的干預。

在經濟活動中，金融機構(financial institution)與每一個消費者之間都有密切的關聯性。金融機構根據政府頒布的法令，在主管機關核准的業務範圍內經營金融業務。主要經營項目包括：存款、放款、匯兌、承兌、保險、信託、投資、外匯等金融業務。由於金融業務大都與金融資金的流通有關，亦即資金剩餘者將多餘的資金，經由金融機構的仲介，轉給資金不足者使用，成為資金供給者與資金需求者之間的資金移轉之橋樑。

金融機構具有安全可靠、節省時間與成本、促進資金流通，以及創造信用等功能。金融機構的分類，按資金來源分類為存款機構與非存款機構；按資金用途分類為存款的銀行機構、契約的儲蓄機構，及其他金融機構；按貨幣創造分類為貨幣性的金融機構與非貨幣性的金融機構；按資產多寡分類為銀行金融機構與非銀行金融機構。

以美元計算的新臺幣匯率要定在那裡呢？這個水準必須能夠保證輸出商品到美國而獲得美元的臺灣出口商，可以將這些美元賣給臺灣進口商，以供應他們購買美國商品。簡言之，這個水準必須能保證美國輸出品的價值(以美元為單位)，必須等於美國輸入品的價值(以美元為單位)。當然更精確的算法應該是考慮到資本交易、贈與等等。在現實經濟活動中，聽任匯率完全由市場之供需來決定的國家，可說絕無僅有。

然而，對於外匯率的如何決定，就理論上，對於該問題的處理有二種完全相反的制度：一為由政府決定的「固定匯率制」(fixed exchange rate system)，另一為由市場決定的「浮動匯率制」(floating exchange rate system)，或稱「機動匯率制」(flexible exchange rate system)。由固定匯率發展至浮動匯率的過程，其情形是依據1944 年布列頓森林(Bretton Woods)會議決定，其以每1 盎司黃金價等於美金35 元而訂定的，為維持匯率固定，對於外匯的不足或多餘只得靠政府以買賣貨幣來應

付。尤其，布列頓森林會議的重點是，制定美金為國際通用貨幣，幾乎所有國際交易都以美金為報價基準。美元隨時可兌換成黃金，以供各國需求。

　　1933 年，美國首次將黃金的價格定在每盎司 35 美元的水準，這個價格是比當時自由市場的黃金價格高出許多。結果，黃金大量流入美國，使得美國黃金存量 6 年內成長 3 倍，持有的黃金占世界存量的一半以上。1934 年初，法律規定私人存有黃金者，必須將黃金賣給政府，他們所得到的補償比市場價格低許多。傅利曼(Milton Friedman)批評，以人為的低價將黃金收歸國有，和卡斯楚(Fidel Castro)以人為的低價將土地和工廠收歸國有，在原則上是沒有兩樣。

　　但到了 1971 年 8 月，美國總統尼克森因為擔心無法用黃金兌回其他國家握有的美金，就「關閉黃金之窗」，這使得當時其他國家所持有的五百億美金變成一文不值。美國取消黃金兌換美金的承諾後，其產生的淨效果是廢止黃金的通用貨幣地位，把它和其他貨品一樣在市場交易。

　　1973 年因固定匯率的崩潰而改成浮動匯率，透過自動彌補國際收支的盈餘或虧絀，使國際收支保持均衡。浮動匯率的優點：第一，國際收支的問題不存在，中央銀行不用為了擔心國際收支出現赤字，而保有太多的外匯；第二，減弱國外經濟變動對本國經濟的衝擊；第三，可幫助隔絕國外因素對國內經濟的干擾，政府乃得全心全力專注於國內諸如物價膨脹或失業等經濟問題的解決。其缺點為匯率變動難以掌握，使得進出口商在貿易進行中增加不確定因素的風險。至於固定匯率的優點是國外經濟的變化透過對國際收支、貿易差額、準備貨幣量以及對進出口價的直接影響，很容易就會影響到本國經濟的穩定；同時，中央銀行須隨時保有外匯。

　　完全的浮動匯率和完全的固定匯率在大多數的經濟學家和政府官員看來都過於激烈。大多數經濟學家認為，要麼回到有限穩定(不是固定)的匯率制度，要麼使浮動匯率制度更有效。

　　因此，在介於浮動匯率與固定匯率之間採取所謂管理的浮動匯率，或稱「釘住但可調整的匯率」、「可調整的釘住匯率」，以及「匯率目標區」等折衷的稱法和做法，其優點為：第一，可隨時調整匯率至理想水準；第二，可視外匯保有的多

寡，來決定是否該賣出外匯，以調降匯率上升的壓力；第三，透過匯率的調整，以隔絕外界對本國經濟衝擊；第四，匯率的波動較浮動匯率為緩和。

在缺點為：第一，中央銀行仍須隨時保有適量的外匯，以備進行干預；第二，匯率的變動仍屬難免，無法完全消除匯率對市場的干擾；第三，匯率的走向與中央銀行的意向息息相關，容易讓投機者得逞；第四，中央銀行必須具有妥善管理匯率的能力，使匯率水準能切合經濟發展的需要。

1978 年以前，臺灣地區採行人為決定的固定匯率制度，新臺幣對美元價位由中央銀行公佈並掛牌買賣，基本上是釘住(peg)美元制度。1978 年以後，中央銀行為增加新臺幣對外價位變動的彈性，不再釘住美元，而改採行浮動匯率。而所謂的管理浮動匯率制度，匯率水準名義上由供需決定，但實際上央行會進場干預。我國中央銀行則高唱「央行維持匯率動態穩定」，通常央行在遇有季節性、偶發性，以及不正常預期心理時，央行則進場調節。

然而，管理浮動匯率亦難令人滿意。因此，有許多改革意見，如：第一，恢復金本位制度，依各國的貨幣兌換黃金的比率，其匯率是固定的，在其制度下，一國通貨發行數額背後需要等值的黃金作為準備；第二，恢復布列登森林體制；第三，設立目標區以縮小匯率波動的幅度；第四，理想的國際貨幣制度的追求，如遠期外匯買賣有助於不必擔心日後的匯率變動而影響原先預定的經濟活動，有甚者，如其衍生性產品「無本金交割遠匯」的方式，雖係投資理財與避險工具，但因其於客戶與銀行所訂的遠期合約到期，不需交割本金，只針對買賣二方就合約之議定匯率與到期日之期匯率間之差額清算支付，因此，具備對客戶之資金調度能力需求較小，且不需附交憑證等特性，而被認為投機性較高的商品。

金本位制或稱「金色的緊身衣」(golden fetters)的國際貨幣體系的確很穩定，但政府對本國經濟的控制很有限，國內經濟常受到傷害。金本位制度在第一次世界爆發時崩潰了，結果政府獲得過多的經濟政策自主權。

1930 和 40 年代是一個經濟無政府的年代，競爭性貶值和以鄰為壑的政策直到第二次世界大戰布列敦森林體系(BWS)建立後才停止。布列敦森林體系以固定匯率為基礎，由國際貨幣基金會監管，一直存在到 70 年代中期才正式結束。隨後

「無體系狀態」導致嚴重的匯率波動和匯率不可預測性，於是大量改革國際貨幣體系的建議應運而生。

傅利曼(Milton Friedman)指出，將市場經濟轉變成威權經濟社會，最有效的方法是對外匯施加直接管制。就我國金融國際化與自由化而言，中央銀行對外資管制方式，就因考量當前我國經濟發展階段，尚無全面自由化與國際化的條件，自由化或國際化是一種手段，並非目的，其實施的前提必須是以能為國家整體社會帶來正面的淨效益為主。[26]

金融機構不重視安全體檢或是執行不確實，也是增加金融犯罪的原因之一。根據相關資料顯示，針對國內 6,000 餘家金融機構的安全總體檢結果，合格率只有 52.7%，顯示金融機構對安全措施的重視，仍然嚴重不足。不合格機構的問題多在沒有聘僱駐衛警察或保全人員，以及連運鈔車未達特殊安全標準；表現較佳的是，各金融機構皆以裝設監護系統，行員的反應也有改善。

臺灣經濟犯罪案件的主要項目主要包括：金融犯罪案件、違反證券交易法案件與違反期貨交易法案件、詐欺案件與背信案件、重大違法吸金案件、侵害智慧財產權案件、違反商標法案件、違反著作權法案件、偽鈔案件等等，琳琅滿目，突顯臺灣經濟犯罪隨著全球化經濟時代的來臨而有日增和多樣化的趨勢。

2004 年立法院三讀通過「金融七法」的修正案，包括《銀行法》、《金融控股公司法》、《票券金融管理法》、《信託業法》、《信用合作社法》、《保險法》及《證券交易法》。其主要原因是長期以來存在犯罪所得高於犯罪受懲罰代價的不合理現象，導致金融犯罪層出不窮，因此，社會上普遍認為提高罰責才能符合社會公義。

同時，「金融七法」也為了降低犯罪誘因，參考了《洗錢防制法》、《貪污治罪條例》及《刑法》，規定犯罪所得的財務或財產利益，除應發還被害人外，屬犯罪所有者應予沒收，不能沒收時，追徵其價值或以其財產抵償。刑法雖規定易服勞役期間不得超過六個月，修正案因此增訂如果罰金超過 5 千萬而犯人無力繳納時，可易服兩年以下勞役；罰金在 1 億元以上者，易服勞役期間為 3 年以下；為

---

[26] Milton Friedman, *Capitalism and Freedom* (Chicago: Chicago University press, 1962).

鼓勵金融犯罪者自首，並協助警方辦案，金融七法尚增訂自首或自白得減免其刑的規定。

例如，金融罪犯利用各種名義違法吸金的活動包括：第一，以投資金融商品，每月可獲高利為名，向原住民或偏遠地區民眾吸金；第二，以投資斷頭股票標購、買賣業務，短期可獲取巨額利潤名義誘發民眾投資；第三，以多層次傳銷方式推銷國外發行的互助共利積金、財團基金、國際現金卡等名義，對外吸收資金；第四，以投資 10 萬元每月獲利 4,000 元至 12,000 元不等之高利向不特定民眾吸金；第五，以加入為公司會員給予高額紅利為名，對外吸金。

除此之外，最熱門且嚴重的是卡債問題。長期以來，臺灣的消費習慣受日本影響最深。最近，日本在長期通貨緊縮，消費不振之後，終於出現消費增加的趨勢，特別是在精品的消費數量上。因此，目前臺灣的消費情況，尤其是年經消費族群的哈日行為，更逐漸形成一套屬於自己的消費標準，加上全球消費升級的概念與在廣告的推波助瀾下，導致臺灣消費群的普遍奢華風，強調「一卡在手、樂趣無窮」的以卡養債和再以卡養卡消費模式。

諾斯(Douglass C. North)指出，在追求財富的世界裡，由於衡量成本高又沒有任何方式完成執行，欺騙和背信的所得超過合作行為的利益。[27]持有信用卡的愛用者與發行單位之間的非人情交換契約的執行關係，顯得非常薄弱。因為，在完全追求財富的世界裡，我們無可避免地必須承認若要獲取非人情交換世界裡的經濟利益，就必須有某種第三者來執行補助。

因而，臺灣除了呈現背信的危機之外，更導致奇異現象的發生。根據警政署成立「1651」專線反制詐欺犯罪，統計 3 個月詐欺案件發生數比去年同期減少，但個案受騙金額不減反增，分析顯示限縮 ATM 轉帳上限，詐欺集團改以騙取民眾用語音或臨櫃方式將錢匯出。保守估計，臺灣民眾受騙金額每年超過百億。

加上，由於國內沒有實質投資需求，導致銀行只好去促銷信用卡等高風險商

---

[27] Douglass C. North, *Institutions, Institutional Change and Economic Performance* (Cambridge: Cambridge University Press, 1990).

品。因此，臺灣的信用卡、現金卡，甚至於無限卡等等都快速擴張，各銀行為了衝刺卡量，天天在廣告中鼓吹擴張信用，搞到最後連遊民都能被當成人頭申請到現金卡，造成電腦系統的設計跟不上發卡的腳步，結果發生有人幾十萬元的額度刷到 3 千萬元的奇聞。

1987 年亞洲金融風暴在南韓的發生，當時任美國財政部長的魯賓(Robert E. Rubin)指出，主要問題的嚴重性是在於對金融體系信心的崩解。[28]而當年南韓信用卡氾濫的程度曾被國際信用卡機構批評，嚴重到甚至發卡給狗。2005 年 12 月，臺灣爆發了嚴重的「卡奴」問題，由於民眾透過以持信用卡向銀行借支，或大量消費的結果，導致付不起利息。以卡養卡，惡性利息循環，消費者根本無力償還債務，於是自殺、搶銀行等犯罪行為層出不窮。

「卡奴」現象是當今臺灣社會的一個縮影，錯誤價值觀的消費者、唯利是圖的銀行家與反應遲鈍的行政部門是造成卡奴氾濫的元兇。同時，迫使政府出面解決問題，訂定了被視為卡債族救星的《消費者債務清理條例》，條例中規定，債務人想像法院提出聲請更生或清算之前，必須先向最大債權銀行提出協商，協商失敗才能走法院程序。

促銷信用卡的花樣無奇不有，例如臺北 101 開幕營業，知名商家愛發聯名卡，持聯名卡刷卡購物，才能享受折扣，這是商家對消費者的限制；其次，每一筆消費，聯名卡發卡銀行須付一定比率的回饋金給商家，這是銀行與商家的契約；最後，消費者要按期結清刷卡金額，這是持卡人與銀行之間的信貸關係。其中複雜關係嚴重出現，商家對消費者的限制和商家與銀行之間的獨家交易契約。

從經濟學分析的角度而言，處罰常常是一種公共財，使全體獲益但少數人承擔成本。所以，制度也必須提供誘因給那些該去施行處罰的人，應該要強調創造一個制度環境引發可靠的信守承諾，必須結合正式規則、非正式規則限制和執行

---

[28] Robert E. Rubin, *In An Uncertain World: Tough Choices from Wall Street to Washington* (N. Y. :Random House, 2004).

於複雜的制度架構，使交易能以低成本進行。[29]

　　由於信用卡發卡浮濫，根據 2006 年 4 月〈麥肯錫臺灣卡債研究報告〉指出，臺灣全體銀行的雙卡加上個人小額信用貸款，呆債高達 3 千 8 百億元，若未妥善解決將影響 6 萬人的就業問題，包括銀行與相關周邊產業。

　　為徹底解決銀行發卡與消費者刷卡無法自律的行為，出現到底是要「支持蓄奴」或「搶救卡奴」的兩難困境，不禁讓人聯想起 1856 年美國小說家史杜伊(H. B. Stowe) 夫人出版的《黑奴籲天錄》(Uncle Tom's Cabin)。由於當時美國通過《逃亡奴隸法》，而引起社會很大的爭議，懷有替天行道和宗教情操的史杜伊夫人，透過描寫主角黑人湯姆被一位仁慈的蓄奴主人，為了清償債務，而不得不將他出售的感人故事。

　　「卡奴」和付房貸一輩子的「屋奴」的「新奴隸制度」實有異曲同工之妙。臺灣爆發了嚴重的卡債問題，如果法令制定還是無法解決，只能期待人性光輝的最後道德層面。卡債現象是當今臺灣社會的一個縮影，錯誤價值觀的消費者、唯利是圖的銀行家與反應遲鈍的行政部門都是造成卡債氾濫的原因。

　　而當政府出面支持卡友權益要銀行降息時，部分銀行則宣佈縮減權益幅度，諸如取消機場接送服務、提高紅利點數回饋及保存的門檻，不但代繳水費、悠遊卡加值不給點等等。更嚴重的是政府施壓要銀行與卡奴協商，銀行業者更以消費性貸款的緊縮信用，導致消費者被迫走向地下錢莊借錢。

　　更嚴重的是銀行爆發客戶存款被盜領案件，牽連到提款卡、現金卡、信用卡等「塑膠貨幣」盛行之後，已經衍生出金融犯罪新趨勢，導致民眾屢屢出現排隊刷存摺、提現金的對金融體系失去信心的景象。正當全球化經濟早已進入科技化、自動化與無人化而被金融業奉為最高指導原則之際。其實一連串的盜領事件，問題不完全在科技，而是在人性。

　　米尼克(Kevin D. Mitnick)在《駭客大騙局》(Deception Point)中指出，最嚴重

---

[29] Douglass C. North, *Institutions, Institutional Change and Economic Performance* (Cambridge：Cambridge University Press, 1990).

的危機是在每一件騙局、每一個陷阱之所以能夠成功，皆因人性裡的某些質素在必要的場景裡缺席了，如果在科技之前忽視人性，讓科技全面性主宰我們的人生以及群我關係，其結果是讓科技有機會被誤置、誤用，然後加劇並加速整個社會的崩解。

根據知名網路安全公司賽門鐵克(Symantec)對網路地下經濟進行為期一年的觀察後估算，精通信用卡詐騙技巧的高科技竊賊，透過網路詐騙的金額一年總計約 53 億美元。

2007 年 8 月出現網際網路 3D 虛擬世界《第二人生》(Second Life)，吸引千萬人次在此安家落戶，然而危機也隨之浮現，許多恐怖組織與極端份子已經進佔這個虛擬世界，利用它來宣揚理念、匯款洗錢、招募新血，並演練攻擊。歐洲刑警組織認為，《第二人生》這種可在虛實之間轉換、匿名運作而且跨越國界的經濟體系，等於是為恐怖主義組織的資金流通大開方便之門。

2007 年 4 月中國大陸官方估計，中國大陸在 2006 年網路虛擬商品交易總額約 9 億美元，騰訊公司發行的「Q 幣」既可以購買遊戲中的寶貝，也可以支付網上的聊天費，甚至被賭博網站當籌碼，由於「Q 幣」從虛擬走向真實。中國政府擔心虛擬貨幣成為準人民幣，相關機關將加強對網路遊戲虛擬貨幣的規範和管理，防範虛擬貨幣衝擊現實經濟和金融秩序。

政府將要求企業嚴格區分虛擬交易和電子商務實務交易。另外，大陸為打擊信用卡犯罪，2009 年 12 月 16 日起實施只要發卡銀行兩次催收或超過三個月未歸還，就可能符合「惡意透支」，最重可判無期徒刑。

要解決卡債問題和防止金融犯罪，除了對消費者的再教育和期待警察協助破案，以及加強確認使用者身份的新科技，如辨識手指血管的獨特型態，或視網膜掃描及聲帶與臉孔的辨識之外，當務之急就是提高銀行與相關金融機構的敬業精神。因此，防杜金融犯罪的關鍵不但要靠嚴謹的制度，更是建立在經營者和消費者的健康心態上。

在沒有櫃員、只有櫃員機的「後櫃員時代」，發行消費卡的銀行業者也應該時時提醒自己：要服務的終究是人，要創造的是許多人辛苦累積的財富。所以，在

引進每一個科技或商品之前，要先想到的是，是否做好了等量的風險管理，有沒有把握不讓網際網路的機器或商品模糊了人性光輝。換言之，在追求財富之餘，也不要忘記企業倫理對社會的責任。

(八) 消防救災的公共財論題

「公共財」(public goods)是指在同一期間內，可以同時提供效益給二個以上的經濟個體，而具有集體消費滿足公共慾望，並由政府預算提供的財貨。因此，公共財具有兩項特徵：無排他性與非獨享性。無排他性是指此等財貨不能排除他人使用，或排除他人消費的特質。即使自己不支付價款，也不會被排除使用，因而造成使用者不付費，出現免費享用者。

而非獨享性是指公共財不僅數量上不可細分，其所提供的利益，也不易分割由個別消費者獨占享有，故它必須整體提供，由兩人以上聯合消費。且多增加一人消費，原來消費者消費量並不因之減少，換言之，多增加一人消費並不增加財貨提供的成本，即隱含該財貨之邊際成本為零。公共財如重要的立法、司法、國民教育與國防建設等，需要政府以非單純的經濟觀點來提供，以確保國家的安全與經濟的繁榮。

因此，公共財的增加，例如蓋捷運對公共運輸的效益，大家都可以享用，就不會發生相對比較消費的問題，要不然光是私人的消費增加，只增加其私人效用，其表現外溢到別人身上可能反使別人效用減少，也就是有負的外部性，其他消費者不一定能接受。因此，公共財具有的兩項特徵是無排他性與非獨享性之外，還有不可分割性，要麼向所有人提供，要麼不向所有人提供；投資大，經營成本小；自然壟斷；消費具有非排他性；收費的成本過高；消費具有社會文化價值。

哈佛大學經濟學教授麥基(N. G. mankiw) 藉由排他性(excludable,或稱為非獨享性)與獨享性(rival, 或稱為抗爭性)對於私有財(private goods)、自然獨占(natural monopolies)、公共資源(common reources)和公共財(public goods)有比較深入和明確的定義如下表：

Rival？

	Yes	No
Yes	private goods(私有財) • Ice-cream cones • Clothing • Congested toll roads	natural monopolies(自然獨占) • Fire protection • Cable TV • Uncongested toll roads
No	common resources(公共資源) • Fish in the ocean • The environment • Congested nontoll roads	public goods(公共財) • Tornado siren • National defense • Uncongested nontoll roads

Excludable？（左側標示，對應上方 Yes／No 兩列）

四種不同類型的商品表

　　根據麥基的分析，認為消防是具有排他性，但不具有抗爭性的自然獨占。因為，消防這類商品，阻止某人享受消防服務的方法，只要消防隊袖手旁觀。然而，消防服務本身不具抗爭性，消防隊員大部分的時間都在等待火災的發生，如果消防隊服務的對象稍微擴大，多增加某一家庭，但這樣也不會影響或減少對其他家庭的服務，就如同交通流暢的收費道路，和有線電視。[30]

　　我們一般皆認為，世界所累積的財富乃是由個人拋棄了消費的直接享受，克勤克儉地建立起來的。但是很明顯地，光憑節慾與節儉本身是無法建立起城市或排水道等等。建立及改善世界財務的乃是企業的經濟機能，如果企業發展起來的話，那麼財富便可以累積節儉所得到的一切；如果企業沒有生機的話，那麼不管我們怎麼節儉，財富還是會衰退的。

　　簡言之，政府要做的事有兩個條件：第一是這個社會有很多事情大家想要，但又沒有人願意做，只好要求政府來做；第二是有一種事情(產品)很特別，一但生產出來後，再怎麼多人消費享用，都不會增加成本，也就是所謂的公共財。所以，水、電、郵政、石油、電信等是「私有財」，而不是「公共財」。

　　諾貝爾經濟學獎得主沈恩(Amartya Sen)就認為消防、國防、治安等公共財的

---

[30] N. Gregory Mankiw, *Principles of Economics* (Ohio: South-Western, 2004), p.224.

提供，政府在這方面的表現要比透過私人市場機制來得好。國家安全狀態的改變，同時意味著警察角色的變化，但也不是所有公共財都非由政府來做不可，何況人民對公共財也會有不同的偏好。[31]

羅德斯(Steven E. Rhoads)指出，資訊也是一種公共財，屬於集體消費型，一個人知道彼此競爭的品牌之間的優劣，或者同一產品在不同店面出售的價格，其他消費者如果也知道這資訊，前面那個人並不會受損，因此，私人機構很難以提供消費者訊息來維持營運。公共財亦有如選舉的經濟觀，假若選民認為自己一票不是決定性一票，它不具關鍵性，選民往往不願意前往投票。因為，選民會聰明的認為，如果前往投票，自己必須付出個人成本，因此，選民會產生搭便車(free riding)行為。[32]

非經濟學者出身的執政者有時候考量一個社區的預算政策，主要是根據該地區面對主要問題的民意測驗來決定，或是民眾認為當財政困難時應該削減的工作項目的民意測驗結果而制定。從經濟學的觀點，通常消費者被問到這一類的問題時，幾乎沒有人告訴他有關可能後果和成本的詳細資訊，結果是回答的人在回答時只考慮到總效用(total utility)，而忽略它與邊際效用(marginal utility)所產生「價值的矛盾」(the paradox of value)。

因此，想要削減警察或消防救災這類拯救生命的部門和預算幾乎得不到支持。其實，削減警政部門的預算也許可以透過以較低薪職員來代理處理行政作業的警官方式來達成，而消防部門預算的刪減也許可以用僱請受過完整訓練的補助性預備隊員，每月給他一筆津貼，真正救火時再另外計算每小時工資的方式來取代上全職的救火隊員的做法來實現，所幸一般大眾不知道有這些可能途徑的存在。

因此，警政預算在保護生命的總效用主義前提下，普遍受到支持。但也有人認為警察並無法有效地保護社會大眾安全，所謂「警察真空論」(vacuum theory of police)，當你需要警察的時候，警察永遠不會在你身邊。所以，主張以民間保全

---

[31] Amartya Sen, *Development as Freedom* (N. Y. :Random House, 1999).

[32] Steven E. Rhoads, *The Economist's View of the World: Government, Markets, and Public Policy* (Cambridge: Cambridge University Press, 1985).

系統取代警力，不但有效率而且節省經費。

　　沈恩指出，公共財凌駕市場機能的論點補充了由社會來供應基本能力，如基礎醫療、基礎教育機會的正當性。如此，在支持公共協助、提供基礎教育、醫療設施，以及其他公共財(或準公共財)方面，效率的考慮變補充了公平的論點。[33]

　　例如 2009 年 12 月 3 日《中國時報》刊載，監察院啟動 88 風災究責專案，糾正氣象局後，在通過糾正行政院、高雄縣政府和甲仙等四鄉。在糾正文中引用「丙吉問牛」典故，批馬英九總統風災期間五度坐鎮中央災害應變中心，「總司令跑去前線吹哨」，破壞救災體制，導致權責紛亂，影響救災效率。

　　近年來，大家除了關心消防救災和環境等方面的公共財之外，我們有需要強調關注跨國公共財和跨代公共財的新視野。跨國公共財的效益跨越了國界的藩籬，跨代公共財的效益則是超越了世代的界線。警察在消防救災和打擊組織犯罪都與跨國公共財、跨代公共財的論題有密切關係，畢竟追求健康與安全為全人類應享有的基本權利。

(九) 罷工的資訊不對稱論題

　　所謂「市場」(market)是指買賣雙方進行貨品或勞務交易的場所。交易的場所有固定的場所者，如商店；無固定場所者，如證券業。基於廠商對產品價格影響的高低，則因產品市場有不同的競爭者而有所差異，對市場的如何組成，根據競爭性的程度，將「市場結構」(market structure)或稱「市場組織」(market organization)，其市場類型分為：完全競爭(perfect competition)、獨占(monopoly)或稱完全壟斷及不完全競爭(imperfect competition)，而不完全競爭又可區分為壟斷性競爭、或獨占性競爭(monopolistic competition)與寡占（oligopoly）。

　　根據下表，廠商對於市場價格毫無影響力者為完全競爭市場，對市場價格影響力漸強者為寡占與壟斷性競爭市場，對市場價格最有影響力者且由單一廠商所構成的為獨占性市場。

---

[33] Amartya Sen, *Development as Freedom* (N. Y. : Random House, 1999).

市場結構的類型表

項目 / 類型	廠商家數	產品類別	訂價能力	長期利潤	競爭策略	實例	均衡條件
完全競爭	很多	完全一樣	無	零	無	農產品	MC=MR=AC=AR+P
壟斷性競爭	很多	稍不一樣	有	零	廣告、產品差異化	百貨等零售業	MR=MC AR=AC
寡占	兩個以上至若干個	完全一樣或稍不一樣	有	視有無新廠商加入	廣告、產品差異化	水泥鋼鐵汽車電視臺	視情況差異而變動，MC 與 MR 可能不相等
獨占	一	獨特	很高	可能很多	很少廣告	電力自來水	MR=MC

資料來源：施建生，《經濟學原理》，（臺北：大中國，1997 年 8 月），頁 153。

1.完全競爭市場是指其中每一銷售者與購買者對於所售與所購之貨物的價格都毫無影響，價格完全由市場的供需力量而決定，廠商只要依照該市場價格進行生產即可，是「價格的接受者」(price taker)，顯示廠商面對的需求曲線，是一條以這一個價格為基準而與橫軸相平行的直線，充份顯現價格不受產量變動的影響。

因此，一個只能接受市場價格且追求最大利潤的完全競爭廠商會生產到價格(P)恰好等於「再增加一單位的產量所因而增加的成本」（即邊際成本，MC）為止，即 P=MC，又基於廠商利潤最大的產量決定的條件是 MR=MC，因此，P=MR=MC。完全競爭市場在長期間由於廠商不但可以調整生產規模，更可以視利潤的有無，很容易地加入或退出市場，最終乃得到個別廠商的利潤等於零的長期均衡狀態。

當市場價格高過廠商的平均成本而有利潤的時候，長期間就會吸引新的廠商加入，使得市場的供給增加，逼使價格下降到再度等於廠商的平均成本及利潤是零為止。反之則市場價格低於廠商的平均成本而有損失時，則會有廠商退出市場，市場供給因而減少，逼使價格回升至廠商的平均成本及利潤是零為止。

一般說來，經濟學對利潤的觀點和會計師有所不同，其間的差異是成本的看

法，經濟學將成本區分為外顯成本(explicit costs)及隱含成本(implicit costs)。外顯成本是指實質的現金支出，是會計師唯一要看的成本；隱含成本是機會成本，如果單看坐牢的外顯成本，好像很有誘惑利，但考慮其機會成本，則令人不能接受。所以，監獄前並沒有人願意大排長龍。

以上分析，對於完全競爭市場的優點方面，由於平均成本等於價格，同時，邊際成本亦等於價格。因此，這二種成本之相等必在平均成本為最低時，廠商處在這種情形下從事生產，說明了各廠商已在當時的技術水準下，將各種生產要素使用到最適當的程度，致其效能充分發揮而無絲毫的浪費，這就是所謂「技術效率」(technical efficiency)或稱「生產效率」(productive efficiency)。

廠商不但對生產最有利，而且不必顧慮其產品不能銷售。因此，為社會省下了許多寶貴資源，如不必以廣告促銷，能更有利應用於其他產品的製造。也由於其所製成的產品切合消費者的需要，符合了所謂「經濟效率」(economic efficiency)或稱「配置效率」(allocative efficiency)。

缺點方面，由於完全競爭市場的成本與價格都只是從私人的觀點來計算，如從社會觀點來計算則將有不同的結果。同時，也因消費者購買某些產品所付的價格也只表明了消費者私人所得到的利益。既然這些價格與成本的概念並不能正確地將產品的全部利益與全部成本都表達出來，則生產就是進行到邊際成本等於價格之時，也並不是表示生產要素之運用已到了效率最高的境界。

另外，由於完全競爭市場的產品正為消費者所最需要與獲得最大的滿足，是假設在社會中每人的慾望都可通過市場的價格而表達出來，然而社會中有許多為一般人所必需的公共貨物與勞務就不能透過市場而表達出來。同時，也由於社會財富與所得分配的不平均，則經市場中的「金錢投票」所決定的產品也不一定就是一般大眾真正需要的。

尤其，在完全競爭下，生產要素的運用已可發揮最大效率是因為各廠商對於社會中當時存在的各種生產技術必會充分加以利用，同時其對生產技術的發展亦必會積極謀求。然而，完全競爭市場是以眾多小型廠商的共存為前提，自無法擁有龐大的組織來從事大規模的生產，亦無充裕資金從事於生產技術的研發工作。

目前，在完全競爭市場的經濟社會裡，政府完全不干預市場，市場內完全憑能力在激烈競爭環境中，依市場法則獲勝，這可如「烏托邦」的世界，是人間的桃花源。

英國牛津大學經濟學教授凱伊(John Kay)指出，市場經濟為何是不完全競爭，就算是完全競爭也無法具有效率。強調紀律多元主義者認為，競爭對手追求差異化策略，其中較為成功者就能獲得經濟租。競爭策略不應尋求這些經濟租，如果競爭策略設法尋求經濟租，就會讓多元主義衰退。競爭策略的目的就是要助長多元主義，並讓紀律更為有效。[34]

2.獨占市場指的是僅有一家廠商生產一種獨特產品，其他廠商想要參加都非常困難，對於價格具有很大的操縱力量，是「價格的決定者」(price maker)。其形成的原因有四：

第一、自然獨占：所謂「自然獨占」(natural monopoly)指的是一個處在成本遞減階段從事生產的廠商，可以充分發揮大規模生產的經濟效果，用較低的平均成本從事生產，以滿足整個市場的需求，例如自來水公司，期用戶愈多，每一個家計單位所分擔水公司埋設管線略同成本就愈小，故獨占是成本最低的市場型態，倘該區有數家水公司提供服務，則一家公司所瓜分道的用戶比較少，而每一家水公司仍有各自埋管線的固定成本，用戶勢必得分擔較高的費率，可見在「大規模經濟」情形下的自然獨占，對消費者不一定有害。

第二、政府專利權授予生產某獨特產品形成獨占。

第三、政府法令特許獨占經營。

第四、稀有資源的佔有，致使其他廠商無法投入生產行列。所以，公平法並不禁止獨占事業的存在，但卻禁止獨占事業利用自身優越的市場地位排除或限制其他業者進入市場及參與競爭。

《公平交易法》第 5 條的立法理由內特別說明：「獨占企業取得獨占地位之原

---

[34] John Kay, *The Truth about Markets: Why Some Nations are Rich but Most Remain Poor* (London: Penguin Books, 2003).

因有：法律之規定、專利與研究、產品主要原料之控制、大規模生產之利益、或自然形成(新興行業之開創)等。獨占企業雖可獲取獨占利潤，惟有時為避免政府以反獨占法律加以禁止，或因其享受獨占利潤而引起潛在競爭者真正出現等考慮因素，亦未嘗不做增加生產量、降低價格之努力。此外，獨占之市場力量，有些由於自然形成，非可事前加以遏止，其對整體經濟未必全然有害；且大規模生產及企業大型化為晚近所倡導，是以對獨占採防弊主義方式立法，當較能符合我國目前經濟發展之現況。雖然對於企業之獨占市場狀態不予禁止，亦不對獨占市場之企業強迫其解體，為獨占企業有以不公評方法直接或間接阻礙他企業參與競爭，對商品價格或服務報酬為不當之決定而攫取超額利潤，或無正當理由利用其優越地位而要求供給者給與特別優惠等不公平方法，濫用其獨占地位之行為，法律則應予以禁止。」

　　追求最大利潤的獨占廠商產量及價格的決定，也會根據「邊際收益等於邊際成本」(MR=MC)的準則來決定。但是因為依照市場需求法則，產量愈多市場價格就要訂得比較低，因此價格(P)或是平均收益(average revenue)（因為每單位產品的價格都一樣，故平均收益正等於價格）會大於邊際收益，即為 P>MR，亦即 P>MR=MC，若與完全競爭市場的 P=MR=MC 相比較，顯然獨占市場的價格會來得比較高，相對地產量會比完全競爭的市場為低。為什麼戲院賣的爆米花價格比較貴？因為獨占的關係。

　　若從社會資源有效利用以避免浪費的觀點而言，獨占市場生產到 P>MC 的情形就會發生生產資源浪費的問題。另外，就長期而言，獨占的廠商縱使有利潤存在也不會有新加入者與之分享，這種獨占所造成的利潤，稱為「獨占利潤」(monopoly profit)，也是因特權獨占所產生的暴利，迫使消費者支付較高的價格，對社會財富與所得分配愈不平均，殊欠公允。例如，爭奪利潤的行為稱為「租金追尋」(rent seeking)，或簡稱「競租」，其壟斷利潤是一種超過機會成本的支付，與經濟租無異。

　　「競租」是指當某些人有機會動用資源，將財富從他人那裡移轉給自己時，就會發生這種現象。就這些「收租者」而言，只要利益高於成本，就值得做這種

財富移轉。當隨著越多人競當收租者，利益會下降。到了均衡狀態，邊際收租者(技巧最差的扒手)剛好收支兩平。邊際內收租者(技巧特別突出的扒手)有所得，但所得低於受害者的損失(即使技巧高超的扒手也有成本)，受害者則同時損失移轉金額和防範成本。

不過，房租的收取是正當的，其對生產有貢獻，如果是對生產毫無貢獻之行為的支付，就是「特權暴利追尋」(directly unproductive profit seeking)。尤其，是獨占的關係，往往也會延緩了技術的研發與進步。因此，獨占市場也使得亞當斯密所提那隻看不見的手將都無法發揮市場機能，這是一種「市場失靈」(market failure)的不佳現象。所以，一般政府對於獨占市場會加以管制。

在 1873 年至 1896 年的經濟大恐慌(great depression)時期，企業聯合或企業合併現象大為盛行，尤其以德國及美國為最，前者以卡特爾為典型，後者則以托拉斯而著名。但如果托拉斯 (trust)果真社會需要，則政府法令的打擊將徒勞無功，此由 1890 年通過的《薛曼反托拉斯法》 (Sherman Antitrust Act)、1914 年通過《克雷頓法則》(Clayton Act)及《聯邦交易委員會法》(Federal Trade Commission Act)的收效極微，甚至產生耗費成本的負作用。

反托拉斯的立法依據，以阻止陰謀和串聯成形。經濟上不接受企業合作的觀點，但政治上卻有人以為政黨合作可以接受。美國兩黨合作應該結束，所有政黨之間的妥協，應該包括候選人、公職人員、敵對政黨黨員之間的所有對話，應一律適用於目前企業之間的反托拉斯條款。相信反托拉斯帶來的好處，不會亞於經濟反托拉斯給消費者的好處。政客在政治議題上的勾結，犧牲了選民的利益，卻沒有合理的規範，因此對政治人物的要求不在於政黨合作，而在於建立更有效率的政府來爭取選票。

反托拉斯法的目的在確保中小企業所組成的市場體系，禁止企業規模過大的行為或合併，以追求完全競爭的理想；以及要透過適當鼓勵使消費者的福祉達到最大，不在限制企業規模而是避免企業在不具適當競爭對手情況下，從事產品或服務的生產與分配。

然而，獨占市場就是能夠求出利潤最多的價格，有時也可能會顧慮到社會的

批評與政府的干涉，乃至於競爭者的加入，而不敢過分。因此，獨占廠商是否真以求利潤之最多為目的實有待商榷。

另外，獨占市場，若歸併許多小型的廠商為大型，充分發揮大規模的經濟利益，使每單位產品的生產成本降低，廠商為求利潤之最多自然會增加產量，減低售價，以求多銷，可達生產資源充分發揮其效率，消費者的福利亦可增加。所以，獨占市場的兩項特徵是廣告與其他非價格形式的競爭，以及產能過剩(excessive capacity)。

熊彼得(J. A. Schumpeter)指出，由於新產品的發明或新生產方法的提出，而使一個獨占者被另一個獨占所替代的現象為一種創造性的毀壞過程。所以，獨占亦是技術進步的源泉。[35]反托拉斯政策到底會不會影響經濟競爭力？1950 年代以來有三派學者：

第一、為盛行於 1950 年代和 1960 年代的結構學派，強調反托拉斯政策的目標應是提高經濟效率與增加社會公平，對於市場的水平發展是可以接受的，並公平對待市場參與者，對於垂直安排應加以嚴格審查；為達成這一目標，應限制經濟力的集中，對於有實質集中率的產業，如在市場上超過百分之五十佔有率的企業，應由政府嚴格管制；反托拉斯政策應防止市場被封閉，進入障礙高加上集中度高，就共同造成市場是脆弱的，政府應以增加競爭的數目，且不影響經濟規模，以協助市場發揮功能。

第二、為 1970 年崛起的芝加哥學派，強調反托拉斯政策的目標應是提高經濟效率，而最好的方式是透過競爭機制，但不一定要競爭者人數眾多；主張持續的市場集中不等於市場力量，應是大規模經濟導致市場的集中，或者是透過降低成本與改善生產，使得某些企業得以持續獲利；政府管制下的聯合行為會造成價格偏高與無效率，由於進入障礙低且勾結難以持久，預期既有的與潛在的有效競爭會常出現，因此也只有在廠商具有水平市場力時，垂直限制才會有害。

第三、為 1990 年代以後的新產業組織論(new industrial organization)，強調反

---

[35] J. A. Schumpeter, *Capitalism, Socialism and Democracy* (N. Y.:Harper and Brothers, 1942).

托拉斯政策的目標應是靜態效率與動態效率，不僅應重視某一時點的市場表現，而且也應重視創新與誘因保護，以立創新產品開發與新生產方法的研究，因此同意結構學派和芝加哥學派關於市場力來自水平發展的論點，但也認為市場力可以延伸至垂直安排；當有市場選擇存在時，消費者可以自行保護，但當市場機制遭到破壞，而阻礙市場選擇與市場競爭時，政府干預有其必要性。

　　例如，微軟公司企圖以在作業系統內建立網際網路瀏覽器的方式，把市場力從作業系統延伸至瀏覽器領域。因而導致微軟公司濫用視窗作業系統，不讓伺服器軟體競爭對手獲得視窗作業系統的重要資訊，藉此取得在伺服器軟體市場的不公平優勢；微軟公司並將該公司的 Media Player 影音軟體納入視窗作業系統，構成不公平競爭，引發美國、歐盟、臺灣消費者對微軟公司的獨占行為的抗議，並進入司法程序。2004 年 3 月歐盟執行委員會裁決微軟濫用其視窗作業系統的獨佔優勢，並將對微軟罰款 4.97 億歐元(約新臺幣 200 億元)；同時，要求微軟對歐洲個人電腦製造商銷售兩種版本的視窗作業系統，其中一種不包含 Media Player 軟體。

　　美國標準石油公司創辦人洛克斐勒(John D. Rockefeller Sr.)被指控標準石油托拉斯(Standard Oil Trust)獨占石油市場，雖其一再辯解是強調企業之間的合作與和諧精神，但在契諾(Ron Chernow)所出版的《歷史上的第一位億萬富豪：洛克斐勒》(TITAN: The life of John D. Rockefeller, Sr.)一書中指出，從 1870 年代起，洛克斐勒主導下的標準石油公司代表美式生活的一個新紀元，一方面激發民眾，但也使他們驚恐萬分。

　　洛氏的高智慧和掠奪貪婪作風，使美國必須要去面對一些難題，如經濟的型態、財富的分配，以及企業與政府的適當關係，將探勘、生產、運輸、煉油和銷售綜合在一家公司之下，可以形成最有效率，成本最低的石油事業。洛氏將專賣企業經營的有聲有色，展現大型企業的經濟效益，以創新的企業形式，成就跨國企業的營運模式，主宰二十世紀的經濟生活。

　　洛氏了解獨占事業想要維持領導地位，只有做一個熊彼得(J. A. Schumpeter)所說的「仁慈的獨占者」(benevolent monopolist)。然而，洛氏也暴露經濟強權的缺

點，對民選政府構成威脅，也證明自由市場脆弱的本質，強迫政府制定法規，以確保未來還可以進行公平競爭。當前經濟學家在評論微軟公司的反托拉斯官司時，引用標準石油公司的策略，對微軟被控違反反托拉斯法，其最後結論是，微軟輸掉每場戰役，但贏了整場戰爭。

除了標準石油公司以外，1920 年初，福特汽車不但生產零件，還組裝汽車，另外也生產自己需要的鋼鐵、玻璃和輪胎，福特汽車在亞瑪遜河流域擁有橡膠園，也擁有運送物料和成品的鐵路。標準石油公司和福特汽車的企業經營理論，在二次世界大戰後，才由移民美國的英國經濟學家寇斯(Ronald Harry Coase)的交易成本理論得到印證與支持。

寇斯主張把眾多活動集中在一家公司裡，可以降低成本，尤其可以降低通訊成本，並以此理論得到 1991 年諾貝爾經濟學獎。其實，交易成本的重要性總有個極限，福特汽車一網打盡式的管理方式，後來被證明失敗，特別是在全球化經濟，任何活動需要的知識已經專業化。

所以對於公部門的專業鑑定的「獨占」，一般人都比較相信公部門與對公權力比較信任，例如警察辦案的鑑識專業獨占。所以，在促進專業的同時，也意味著監督的重要性。因為，我們不敢確保專業的不犯錯誤。

3.不完全競爭市場，可分為壟斷性競爭市場和寡占市場。壟斷性競爭市場是兼有壟斷又競爭的意義，由於是具有很多廠商生產稍微不一樣產品的市場。廠商家數多，亦可自由、容易加入與退出市場。因此，廠商之間也相當的競爭，但競爭並不完全，主要是各廠商所生產的產品雖屬同類相似的替代品，但在消費者心目中對產品的看法又有不同，廠商仍具部分壟斷力量，如一般的理容院、餐廳、百貨服飾、日常用品的零售屬之。

其市場特性可歸納為：第一、參加競爭的廠商相當多，每一廠商的銷售量占總量中的比率相當小，與完全競爭市場相似。第二、各廠商強調產品的差異性(product differentiation)，對價格乃有相當影響力，此與完全競爭相異，而與獨占市場相似。第三、各廠商的加入與退出市場沒什麼障礙，此與完全競爭市場相似。由於市場競爭的不完全，再加上產品略有不同，因此市場普遍存在激烈的價格與

非價格競爭。價格戰如以各種不同的理由折扣殺價，非價格戰有如猛打廣告的「行銷」(marketing)手段等。

雖然廠商在壟斷性競爭市場下，為了追求最大的利潤也是發生到邊際收益等於邊際成本，但就長期而言，若是有利潤存在，也會吸引新的廠商加入競爭而趨於消失，這情況有如同完全競爭的市場。

美國政治經濟學家布坎南(J. M. Buchanan)指出，沒有組織化的犯罪更糟，因為社會上認為有價值事物的生產，壟斷是不好的，因為它導致人為抬高價錢和限制產出。可是，社會所反對的事物，例如賣淫或非法用藥，壟斷(或組織)帶來產品減少，應是好事。布坎南提醒犯罪組織的壟斷可能有其社會效益，不要只大力宣導反組織化犯罪而忽略對一般的、層出不窮的犯罪行為執法。

但是組織化的犯罪是一種侵略性的權力中心，能腐化警察和政客，這些有腐化力的罪行，目的是獲得力量提供非法服務，因此，對政治的正當性構成威脅，讓集團來組織並從而限制賣淫與毒品市場或許會有效，但是等到公務員循私納賄，而付出政治正當性與立法成本，可能得不償失。

寡占市場是只有少數幾家生產可能一樣或稍微不一樣的產品，其主要特性為：第一、銷售者很少，而購買者很多：所謂「很少」或「少數」並無一定標準，但最重要的是必須少到每一廠相互之間會互相影響，這種同業間關係密切的相互依存(interdependent)，不但各別擁有相當的壟斷力量，而且有能力決定價格，如卡特爾(Cartel)、石油輸出國家組織(OPEC)，及美國汽車製造業等。

考試其實是一種進入市場障礙(entry barrier)，不論是取得任用資格或是專業執照，它透過非市場機制來檢選，而美其名為確保品質。諾貝爾經濟學獎得主史蒂格勒(George Stilger)就曾從芝加哥學派的經濟管制理論觀點，指出這種執照管制的不當，並認為有執行寡占政策之嫌。

有一則笑話就說紐約市許多計程車司機都有兩張執照，因為其中一張是律師執照，顯示美國律師執照的容易取得，比起國內律師執照的取得要容易得多。對於一試定終身的授證制度，是否就能揀選優秀的人才，仍存在爭議，傅利曼(M. Friedman)對政府採取證照制度也相當不以為然。又如 2003 年 12 月臺灣有人因不

滿傳播媒體被壟斷，出版《非常報導》光碟，散佈與大眾媒體不同的政治言論，引起軒然大波。

第二、其他廠商要加入或退出這種市場的障礙相當大，其困難與完全壟斷的獨占市場相似，只是程度不如其強烈而已。

第三、不是相互勾結妥協，即是相互激烈競爭。相互的勾結妥協可分公開的有形與隱藏的無形兩種，相互激烈競爭手段可分價格與非價格競爭兩種。在寡占市場的活動，由於在無強烈外在衝擊時，寡占市場的廠商因互相牽制而不輕易調整價格，僅訴諸非價格的競爭，其價格具有穩定性；同時，也因當市場有一類似龍頭老大的寡占廠商因故調整價格時，其他小廠商都會跟其調整，具價格的領導制(price leadership)。

另外，寡占市場也與獨占市場及壟斷性競爭市場一樣，對於生產資源的運用沒有達到充分發揮效率的地步，對於技術的研發與創新在經費的使用上要較完全競爭市場與壟斷性競爭市場來得多，寡占市場與獨占市場的發展結果都可能會在市場的對方孕育出高伯瑞(John K. Galbraith)所謂的「對消力量」(countervailing power)，以約束其本身壟斷力量的擴張。

臺灣經濟市場走向自由化，但是汽油總是在同一天漲價。2004 年 10 月 14 日公平會裁定中油和台塑石油前後 20 次「同時、同幅」調整油價，屬於聯合行為中的「默示性一致行為」，違反公平法，中油和台塑石油各被重罰 650 萬元。中油和台塑石油是利用有價格的預告機制，一方面公開放話，試探對手的反應，再調整價格，是默示性一致行為，造成雙方一樣高價，而不是一樣低價，這不是競爭造成的結果，而是聯合行為。至於國內家電製品亦有可能涉及默示性一致行為。

銀行爭相發行信用卡，但是循環利率卡卡等高；天空不復獨占，但是航空公司機票還是統一價位；行動電話不斷推出新業務，但是不見實施換公司不必換門號的消費者服務。此外，2005 年 12 月公平會歷經四年調查結果顯示，臺泥、嘉新、東南等 10 家水泥供應商及東宇等 11 家通路業者，以合資、契約、集會等方式，聯合其他國家業者、國內同業及關係事業共同決定水泥價格、甚至限量發貨等相互約束的活動，形成國內首宗受罰的國際卡特爾。

所以，堅信市場自由化即能啟動市場機制者，可能只是一群築巢引鳥的空想家。巢是築好了，卻不見鳥來。油品市場、金融市場航空市場、電信市場的競爭政策是政府應該繼續加強的。最近，有線電視的競爭日趨白日化，但是電視節目內容有否能更精采，又是另一個必須思考的問題。

資訊不對稱理論在市場交易上廣泛被重視，就舉二手車(中古車)的買賣市場為例，這理論是 2001 年諾貝爾經濟學得主阿卡洛夫(George A. Akerlof)在 1970 年發表的論文〈檸檬市場〉(Lemon Market)中，討論從品質不確定及市場機能的角度，分析市場售價會影響供給者所提供產品品質，也就是市場上存在需求者與供給者之間的資訊不對稱問題。

當資訊不完整時，即使有人人想買、有人想賣，但是交易可能不會發生，這對傳統經濟理論「只要有供給和需求，就會有交易發生」的觀點造成很大衝擊。2001 年諾貝爾經濟學獎得主除了阿克洛夫之外，同時得獎的還有史賓塞(Michael A. Spencer)和史蒂格利茲(Joseph E. Stiglitz)。

得獎的理由是分析不對稱資訊下的各種市場，建立了資訊經濟學理論，而推翻以往經濟學總是以人類係以理性做經濟決策的概念。當市場不完美時，它未必是最好的資源配置方式。資訊的充分性是經濟體系達致完全競爭，而毋須外力干預，即可經由市場機能達成最佳效率狀態的重要條件之一。所以，資訊不對稱足以造成市場失靈。

假設市場有高品質和低品質兩種類型的二手車，賣家清楚哪一台是高品質、而哪一台又是低品質的車。例如其中的一部車，因颱風而受泡水的問題，賣家非常清楚而有意隱滿；對買家而言所產生的資訊不對稱，在市場上的交易是不公平的。二手車的價格會因為市場低品質車的數目而受到影響，但對低品質車買主來說，這個平均價格是可以接受的價格。對高品質的車主來說，卻是很糟糕的價格。所以，低品質車車主想把車子賣掉，高品質車車主就不想把車子賣掉。

當買家發現此事，這個資訊就會讓二手車價格下跌。但是這個問題是累積的。二手車價格越低，高品質車車主就越不想把車賣掉，買主就越有理由質疑，是否有所謂的「隱藏資訊」(hidden information)。因此二手車的價格就會越低，賣出的

二手車都是品質不好的車子，形成反向選擇(adverse selection)。但即是車價很低，買這種二手車依舊不是什麼好交易。差勁的交易已經發生，但許多好交易卻沒有發生。[36]

如果我需要賣掉自己那台安全又可靠的車子，但你卻因為無法確切相信這台車的品質，而不願意開出合理的價格，那麼市場就不具備柏雷托最適效率(Pareto Optimality)。因此，任何可讓雙方受益的交易就不能在競爭市場中實現。因此，對於資訊不對稱所產生市場上交易的不公平現象，現在包括政府部門也應該保持資訊透明化。

例如2005年12月7日立法院通過《資訊公開法》，就是強調政府資訊以主動公開為原則，提供政府施政計畫、預算決算書，甚至是書面的公共工程及採購契約，且除非涉及國家機密或有礙犯罪偵查等，政府應主動公開資訊，讓施政資訊更公開化、透明化，提供企業競爭更公平的環境。同樣地，資訊不對稱的問題也存在於醫生與病人之間的對病情認知、保險業者與被保險人之間對保險項目的認知，以及股票交易中公司經營者與股東之間的市場訊息。

據2007年4月13日《中國時報》刊載，某上市公司的經營階層在1月19日已確知訂單被美國蘋果「砍單」，但公司方面卻遲至3月底才放出減產，未能取得ipod訂單的消息。在這段期間暴出公司高層及親友疑似涉及內線交易，這種經營者和投資大眾在公司營運上所出現的資訊完整性和時效性的不對等，是典型的公司經營者坑殺投資大眾，公司經營者利用資訊不對稱在市場上獲取不當或不法利益。

古典經濟學家假設交易各方都有相同的完整資訊。然而，對於鐵路營運在臺灣是屬於管制經濟學中的獨占性產業。因此，導致頻頻出現罷工的存在資訊不對稱問題，所以執法的警察對於罷工事件的原委應該要有清楚認識，才能進一步掌握狀況，有效地來控制抗爭現場秩序，並協助平息罷工事件。

延續自2008年，在世界各地所遭遇全球金融海嘯侵襲，和N1H1的新型流行

[36] Todd Sandler, 葉家興譯，《經濟學與社會的對話》，(臺北：先覺，2003年)，頁164-165。

病毒影響之下，經濟景氣持續低迷、失業率持續升高的壓力，勞工團體在 5 月 1
日勞動節走上街頭的主要訴求有：政府應創造長期穩定就業、重構社會安全體系、
落實產業民主、嚴格控管派遣業，和以公營事業為標竿，提升全體勞工權益。

其中特別是就業安全與社會安全體系確實是與考驗政府效能有關，當政府執
行成果與勞工的預期有落差時，或是民營企業勞工的權益無法提升至與公營事業
勞工相等的權益時，勞工不只是會走上街頭，更進一步激烈的罷工行動也將會發
生。2009 年 4 月行政院會通過《工會法》與《勞資爭議處理法》修正草案兩大勞
動二法，明文規定教師可組織產業工會、職業工會，但禁止罷工，現役軍人與國
防部所屬、依法監督的軍火工業都禁止組織工會。

1976 年諾貝爾經濟學獎得主傅利曼(M. Friedman)指出，如果因為技術上的問
題，使得壟斷成為市場力量競爭的自然結果，那麼大概只有三種可能的情形：私
人壟斷、政府壟斷以及政府管制。

目前臺灣還存在部分國營事業是屬於政府壟斷性的企業，臺灣鐵路就屬其中
之一。追溯臺灣鐵路自 1887 年的開工，至 2007 年已是 120 周年。然而，臺灣鐵
路從 1980 年代起，受到政府推動自由化、國際化、民營化政策的影響，鐵路也跟
著其他國營事業的郵政、水務、電力等壟斷性公共服務業，開始面臨開放民營化
的壓力。員工為求自身的生存與發展，也紛紛採取抗爭的手段來爭取權益。員工
採用抗爭方式的其中之一，就是工會以罷工為訴求，要求資方(政府)接受其所開
列的條件。

觀察 2003 年 9 月 11 日臺鐵工會發動罷駛的抗爭行動，其提出的訴求要點是：
確立鐵路事業應為服務而不牟利的定位、扭轉偏袒特定財團的高鐵政策、保護人
民辛勤勞動累積起來的國家資產、思考私有化的利弊，和探討財團的利潤是否凌
駕於民眾的需要之上。

檢視世界上鐵路民營化的罷工和抗爭風潮，臺鐵面臨的經營問題並不是世界
唯一。英國在 1963 年國有化後的英國鐵路局(British Railways Board)因虧累不堪，
被迫進行大改組與推動民營化，並且斷然停駛了 3,000 餘公里的路線，同時也關
閉了 2,350 個小車站，但至今營運的財務狀況仍然未見有所改善。

美國鐵路是在 19 世紀時，基於專業技術的原因，採取高度壟斷策略，後來因為道路和空中運輸的發達，才在 1971 年將所有民營鐵路合併改組為全美鐵路客運公司(簡稱 Amtrak)，但 Amtrak 的營運狀況仍虧損累累。

多年來一直仰賴美國政府的補貼，迫使國會強力要求其改善財務結構，以達到收支平衡，但現實經營的困難並不是靠立法就能改變，而 Amtrak 又不可能關門大吉，政府只好編列預算繼續填補這個無底洞。所以，要解決臺鐵的經營困境，實在不能光寄望民營化或公司化，或許改成公法人的獨立經營型態，是一條比較可行的模式，否則要減少罷工事件的次數和發生，簡直緣木求魚。

諾貝爾經濟學獎得主希克斯(J. Hicks)曾提出對罷工的看法指出，所有的罷工理論終將自我矛盾。因為，凡稱為理論者，即須具備預測能力，罷工理論亦必能預測罷工的一切結果。例如，罷工將持續的時間、工資可能調整多少、工作條件如何改善等。按罷工理論若能如此發揮效用，那麼勞資雙方大可根據這套理論，預先協商出理論所預測的勞資談判結果，根本就不必發動罷工，罷工情事也就沒有理由存在。

所以，在理想上罷工理論既預測罷工，罷工理論卻也消弭罷工，這就是罷工理論自我矛盾的所在。但事實不然，許多的罷工事件仍然繼續發生。因此，所謂「希克斯矛盾」(paradox of Hicks)在勞資的談判上很難成立。因為，市場交易上存在著資訊不對稱(asymmetry information)的實際問題。從資訊不對稱的經濟分析認為，只要談判雙方在認知上存有差異，罷工就是理性的抉擇。臺鐵工會與臺灣鐵路局既對臺鐵民營化等議題有爭議，也就是勞資雙方存在認知上的差異，罷工就可能隨時發生，當然警察就無可避免的時常必須面臨罷工事件的執法問題。

(十) 真洗錢的假貿易論題

名小說家希爾頓(James Hilton)於 1933 年所出版的小說《失去的地平線》(*Lost Horizen*)，在 1970 年代被搬上銀幕。影片中，有關人們生活景象的情節，頗似陶淵明的《桃花源記》中所描述：「良田美地，桑竹之屬，阡陌交通……怡然自樂」。這樣自給自足，與世無爭的生活，乃是人間淨土。

另外，哈利(Alex Haley)以半小說文體寫成的《根》(*Roots*)一書中所呈現的人間樂園。所以，經濟學上習慣將一個自給自足，不與外界從事任何貿易的經濟體系稱為「封閉性經濟」(closed economy)，12 世紀以前的中國，或十六世紀以前的臺灣都屬這一類的經濟生活型態。

12 世紀馬可波羅(Marco Polo)由絲路打通歐洲與中國的貿易，16、17 世紀荷蘭人佔領臺灣，隨著商品交易和人們之間的往來，國與國之間的距離更因為通信科技和運輸工具的進步，再加上銀行金融業和企業的投資，促使各國加強與外界從事貿易，這樣的經濟活動稱為「開放性經濟」(opened economy)。

同時，由於國際貿易(international trade)的範圍甚廣，舉凡國際上，國與國之間有關商務上往來，如商品與勞務的輸出入，及金融性資產的轉移。因此，將國際貿易理論與政策、國際金融，和經濟成長，合稱為「國際經濟學」(international economics)。

美國電影中不乏有將所謂黑錢漂白的情節，其中《鐵面無私》(*The Untouchable*)電影中，黑道老大竟開設自助洗衣店，將黑錢漂白，以逃避司法機關查緝。而多年前，湯姆克魯斯主演過一部《黑色豪門企業》(*The Firm*)，也是在描述多年前，開曼群島幫黑幫洗錢的情節。

開曼群島是英國屬地，在 2009 年全球金融海嘯即將屆滿 1 年之際，向來打著免稅，專為吸引有錢人設立紙上公司的天堂，居然政府也傳出財政危機，發不出薪水的窘境。2008 年在開曼註冊避險基金總規模高達 2.3 兆美元，居全球之冠，當地人口不到 5 萬 2 千人，但國民所得高居全球第 12 名，被 OECD 列為協助非法避稅的黑名單國家。

「洗錢」這個名詞，是從英文的 money laundering 翻譯而來，就是把來路不明的不義之財或犯罪所得的黑錢，透過一個合法的管道，以交易的型態賦予其正常的外觀，再加以利用的一連串行為。

根據《洗錢防制法》第二條規定，所稱洗錢，係指下列行為：第一、掩飾或隱匿因自己重大犯罪所得財物或財產上利益者。第二、掩飾、收受、搬運、寄藏、故買或牙保他人因重大犯罪所得財物或財產上利益者，其中有兩大重點，一是自

己重大犯罪所得財物或他人因重大犯罪所得財物，表示財物是不法所得，二是掩飾、收受、搬運、寄藏、故買或牙保等舉動，表示將不法所得漂白，這樣司法機關就很難追查所得來源。

檢視防制洗錢措施演進，是從要求金融機構留存交易憑證，提供紙上證據以利執法機關追查，到透過申報制度以蒐集境內資金活動資料，藉由可疑申報作為提醒執法機關是否要發動偵查作為，並以認識客戶原則視為一切作為的基礎。

對於洗錢的時間點通常出現在：第一、提領現款時，已符合洗錢防制法的百萬現金存提款門檻；第二、轉帳交易時，確認與客戶身分顯有不相當的資金進出；第三、外匯交易時，超過百萬美元匯款，要核對申請書與證明文件才能放行。

回溯 1934 年瑞士制定的銀行條例，除了規定行員不得透露客戶存款數目和私人機密外，同時允許以代號、數字或虛擬辦公室、公司行號開辦的高額度匿名存款。自此，開發中國家獨裁者搜刮人民血汗的鉅款、走私販毒幫派的黑錢、富商大賈的逃漏稅金就有了安穩的避風港。瑞士銀行似乎成了高尚質優的洗錢者樂園和黑錢集散地。

1998 年瑞士在美國和其他國家的共同壓力下通過特殊管制條例，並建立一個中央受理申報單位，規定銀行及其他財務交易媒介，有義務對引起懷疑的金融活動做立即報告。瑞士銀行界必須遵循聯合國有關的決議，主動和國際金融組織協調合作，在第一時間凍結可疑資金，歸還開發中國家被侵奪的財產等行動，臺灣的拉法葉案件便是最有力的明證之一。

2001 年汪傳浦在瑞士的 46 個帳戶被凍結，2004 年 5 月最高法院決定給予臺灣司法的協助。2005 年 11 月，臺灣拉法葉艦的特調小組已將瑞士提供我方的六箱、上萬筆資料攜回臺灣，內有多家銀行帳戶，初步計算汪傳浦一家帳戶里約有 9 億瑞士法朗，折合新臺幣 220 億元。2003 年瑞士通過要求金融界落實「認識客戶」機制，特別偵查、鑑定來自高危險國家與防禦工業有關的資金往來，除了清查政治領導人、資深官員等敏感客戶之外，更擴及受益人與受託代理的資產操作人身分。

號稱史上最大金融弊案的國際商業與信貸銀行(BCCI)，因涉嫌替哥倫比亞和

巴拿馬毒梟洗錢，並暗中資助巴基斯坦和中東地區的恐怖組織活動。當其在 1991 年倒閉時，創下總負債 150 億美元的紀錄，引發 6,000 多名存款人求償訴訟，受害人同時也認為英格蘭銀行未善盡監理的責任，要求賠償 10 億英鎊，相當於新臺幣 610 億元；13 年來 BCCI 客戶持續向相關單位求償，2004 年初國有的印度銀行也遭英國高等法院判決，因為參與 BCCI 的洗錢，須賠償 8,200 萬美元。

也因為 1991 年國際商業信貸銀行(Bank of Credit and Commerce International, 簡稱為 BCCI)瓦解時，才開始有政府認真看待境外網路的金融問題。BCCI 是一家逃脫政府的掌控與管制，透過境外自由已達成營運國際化和業務擴張的銀行企業。它在開曼和盧森堡有多家控股公司，總部設在倫敦，在 43 個國家開了 146 家分行，到了 80 年代中期，BCCI 已經把觸角延伸至非洲、美洲、亞洲、中東和歐洲，在 73 個國家設有營運點，帳面總資產達 220 億美元。

當 BCCI 因為虧損 100 億美元，被指控搾騙個人與公司、偽造財務報表、為販毒者和組織性犯罪集團洗錢，而遭到英格蘭銀行勒令停業時，外界才清楚這是一家在各國金融體制鴻溝中成長的巨獸。也因為 BCCI 的瓦解，美國和歐洲制定強化監督跨國銀行的措施，並未國際性銀行訂定反洗錢行為的規範。因此，自從 1991 年發生 BCCI 弊案後，七大工業國和其他國際防制洗錢組織金融行動小組(Financial Action Task Force)就開始致力於研擬和推動打擊洗錢活動的政策。

1999 年 11 月美國參議院調查委員會的一份小組報告〈私人銀行與洗錢：機會與弱點個案研究〉(Private Banking and Money Laundering: A Case Study of Opportunity and Vulnerabilities)的統計指出，在每年 5 千億至 1 兆美元的犯罪所得中，約有一半係透過全世界各地的銀行洗錢後進入美國銀行，而美國的私人銀行之所以特別難以防範洗錢行為，是因為私人銀行業的產品、服務和文化為洗錢者提供機會，在欠缺健全控管和積極執行下，私人銀行向來且繼續被那些意圖洗錢者利用。

美國在禁酒令實施期間，不法分子及逃稅者運用偽裝的金融交易以掩護非法活動及其利益已相當普遍。至 1960 年代大量資金被販毒者用來從事不法活動引起國會關注，遂於 1970 年制定了《組織犯罪防制法》(*The Organized Crime Control*

Act）、《銀行秘密法》（*The Bank Secrecy Act*）及《毒品防制法》（*The Comprehensive Drug Control Act*）等三項防制洗錢的法令。1986 年國會制定《洗錢防制法》（*Money Laundering Control Act of 1986*），增加了刑事罰則部分，以補充銀行秘密法不足之處。

1988 年為對抗洗錢犯罪，並彌補《洗錢防制法》及《銀行秘密法》的黑洞，又制定了《洗錢犯罪起訴法》（*The Money Laundering Prosecution Improvement Act*），接著於 1989 年國會又針對金融機構方面提出《金融機構修正、賠償與強制執行法》（*The Financial Institutions Reform, Recovery, and Enforcement Act of 1989*）；1990 年通過《犯罪防制法》（*The Crime Control Act of 1990*）；1992 年通過《反洗錢法》（*Annunzio-Wylie Anti-Money Laundering Act*），1994 年通過《洗錢防制法》（*The Money Laundering Suppression Act of 1994*）。

「亞太防制洗錢組織」(Asia Pacific Group on Money Laundering, APG)成立於 1997 年 2 月，秘書處設於澳洲，主要宗旨是促進一個國際共同接受的防制洗錢準則及措施，並確保其執行與落實。911 事件後進一步將切斷恐怖組織資金來源納入，我國也是創始會員國之一。

中國大陸曾派代表參加在 1997 年成立的 APG 會議，但後來一直沒有申請成為會員國，為了避免中國大陸成為國際間防制洗錢的死角，APG 邀請中國大陸參加 2003 年 9 月的 APG 年會，但中國大陸要求 APG 更改"Chinese Taipei"為"Taipei, China"。

911 恐怖攻擊事件後，國際防制洗錢組織行動小組列出包括開曼、列它敦斯登、諾魯等 15 個洗錢天堂國家的黑名單，金融穩定論壇(Financial Stability Forum)也擬出一份清單，把境外金融中心從「優良」到「非常壞」的三類級別；OECD 宣佈 35 個獨立司法管轄區透過有害的租稅競爭、扭曲貿易和投資，上述行動計畫主要是針對不合作的國家發出國際制裁，尤其對那些被控幫助洗錢的國家。布希政府便成立一個新的聯邦機構「外國恐怖份子資產追查中心」(Foreign Terrorist Asset Tracking Center)，以揭露、孤立、凍結恐怖份子的財產。

在 2004 年美國國務院公佈年度國際毒品管制策略報告中，曾將臺灣、中國、

香港、新加坡等數十國家及地區列為主要的毒品洗錢國家。2005 年美國政壇重量級人物、前聯邦眾議院多數黨(共和黨)領袖狄恩(John Dean)，被控涉嫌違反德州選罷法以及共謀洗錢兩項罪名。

原由是狄恩在 2002 年德州議會選舉時，透過自己的政治行動委員會(PAC)向知名企業募款 19 萬美元的政治現金，再經由共和黨全國委員會進行「洗錢」，將這筆款項分配給德州眾議院的共和黨籍候選人，違反德州選罷法對於企業政治獻金只能用於行政事務而不得涉及使人當選或落選的規定。

當前臺灣發生掏空公司的洗錢手法，大部分在海外進行，以博達、太電掏空案為例，利用海外成立的子公司，進行假交易，或利用其他國家專門提供洗錢，設立的紙上銀行，運用電子金融匯款作業的交叉轉帳將黑錢漂白，在輾轉存入私人的國外帳戶。至於國內洗錢管道，政府發行公債中的無記名公債，則是洗錢者的最愛。

不過，最近喧騰一時的高捷弊案洗錢方式則採取傳統化整為零的現金易手方式，涉案者採用現金，先將大筆的錢陸續化整為零的轉手到人頭帳戶，再由人頭把現金存入銀行進行洗錢，即使辦案人員懷疑，卻無法直接證明這些分批、分時進入帳戶的黑金就是不法所得。至於，賭場洗錢雖然金額不大，但是更難追查，大都是黑道或毒品組織在使用。

司法單位查獲國內洗錢，尚可按圖索驥追回。但海外洗錢，牽涉到國際外交和金融協定。沒有邦交國或彼此簽訂相關協定，實在很難追查跨國洗錢的金融犯罪。2006 年警方破獲許志棟、盧伯賢等不法集團的跨國洗錢案，即是該集團將網路簽賭(棒球、足球)、六合彩的賭金，和擄鴿勒索、竊車勒索、跨海電話詐騙的不法所得，透過人頭帳戶層層轉手，進入該集團所成立的公司，再利用合法「三角貿易」方式掩護非法資金，轉手匯入香港、新加坡等 9 家金融機構至少 57 個帳戶(94 年 1 月至 12 月共匯出 113 億元)。

檢警追查這 113 億流向，一部分進入建華銀行香港分行、英屬維京群島亞曼尼公司帳戶，再匯入盧伯賢等人帳戶；另一部分則進入中國銀行香港分行、花旗銀行新加坡分行，因屬國外銀行，臺灣司法單位很難進行查證。複雜度的洗錢流

程，相對地增加時間成本。

2009 年 12 月 6 日《中國時報》刊載，元大集團疑涉協助扁家藏匿 7 億 4 千萬，且將 5 億 4 千萬匯香港再轉匯瑞士威格林銀行；另國泰金控疑無償提供國泰世華銀行保險室給扁家藏匿資金，時間長達 5 年，扁案初期一度向檢方隱匿。特偵組已將其等重要負責人列為洗錢被告。

而在 2009 年 12 月 16 日臺灣首次舉辦「第四次兩岸暨港澳警學研討會」中，中國人民銀行研究員宋泓均指出，兩岸四地洗錢猖獗，估計每年高達 2 千億至 3 千億人民幣。2007 年根據 APG 會員國三年一度的相互評鑑結果，臺灣在 16 項反洗錢與反恐怖的核心建議中，高達 11 項被列為「未遵循」(NC)或「部分遵循」(PC)」評等，被列在洗錢國家的觀察名單中。有鑑於此，金管會配合《國際洗錢防制法》，將洗錢通報門檻從 100 萬元下修到 50 萬元，亦即民眾只要在銀行提存現在、匯款超過 50 萬時，就必須向銀行登記身分資料，並留存交易資料，列入洗錢通報名單內。

2009 年 10 月臺灣終於被「國際金融反洗錢特別工作小組」(FATF)通報指出，臺灣已在 11 項防制洗錢缺失中，改善其中 5 項，FATF 因臺灣涉及的缺失低於 10 項，將臺灣從有洗錢疑慮的名單中除名。

(十一) 非法移民的外部性論題

外部性(externalities)的定義，簡單地說，是指由於某個個人或廠商之行為所產生的非有意附帶結果，而這種結果會對第三者產生不是經由價格機能傳達的效果。換言之，任何一種行動，不論生產、交易或消費，除了對採取這一行動的人會直接發生一些利益或帶來一些成本(損失)外，還會間接對其他沒有採取這一行動的人也會發生一些利益或成本。這些對於他人所發生的利益或成本就稱為外部效果。

因此，外部性會有外部利益(external benefits)或外部成本(external cost)之別。外部利益可以由於醫療和基礎教育而產生，而空氣污染或雜草叢生則會造成外部成本。因為，醫療和基礎教育對社會的外部效果是正面利益；而火警、噪音與亂

丟垃圾對社會的外部效果是負面的成本負擔。舉個最明顯例子，就是許多施工中的公共工程建設所引發的外部成本。由於施工單位將道路圍起來以後，其慢慢地施工過程，確實對於使用道路人增加了時間成本的負擔。

所以，政府發包工程時，應該把外部成本納入決策條件，也就是總標價由工程款加上外部成本(例如用通過車輛數(乘於)平均遲延時間(乘於)平均時間成本，由總價最低者得標。

如果外部利益或成本很少溢到地方之外，這就表示說這些事務應該是地方政府的責任，而不是地區或國家的責任。但是幾乎沒有一項政府的服務不會有一些溢出鄉鎮或縣市的地方性利益。

尤其是絕大部分社會治安的利益，可能是由付錢雇用警察的鄉鎮或縣市所承受，但是如果一處城市把一個小偷關了起來，那麼這個小偷的下一站作案城市就撿到了便宜，但是前一處城市的警戒巡邏也可能把小偷嚇趕跑到鄰近的鄉鎮或縣市去，如此，這些地方就要負擔外部性成本了。外部成本的問題，在於我們考慮什麼事情值得做，或者什麼事情不值得做時，沒有將其計算在內。

解決之道是針對造成污染者收費(polluter pays principle)，這種方法稱作「排放費」(effluent fee)，又因為經濟學家皮古(A. C. Pigou) 是第一位提出要採用課稅的方式，來矯正外部成本所產生的問題，因此被稱為「皮古稅」 (Pigovian tax) 。因此，利用市場機制來解決外部效果，有時候非常有效，如果私人部門不花費任何代價，可以透過「寇斯定律」 (Coase Theorem)的個人或團體協商的方式解決外部效果所產生的爭議，而不必政府介入。

所謂「寇斯定律」是指在交易成本為零的環境下，資源配置與負債的法律地位無關。此一定律可以應用到交易成本大於零的真實世界，前提是交易成本不會因負債的法律地位變動而受到重大影響。換言之，只要產權確定，牽涉人數不多，交易成本稀少，則外部效果問題就可以通過當事人協議而解決，至於產權屬何方則無關宏旨。[37]

---

[37] Rolald H. Coase, 盛洪、陳郁等譯，《企業、市場與法律》，(上海：三聯，1990 年)，頁 91-95。

　　就外部效果而言，兩岸經貿促使兩岸主權明確化，臺灣已出現因為對大陸貿易依存度所衍生的壓力團體，兩岸交流也增加臺灣的安全負擔。與大陸經貿交流所產生的主權獨立、國家安全等外部效果皆具備公共財(public goods)的特質，大部分人對公共財會抱持搭便車(free-rider)的態度，不付任何代價、坐享其成；大陸也利用公共財的特性，侵犯臺灣主權。只要有外部性的存在，私人所作的有關生產和消費的決策，都不會產生最有效率的交易結果，此時，政府的干預是可以提高經濟福利的。

　　2009 年 3 月英國開始針對非歐洲聯盟成員的移民和留學生，增收簽證稅。根據英國國家統計局(ONS)統計，英國移民人口到 2007 年已增加到 23 萬 7 千人，比 2006 年成長 4 萬 6 千人。

　　臺灣在 4 月 23 日立法院內政委員會審查兩岸關係條例修正案，初步決定，賦予所有合法來臺的大陸配偶工作權，並取消繼承權 200 萬元的上限。陸配取得身份證的等候期間，也渴望從 8 年縮短為 6 年甚至 4 年。其實這些修正案即使通過，也不過是勉強讓大陸配偶的待遇稍微追上外籍配偶，若要說大陸配偶能等同享受國民待遇原則，那還有很長的路要走呢？要想讓新移民融入社會，最關鍵的是要賦予工作權與必要的社會福利權，同時也要以法律保障人權，來避免對移民的種族或外人的歧視。

　　2009 年 2 月 24 日在德國奧斯卡獎奪得最佳影片獎的《拉貝日記》，是根據一位德國商人拉貝(John Rabe)的日記拍攝南京大屠殺的電影。當 1937 年 12 月中旬日軍展開血洗南京時，拉貝是德商西門子公司駐南京代表，他利用德國與日本的同盟關係和自己的納粹黨員身分，在南京設立安全區，安置 20 多萬的中國人，也在自己的自宅花園收容 650 名中國難民，是中國版的辛德勒。

　　《安妮的日記》(Diary of Anne Frank)，是一部描述在第二次世界大戰時，猶太人在納粹鐵蹄下生活的著作。作者安妮‧法蘭克(Anne Frank)雖然最後死於卑爾根-卑爾生(Bergen-Belsen)的集中營，但依據 2007 年 2 月 14 日紐約「伊沃研究所」（YIVO, 是猶太研究所的縮寫）所公佈安妮的父親奧圖‧法蘭克於 1941 年 4 月寫給其美國友人的信裡表示，他們一家人迫切盼望經由友人的協助，借得 5,000

美元的存款證明，才能取得美國簽證的困難處境。

　　在信裡奧圖更剴切地道出：「若非情勢所逼，我不會提這請求，或許您還會記得我有兩個女兒，我們主要是為了孩子，若光是我們自己的生命並沒有那麼重要。」奧圖當時與妻子和女兒住在已經被納粹佔領的荷蘭阿姆斯特丹市，就在他寫這封求救信之前的數日，其實奧圖一家人可能早已被蓋世太保（納粹秘密警察）的線民所威脅。由於當時已有多達 30 萬人正在等候美國的移民簽證，但自從法國於 1940 年 6 月被納粹攻陷之後，美國極為擔心來自歐陸的難民可能混雜著納粹間諜和恐怖份子，因此對於移民美國的審查採取相當嚴格的規定。

　　奧圖一家人在赴美受阻後，為了想要能盡速脫離納粹的種族歧視和遭遇被屠殺的命運，奧圖只好嘗試申請前往古巴的簽證。可是當時德國和義大利已經對美國正式宣戰，複雜的戰爭情勢再度影響了奧圖一家人的簽證。隨著納粹開始將佔領區內猶太人大量送往集中營的行動，奧圖一家人不得不躲進阿姆斯特丹市附近，一棟位在運河邊倉庫的閣樓裡。

　　奧圖一家人在那個地方一共渡過了兩年餘，《安妮的日記》就是生活在這段日子裡，由當時只有 14 歲的奧圖女兒安妮所寫下她內心煎熬和外在艱苦的日記。當 1945 年安妮不幸過世時，其年齡僅不過只有 15 歲。1947 年《安妮的日記》出版後，暢銷全球，成了「猶太人浩劫」(Holocaust)最扣人心弦的記載和控訴。1959 年《安妮的日記》被改編成電影，在社會上造成很大的轟動。而負責藏匿保護法蘭克全家吉斯(Miep Gies)於 1987 年出版了她的回憶錄《懷念安妮法蘭克》(*Anne Frank Remembered*)，2010 年 1 月 11 日過世，享年 100 歲。

　　這是一部有關人權和移民事件的感人故事，不但強烈地嘲諷當時美國因拒絕接受移民而斷送《安妮的日記》作者的生路，也普遍引起世人對全球化經濟所帶來人類大遷移的重視。追溯近代移民潮是以 19 世紀末與 20 世紀初的行動最具規模。19 世紀末的移民行動，大約有 6,000 歐洲人遷往北美、澳紐、阿根廷等新定居區(lands of recent settlement)，以及大量中國人、印度人遷徙到東南亞的歐洲殖民地以及東非和加勒比海地區的移民歷史。而所接著 20 世紀初的移民行動是在第一次世界大戰之後，則是另一波高潮。

　　檢視這兩次的大移民潮，經濟學家梭羅(Lester C.Thurow)指出，在移民中間有窮人(美國試圖誇大真正窮人的數字)，而大多數移民中是富國中產和中低產家庭(英國、德國和義大利)的移向空曠國家(美國、阿根廷)。而當時那些空曠國家尚需要人口和非熟練工人，但今天的工業化國家已不再需要這兩種人。因此，當今前往的移民人口肯定是精力旺盛、通常夠聰明，只是在他們要成為這些已開發國家的有用公民以前，還需要在他們的技能上進行大量的投資。[38]

　　換言之，任何國家移民政策的設計，肯定是要以對自己國家的經濟成長有利。因此，移民行動所造成的人口重分配，雖然可以部分解決了貧窮國家的經濟問題，但也突顯「客工」，甚至於非法移民的勞力移動，其所衍生的問題和對世界經濟發展的影響。

　　試想窮苦的墨西哥村民穿越與美國的交界進入加州，其非法進入的最壞結局不被抓進牢房，就是被遣返。關進牢房，對加州政府是一項沉重的財力、人力負擔，在考慮成本費用之後，只會將他們遣回。墨西哥的窮村民早已盤算好，被關在加州監獄的生活水準還是要比在墨西哥的窮村落高。當然，非法的墨西哥移民經過如此反覆嘗試，終會達成進入美國國土的心願。相較於近年來臺灣對於來自中國大陸的偷渡客，又何曾不是出現類似的非法移民問題。

　　全球化所產生的非法移民問題有：第一，無論是否為經濟性移民，已顯示出民族國家獨立維護邊界的能力有限；第二，即使是加強邊界監督的國家，也無法阻止非法移民的湧入；第三，國際間試圖控制或協調移民政策的努力，表示各國已經承認了國家自主與主權本質正在改變，在這方面的確需要跨國合作；第四，在經濟與文化政策的範疇內，遷移已在改變先進資本主義社會中運作的國內政治環境背景，如集體力量與政治行為者聯盟的形式已改變，也重新塑造政治利益的外貌以及對這些利益的概念；第五，遷移已經改變可行的國家政策選項，和這些政策之中利益與成本之間的平衡。

----

[38] Lester C. Thurow, 李華夏譯，《資本主義的未來：今日的經濟力塑造明日的世界》，(臺北：立緒，1998年)，頁 107-108。

因此，當前移民政策的制訂確實也存在著如何管理非法移民對於經濟學上所論述的外部性思考。[39]然而，移民之所以發生，主要還有下列因素的考量：第一、福利誘因，如幾個世紀前歐洲人移民美洲、澳洲，或是二十世紀亞洲人移民美洲；第二、風險平衡，如年輕人較勇於冒險，比較風險後傾向移民；第三、親友網絡、如家人一但有人移民成功，家族既有前人可以照顧，移民機率大增；第四、漸進融入說、如第一代移民，人生地不熟，出頭天的機會較小，但第二、三代較能落地生根，漸入佳境。可是，現在許多國家的人民對移民都採取敵視的態度，其原因部分在於這些人擔心移民不是為工作而來，而是為分享福利為目的。

然而，支持開放移民的理由指出：第一，移民往來帶來可觀的資金；第二，移民中有不少具有企業家精神，他們開辦企業，僱用職工，直接創造就業機會；第三，移民所擔任的工作，有些是本地人不能勝任的工作，由於移民的功能使這些工作得以完成，從而使與之相輔的工作機會也增加。因此，移民雖然占去了部分工作權利，但也創造了其他工作機會。

從移民經濟學角度探討和檢驗移民歷史，如果移民只是搶走本地的工作，而不創造工作職位，而當今美國、加拿大及澳洲等國家，就業人數當不及 1%，只有幾百年前美國印地安人或澳洲土著當時就業的人數。臺灣如果沒有明清時期大量漢人的移入，可能也未必能夠創造許多的工作職位。

另外，移民不見得減低人均所得，例如當一個大陸移民移居臺灣時，它賺取相當於其邊際產量(包括他所帶進資金之邊際產量)的所得，這是可以透過移民經濟學加以深入探討的內容。因此，若不考慮規模經濟、科技與外部經濟等因素的前提下，臺灣本地人沒有得利，也沒有損失，但當超過一個類似或同樣具工作性質的移民移入時，則本地人將會得利。

因為，假設只有一名大陸廚師移民，其邊際產量為每月 3 萬臺幣，他賺取這3 萬元，因而對臺灣沒有明顯的利弊，但若移入兩名廚師時，由於邊際產量遞減，

---

[39] David Held, Anthony McGrew, David Goldblatt and Jonathan Perraton, *Global Transformations: Politics, Economics and Culture* (Cambridge: Polity Press, 1999).

由 3 萬元減至 2 萬 9 千元，這兩名廚師都只能賺取 2 萬 9 千元，因為每人都是邊際單位，他們兩人對臺灣經濟的總貢獻是 5 萬 9 千元(即 3 萬加 2 萬 9 千)，但他們只賺取 5 萬 8 千元(即 2 萬 9 千乘 2)。因此，臺灣的本地人獲利 1 千元。

換言之，即使在多種要素的情形，移民即使減低人均所得，也會使本地人在經濟上得利，而不是損失。因此，在失業率和犯罪率方面並未全然是因為移民所帶來的問題。

不過，2005 年 11 月巴黎街頭發生暴動，探討其發生的最主要原因仍然是移民問題所衍生的結果。2007 年 4 月 18 日發生美國維吉尼亞理工學院校園槍擊事件，兇手是該校四年級學生，係韓裔的美國公民。

據了解該名學生 9 歲以前是在韓國首爾的窮苦環境成長，以後隨著父母親移民美國，父母親所從事的工作是比較低層的家庭自助洗衣店，勉強維持生計。在種族議題的研究上，許多移民學生在美國，不論是亞裔或其他族裔幾乎都有在中學受到欺侮或是歧視嘲諷的經驗，犯罪學的研究也指出，謀殺案大多發生在犯罪者所屬的社會群體之內，而非外群體。

職是之故，可以想像這樣的移民家庭長大的小孩，在高度資本主義化的美國，就比較容易成為具有反社會性格的邊緣人。因此，從移民政策的經濟角度思考，其犯罪行為造成開放移民國的社會成本負擔。在 1980 年代以前，巴黎是右派的大本營，郊區則是左派地盤。

隨著北非，尤其是阿爾及利亞移民的湧入郊區，極右排外的民族陣線遂提出「法國(白)人優先」，主張遣返 200 萬北非移民，換取 200 萬個工作機會。嗣後，導致法國政治人物喜歡超短線，拿特定族群議題操作，作為謀取政經利益的手段，而讓國人陷入「愛法國」民族主義的糖衣包裝，和面臨紛擾的國家認同。巴黎街頭暴動事件突顯，三十年來法國政府沒有努力制定一個移民政策，也就無法有效解決移民和失業問題。因此，移民政策一直到今天仍然是法國總統競選時各政黨所訴求的重要政見。

梭羅(Lester C. Thurow)在評論全球化經濟時指出，反對全球化人士應該認清，阻止全球化並不能阻止資本主義的發展，社會主義是被自己打敗的，回到國

家經濟並不能讓社會主義起死回生。而主張全球化人士亦應該明瞭，電子媒體使第三世界的窮人看到期望的生活水準，不可能說服他們不要移民到第一世界。除非第一世界國家的人民願意做原本沒人要做的工作、願意停止僱用非法外勞，否則任何邊境管制都無效。

但大多數人民都不願意做低薪無趣的工作，所以紛紛僱用非法移民。只要這種經濟行為不停止，就無法有效管制邊境，甚至於使用晶片護照或電腦臉部辨識技術，其功能仍極為有限。

所以，美國加州與墨西哥之間原本完全通行無礙，直到 1929 年規定無文件移入者違法，情況才改變。但那時候加州的季節性農工已有七到八成是墨西哥人，非法墨西哥移民一直是加州鄉村經濟的重要支柱。以描寫非法墨西哥移民加州的二十世紀美國小說家史坦貝克(John Steinbeck)，在其名著《憤怒的葡萄》(*The Grapes of Wrath*)中，將此情節稱之為「流動雇農」。

但是美國在 2006 年 9 月 29 日美國參議院以 80 票贊成 19 票反對的比數通過極具爭議的「鞏固圍牆法」，批准修築美國與墨西哥總長 3,200 公里邊境中 1,126 公里關鍵地段的雙層圍牆。這段工程除圍牆外，還包括高科技攔截設備、衛星空照、直升機和無人偵測機，以攔截來自墨西哥與中美洲的非法偷渡客。

花費鉅資興建圍牆是否有助於解決潛藏背後的經濟、社會和執法問題，亦無法阻止其他人繼續越過邊界進入美國。然而，該法案的目標在透過修築圍牆確保加州、亞利桑那州、新墨西哥州和德州與墨西哥的邊界安全，防堵非法偷渡與毒品走私，該目標是否能有效達成令人懷疑。

因此，就臺灣當前外籍新娘人數不斷增加的移民問題，對於臺灣男士受社會的庇蔭，因而獲取外部性利益，所以應該加以課稅；臺灣女士受到臺灣男士喜愛外籍新娘之害，結婚困難，所以應該得到補償。

根據經濟學為解決貿易失衡的良策是改變商品價格，而不是限制進口的原則來論，臺灣應該設法提高進口新娘的價格、降低進口新郎的價格，使外籍新娘和新郎的人數趨於平衡。因此，迎娶外籍新娘應繳社會安定捐，而招贅外籍新郎者應獲所得稅的減免。

　　臺灣的大陸配偶每年都有配額管制，但來自東南亞的外籍新娘並未有嚴格限制，對於移入人口總量管制機制可以選擇紐西蘭模式的採用彈性調整制，以出生人口扣除死亡人口及移出人口後，與理想人口數做比較，如為負成長就開放移入，如為正成長即減少移入；或是選擇美國模式的採用固定比率制，每年移入比率固定為千分之二。

　　當全球經濟發展的「投資跟著貿易走」時代，已經逐漸被「貿易跟著投資走」所取代的今天，我們所要更要重視的是國際投資資本的移動力，而不是國際商品的移動力。所以，當前臺灣面臨非法移民的問題，雖然可以透過《入出國及移民法》來強化國境和人流管理，但是如何獎勵高級專業人才及辦理投資移民的外國人，能很順利的取得永久居留權，以吸引國際人才及資金來臺投資。

　　這是 2007 年元月剛成立的移民署所要重視新移民的人權、生活諮詢，甚至攜帶資金的進出等課題，而不只侷限於婚姻移民。雖然，移民署的權限從移民的個人到雇主甚至相關行業，都掌握有審核、發照、臨檢、盤查、搜索等法定效力，以達成打擊假結婚、真賣淫、假打工、真匪諜的種種非法寄生任務，但這都只是消極面，積極面應該讓移民署除了抓非法移民、擔任他人侵害移民人權的職務之外，也能扮演好協助促進移民經濟投資的保障。

(十二) 交通事件的運輸利益論題

　　國際貿易的導因除了所謂各國經濟資源的稟賦(endowment)不同、國與國之間的要素缺乏流通性，及各國經濟發展情況不同的生產技術各異之外，其存在的理由有：第一，絕對利益理論(Theory of Absolute Advantage)：由於 16 世紀至 18 世紀中葉盛行的重商主義(mercantilism)主張貴金屬(貨幣)是一個國家的主要財富，必須依賴貴金屬尤其是黃金的流入。

　　如果一個國家不產金、銀等金屬則貿易順差(trade surplus)就成為累積財富的主要途徑。因此，重商主義者在貿易政策上，主張政府應該鼓勵出口，限制進口，但是各國不可能同時享有貿易順差。因為，一國的貿易順差，必然造成他國的貿易逆差(trade deficit)。

由於史斯密(Adam Smith)反對重商主義的論調，於是提出「絕對利益」(absolute advantage)或稱「絕對優勢」，是指該國使用與他國同量的資源，但能生產較他國更多的此一財富。也是各個國家若各自專業於其具絕對利益物品的生產，並以之出口來換取他國的產品，各國將蒙受其利。

史斯密(Adam Smith)的「絕對成本」(absolute costs)主張，若一國的全部生產物的成本都低於外國，則該國將只有出口，而無進口；若一國的全部生產物的成本都高於外國，則該國將只有進口，而無出口，國際貿易乃無法展開。李嘉圖認為，即使在這種情形下，兩國之間的貿易仍是相互有利的。

因為，生產條件最有利的國家可出口其比較成本最低的商品，進口其比較成本最高的商品，而享有貿易利益。生產條件最不利的國家，亦可就其商品中出口比較成本最低者，進口其成本最高者，而享有貿易利益，這是比較成本理論的要義。這樣的貿易理論主要是以勞動價值論為基礎展開的，勞動價值論(The labor theory of value)簡言之，就是不同商品的交換價值決定於生產時所投入勞動量的多寡。因此，絕對利益可定義為：假設各國對於相同生產要素所支付的報酬相同，若一國生產某財貨的單位生產成本低於另一國，則生產成本較低的國家對該財貨的生產具有絕對利益。

第二，比較利益理論(Theory of Comparative Advantage)：也因為專業化的生產使「貿易利得」(gains from trade)得以實現，惟當一國在各種產品之生產上都具有絕對利益，而另一國不具任何絕對利益時，那麼後者豈非沒有任何物品可以生產。

因此，李嘉圖(David Ricardo)將其修正，而提出「比較利益」(comparative advantage)法則或稱「相對優勢」法則，也就是指選擇「利益較高」或是「劣勢較小」的產品來生產並出口的原則，使得自由貿易的理論大放異彩，發揮「天生我才必有用」的極大化境界。同時，在與無貿易情況下相比，貿易利得確能使一國可以達到較高的福利水準，因此貿易在沒有增加一國的生產可能組合下，可以擴大它的消費組合，只是社會消費的增加，並不表示對每個人有利。

當然李嘉圖的比較利益理論有幾項重大的假設，譬如：兩國之間的貿易只有兩種商品、自由競爭、勞動價值學說或金本位制度的自動調整機能、充分就業、

資本與勞動不作國際性移動、生產所需的勞動成本不變、不考慮調整生產所需的時間，其重大缺點是未討論兩種商品之間的交換比率的決定因素，雖然根據其理論可以訂出此交換比率的上下限。比較利益理論至今仍是國際貿易的基礎，其產生的功能在於促進各國資源的有效利用，加強各國相互依存的關係，以及平衡各國生產要素的價格。

第三，現代貿易理論(Theory of Modern Trade)：比較利益受限於成本遞增、報酬遞減，及各種生產要素移動性不大的限制。因此，相對於古典理論所指「絕對利益」與「比較利益」的現代貿易理論，遂認為各國具有比較利益，適合作為出口的物品，就是指使用該國較為充裕的自然資源(如勞動與資本)與生產要素(如工資與利率)較多的產品。

所以，各國一般將出口適合以該國較為充裕的資源與要素來進行生產的物品，而進口使用該國較缺乏的資源與要素較多的物品。例如 1930 年代赫克歇爾(Eli Heckscher)與歐林(Bertil Ohlin)建立 H-O 模型(model)，推斷一國將從事專業化生產並出口那些具有比較優勢的產品，亦稱為要素稟賦理論(Theory of Factor Endowment)。

也就是假設兩國(A 國與 B 國)兩財(X 財與 Y 財)兩種生產要素(資本與勞動)模型。例如美國是資本豐富國家，對於資本密集財的生產有比較利益如汽車；臺灣是勞動豐富的國家，對於勞動密集財的生產有比較利益如紡織品。貿易後，臺灣的紡織品的產量增加，汽車的產量減少，並出口紡織品，進口汽車；美國則是汽車量增加，紡織品減少，並出口汽車，進口紡織品。這一推斷是基於規模報酬不變(即生產的增加不降低成本)，生產技術在世界上普遍可用，還有一國的比較優勢和貿易方式由其要素稟賦(如資本、勞動力和天然資源)來決定。

該理論缺點是實際貿易方式與其預測大不相同，如美國與西歐雖然具有十分相似的要素稟賦，但互為對方的主要貿易夥伴。因此，該理論受到修正，貿易方式除了受到天然資源稟賦影響之外，還要受到歷史事件和政府政策的影響，以後甚至將人力資本、「邊做邊學」(learning by doing)、技術革命和規模經濟效益等因素包含在內。

另外，影響國際貿易的因素，例如規模經濟(economic of scale)，乃由於勞動分工專業，個人積數累積而提高生產力，資本專業化，採用更有效率的機器設備，副產品的善加利用，這些因素促使廠商的生產成本因為生產規模擴大而降低，各國也將選擇具有比較利益的物品來專業生產；例如從需求面而言，兩國消費者偏好型態的不同，也是導致貿易的重要因素；例如從產品週期理論(product-cycle theory)亦足以用來說明影響各國貿易型態轉變的理論，這是從分析新產品或新製品的動態的比較利益(dynamic comparative advantage)，而 H-O 模型說明的國際貿易則屬於靜態的比較利益(static comparative advantage)。

波特(Michael E. Porter)的競爭優勢理論指出，一國經濟特徵對本國企業環境的影響要麼是促進，要麼是阻礙競爭優勢在某些行業的發展；戰略貿易理論(strategic trade theory)指一家公司可能在母國政府的幫助下，設計出使其在壟斷行業有效競爭的戰略，例如美國對網路的發明和支援。

就我國經濟發展過程中，尤其是處在海島型的經濟下，國際貿易至少已為我國提供了：第一，國內所缺乏的原料、機器及資本財；第二，新的生產技術、企業經營觀念；第三促使資金的流通，增加國內投資就業機會；第四，國際競爭的壓力，促使國內廠商和產業不斷的升級，並且也相對減少國內產業免於被壟斷的後果。

如果再深入探討比較優勢與絕對優勢可以獲得這樣的論點：人們或地域自有其存在的權利與價值，亦即這些權利與價值獨立於其經濟功能而存在，至於企業則完全因為經濟功能而存在。所以，人們或國家必須從事他們自己最擅長的工作，儘管他們做這些工作的績效未必比其他人或國家來得好；而企業則只能從事它們比其它企業做得好的業務。這也是為什麼我們把比較優勢用在個人或國家的身上；而把絕對優勢用以描述企業競爭的根本原因。

美國首位諾貝爾經濟學獎得主薩繆森(Paul A. Samuelson)指出，貿易理論並無法保證聖誕老人式的全部有獎，貿易風有時會溫暖一些人，但也會凍著其他人，沒有所謂的分配正義，但促進國際貿易的結果，可提高世界各國資源的有效分配，增加國際之間的生產與消費，並因國際經濟的競爭，也打破各國內不符合公平正

義的獨占行為。

　　然而，國際社會確實存在許多貿易障礙，影響自由貿易的進行，降低了貿易可能帶來的經濟利益，儘管國際貿易與國內交易存在諸多差異，賤買貴賣原則仍然適用。所以，自由貿易理論中的比較優勢法則是經濟學中最出色的理論(the most beautiful idea in economics)。

　　然而，除了貿易問題之外，儘管許多經濟學家贊成不要約束資本市場，但是1981 年獲得諾貝爾經濟學獎的托賓(James Tobin)對許多國際資本流動不受管制的觀點持有不同的看法。

　　國際貿易政策的目標在於增進對外貿易的利益與減少可能產生的弊害，通常可分為以亞當史密斯為主的古典學派所倡導的自由貿易政策和以德國經濟學家李斯特為主的保護貿易政策。

　　而國際貿易政策主要可分為進口政策與出口政策。進口政策指進口關稅(import tariff)與進口配額 (import quotas)，包括：視關稅為收入來源、關稅可調節國外低工資進而保護國內工資、保護幼稚工業 (infant industry)、行報復性關稅、多買本國產品、改善貿易赤字或追求出超、為求國家安全與經濟穩定、經濟利益重分配、反傾銷。

　　換言之，自由貿易政策很難徹底的施行。因為，經濟發展相對落後的國家為維持其國家基本產業的建立，並維持其國際收支的平衡，通常會採取許多貿易保護政策。因此，實施保護貿易政策的主要理由，諸如國防安全理論、扶植幼稚工業論、高工資論、就業論，以及經濟自主論等。而採取保護貿易的方法包括保護關稅、貿易管制和外匯管制等等。

　　透過政府的干預來鼓勵高科技產業的發展，稱為產業政策(industrial policy)。所謂保護幼稚工業，其實施前提為所扶持者必須是真正具有發展力的產業，只能短期保護，當成長茁壯後的社會利益必須能彌補保護期間的社會損失。

　　要決定那些產業值得保護事極端的困難，通常保護政策的實施，都是針對在政治上具有影響力的產業，一但在政治上具有權力的產業取得保護，貿易限制就難以被取消。反傾銷是以免當國內沒有競爭對手後，又再大幅度提高價錢的話，

形成掠奪性傾銷(predatory dumping)，但若外國財貨的傾銷持續的話，本國消費者可從進口的便宜財貨獲得利益，因此是否實施反傾銷或對傾銷產品課徵反傾銷稅(antidumping duties)亦頗受爭議。

出口政策指出口補貼(export subsidies)與限制出口，出口補貼是為了刺激景氣或加速經濟成長，同時，也是為了提高出口品的國際價格，或為了平抑國內物價上漲的壓力，而採取了限制出口的措施。最受批評的例子是日本採取所謂的「進攻型」(adversarial)的貿易政策，因為日本出口工業品，卻不從別的國家進口工業品。因此，貿易障礙可簡單分為：運輸成本、關稅，及非關稅障礙。非關稅障礙可細分為進口配額、傾銷。傾銷可分為偶發性傾銷(sporadic dumping)、掠奪性傾銷(predatory dumping)，及持久性傾銷(persistent dumping)。

由英國牛津大學經濟學和管理學教授凱伊(John Kay)對比較優勢與絕對優勢有獨到的論點：人們或地域自有其存在的權利與價值，亦即這些權利與價值獨立於其經濟功能而存在，至於企業則完全因為經濟功能而存在。

所以，人們或國家必須從事他們自己最擅長的工作，儘管他們做這些工作的績效未必比其他人或國家來得好；而企業則只能從事它們比其它企業做得好的業務。這也是為什麼我們把比較優勢用在個人或國家的身上；而把絕對優勢用以描述企業競爭的根本原因。[40]

一些世界上極為貧窮的國家企圖透過追求「對內導向政策」(inward-oriented policies)來達成更快速的經濟成長。然而，大多數經濟學家認為貧窮國家追求與世界經濟接軌的「對外導向政策」(outward- oriented policies)，生活可以獲得改善。從歷史角度看，保護主義比自由貿易更有影響力。雖然每個國家都想享受自由貿易帶來的利益，卻常常不願意開放本國市場，不願意讓市場力量來決定各國從貿易中可得到的多寡。雖然支援自由貿易的論證很有說服力，但貿易保護的理論總是以各種新面貌出現。

....

[40] John Kay, *The Truth about Markets: Why Some Nations are Rich but Most Remain Poor* (London: Penguin Books, 2003).

實際上，完全沒有壁壘或者極少壁壘的自由的貿易根本不曾出現過。因此，貿易自由化（trade liberalization）（向著真正的自由貿易發展）的主張要比自由貿易(free trade)更恰當。

亦即，那些直接影響到出口與進口的貿易政策，並不會影響到淨出口，因淨出口會與淨資本流出相等，淨資本流出又等於國民儲蓄減去國內投資，貿易政策並沒有改變貿易餘額，因為這些政策既沒有改變國民儲蓄，也沒有改變國內投資。

在既定的國民儲蓄與國民投資水準下，實質匯率會不斷調整以維護貿易餘額不變，不論政府試圖採取任何貿易政策的干預都是一樣。雖然一國的貿易政策不能影響其全面的貿易餘額，但這些政策的確會影響到個別廠商、產業，甚至其他國家。[41]

總結說來，藉著貿易，國家等於強制人民把資源從低生產力的產業轉往高生產力的產業。然後，家戶便可以較少的代價換取更多的財貨。然而，這樣的轉變的確會對低生產力產業的勞工和業主帶來痛苦，不過通常保護主義帶給消費者的傷害更大。政府可以直接補償這些遭淘汰的勞工，並且支付轉業的職訓費用。

就以往政府對重型機車採取的管制進口政策，造成跨國犯罪集團在衡量效益大於犯罪成本之後，大膽從國外進口重型機車以獲取暴利。臺灣警方就曾會同日本警方，共同查獲一個跨國重型機車竊盜集團的案例，該集團專在日本行竊重型機車，將機車解體裝入海運貨櫃，以廢五金名義申報進口回臺。

另外，警方也發現該集團將部分贓車，經由香港轉入大陸銷贓，成員包括臺、日、港、大陸四地的國際型犯罪集團。臺灣除了以前的管制重型機車進口之外，長期以來最人受詬病的是汽車保護政策。1960、1970 年代由於臺灣工業發展尚屬在幼稚的發展階段，當時執政的政府希望透過管制進口的保護方式，來扶植國內汽車產業的發展，以建立自主性工業，甚至包括國防工業的發展，以致於影響到了 1980 年代，臺灣亟欲籌設大汽車廠的計畫仍然遭遇重大挫折。

[41] N. Gregory Mankiw, *Principles of Economics* (Ohio: South-Western, 2004).

德國經濟學家李斯特(Friedrich List)在論述一個國家當需要實施保護國內幼稚工業(infant industry)的政策時指出，一國經濟發展至某種程度時，就應採取促進國內工業發展的措施，但應特別注意的是：

第一，保護措施的目的僅在於促進並保護國內工業製造力，只有部分國家適合採用，這些國家乃是指稱領土廣大、人口眾多、資本雄厚、農業進步及文明與政治均高度發達者；

第二，保護方式可對某類工業品的直接禁止輸入，亦可藉稅率高低而全部或部分禁止輸入，應依國家政策的處境而加以衡量；

第三，在開始保護關稅之際，首先應致力於發展一般消費品工業，以增進生產力與資本累積，而發展為製造業係逐步漸進完成，以免影響國家整體發展；第四，對於奢侈品工業之保護宜降低，對農產品不採用保護關稅，因為保護工業乃間接保護了農業，又原料及糧食漲價有害於工業發展。[42]

針對李斯特所主張的保護國內幼稚工業理論，杜拉克(Peter F. Drucker)指出，李斯特於 1830 年代在德國提倡的保護新興產業，以發展國內企業的說法，既不是他創立的理論，也不是德國政策，完全是美國本土的產物。這些舊觀念之所以吸引人，主要是它不以貿易為重點，既不主張自由貿易，也不推廣保護主義，而是把重點放在國內投資上。[43]

尤其李斯特(Friedrich List)主張最基本的經濟單位，不是個人而是國家，為了國家利益，商人和政客有義務聯合起來，這是典型國家主義對亞當‧史密斯(Adam Smith)古典自由經濟的回應。李斯特的保護幼稚產業理論是從漢彌爾頓(Alexander Hamilton)1971 年的〈製造業報告〉（Report on Manufacture）中發展出來的。當柯雷(Henry Clay)把這個報告加以推廣，形成所謂的美國制度之後，當時的李斯特正以政治難民的身分放逐在美國，李斯特就曾擔任過柯雷的秘書，該階段也正是李

---

[42] 林鐘雄，《西洋經濟思想史》，（臺北：三民，1999 年），頁 204-205。

[43] Peter F. Drucker, *Managing in the Next Society: Beyond the Information Revolution* (N. Y.: Martin's Press, 2002).

斯特建構其保護幼稚產業理論的重要時期。[44]

　　從全球化貿易自由政策的觀點來看，以保護主義來抗拒價廉物美的產品進口就會明顯導致以下經濟後果：第一，同時有許多國家擁有物美價廉的產品；第二，就算一個先進國家成功地禁止價廉物美的產品進口，以保護自己國內的相同產品，相較之下自己國內價格較高的產品，還是無法出口競爭；第三，為了爭取廉價勞工，廠商到國外投資設廠生產的比率越來越高，難道自己國家要反對自己廠商在國外生產的產品進口嗎？第四，守得第一關守不了第二關，轉口貨還是可以源源不斷的偷渡進口。

　　因此，保護幼稚產業政策的實施將面臨兩大難題：第一項難題是我們無法判定某一幼稚產業在經過保護後最終能否成為世界市場上具有競爭優勢(competitive advantage)的產業。在市場上，產業的競爭策略(competitive strategy)只有不斷嘗試和改正錯誤的作法，才能促使受保護的產業能夠永保長期競爭力。第二項難題是政府保護政策往往受到利益團體影響，容易導致變質地只會用來保護夕陽產業。雖然，日本的經濟發展經驗可以部分驗證了保護幼稚產業是可以透過政府政策的適度干預而奏效的。

　　然而，心理學家佛洛伊德(Sigmund Freud)所強調的過度的保護會造成不成熟階段的不斷延長。根據佛洛伊德的心理分析論，人格是由本我(Id)、自我(Ego)及超我(Superego)三個系統交互作用而產生內在動力，進而產生個人行為。

　　就我們所知的文明，佛洛伊德認為，乃是由於人類英勇的犧牲了它的本性才獲致的。人類的本性生活是毫無拘束的侵略性生活，而且是以自我為中心的自滿的生活。但文明是建築於自然衝動的壓制，人類自幼年開始即被訓練成為社會的一員，而社會的組成在於互助並禁止謀殺和奸淫。姑且不論主張自由開放或採取保護主義，部分產業發展的成功還是要重視企業策略和政府政策在改善國際貿易上的競爭優勢。[45]

---

[44] Friedrich List, *The National System of Political Economy*. Tran. Sampson S. Lloyd (New York: Longmans, Green, 1904).

[45] Michael E. Porter, *The Competitive Advantage of Nations* (N. Y.: Free Press, 1990).

　　所以，當某一產業受到來自國外的競爭時，反對自由貿易者，通常會基於強調該產業對國家安全的重要性觀點，反對開放市場。舉例言之，假如鋼鐵是用來製造槍砲和坦克，自由貿易將使本國依賴外國供應鋼鐵，如果發生戰爭，本國可能無法大量生產鋼鐵來供應製造足夠的武器以防衛國家。

　　從國際貿易理論和政策的觀點而言，基於國家安全保護某些重要產業是有其必要的。然而，這也容易導致利益團體的遊說以謀取暴利。因此，對於部分想要獲得保護，以免受之於國外競爭的產業而言，其誘因往往誇大了它們在國家安全上所扮演的角色。

　　然而，影響國際貿易的主要因素，就是運輸成本的計算。換言之，運輸成本的存在該是廠商生產策略的考量和構成是否進出口貿易的障礙。一般警察交通管理除了必要性的維持交通秩序，減少交通事故等重要工作職責之外。如果從經濟學角度思考，運輸經濟學已是相關研習交通管理的領域，也因此交通運輸成本因素對於國際貿易理論與政策的衡量，它已成為一項重要的參考變數。

　　基本上，運輸成本會促使兩國分工專業化生產的程度降低，貿易量減少。如果兩國貿易前國內價格的差額小於運輸成本，貿易將不會發生。以下，舉臺灣和韓國因受到運輸成本而影響貿易量和價格為例，如下圖所示：臺灣(左圖)和韓國(右圖)對於 X 財的供需曲線，貿易前臺灣 X 財的價格為 op，韓國 X 財的價格為 op'，臺灣 X 財的國內價格較韓國為低，所以臺灣生產 X 才具有比較利益。

　　因此，在不考慮運輸成本的貿易後，兩國的貿易條件為 OR=OR'，臺灣生產 Rb，消費 Ra，出口 ab；韓國生產 R'a'，消費 R'b'，進口 a'b'，臺灣的出口量等於韓國的進口量，ab=a'b'，貿易趨於平衡。在考慮運輸成本下，假設運輸成本為 RT+R'T'，由臺灣與韓國分攤，臺灣負擔運輸成本 RT 後，X 財的國內價格降為 OT，生產量減為 Td，消費量增為 Tc，出口量減為 cd；韓國負擔運輸成本 R'T'後，X 財的國內價格提高為 OT'，生產量增為 T'c'，消費量減為 T'd'，進口量減為 c'd'，而臺灣 X 財的出口量 cd 仍等於韓國的進口量 c'd'，貿易後，兩國的 X 財的國內價格並不相等，而是相差運輸成本 RT+R'T'。

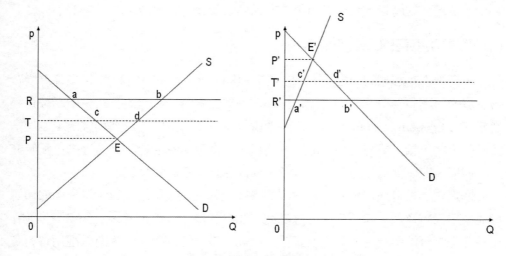

運輸成本對貿易量及價格的影響圖

　　如果政府再考慮提高關稅，在其他條件不變的情況下，當進口產品課徵關稅之後，導致國內價格提高，對消費者的實質所得效果相對降低，因此對消費者比較不利；相對於國內生產者的生產意願提高，會增加生產量，對生產者比較有利。假若生產者所得利益加上政府的關稅收入仍小於消費者所蒙受的損失，課徵關稅的結果，進口國的經濟福利還是降低了。

　　因此，從增加運輸成本負擔會影響國際貿易發展的概念延伸，兩岸不能直航勢必造成企業經營上的困擾。誠如 2007 年 4 月 22 日來臺灣問的 2004 年諾貝爾經濟學獎得主席德蘭(Finn E. Kydland)，在會見陳水扁總統的時候指出，從經濟學角度來看，類似目前限制臺灣與大陸之間的貿易與旅行對雙方都沒有益處，席德蘭誠懇地建議政府可以移除這些限制。

　　席德蘭出生於挪威，曾在美國卡內基美隆(Carnegie-Mellon)大學任教。得到諾貝爾經濟學獎的理由是，強調動態總體經濟學上經濟政策時間一致性，及驅動經濟週期力量等方面的貢獻，深入探討經濟政策的持續性及政治可行性，也將經濟政策的實際討論由單獨的政策措施，轉向決策的機制，影響許多國家中央銀行的改革和貨幣政策的設計，特別是在建立模型以說明景氣循環不只受到需求變化的

影響和供給面的衝擊，有時技術也是景氣循環背後的驅動力。

(十三) 警察教育的公費補助論題

教育被視為國家的一種「知識的產業」(knowledge industry)。所以從經濟學帝國主義的科際整合概念，也可以延伸經濟學方法對教育政策的分析。所謂教育經濟學(The Economics of Education)所指的是以教育為主體，旨在運用經濟上的理論與原則，在不損及或降低教育品質的前提下，使教育資源能夠做合理的分配及充分的利用，期以提高教育政策的效益，以促進國家整體的發展。

換言之，教育經濟學研究社會與個人在運用金錢及不用金錢情況下，如何選擇並運用稀有資源，隨時生產各種訓練，開發智識、技術、心靈及勞務等，並在現在及未來分配給社會的個人及團體。因此，教育經濟學為研究有效運用稀有資源，以生產及分配教育財，提供滿足個人及團體的需求理論和實務，以建立決策，促進教育目的實現的一種社會科學。[46]

主張自由經濟的經濟學家傅利曼(Miltom Friedman)指出，政府對教育的干預有兩個主要前提，一是外部效果，另一是家長主義。外部效果的存在，亦即某甲的行動對其他人造成重大的損失，但是要某甲對其他人補償並不可行；或是某甲的行動對其他人造成重大的好處，而其他人對某甲的補償也行不通，也就是不可能有自動交易的情況。而家長主義則是對小孩和其他無行為能力人的家長的關懷。[47]

由於政府在提供教育和其他人力資本上的干預，可能會提高對小孩的投資到有效率的水準。因為，貧苦的雙親是最不可能進行有效率的投資，此類干預同樣會降低富有家庭和貧苦家庭的小孩之間機會的不均等。所以，政府對公立學校的補助，相對於富有家庭，這類補助顯然提高貧苦家庭的就學水準，政府的就學支出與時俱增，則雙親的財富和教育水準，對子女的影響力就越微弱。因此，政府

---

[46] 林文達，《教育經濟學》，(臺北：三民，1991 年)，頁 5。

[47] Milton Friedman, *Capitalism and Freedom* (Chicago: Chicago University Press, 1962).

對教育性的公共支出比較有利於窮人和中產階級。

貝克(Gary S. Becker)指出，歐美國家在教育方面的投資報酬率一直在升高，因為，經濟的效益正有賴於有效運用知識；不過，大部分國家的教育政策，卻是都傾向於對家境好的人比較有利。因為，窮人家的小孩比較沒有辦法到公立大專院校就讀，也就享受不到政府提供的高額學費補助，這是一種不當的所得重分配。所以，政府就應該以提供學生貸款的方式，來取代政府補助學校或學生的做法。[48]

至於貸款利率，應該是先訂定一個固定利率，或根據未來所得再來決定利率的計算。所以，貝克對於政府的教育政策比較傾向於可以接受雷根(Ronald W. Reagan)擔任總統期間，所採取聯邦政府對學生補助方式的改變，由提供獎學金方式慢慢調整為以提供貸款的教育政策為主；而比較反對布希(George H. W. Bush)所採取要發放給大學生父母教育補貼的方式。

因為，大學畢業生未來是屬於高所得者，為甚麼政府還要為這些人以免稅的方式來獲得納稅人的幫助。可是採用貸款方式的缺點是，貸款只能辨識是否需要幫忙，而無法辨認學生的資質或成績的好壞。因此，辦就學貸款是次於廣設獎學金以幫助窮人上大學的方案。而且，廣受獎學金與就學貸款又都比壓低學費來得有效率且更公平，這也充分顯示高等教育政策對於經費運用所牽涉到經濟層面的複雜性。

其實，教育機構的本身即具有經濟的功能，如進行科學研究，改進生產技術，直接或間接貢獻了經濟成長，也可以增進學生適應職業變遷的能力，避免失業的情況發生。在個人所得偏低的國家，教育對經濟成長貢獻率越大。所以，教育資本形成及其貢獻率，也是因國家經濟發展階段而不同。通常經濟發展過程中，教育資本形成的量逐漸增加，貢獻率卻逐漸減少。低度開發國家，教育投資常較資本投資對經濟成長的貢獻為大。在不同教育類別中，初等教育的貢獻最大，中等教育次之，而高等教育最小。

因此，教育成本的問題更要從學生在學校接受教育期間所支付的直接與間接

---

[48] Gary S. Becker and Guity Nashat Becker, *The Economics of Life* (New York: McGraw-Hill, Inc., 1997).

教育費用去計算。直接成本包括了政府支付於每位學生的教育費用，以及學生在學期間所繳納之學費、雜費、書籍等費用，而間接成本則是指學生放棄所得後所失去的機會成本而言。

　　簡單地說，教育成本等於教育生產者的成本(即直接成本，亦即公私立教育機構之費用支出)加上教育消費者的成本(即間接成本，亦即機會成本)。教育成本的意義固在計量生產教育財所投入資源的數值，其最終目的則是以確保教育財的素質，並使教育資源獲得有效率的使用為目的。[49]

　　教育效益的測定較一般成本計算困難，主要因為教育的結果並不是影響個人所得效益的唯一因素；由於就業市場之不完善，收益差別並不能適當地衡量出工作者在生產方面的差異；教育除了經濟上的直接效益之外，教育更能產生間接效益；教育的效益或收益率計算，係基於假設受過教育的人全部就業，但事實不然。同時，鑒於教育目標的多元化，非經濟效益深深影響教育目標的達成，因此成本效益分析並不完全適宜應用在教育上。

　　雖然，成本效益分析在教育上的運用雖然仍有其缺失，但其分析的結果卻可以指出教育政策的方向，以及教育資源在分配上的適宜性與優先次序，據以提供作為國家擬定人力資源計畫或教育計劃的有力參考。

　　例如對於當前臺灣教育高等政策，或許讓人感受到國內大學擴張太快，超過150 所的大專院校讓教育投資過於分散而相對減少，阻礙精英大學的發展，進而降低國家競爭力。由於大學量上的擴張，卻造成教育品質的惡化，其結果就充分顯現在社會上，造成社會上普遍缺乏道德倫理，知識份子只埋首自己的專業領域，不思考對人類的衝擊。

　　然而，從另一角度而言，大學教育數量的擴張，讓過去沒有機會大學的學生有了進一步投資在自己身上的機會，生涯規劃也有了更寬廣的選擇。所以，近年來新設立或升格的學院，其學生家長受過高等教育的比例相當低，這是政府放寬教育市場管制後，增加了這些家庭子女「社會移動」的機會。雖然部分新設立私

---

[49] 蓋浙生，《教育經濟學》，(臺北：三民，1994 年)，頁 105。

立大學與學院在財務與招生上遇到困難，難免歸罪於大學數量的擴張，但是在市場競爭下，各大學莫不競相籌資改善學校的研究與教學設備，同時也增加經費，提供校內教師進修。因此，大學教育數量的擴張，相當地有助於解決大學以下各級學校課程與升學方式改革的困境。

不可否認，教育功效有助於提高員工的生產力，尤其義務教育打破了父母收入(或態度)與教育的關連性。生長在貧窮家庭的孩子同樣能學習技能，不必單靠出賣勞力維生，窮人受教育之後也有機會成為富人。

梭羅(Lester C. Thurow)指出，教育是人類第二重要的發現，重要性僅次於閱讀與書寫，不管是哪國家，減少貧富差距的第一步始於教育，教育不只是有助於改善貧富差距，更能促進經濟成長，其他縮短貧富差距的政策都會將資源導向消費，因而影響成長，只有教育對貧富差距及經濟成長同時受益。[50]

當然對於教育效益率的測定教育投資的利得標準，也應有特別的觀點：第一，個人對於教育的選擇，並非依效益率的大小決定；第二，教育的效益不應過分強調貨幣性價值；第三，教育的消費利益不容忽視；第四，薪資所得並不能完全表達出教育的價值。

早在17、18世紀就有實施教育券的理念，認為國家應該像要發給人民食物券一樣，這對於貧窮小孩的教育比較有幫助。實施食物券的方式就是由政府發食物券給貧窮的人民，人民拿著食物券可以到任何市場換取等值的食物。

近年來，最主張實施教育券方式的是傅利曼(Miltom Friedman)。傅利曼認為在義務教育的階段，政府的角色是完全獨大，但是政府用義務教育的方式來處理教育問題，實際上只是讓每一個小孩受到最低水準的教育，雖然義務教育保障了每一個小孩讀書的權利，但是造成公立學校的有恃無恐。

傅利曼基於自由市場的機制，認為教育券應該是把政府補助學校的制度改為補助個人，個人持有教育券可以選擇想要去讀的任何公、私立學校，才真正符合

[50] Lester C. Thurow, 蘇育琪等譯，《勇者致富——全球化：在拒絕與接受之間》，(臺北：天下，2003年)，頁195-197。

教育選擇權，也因透過市場競爭機制，讓好的學校繼續發展，促使辦得差的學校改進，甚至關閉。

然而，教育券的面額是固定的，大約是公立學校學生的單位成本，當然就讀私立學校的學生就必須自己額外負擔。同樣面額的教育券表面上公平，但有錢的家庭原先就擁有較多的資源，他們都住在繁華和交通便利的地區，窮家會考慮交通費、舟車勞頓等問題，仍然造成教育券無法幫助窮人小孩受公平教育。[51]所以，美國在 1960、1970 年代實施教育券的制度並未十分成功，1990 年代改採用針對社經地位較低的家庭給予補助，結果偏離市場機制而走向社會公平政策。

臺灣在低學費的結構下，政府每年補貼公立學校每位學生約 20 萬的教育經費，私立學校每位學生的補助只有 2 萬。若以現行學費公立學校每年約 4 萬，私立學校每年約 10 萬計算，考上公立學校者每年可獲得 24 萬(20 萬加上 4 萬)的教育資源，付較高學費的私校生反而只得到 12 萬(10 萬加上 2 萬)。

政府如果真正要照顧弱勢學生，可以採用直接補足公私學費差額給經濟弱勢的私校學生，避免造成 M 型社會的惡性發展。M 型社會是指在高、中、低所得的三個族群中，屬於中產階級的板塊呈現缺口的現象，其與「M」字型的中間部分類似，左邊的窮人和右邊的富人變多了，但是中間的中所得者卻逐漸消失不見。

以下繼續引申外部效果論題，從社會價值的角度思考政府對教育經費補助的立場，根據從經濟學分析的角度，如下圖，產品的生產如具有外部效果，那麼該產品的社會價值會超過私人所認定的價值，最適量 Q 大於市場決定的均衡產量 Q_1。

當有外部不經濟時，無論是因為生產過程中產生的還是消費所產生的，市場的均衡產量會大於整個社會所想要的產量。當有外部經濟時，市場的均衡產量會小於整個社會所想要的產量。為解決在外部不經濟的情況下，如污染，政府採取課稅方式使外部性內生化。至於在外部經濟的情況下，如警察教育，則政府應除了使用對學校補助、提供獎學金的方式之外，可以採取再提高學生零用金策略使

---

[51] Milton Friedman, *Capitalism and Freedom* (Chicago: Chicago University Press, 1962).

其外部性內生化。因此，從經濟學的角度論述警察教育的經費，政府提供充裕的
經費補助是符合社會價值的期待。

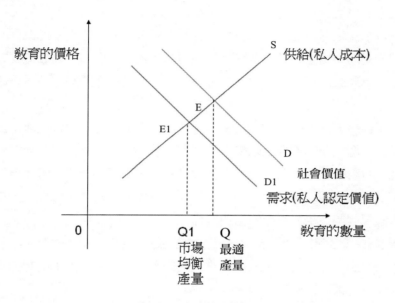

警察教育與社會所認定的產品最適產量圖

五、結論

　　根據上述論題，我們採取了政治經濟學的方法來分析與警察業務相關項目，
同時也部分檢視目前臺灣經濟發展和警察在這過程中所扮演的功能與角色。由於
現代經濟學內生化變數越來越多，未來將經濟學與其他學科的整合，因而形成「科
際整合經濟學」的經濟學帝國主義將更普遍地被接受。

　　換言之，經濟學與警察學的科際整合性理論猶如正統經濟學為傳統經濟學的
延伸和一般化，但不如現在經濟學或警察學的顯學程度。長久以來，社會科學被
分成硬的科學，以包含呆板又嚴苛的數學演練公式的經濟學為代表，和軟的科學

如犯罪學或社會學，以較多使用文字推理和語言技巧著稱。這樣的分割實在難被經濟學偉大的奠基者如史密斯(Adam Smith)等人所理解。

傳統經濟學者認為他們自己首先是政治經濟學者，他們亟於了解世界，以便創造出機會來使世界更加美好，並運用各種不同來源的證據來支持他們的論點。雖然他們所寫的一切並不是完全經得起時間的考驗。不過，他們最重要的貢獻是開啟了以系統思維來認識經濟體和社會的過程，他們最終所關注的是正確地詮釋世界。

由於現代經濟學更因內生化越來越多變數，除了結合法律與經濟學，例如探討法律責任分派、死刑的嚇阻效果、最適監獄數目，和打擊犯罪政策的效果等之外，其他社會科學領域，乃至於人文科學之外，未來將經濟學更將與自資然科學的醫學基因、太空經濟學結合，因而在科際整合經濟學的發展過程中，更是要深入探討警察學與其他學科整合的相關理論。

經濟學在 19 世紀，乃至於 20 世紀中變得越來越數理化，對有志成為專業經濟學家的人來說，就等於必須付出越來越高的入場費，甚至對那些想初步了解經濟學的人而言，都可能要花費很大的代價。

然而，經濟學沒有理由變得這麼神秘難懂。經濟學現在已經應用到許多有趣的主題，要讓學生感到興趣，讓這個學科與社會的關係更為緊密，也應該因此變得更容易。如果經濟學要能對社會繼續有所貢獻，更必須回歸它的政治經濟學根源。

基於此，因而更不能忽略與培養多功能(multi-tasking)警察人員的結合。培養多功能警察人員雖然所費不貲，但這是投資於教育訓練，而非投資於管理監督。就像社區警政對員警能力的要求，為培養多功能警察，故除了這種通才是較具備吸取知識寶藏的能力之外，似乎又回到以前要求警察成為通才的時期。

最後，我們不但接受社會科學探討人類的共通性，但是我們也不能不強調其亦有謀求國家生存與發展的科技層面，乃至於與警察有關的理論與政策。因此，本篇嘗試了政治經濟學與警察學的整合理論，就是希望達成其他學科與警察專業科目的聯結和扮演橋樑中介的角色。

日治時期臺灣經濟政策與發展

一、前言

　　20 世紀初，歐洲列強主宰著國際經濟體系和市場利益，歐洲幾個帝國的版圖更是遍及全世界。歐洲成為是市場利益龐大的國際政經中心。歐洲強權國家的海外市場和投資，推動了國際經濟體系和市場的發展。歐洲強權國家在科學和技術方面的超前，也是導引市場轉向與政權興替的關鍵因素，突顯了當時沙皇俄國和曾經強大的大清國崩潰了，並成為帝國主義國家的市場獵物。

　　檢視荷蘭和英國直到 19 世紀以前，雖然依賴工業、貿易、航海，以及捕魚維生的人數已顯著增加，但也沒有確切資料證明其農業人口比例已降至 50%以下；甚至，直到 20 世紀以前，除英國和德國外，其他歐洲國家的農業就業人口佔總就業人口之比例，仍較工業就業人口比例為高。

　　以英國為核心的資本主義國際經濟體系和市場利益，於 19 世紀的最後 25 年遭遇到極大的轉折點，亦即 1873 年開始到 1896 年才結束的「經濟蕭條」(economic depression)。在此經濟蕭條的過程中，國際市場的中心從英國開始轉向德國、美國；產業結構亦由輕工業轉型到重工業。英國從國際市場的霸權地位沒落，致使其他資本主義各國之間展開新的市場競爭，也開啟了另一個新時代的霸權爭奪。

　　歐洲列強不論號稱為「上帝、黃金、榮耀」(God, Gold, and Glory)或「基督教、商業、文明」(Christiantity, Commerce, and Civilization)的偉大使命而努力奮鬥，其征服國際經濟體系和市場利益的野心與優越意識表現至為明顯，從而其罪惡感與

成就感也相應而生。

換言之，帝國主義是一個團體對另外一個團體侵略的統治支配。侵略是一種人類深沉的內在驅動力，人類當然也有其他更精緻的感情，如博愛的衝動，團結的理想，良性統治的夢想。但是這些都是高貴的理想，就連宗教家都只能歌頌，而不能期待每個人都能辦到，唯有政治權威刻意設立的規定，不僅約束自己不從事侵略性行為，並禁止所屬團體如此做，這種動力才能受到克制。

20 世紀最典型的殖民主義(colonialism)思想，就是德國首相比洛(Bernhard Heinrich Von Bülow)1918 年在其著名的「鐵鎚或鐵砧」(hammer or anvil)演說中指出，我們不能讓別的國家認為「你們還能做什麼？世界已經快被瓜分完畢。所以，時局環境的關鍵不是我們想不想殖民，而是我們必須要殖民。」

因此，追根到底，「殖民地」一詞在使用之初，並沒有任何負面意義。在古代僅代表一群人進駐至遠方的一個居留地，如迦太基至腓尼基的居留(殖民)地，或希臘人在義大利的居留(殖民)地，乃至閩粵人在臺灣的居留(殖民)地。但是，正如現在我們所知道的，當一群人進駐另外一個地方後，必定會發生某種程度的取代作用。而取代過程則不可能完全完美無缺，至少從受害者的角度來論，必定在手段、道德上有所缺憾。導致到外地居留的體系(殖民主義)顯然無法得到好評。

在近代，我們將殖民主義擴張解釋為「任何經濟上或政治上依存的情況」。因此，不論最後是否發生人口取代，只要有依存關係發生，便可稱之為「殖民主義」，而對「殖民」兩字帶有嚴厲的貶損之意。許多人在批評現代外國或西方對世界的統治支配時，改用殖民主義，而不在使用舊的帝國主義，因為相較之下殖民主義聽起來更糟糕。

帝國主義甚至殖民主義的觀點都認為，海外征服和工業化就像自然法則一樣不可抗拒。國際市場利益的魅力使得東方原本孱弱的日本，在明治維新成功後，整個國家與社會進入資本主義體制時代。為證明其在工業化與軍事化所獲得的成就，在國際地位應該與西方國家平起平坐，遂出現強調「國權皇張」的「脫亞論」，而當時殖民地的最佳目標就是臺灣、朝鮮與衰弱的大清國。

日本統治臺灣時期(以下簡稱日治)，臺灣的經濟發展為戰後臺灣建設累積了

一些基礎與經驗，對於許多研究臺灣經濟發展者而言，不論從臺灣或從中國大陸的角度都是很難忽視的事實。從臺灣人的觀點而言，認為臺灣的經濟發展源起於日治時期，及認為日治以前的發展根源為臺灣相對中國大陸特有的傳統；若從中國大陸人的看法，認為日治時期臺灣的經濟發展由日本政府與日商所完全把持，以及認為日治時期對戰後影響很小。

　　然而，日本在臺灣厲行殖民化經濟的過程中，為達成預期的目標，透過警察政治功能的發揮，亦是形塑臺灣殖民體制的核心要素。而在殖民化的過程，臺灣殖民化經濟發展與軍國體制警察的互動亦同時受到國際與日本本土政經環境，以及臺灣本土政社結構的制約。

二、殖民化經濟理論的研究途徑

　　1914 年至 1918 年的第一次世界大戰中，美國已從市場轉向的國際體系取得獨霸優勢。當時美國總統威爾遜(Woodrow Wilson)在戰爭即將結束的 1917 年 12 月指出，堅持和平應在人類有利的組織下建立，強調國際聯盟(League of nations)的構想，沒有任何一個國家，得擴張及於他國；也不容一個強權可以控制地球大陸和海洋。

　　同時透過國際聯盟主張軍備武器限制，而為了保證將來和平，免除仇恨，此次大戰結束條款，不當提及任何一方的權益，應是「沒有勝利者的和平」。所以，威爾遜在 1918 年 1 月 8 日國會的講演中提出〈十四項原則〉，包含取消秘密條約、建立海洋自由、解除國際經濟禁制、削減軍備、公平調整殖民需要、保障弱小民族自主等。

　　回溯當大清國南洋大臣張之洞在馬關條約訂立前，曾建議英國向臺灣出兵，甚至表示在必要時把臺灣割讓給英國，可是被英國拒絕了。張之洞的觀點是基於當時臺灣的金融、貿易、航運和採礦等市場利益，事實上全部都是由英國獨占，故即使把臺灣讓給英國，預料對臺灣的現況也不至於有多大改變或衝擊。另一方

面，在英國看來，則為了防範當時遠東俄國勢力的膨脹，迫切需要將日本培養成一大強國，以之作為對抗力量。

因此，英國寧願犧牲在臺灣的市場利益，而選擇支持日本。而法國自中法之戰以來，亦對臺灣持有野心，當在《馬關條約》簽訂的前夕，因為日本海軍亟欲佔領澎湖島，法國就立刻派遣二艘軍艦駐守澎湖，防備日軍的侵襲。這時候就有人建議把澎湖讓給法國，以閃避日軍的攻擊，但被臺灣守將劉永福拒絕，不久澎湖就被日軍佔領了。

德國對臺灣市場也是垂涎已久，德皇威廉二世(William II)覬覦臺灣的豐富資源，對於法國在臺灣的擴張勢力很不以為然。同時，俄國又深怕日本佔領臺灣之後，會因為無法進行統治的因素而將轉讓給第三國。這是當時列強為了臺灣市場利益的爭奪問題，彼此之間所發生的尖銳對立。所以，根據《馬關條約》割讓給日本之後，就有俄德法等三國提出的所謂「三國干涉」，迫令日本聲明臺灣海峽航行的自由，以及臺灣與澎湖的不得轉讓。

溯自 1874 年，日本的出兵臺灣，實質上就已經建立了對琉球王國的宗主權，並為日後臺灣的割讓埋下預謀。1876 年日本海軍出兵朝鮮，逼迫大清國承認朝鮮的獨立。而在 1895 年以前的臺灣，尚處於傳統的中國世界秩序與近代資本主義世界體系的交界處，這兩個世界的中心區域的發展狀況，直接牽動臺灣經濟的發展。

特別是日本在 1880 年代初的市場轉向政策，政府將原本國營的工廠以低價賣給私人企業，其中不乏是與政府官員關係密切的民間人士。這雖不是一種最理想的轉移方式，但實質上卻是變相補助商人，讓他們有一個全新的開始。

在市場轉向的同時，日本棉紡業開始從手工走向機器紡紗。也帶動了比轉動機器更重要的生產製造紡紗機器。對於製造機器和引擎、船隻和火車頭、鐵道和港口、造船廠，尤其是電力供應，政府提供了財務和訓練人才等方面的資助。除了政府的補助，和日本社會集體在現代化上的全力投入以外，日本經濟奇蹟最大的肇因於日本工作道德，以及個人價值觀，整個國家簡直都浸染於武士道精神，並回到該時期的全民戰鬥精神。

分析這樣一個充滿責任感和集體義務感的社會，其與西方國家的培育個人主

義完全不同。但從市場轉向與政權興替的思維，則是開創了日本近代化經濟成功的明治維新，結果政權卻淪為以軍事武力向外擴張的帝國殖民主義。

影響臺灣市場轉向與政權興替的清日戰爭，是緣起於 1875 年日本在朝鮮的沿海測量，引發江華島戰役，日本迫使朝鮮簽訂《江華島條約》；1884 年開化獨立黨發動「甲申政變」失敗，隔年日本與朝鮮和大清國分別簽訂《漢城條約》與《天津條約》。

《漢城條約》旨在拿捕殺害磯林大尉的凶徒，以及賠償遭害的日本人民遺族，並對負傷者恤給，和商民貨物毀損攘奪者，總計金額為朝鮮國支撥 11 萬圓；《天津條約》則是原來對朝鮮處於優位的大清國，現在自認為與日本處於對等地位，等於承認朝鮮為清國與日本的共同保護國。

1894 年 4 月朝鮮爆發「甲午東學教(黨)」之亂，導致對內李氏王朝的崩潰，和對外招來東亞國際社會的變局，也就是大清國北洋艦隊與日軍在漢城南約 80 公里的牙山附近海域開戰，延續到 9 月的黃海戰役和 1895 年 3 月日軍攻陷營口，並在遼東半島西岸集結，即將攻進山海關而威脅北京。

正當 3 月 20 日起，清日雙方代表在馬(下)關展開合議之際，日軍於 3 月 23 日攻佔澎湖，並於 4 月 17 日簽訂和 5 月 5 日的合約交換，依約大清國賠償日本 2 億兩及享有許多特權，並將臺灣全島及其附屬島嶼，和澎湖島永遠割讓日本，遼東半島則因俄、法、德三國干涉而返還。

從甲午戰爭爆發到馬關條約換約成立的期間，尤其是清國決定將臺灣和澎湖諸島拱手割讓給日本時，國際霸權國家各為自己國家利益盤算，讓臺灣住民在內外情勢無依無靠的絕望情境下，不得不以「全臺紳民」的名義對外發表「臺灣民主國獨立宣言」(Official Declaration of Independence of the Republic of Formosa)，並由唐景崧於 1895 年 5 月 25 日就任總統並發表文告，年號「永清」，國旗圖樣是藍地黃虎，首都定在臺北。

但從獨立宣言和總統就任文告的內容中，竟然明白否定其獨立的本意。臺灣民主國建國的目的，在於阻止日本對臺灣的佔領，建國只是抗日的一種手段，這些人物考慮的獨立，並非真正的獨立，只不過是大清國的屬國。臺灣民主國在 1895

年 11 月底因劉永福棄守離臺而告終。換言之，在這段期間，臺灣同時存在著兩個國家的政權和市場利益的武裝抗爭。結果，臺灣民主國被日本由臺灣總督府指揮的軍隊所滅。

　　臺灣的割讓所導致的市場轉向與政權興替，對臺灣政經社文發展產生了重大的遽變。臺灣出現部分認同大陸的地方精英便返回他們在東南沿岸的老家，留下來的人士則在各自的家鄉進行短暫、零星式的抗日游擊戰，直到 1902 年才稍微平息。

　　檢視清領時期雖然由臺灣地方政府官員宣布成立臺灣民主國，並希望由西方國家出面，阻止日本接管臺灣，但功敗垂成的這一策略，突顯了臺灣就在這樣的國際強權經濟體系和市場利益的背景下，被迫接受日本帝國主義的統治。

　　而日本統治臺灣的政權一直到 1945 年 8 月 15 日，日本天皇宣佈無條件投降，代表國際強權的德意日軸心國全部覆亡，導致任何形式的種族優越論都遭到徹底的否定，取而代之的是美國霸權所強調的普世人權意識，人類歷史又向前跨越一大步。

　　殖民主義是 19 世紀的產物，代表西方發展資本主義的帝國向外展開殖民略奪。東方的日本既早已捲入世界經濟體系，其工業化程度也領先東亞諸國，尤其受到殖民主義的衝擊，始得在明治維新之後，成為東方的西洋，對亞洲其他國家發動戰爭，特別是侵佔臺灣與朝鮮。

　　然而，日本取得臺灣之時，國內的資本主義發展實力，尚不存在需要佔領臺灣的內在必然因素，只是在歐美帝國主義列強競相奪取他國領土的熱潮中，促使其佔領臺灣與朝鮮的行動也具有了帝國主義的意義。因此，其殖民主義性質被視為是「早熟的帝國主義」。[1]

　　事實上，日本所以要佔領臺灣的野心，從日本德川末期以來的南進思想才是主導因素，國防上的考慮是日本佔領臺灣的主要原因。同時，甲午戰爭之前，由於日本必須向臺灣購買大量的糖，為改善日本嚴重的貿易逆差，經濟因素亦成為

---

[1] Albert Memmi, *The Colonizer and the Colonized* (London：Earthscan Publications, 1990).

日本佔領臺灣的理由之一。

對於日治臺灣殖民化經濟理論的研究途徑，主要以矢內原忠雄與川野重任的論述為最具代表性。矢內原對臺灣經濟發展的研究是以臺灣糖業作為研究重心，呈顯臺灣在日本殖民體制的政治與經濟支配下，探討資本積累如何透過分解(dissolved)和改造當地既有的生產方式，而達成資本集中化及本地生產者的「無產化」，或「普羅化」。[2]

川野則以米作為主要研究對象，分析資本主義的市場法則如何在殖民地運作和擴展，以及如何透過價格機制平衡部門間生產力發展的落差，而達成經濟均衡。然而，川野並未能針對日本資本主義發展階段對有關臺灣稻米的發展與變遷，提出強有力的深入論述。[3]

至於戰後對臺灣殖民化經濟理論的研究亦難跳脫這兩項範疇，諸如分別延續矢內原研究途徑的涂照彥，與川野研究途徑的何保山（Samuel P. S. Ho）和馬若孟(Ramon H. Myers)。涂照彥的代表作《日本帝國主義下的臺灣》，是其在東京大學的博士論文，1975 年由其母校東京大學出版，是當前國內研究日治時期經濟發展最重要的參考著作之一。

何保山的代表作，是 1978 年出版的 *Economic Development of Taiwan (1860~1970)*，探討臺灣自清領時期被迫對西方國家開港通商以來的經濟發展；另一代表作是 1984 年發表的 *Colonialism and Development : Korea, Taiwan, and Kwantung* 則對臺灣、朝鮮等地區在殖民主義統治下的比較研究。馬若孟的代表作，則是被收錄在 1984 年由普林斯頓大學出版 *The Japanese Colonial Empire (1895-1945)* 一書中有關在日本帝國主義統治之下的農業經濟發展。

另外，陳玉璽則從依附發展(dependent development)的概念來論述臺灣的經濟發展，其代表作是他 1980 年在美國夏威夷大學的博士論文《臺灣的依附型發展

----

[2] 矢內原忠雄的代表作《帝國主義下の臺灣》，1929 年東京岩波書店出版，此書充分運用「資本主義化」概念，將臺灣經濟各個領域資本主義性質的發展對照資本主義發展史的一般規律加以說明。

[3] 川野重任的代表作《臺灣米穀經濟論》，1940 年東京有斐閣出版，此書主要對肩負臺灣殖民經濟單一農作生產結構的稻米經濟，做深入的實證分析。

——依附型發展及其社會政治後果：臺灣個案研究》，1992 年由《人間出版社》出版，對臺灣經濟發展的主要論點，認為在現代化與依賴理論中尚存在有第三條研究途徑的所謂「依附型發展」。

上述研究途徑，基本上是源自 1960 年代以來所謂國家發展理論(theories of national development)的主要派別，分別代表依附理論(dependency theory)、現代化理論(modernization theory) 及依附發展理論(dependent development theory)的研究途徑。

國家發展理論本是發展社會學(the sociology of development)的一環，而發展社會學又是社會變遷(social change)研究的次級領域，在 18、19 世紀，所謂「發展」(development)的概念已普遍地被使用於人類社會變遷的探討。二次大戰後，經濟學者更對「發展」的概念加以外延和作內涵的詮釋，以界定和測量一個國家發展程度的指標，如國民生產毛額(GNP)或國內生產毛額(GDP)等等。

本文採用文獻分析法，檢視日治臺灣殖民化經濟發展的過程，發現同時都部分存在意涵有上述三個研究途經的糾葛，是很難釐清並單獨而作完整的呈現。因此，本文將依「整合途徑」(comprehensive approach) ，或稱為「國權途徑」(the statist approach)的歷史結構性，來論述日治時期臺灣經濟政策與發展。

三、日治臺灣經濟政策與發展的分期

回溯日本軍國主義體制，自 16 世紀後半葉以前是完全被一個皇帝所統治的封建國家。1603 年日本歷史上第三個，也是最後一個幕府——德川幕府建立於江戶(今東京)。而幕府體制是由幕府和 267 個藩地進行統治，日本天皇只處理原則性的事，而非日常行政業務。在這樣的幕府體制之下，1688 年至 1703 年的元祿年代，出現了經濟、文化的繁榮社會，但是進入 19 世紀之後，和其他亞洲國家同樣面臨歐美帝國主義殖民者的威脅。

幕府時代的藩主在藩地擁有絕對權利，藩主與藩主之間經常發生戰爭，直到

1867 年至 1868 年間日本發生一場結構性革命，幕府體制被推翻，國家的控制權才又回到京都的天皇手上，終於結束了 250 年的德川(江戶)幕府時代，進入明治時代(1868-1912)。

但是日本人並不稱這個權力體系的改變為革命，而是認為這是恢復舊秩序。革命是中國人的，中國人改朝換代，但是日本人從頭開始就只有一個皇族。日本的天皇，也就是日本的統治者，在文化上日本人曾臣屬於中國，從中國吸收而未曾付出。日本的字母和漢字系統引自於中國，許多文字也借用中國用法，但是學習並沒有使日本渺小，反而使日本自覺比中國優秀，使得日本在明治維新之後，成就以發展軍事武力的國家力量，成為侵略亞洲國家的帝國主義實踐者。

1895-1945 年日本在臺灣長達 50 年的統治期間，其政治權力機制依歷任總督的統治策略，可分為：武力壓制階段(1895-1898)、政治建樹階段(1898-1918)、安撫策略階段(1918-1936)、同化政策階段(1936-1945)等四個階段。而在其歷任的 19 位總督中，任期時間超過三年者只有 6 位，占不到總數的三分之一；持有軍職的武官一共 10 位，超過總數的二分之一，而且合計執政的時間長達 28 年，也超過日本在臺 50 年的一半，軍國主義的治臺也因此得名。

承上論，一般對軍國主義的定義，其本質與帝國主義的意涵相同，只是軍國主義更突顯其強調軍事武力戰爭的必要性。所以，本文在處理這二個名稱時，一般皆以帝國主義稱之，當有必要時則會以軍國主義稱之，尤其是日本帝國主義在1931 年發動一連串的戰爭之後。

因此，本文將日治臺灣時期經濟政策與發展的分期，分為 1895-1931 年「工業日本農業臺灣」的經濟政策與發展，和 1931-1945 年「工業臺灣農業南洋」的經濟政策與發展。

四、「工業日本農業臺灣」的經濟政策與發展

日本佔據臺灣有兩個主要目的，第一是掠奪臺灣資源以彌補日本的不足，第

二是作為日本南進侵略其他國家的基地。所以，日治初期殖民化經濟強調「工業日本農業臺灣」政策的突顯臺灣農業發展目的，首先是在提供日本工業化後所短缺的糧食，以節省日本外匯的支出。

加之，受到第一次世界大戰的衝擊，導致日本快速地轉變為需要大量糧食的進口國，尤其從 1914 年到 1920 年日本稻米的總生產量都小於總消費量，日本本土已面臨稻米供需嚴重失衡的困境。因此，總督府在臺灣首先推動的資源調查，就是將臺灣產業內地化列為最基礎工程，對臺灣資本主義產業發展產生了深遠的影響。

資源調查包括人口、土地及林野調查等三大項目，特別是土地調查，反映了日本武裝力量已由北向南逐漸掌控臺灣的推進順序。

根據 1898 年 7 月公佈的〈臺灣地籍規則〉和〈土地調查規則〉，當時日本的統治範圍僅限於臺灣北部地區，但到了 1903 年土地調查工作已遍及臺灣全島，也表示日本對臺灣統治地位的確立，以及完成規劃建設資本主義現代化臺灣的基礎工作。

接著 1904 年起的林野調查與整頓，由於山林地與農耕地不同，尚未形成明確的私人所有權，因而日本在進行林野調查時，即暴露赤裸裸地施展其掠奪和宰制的統治技倆，政府透過強權沒收，直接侵害私有財產制，來累積國家資本，這是軍國主義體制的施政本質，也是總督府運用國家權力的象徵。對照日本統治朝鮮初期亦是採用相同的方式，進行土地調查事業，以利殖民式產業發展。至於人口普查亦突顯出日本在統治臺灣的過程中，其嚴密控制力已遍及島內各地的情形。

日治以後每年大約有 1 萬人的勞工來臺，從事採茶、採礦，及金銀工、漆工、鞋工、人力車夫、理髮師、廚師等工作。1906 年至 1942 年間，屬於日本無業者來臺占總數 50%以上者有 6 年，30%以上者有 27 年；屬於商業者占總數 40%以上者有 3 年，30%以上者有 12 年；屬於公務自由業者占總數 20%以上者有 13 年，10%以上者有 20 年；其餘為工業、農業及家事使用人。這樣職業類別所占的比率突顯日治初期的臺灣是日本無業者、牟利商人及不屑公務官吏淘金的天堂。

總督府在完成臺灣土地、林地及人口調查等基礎工程之後，即開始進入糖業

發展的階段。對臺灣總督府而言，移植現代製糖業一方面可以解除每年高達 1 千萬圓的砂糖進口，防止外匯流出，每年還可結餘近 1 千萬圓的臺灣所需財政經費，以達成臺灣財政獨立的目標。現代製糖業的移植臺灣，可說是日本資本主義產業發展的必然結果，臺灣本地產業雖也提供了相當發達的製糖條件，但在比較製糖的過程中，根據新式製糖廠的分糖法，蔗農可以取回固定比率的糖，不過糖廠並不是分給蔗農砂糖現物，而是依當時的市價折算現金給付。

在實施分糖法的方式下，蔗農雖然要與糖廠共同承擔糖價波動的風險，但在糖價有利的時候也可以分享利潤，可是實施這種分糖法方式不久之後，就因為經營糖廠的資本家，為了要壓榨蔗農分享政府特惠保護糖價所帶來的利潤，遂以瑣碎易生糾紛為由，採以直接收購的辦法所取代。隨後總督府更以設置原料採集區制度，在劃定的甘蔗原料產區內，以新式製糖廠為唯一的買主，賦予市場壟斷權，臺灣原有發展的傳統糖業生產規模就慘遭吞併。

總督府為為保護臺灣現代糖業發展，其具體政策實施在資金補助、確保原料供應，及關稅優惠等三方面，但適用對象僅限於日本母國資本的現代製糖業，而將臺灣原有的舊式製糖業排除在外。這是典型資本主義政策的透過總督府介入，保護其產業在臺灣市場的獨占利潤。所謂臺灣製糖業的勃興，只是發展母國現代製糖業的一個別稱，但也間接導致對臺灣產業發展的在地化與現代化產。

現代製糖業的生產，由 1905 年佔舊式糖業總生產量 750 萬斤的 10%，到 1909 年產量已升為兩倍，達到 11,880 萬斤，占臺灣糖產量的三分之二以上，甚至高達 98%。1911 年整個臺灣糖產量高達 4 億 5,000 萬斤，創下歷史最高紀錄，滿足了母國國內 80%的市場需求，充分突顯臺灣作為日本市場的砂糖生產基地，居於關鍵地位。

相對於母國蓬萊米的移植臺灣，顯然並未受到總督府的積極保護與照顧，但也不能抹煞總督府在水利灌溉設施方面的投入，透過對水權的控制，操縱臺灣種植稻米的利益。總督府投入稻米增產事業的資金，幾乎完全用在灌溉排水設施上。1934 年在其總投入資金 4,746 萬圓中，有關灌溉排水設施占 98%，近 4,662 萬圓。雖然在灌溉排水設施上的資金投入，並非只是全然有利於稻米種植，其背後尚還

附帶對糖業的獎勵政策，但實際上對稻米產業的增產產生極大效果。

總督府在水利設施方面也展開積極建設，從官設埤圳、公共埤圳、水利組合，到認定外埤圳等四種型態的變遷，充分突顯政府對水權的控制與支配，一方面要穩固臺灣商業性農業的發展，另一方面亦有助於母國推動資本主義經濟發展。這也是臺灣為何能以蓬萊米為中心擴大出口市場，終致形成米糖相剋的嚴重市場利益競爭。但其彼此競爭市場的結果，尤其是糖業可以說是農業中的工業，亦是有助於部分臺灣現代企業資本形成的另一原因。

由於臺灣被迫從事米、糖的單一耕作生產，不但造成殖民化經濟農工部門之間的不平衡發展，就連為農業發展的米糖產品，也因配合日本本土的經濟條件，為維持日本米價的平穩而抑制臺灣稻米生產與輸入；而又為滿足日本市場對於糖製品的需求，強迫臺灣農民大量種植甘蔗。

換言之，殖民化經濟除了針對糖業資本的累積係建立以停滯的米作部門及其所致生的低米作收入為前提之外，這種農工部門之間不平等分工的經濟模式一直強制執行到 1920 年代中期才產生了新的結構性變化。

米糖市場相剋的問題，直接衝擊到臺灣原有的土地制度。日本以發放國家債權的方式補償大租戶，其目的在確立小租戶為土地的唯一所有者，而佃農仍維持傳統的租佃地位，以簡化所有權關係，逐漸建立現代化的土地所有權制度。

換言之，總督府的土地改革是循著 19 世紀末臺灣土地關係演化的方向，以更完整的形式加以落實。清領臺灣末期的多重地權制度，本已面臨轉折，原來是永佃農的小租戶，由於直接掌握經營權而逐漸變成土地的實際擁有者。相對地，原本居於墾戶地位，擁有官方承認所有權的大租戶，卻因不事經營、徒享坐收租金的暴利，因而與土地的生產關係日益分離，導致隨著土地控制權的轉移，大租戶的土地所有權也日漸被削弱。

相較於歐洲在 14 世紀由於人口下降的結果，增加了農奴的談判力機會，導致領主和農奴的傳統合約逐漸終止，因而出現了贖身狀(copyhold)以及土地所有權制度的產生，這是經過長期間的政經社會演進過程，其所互相交織的結果終致改變了傳統封建結構的關係，不但莊園的型態和運作機制被侵蝕，而且直接影響到相

關重要法令的修改，這是與日本殖民臺灣強制手段有所不同的。

　　總督府對大租權的整頓，不但確立了臺灣資本主義現代的土地所有權制，也使得本地大地主或多或少獲得轉向現代產業和金融投資的機會，例如彰化銀行、嘉義銀行、臺灣製麻會社等本地產業與金融，都是根據總督府的授意和政策性的配合下設立。其中包括彰化銀行的資本額 22 萬圓、嘉義銀行的資本額 25 萬圓，而臺灣製麻會社也有 20 萬圓。

　　日治之初，因為軍費支出的負擔太重和日本資本主義的發展，尚不足以徹底改變臺灣原本的土地和農民之間的生產關係。總督府為了鞏固支配權，選擇了保留小租戶所有權，與小租戶階級妥協的策略。該策略雖然使總督府在短期內恢復生產及達成財政獨立，解除了母國國庫的財力負擔，以及社會秩序的穩定。

　　然而，從長遠來看，臺灣土地分割的零碎化，卻變成日資後期發展大規模農場的障礙。這一策略的運用亦同樣實施於日本統治的朝鮮，其主要是透過東洋拓殖會社收奪土地、分割土地和移住人民，致使零佃化，農家結構亦被區分為地主、自耕農、自作兼小、作農、小作農。

　　同時，總督府依據無主土地「國有化」原則，沒收無法提出所有權證明的臺灣人土地，又透過墾荒和收購破產農民的土地，將其出售給退休的政府官員及日本公司。這些被徵用的土地都成了壟斷公司的地產，主要用於種植甘蔗，導致大多數臺灣的農民都被迫成為隸屬在公司組織下的蔗農，形成資本主義或半資本主義生產關係。

　　傳統地主和佃戶家長式關係的沒落，加上農地價格取決於農民依附土地作為維生工具的程度，非以追求利潤為生產目的，又習慣不把自家勞動算入成本，導致臺灣高昂的地價，這也造成日本糖業資本家收購土地的障礙。1909 年反抗林本源製糖株式會社強制收購土地，以及 1925、1926 年農民的強烈抗爭事件，突顯日資藉由國家機關的政治力，強行削弱並取代臺灣產業以土著為主的資本勢力，和英美資本家在臺灣的市場利益。

　　檢視 1911 年至 1938 年間，朝鮮人口雖約臺灣的 5 倍，但日本政府在朝鮮的農業投資約僅臺灣的一半，突顯日治時期推動臺灣農業政策與發展，強調在桃園

大圳、嘉南大圳等水利灌溉工程，蓬萊米取代在來米的種植，種植香蕉、鳳梨，以及森林的開發等方面，其結果不但改變了臺灣農業生產的項目，更帶動農業生產效能和效率。

到了 1925 年以後，臺灣米的生產與出口因配合日本本土需求的劇增而急速成長，臺灣蔗農要求取得與米農等同收入的壓力隨之而來，殖民政府遂陷入蔗農或因收入偏低而轉作稻米或訴諸抗爭，以爭取調高收購價格及改善收購條件，引發了糖業危機。[4]

分析 1925 年至 1935 年的稻米生產量係在穩定中成長，產量是由 6,443(千石) 至 9,122(千石)的逐年增加；但是甘蔗的生產量則從 1925 年的 8,340(萬斤)，1927 年的 7,412(萬斤)，1929 年的 12,292(萬斤)，1934 年的 8,884(萬斤)，1935 年的 13,477(萬斤)，幾乎每年呈現非常不穩定的現象，金額也都出現很大的波動。[5]

五、「工業臺灣農業南洋」的經濟政策與發展

1925 年日本設立商工省(MCI)，到了 1943 年的軍需省(Ministry of Munition, MM)，到了 1945 年復出的商工省，在到 1949 年重組的通產省(Ministry of Internation Trade and Industry)，一切的沿革都不是有計畫的改變，今日許多通產省的重要權限，都是政府各部門激烈鬥爭中無意間得來的。[6]

因此，日治初期臺灣資本主義發展不但導致農業與工業的不均衡發展結構，而且偏重於強調生產力的農業基礎，以及與農業相關的基礎設施。而在工業發展方面，又為配合母國經濟利益，受限於開發以食品工業為主的加工出口業。一直要到了日治後期臺灣產業的發展，才在殖民政府的南進政策下，轉而重視與軍備

---

[4] 宮川次郎，《臺灣の農民運動》，(臺北：臺灣糖業研究會，1927 年)，頁 150-160。

[5] 涂照彥，《日本帝國主義下的臺灣》，(臺北：人間，1993 年)，頁 434。

[6] Chalmers Johnson, *MITI and the Japanese Miracle* (Stanford: Stanford University Press, 1982).

有關的工業規劃和開發。

換言之，戰爭的發生，尤其 1931 年在中國發生了九一八戰爭之後，臺灣的產業政策才有機會得以由「工業日本農業臺灣」為主的產業政策，調整為以「工業臺灣農業南洋」為主的經濟政策與發展。

相較於葡萄牙殖民巴西的經驗與日治臺灣的不同之處在於，巴西咖啡的單一經營大都為本土支配階級所有；而臺灣糖業的單一經營和相關食品加工業，則為日本殖民者所壟斷；臺灣沒有企業家擴大資本積累，地主階級只被允許在商業方面有限經營；但臺灣有殖民地政府為農業發展而建的現代化基礎設施，其中包括為發展糖業而修建的龐大鐵路網。

因此，當時臺灣工業發展，大部分都屬於總督府相關的獨占企業，例如依據特別法創立的臺灣銀行及臺灣電力株式會社；林業及鐵路完全由政府資本獨占；鴉片、樟腦、菸葉、酒等專賣制度不但促成官營企業獨占市場，且依靠指定委託方式，授予民間資本獨占經營的特權，最有名的例子就是受總督府直接監督的臺灣青果株式會社及嘉南大圳。

正如熊彼得(Joseph A. Schumpeter)指出，利率和高投資回收率的因素，主要得利於壟斷與獨占市場利益的保障。[7]此外，臺灣工業與農業的不均衡發展，除了源於支配國對某些產品或原料的需要，或起於殖民主義者為營利目的而種植經濟作物，或兩者兼具外，也突顯在生產決策是由支配國市場需要和資本需要決定，而不是由殖民地內部的需要來做考量。

因此，大規模的生產糖和米所形成臺灣配合日本經濟需要的準單一作物耕作制，締造了日本有「糖業帝國主義」王國之稱。格拉吉丹傑夫(Andrew J. Gradjdanzev)指出，日本極欲改善外貿逆差，在臺灣發展甘蔗種植是最佳辦法，也最符合市場需要；加上與農業緊密關聯的工業，大多是把農產品加工成適合消費或儲存、運輸的產品，除此而外，別的工業都沒有顯著增長的跡象。[8]

---

[7] Joseph A. Schumpeter, *The Theory of Economic Development: An Inquiry into Profits, Capital, Credit, Interest, and the Business Cycle.* Trans. Redvers Opie (New York: Oxford University Press, 1961).

[8] Andrew J. Grajdanzev, *The Economic Development of Formosa* (Shanghai, 1941), p. 94.

檢視日治時期臺灣末期的工業發展，由於開始有了鐵路網、公路和水力發電等三項建設之後，造就了發展臺灣工業的有利條件。[9]例如日本取得臺灣作為殖民地之後，就逐步將交通建設列入最基本的殖民地基礎建設(infrastructure)，規劃了建設島內鐵公路、郵電系統，營建現代化的舶船港埠，以及建立對外聯繫的海運航線。

另外，化學工業及金屬工業迅速在臺灣發展，尤以 1934 年日月潭發電所的第一期完工和 1937 年的第二期完工，其電力供應對煉油、醬油、肥料等化學與煉鋁、機械等金屬工業的影響最大。金屬工業從 1921 年的 3 百萬圓占 1.7%，至 1942 年已增加為 46 百萬圓占 7.0%；化學工業則由 13 百萬圓占 7.9%，增加為 80 百萬圓占 12.1%；至於工業與其他產業的比率，臺灣工業生產從 1915 年的 101.9 百萬圓占 38.8%，至 1942 年已增加為 657.4 百萬圓占 47.4%。

農、工產業結構的變動，工業產值的超越農業產值，顯示臺灣資本主發展已由農業轉型為工業，特別是軍需工業的發展。加上，殖民政府透過合併各種企業，並充分運用荷屬東印度的鐵礬石、大陸東北的菱苦土礦、緬甸的砒化鎳、西伯利亞的礦砂鎳礦、越南鐵礦、菲律賓的雲母礦，以及日本八幡的鐵屑等海外資源來協助發展臺灣工業，以充分支援戰爭的需求，也間接促進臺灣本土家族企業的形成與經貿發展的國際化。

殖民化經濟政策在專賣獨占事業方面，始於 1887 年的鴉片專賣，此後逐漸擴大專賣對象，諸如 1898 年的樟腦，1899 年的食鹽，1905 年的菸草，1922 年的酒精和酒，以及 1943 年的石油等 10 餘種產品。在政府的特別會計經常收入中，專賣收入所占的比率，最高曾達 55%，最低也有 36%。[10]專賣事業延續到國民政府時期，以食鹽為例，1947 年 3 月 12 日國民政府制定〈鹽政條例〉，各類鹽品售價都需由政府訂定，2004 年 1 月 9 日立法院院會通過鹽政條例廢止案，政府不再管

---

[9] Samuel P. S. Ho, *Development Alternatives: The Case of Taiwan Ph. D. Dissertation* (New Haven : Yale University, 1965),p.35.

[10] 涂照彥，《日本帝國主義下的台灣》，(臺北：人間，1993 年)，頁 543。

制鹽品產製與運銷，臺鹽公司走向民營化。

除依據《專賣事業法》推動殖民化經濟之外，又因 1931 年發生中國九一八事件，臺灣遂成為日本向大陸華南及東南亞推進的主要基地。日治時期不但使臺灣與中國大陸的長期經貿關係由密轉疏，九一八事變之後，更使臺灣與中國大陸分別處在交戰國的不同立場，導致臺灣原在東南亞的茶市場因當地華僑抗日而縮減；日本統屬下的滿洲國則不再買中國大陸茶，而改買臺灣茶。

殖民政府為便於支援日軍的後勤補給，特地恢復明潭水力發電工程，其目的在供給廉價電力，帶動 1930 年代末期臺灣工業化的腳步，臺灣開始製鋁、矽鐵、化學肥料、蔗渣工業、火柴工業，以及酒精、製麻等農產加工業的發展。1937 年爆發中國盧溝橋事變以後，臺灣更被要求編入日本的總體戰時體制，殖民政府援引日本本土的《臨時資金調整法》，規定金融機關的貸款必須依照政府指示投資用途，優先貸款給直接參與軍需工業有關的企業。

1938 年日本政府依據《戰時總動員法》，制定生產力擴充計畫，要求臺灣應擴充工業、農業及礦業生產。尤其加強工業方面的生產，如鋼鐵(特殊鋼及鍛鑄鋼、鋼鋼)、輕金屬(鋁、鎂)、非鐵金屬、石油(航空石油、汽車用石油、無水酒精)、鹼(工業鹽)、紙漿、金、鐵路貨車等產品。

為了達成擴充生產力目標，殖民政府不但在資金、勞力、物資等方面實施統制管理。殖民政府更在總督府增設企劃部，負責物資統制與配給，抑制民生產業減少生產，並以其重要設備、原料優先配給軍需產業，以及成立經濟警察擔負戰時經濟統制的責任。同時，政府透過三菱、南方拓殖等大企業合併各不同產業的企業公司，並掠奪荷屬東印度的鐵礬石、大陸東北的菱苦土礦、緬甸的砒化鎳、西伯利亞的礦砂鎳礦、越南鐵礦、菲律賓的雲母礦，以及日本八幡的鐵屑等海外資源，直接協助發展臺灣工業，來完全配合戰爭的需求。[11]

1942 年太平洋戰爭爆發，日本政府更將其本土淘汰或老舊的民間工業機械運來臺灣設廠生產，再將成品銷售到東南亞，並將東南亞的工業原料轉運來臺灣生

---

[11] 張宗漢，《光復前臺灣之工業化》，(臺北：聯經，1980 年)，頁 109-111。

產，形成「工業臺灣、農業南洋」的分工型態。殖民化經濟的統治政策，更是透過臺灣鐵工業統制會，制定〈臺灣戰力增強企業整備要綱〉，以及成立臺灣戰時物資團加緊對各項工業物資、人力、資金的統制，並集中在發展軍需工業上，乃至於殖民政府在臺灣發行的馬克、票券、保險、郵政儲金等數 10 種債券，在日本戰敗的經濟破產之後，一夕之間化為烏有。依據中華民國對日本求償協會 2002 年 3 月的統計，已知臺灣民眾持有的債券金額超過六兆日圓。

六、 結論

對於戰後才出生的這一世代而言，凡是未曾嘗試過日治時期那一代習以為常的恐懼生活，從未受到戰火踩躪，未曾吃過戰俘營苦頭或生活在恐怖警察國家的人，對於經濟政策與發展的結果不僅應理性的客觀評論，更應該凡事懷抱著包容心與憐憫。

日治時期殖民政府施行的經濟政策，對臺灣人而言，臺灣與日本的政治統一，以及臺灣的經濟掠奪，是透過警察兼具平民憲兵與現代化普及者的雙重身分，既可以強迫臺灣人順從日本的殖民統治，又可以強行將臺灣經濟納入日本的資本主義體系發展。

而總督府透過警察制度的實施，除了高階警察幹部都由日本人出任的不公平現象外，也在經濟政策發展上進行直接的政經支配，促使臺灣人從不斷對抗異國統治的過程中，高漲了臺灣人集體意識與國族認同的問題。另外，總督府為了有利於經濟政策發展，更在社會文化上展開全面性同化工作，終至使臺灣人喪失其固有的歷史記憶與文化傳統。

如果我們這一代能為自己的歷史自豪，就是要看清楚我們的道德責任，我們不是要對日治時期臺灣的經濟政策與發展做過度的苛責或美化，而是希望身為現代人的我們，扛起這份超越時間、延續好幾代的集體道德責任，或許我們更可以從日治臺灣時期經濟政策與發展的歷史經驗中得到一些啟示。

戰後臺灣警察與國家發展的關係

一、 前言

美國政治學者杭亭頓(Samuel P. Huntington)指出，國家利益並非單由國內價值和制度來決定，也受國際規範和制度左右，除了對安全的關切，不同類型的國家以不同的方式來界定，而其利益受共同文化和制度的影響。[1]

檢視戰後日本和東亞新興工業化國家的成功發展，可以歸內出三個主要前題：第一，必須有一個堅強的政府和管理機構，執行一貫的政策，尤其在教育和人力資本上已經先做了大量而且不斷的投資；第二，在經濟體制上，公營和私營企業的經理必須合作制定「非政治化」產業政策，促進國內與國際經濟相互作用的條件；第三，這些國家的政府同市場是相輔相成，政府建立在有效率的行政與良好治安的基礎上。

本文主要敘述 1945 年戰後臺灣警察與國家發展的關係，並依其不同歷史發展分為：1945 年至 1990 年的「以軍領警時期」，和 1990 年迄今(2017)的「專業領導時期」。

「以軍領警時期」是指國民政府接收臺灣後，從第 1 任臺灣省警務處長胡福相(1945.11-1947.3)至第 4 任警政署長羅張(1984.7-1990.8)期間，絕大多數警察首長

---

[1] Samuel P. Huntington, *The Clash of Civilizations and the Remaking of World Order* (N.Y.: Simon & Schuster, 1996).

由軍人擔任。「專業領導時期」是從 1990 年 8 月莊亨岱擔任署長開始，歷任警政署長或警務處長均受過警察專業教育，歷練各種警察職務，熟悉警察業務。

在探討「以軍領警時期」的警察與國家發展，本文分為三階段：第一階段，戰後臺灣的警政接收與重建(1945-1949)；第二階段，政府播遷來臺後的警政一元化與戡亂戒嚴體制(1949-1972)；第三階段，經國先生上任後威權體制的鬆動與警政現代化(1972-1990)。

戰後臺灣警政接收與重建階段，旨在分析國府對警政接收與省府改制、警政重建與戶警分立的推動民主憲政；遷臺後警政一元化與戡亂戒嚴體制的實施階段，則強調戶警合一與軍警合一的領導；在威權體制的鬆動與警政現代化階段，主要敘述政府在面臨戰後開始推動政治自由化，及警政署長孔令晟規劃實施的警政現代化。

在探討「專業領導時期」的警察與國家發展，本文分為兩個階段：第一階段，解除戒嚴與終止動員戡亂後國家體制轉型與軍警角色調整(1990-1996)；第二階段，總統直選後的警政專業化與政治民主化階段(1996 以後)。

在國家體制轉型與軍警角色調整方面，主要分析解嚴前後國家體制的轉型，以及警備總部裁撤後的警察業務移轉，使得警政脫離軍人色彩；在警政專業化與政治民主化方面，則在於敘述兩次政黨輪替與政府組織改造過程中，警察工作均能保持行政中立的執行勤務，也因為國家的完成政治民主化，形塑警察專業化的服務成為警政發展的重要目標。

二、 以軍領警時期警察與國家發展的關係

隨著第二次世界大戰的結束，日本的投降，根據 1943 年 11 月發布的開羅宣言(Cairo Declaration)，明白宣告東北臺澎於戰後歸還中華民國政府。所以，1945 年至 1949 年這一階段的警政接收與重建，國民政府一方面要忙於臺灣的接收工作，一方面則需應付內戰。

　　1949 年底中央政府播遷來臺，透過戡亂戒嚴體制的實施，積極推動警政一元化。迨至 1971 年，中華民國退出聯合國，政府面對國內外政經情勢的變化，開始進行大幅度政治自由化與警政現代化的改革，導致 1987 年宣佈解嚴。

(一) 戰後警政的接收與重建

　　1940 年 10 月國民政府成立中央設計局，隸屬於國防委員會，並由國防委員會最高委員長蔣介石兼中央設計局總裁。1944 年 4 月國民政府在中央設計局成立「臺灣調查委員會」，從事調查臺灣實際狀況，並派「政學會」出身的陳儀為該會主任委員。該會在「事的方面」，主要草擬〈臺灣接管計劃綱要〉。「人的方面」，決定訓練大批行政幹部備用，爰命陳儀、陳果夫、吳鐵城、張厲生、段錫朋、熊式輝六人，共同籌畫，並指定陳儀為召集人。同時，在中央訓練團開辦此一訓練班，由陳儀兼班主任(同時為中國國民黨中央訓練團特別黨部特派員)，周一鶚為副主任(後隨陳儀來臺出任臺灣行政長官公署民政處長)。

　　此一訓練班共招收學員 120 人，分民政、工商、交通、財政、金融、農林、漁牧、教育、司法各組，訓練期間為四個月。另外，特別在重慶中央警官學校與福建省兩地方分別辦理接管臺灣警察的高級幹部訓練，以進行訓練臺幹學生、學員班及初幹班官警。而為收復臺灣的準備工作，亦在福州積極進行。

1. 警政接收與省制改組

　　根據 1945 年 3 月政府擬定的〈臺灣接管計劃綱要〉，並以臺灣為省，接管時正式成立省政府，省政府應由中央政府以委託行使的方式，賦以較大之權力，並應積極推行地方自治。然而，從「復臺」到「復省」的規劃，卻因〈臺灣接管計劃綱要〉改由〈臺灣省行政長官公署組織條例〉取代，臺灣依省制改組的計畫受阻。

　　對這項重大政治變革的主要原因，陳儀指出：「臺灣收復以後，自應稱臺灣省，以與其他各省一律，惟際茲收復之初，政治與軍事相輔而行，本人又奉命兼任臺灣警備總司令，故必須有一權力較大之臨時機構，必得統一事權妥為運用，將來

接收竣事，秩序平復，自應按照常軌，依省制改組。」[2]

1945 年 8 月國民政府在重慶成立臺灣省行政長官公署，任命陳儀為臺灣省行政長官，9 月臺灣省警備總司令部於重慶成立，任務是負責日本戰敗遣返在臺日俘、接收臺灣與維持臺灣治安，首任總司令為陳儀，隸屬軍事委員會。臺灣行政長官公署內設置警務處，任命中央警官學校臺幹班主任胡福相為首任警務處處長。1945 年 10 月胡福相率臺幹班師生一千零一名來臺接管警政，進駐於當時臺灣總督府警察官、司獄官訓練所。25 日陳儀代表政府完成臺灣總督府的接管工作，並議定自 11 月 1 日起依序接收地方政權。

而在 11 月 1 日前已奉命兼任臺北市市長之外交部駐臺灣特派員黃朝琴，也開始正式上班，籌組臺北市政府。2 日行政長官公署發布重要人事命令，連震東為臺北州接管委員會主任委員，新竹州為郭紹宗、臺中州為劉存忠、臺南州為韓聯和、高雄州為謝東閔、花蓮港廳為張文成、臺東廳為謝真、澎湖廳為陳松堅。

為順利完成接管各地警察機關，根據行政長官公署頒布的〈臺灣省州廳接管委員會組織通則〉，係由行政長官公署警務處長胡福相主持，先後於臺北、基隆、高雄、臺中、臺南、新竹、彰化、嘉義、屏東等九個市設市警察局；於臺北、新竹、臺中、臺南、高雄五個縣設縣警察局；於花蓮港、臺東、澎湖三縣設縣政府警察科。

例如當時負責接管臺北州的主任委員連震東在發表〈告臺北州同胞書〉，除強調治安的重要性外，即派委員黃炎生兼總務部長，委員黃介騫兼產業部長，專員林勝雲兼警察部長，專員劉驥兼文書課長，張暮年兼警察部衛生課長。

同時，根據〈臺灣省行政長官公署警務處警察大隊組織規程〉，於警察訓練所短期集訓員警 252 人，編成二個中隊，開始服勤，其工作重點在保護倉庫工廠及學校安全，與宵小竊盜的偵緝，以及協助各工廠處理工潮等案件。

另外，由於日本投降以後，迄於前進指揮所蒞臺之前，中有 2 月，日人既已

---

[2] 詳見〈臺灣省行政長官公署組織大綱〉，附錄(三)：國民政府文官長吳鼎昌簽辦意見。張瑞城編，《光復臺灣之籌劃與受降接收》，(臺北：中國國民黨黨史委員會，1990 年)，頁 157。

失去其統治臺灣之能力，而我政府人員又未抵臺，一時臺灣幾成無政府狀態，紛亂異常。有心之人，紛紛起而組織自衛團體，份子複雜，名稱不一，如糾察隊、自衛團、勞動同盟會正義隊、北投自衛團、三民主義青年服務隊等等，不下數十種，期間雖有少數正義人士，用以維持治安，而不良份子藉口聚眾，以荼毒鄉里者，亦大有人在，自行徵稅派捐，致治安情形益形紛亂。因此，政府頒布《人民團體組織臨時辦法》，勒令戰後成立的所有民間團體必須解散。[3]

同時，政府肩負執行建警計畫，為推動建國工作，和奠定法治基礎，以配合憲政實施，乃於 1946 年 6 月公布《內政部警察總署組織法》，並自同日施行。然而，當時國共內戰方酣，國民政府對中共在臺灣的活動有如芒刺在背。1947 年 2 月 28 日發生的「二二八事件」，雖然起因於警察查緝私菸的紛爭，然而事件卻一發不可收拾，警備總司令部宣布臺北市臨時戒嚴，而各地相繼騷動。

3 月 1 日，臺北市參議會邀請國民大會代表、參政員、省參議員等，在中山堂開會討論組織「緝煙血案調查委員會」。是會推省參議會議長黃朝琴等人向長官公署建議組織「二二八事件處理委員會」，其中一項為要求「官民共同組織處理委員會」，經陳儀應允，此即「二二八事件處理委員會」之緣起。

3 月 2 日「二二八事件處理委員會」成立大會在臺北中山堂召開，除政府代表及委員出席外，由於聽眾擁擠，成分複雜，叫囂煽動，並要求增加各方代表，擴大參與，以便容納不同意見人士，該委員會性質乃起劇變，緝煙不幸事端之善後而不理，反提出越軌要求，終致政府代表退出該委員會。

擴充改組後的「二二八事件處理委員會」，經過 3 月 3 日至 6 日的 4 天密集開會，到了 3 月 7 日「二二八事件處理委員會」由宣傳組長王添燈(時任省參議員)在會中提出〈處理大綱〉，分為「對目前的處理」七條，「根本處理」二十五條(包括軍事方面五條，政治方面二十條)，共計三十二條。

在「對目前的處理」內容上主要涉及各地武裝部隊，繳械武器由該會各地處

---

[3] 臺灣省行政長官公署警務處編，《臺灣一年來之警務》，(臺北：臺灣省行政長官公署宣傳委員會，1946 年)，頁 42。

理委員會及憲兵隊共管。在「根本處理」內容上主要涉及本省陸海軍應儘量採用本省人，警備司令部應撤銷，以免軍權濫用；警務處長及各縣市警察局長應由本省人擔任，省警察大隊及鐵道工礦等警察即刻廢止；憲兵除軍隊之犯人外不得逮捕人犯等等。

此種要求實有違政府當初所要成立「處理委員會」的性質，而且該會擯棄政府所派代表，而自演變為一非法團體，從事叛亂行動。國府中央自不能接受，而且又有襲擊機關等不法行動相繼發生，故中央決定派軍隊赴臺，維持當地治安。[4]

當臺灣警政接收工作處於磨合之際，不但面臨日籍的官警大多數已遣返，而且政府原先派遣來臺負責接收工作的 2 萬 8 千名官員和警察，因為隨著當時國共內戰的日趨白熱化，90%的軍隊撤離臺灣，使得維護臺灣治安的軍警人員僅 1 萬 1千餘人，比率僅為 1940 年(民國 29 年，昭和 15 年)年日治臺灣時期憲警人數的 6%。由於相對軍警力量的大幅減少，以致面對打擊犯罪和較大規模的民眾反對政府活動時，處理能力有限。

因此，政府不得不將日治時期的臺籍警員去弱留強，甄選一部分暫時協助接收及維持秩序。加上，日治時期一直延續清領時期在臺灣行之多年，協助維護社會治安的保甲制度，已在 1945 年被總督府廢止，混亂的情勢演變更難加以控制。

「二二八事件」的結果，3 月 8 日臺灣省行政長官公署警務處長由出身臺灣省臺北縣的王民寧接任。同時，實施以「國防中心主義」的建警方針，配合整軍計畫，制定〈建警方案暨建警試行警員制方案〉。5 月臺灣省政府成立，任命文人魏道明為臺灣省政府委員兼主席。

由於國共內戰持續延燒，1948 年 4 月國民大會通過《憲法》，增加〈動員戡亂時期臨時條款〉；5 月 12 日政府公布〈動員戡亂時期臨時條款〉，一週之後，復修正公布實施《戒嚴法》，20 日蔣介石、李宗仁就任中華民國第一任總統、副總統。

1949 年 1 月當時軍職上將的陳誠接任臺灣省政府主席兼臺灣省警備總司令，

---

[4] 臺灣行政長官公署編，《臺灣省二・二八暴動事件紀要》，(臺北：臺灣行政長官公署，1947 年)，頁 11。

彭孟緝為副總司令。隨著蔣介石總統引退，由副總統李宗仁代行總統職權，並下令撤銷〈戡亂總動員令〉，停止《戒嚴法》之實施，但任國民黨總裁的蔣介石發表〈告全國同胞書〉，重申戡亂的決心。

同一時間，陳誠省主席在臺灣實施〈三七五減租〉的土地改革，但臺灣仍陷入在發生一連串政治事件的愁雲中，特別是受到左傾學生「反內戰、反飢餓、反迫害」的影響，4 月 6 日爆發了省立師範學院(今臺灣師範大學)學生聚集抗議警察處理「學生單車雙載事件」的不當，最後導致學生被搜捕的「四六事件」，時任教育廳副廳長兼任該院院長的謝東閔，因而辭去兼職。

1949 年 5 月 19 日臺灣省政府主席兼警備總司令陳誠，鑒於中共在福建沿海集結大批船隻，準備進犯臺灣，政府為確保臺灣治安秩序，依《戒嚴法》第 3 條規定，宣告臺灣省全境的戒嚴，並自翌日零時起實施。國防部旋以代電陳報行政院：「為加強戰備，用挽危局計，請將全國，包括海南島及臺灣，一併劃作接戰地域，實施戒嚴。」。

臺灣進入「戒嚴時期」之後，全省違檢被拘留者達 1 千 5 百餘人。5 月 27 日臺灣省警備總部根據〈戒嚴令〉制定〈防止非法的集會、結社、遊行、請願、罷課、罷工、罷市、罷業等規定實施辦法〉，和〈新聞、雜誌、圖書的管理辦法〉。31 日再訂頒〈臺灣省警務處戒嚴時期維持治安緊急措施方案〉；6 月更在全省成立山地警察所，臺灣省政府委員會亦隨即決議通過〈臺灣省統一警察系統實施辦法〉。

儘管當時已經宣布戒嚴，惟 7 月 13 日澎湖仍然發生軍方欲強徵學生入伍充當兵源，導致血腥鎮壓的「七一三事件」；另外，在臺北的臺灣省郵政管理局，則因為郵電改組暨郵電員工分班的糾紛，引發了怠工請願的社會抗爭風潮。國府為了加強維護社會治安的工作，遂於 9 月 1 日成立臺灣省保安司令部，派彭孟緝為司令，同日臺灣省警務處及保警總隊改隸保安司令部。

2. 警政重建與憲政推動

1950 年 4 月政府開始綏靖與清鄉工作，主要重點在：(1)清查戶口及辦理連保切結，(2)流動人口，應切實辦理，(3)如發覺流氓等不良份子，不報者決以連坐處罰，(4)被查出市民私自隱藏武器彈藥者，定予罰懲，(5)清查戶口及連保切結辦竣

後，製發國民身分證，(6)自動報繳武器者，即照規定發給獎金，以示鼓勵，(7)加強夜間巡邏，(8)偏僻街路迅速設法加裝路燈，(9)各機關學校職員學生應禁說日本話及穿日本式木屐，(10)精密調查留用日人，並向上級建議，全部遣返。

然而，探究當時臺灣內部殷切盼望政府實施憲政，和渴望實現日治以來臺灣人追求議會政治的目標。因此，這時期臺灣所選出的中央和地方民意代表，其作為臺灣社會的領導階層，對於政府具有維護社會治安、歡迎國民政府，和協助或參與國府接收臺灣的功能。根據《中華民國憲法》，臺灣於 1947 年選出第一屆國大代表 27 位、立法委員 8 位和監察委員 5 位。

同時，根據〈臺灣省各級民意機關成立方案〉，規定全臺各縣市政府必須在 1946 年 2 月以前，完成基層鄉鎮區民代選舉，並於 3 月 15 日以前成立鄉鎮區民代表會，以進一步從基層民意代表機構選出各縣市參議員。該方案同時規定，1946 年 4 月 15 日之前各縣市參議會必須成立，以選舉臺灣省參議員，行政長官公署則預定於 5 月 1 日召開臺灣省參議會。亦即 1946 年成立起，以迄 1950 至 1951 年初之間各縣市陸續成立縣市議會止，這大約四年多的參議會時期，應視為同一屆。[5]

在當時臺灣民意高漲的氛圍中，特別突顯在 1946 年底的制憲大會期間，臺灣省全體國民大會代表轉達了臺灣省參議會所提送政府中央的一份〈建議書〉和〈請願書〉。〈建議書〉的議案為：「請公決明令規定臺灣省為憲政實驗省，憲法公布後即於臺灣省優先實施，以資促進憲政案。」

而其「辦法」如下：「一、請於議訂憲法實施日期及辦法時，附帶規定臺灣為憲政實驗省。二、憲法頒布後一個月，即由中央擬定辦法，通飭臺灣省實施，限三個月內，依照憲法，選出縣市長、省長，成立縣議會、省議會等。

至其在〈請願書〉所提〈懇切要求〉為：「一、請飭各軍法、司法機關審理臺籍戰事人犯，應同情處境，勿與日犯同等處分，並勿強作中國籍而判漢奸罪。二、請飭各地方機關，對現住各地臺人，勿再藉資敵及敵產等名目而侵害其產業之自

---

[5] 臺灣省諮議會編印，《臺灣省參議會、臨時省議會暨省議會時期史料彙編計畫──謝東閔先生史料彙編》，（臺中：臺灣省諮議會，2004 年），頁 1。

由。三、請在辦理臺籍漢奸時，應同時追查昔日違反民意割讓臺灣之舊奸徒，以及歷年移解臺灣志士而媚日之新惡吏。四、請在辦理臺籍戰犯時，同時應表彰自臺灣民主國而十八次革命而至八年抗戰，歷年殉難之臺灣志士，並撫卹其家屬。」。[6]

檢視這份〈建議書〉和〈請願書〉的內容，和分析後來之所以會發生「二二八事件」。政府有感於治安工作的重要性，遂於 1949 年 5 月 1 日零時起，開始實施全省戶口總檢查。因為臺灣光復之初，戶政制度延續日治時期的作法，仍由警察機關辦理。但為配合憲政的實施和選舉的順利進行，迨 1946 年 1 月修正完成《戶籍法》，乃依〈戶籍法施行細則〉規定，劃歸民政機關辦理，惟基於維護治安與協助推行政令的實際需要，警察機關仍繼續執行人口動態的戶口查察勤務。亦即由戶政機關主管靜態的資料登記，警察機關則負責動態的調查，遂形成戶籍行政與戶口查察的戶警雙軌分工制。[7]

政府並於 5 月起依〈臺灣省各縣市戶口清查實施細則〉舉辦全省戶口清查，務必達成「人必歸戶」、「戶必歸鄉」，俾實施憲政和推動地方自治。當時臺灣省全面清查戶口，以利辦理製發國民身分證，調查結果全省總計共有 632 萬 6,329 人。

1947 年 1 月行政長官公署訂定〈臺灣省各縣市警察機關辦理特種戶口調查須知〉，俾使各警察人員了解警察辦理戶口調查的根本目的與手段。1948 年 12 月開始施行〈臺灣省各縣市主辦戶政機關與警察機關辦理戶口查記聯繫辦法〉，規定戶政機關負責設籍、除籍、身分、遷徙等項登記，而流動人口登記、特種人口、戶口查察、失蹤人口查尋等則由警方辦理，以劃清權責相互聯繫。

1949 年 7 月鑑於大陸各省來臺者激增，戶口業務繁重，戶籍登記又現混亂，空戶漏口層出不窮，省府為加強戶警聯繫，特別於隔年 7 月頒行〈臺灣省各縣市戶政機關與警察機關聯合辦公辦法〉，規定縣市以下警察機關與戶政機關聯合辦公。惟當時各縣市僅將村里戶籍員置於派出所內，受理戶籍業務，加上省縣市未

---

[6] 臺灣省參議會秘書處編，《臺灣省參議會第一屆第二次大會特輯》，(不著出版地：臺灣省參議會秘書處，1946 年)。

[7] 臺灣省行政長官公署警務處編，《臺灣一年來之警務》，(臺北：臺灣省行政長官公署宣傳委員會，1946 年)，頁 75。

設聯繫的機構，施行效果並不理想。

　　戶警雙軌的分立制度並未能達成政府要確實掌控人民生活動態，統制戰時經濟，和維護社會安定的目標。因為，隨著國共內戰的逆轉，此時政治、學生、社會等一連串反政府的事件，仍然隨著國共戰爭的激化，深深影響臺灣的治安，迫使政府不得不針對臺灣社會受到「臺共省工委」、「臺灣民主自治同盟」，以及「重整後臺共省委」等共產黨滲透和破壞的影響，積極採取反制行動，並依 1949 年 5 月 24 日通過的《動員戡亂時期懲治叛亂條例》處以嚴厲的重刑，以遏止共產黨在臺灣蔓延的勢力，和壓制一再高喊的「武力解放臺灣」。[8]

　　而臺灣省警察代表大會亦於 1950 年通過〈戰時工作綱領〉，舉行肅清共諜運動；政府更於 1951 年 9 月通過〈共匪及附匪份子自首辦法〉及〈檢肅匪諜獎勵辦法〉，以維護臺灣內部政局的安定。

(二) 警政一元化與戡亂戒嚴的實施

　　政府於 1948 年 5 月 12 日公佈〈動員戡亂時期臨時條款〉一週之後，復修正公佈實施《戒嚴法》。同月行憲政府成立。蔣介石、李宗仁就任中華民國第一屆總統、副總統。這項制度結構突顯「戡亂戒嚴」與「民主憲政」體制並行的實際作法，同時兼有宣示動員戡亂與實施戒嚴的正當性。

　　嗣因國事混亂，1949 年 1 月 21 日蔣介石總統引退，但仍身任國民黨總裁，政務推動則由李宗仁副總統代理總統職務，12 月 5 日帶總統因病赴美治療，7 日行政院長閻錫山代理總統令政府遷設臺北。

1. 警政一元化與戡亂戒嚴體制

　　1950 年 3 月 1 日蔣介石在臺灣復行總統之職，並希望李宗仁以副總統的身份做專使，在友邦美國爭取外援。同時，政府檢討在大陸的軍事失敗原因，主要源於政治工作未能落實，而中共軍隊的發展和勝利，卻要歸功於其政治工作。

　　所以，當蔣介石復職總統後，隨即宣布成立國防部總政治部，擔負起重建軍

---

[8] 郭乾輝，《臺共叛亂史》，（臺北：中國國民黨中央委員會第六組，1954 年），頁 45-57。

隊的政工制度，加強軍中的思想教育，竭誠服膺領袖的領導。這種政訓工作也落實於警務系統，其採取以政工幹校戰地政務講習的方式，遴選警官參加受訓，最後並以黨的組織建置來掌握軍隊。而且恢復 1943 年成立的國防研究院，和於 1949 年 10 月在陽明山創辦的革命實踐研究院，有計劃的調訓黨內高級和中級幹部。

面對兩岸戰爭的對峙局面，政府為鞏固領導中心，遂開始強化權力結構重組，首先從 1950 年 8 月起進行國民黨的改造工作。當時中央改造委員會的成立，最顯著的精神為：第一，明定黨的屬性為「革命民主政黨」；第二，裁撤中央監察委員會，採評議委員會制，領導更趨於一元化；第三，注重基層組織與民眾團體；第四，建立幹部制度；第五，確立新的黨政關係。

改造目標是要貫徹以黨對政、軍、警、情治，及工會、商會、漁會、農會、青年、婦女、文化界等社會團體的指揮機制，建立「以黨治國」的最高指導原則，並強烈主張代表的是中國合法正統政權，不容許有任何反對理論和行動的對權威挑戰。

1952 年 10 月改造完成之後的國民黨，開始藉由中央委員會接替中央改造委員會職權，而在中央委員會閉會期間則透過中央常務委員的權力核心來執行黨務工作，以集中黨機器的權力運作。同月並成立中國青年反共救國團，強制規定所有高中以上學生為當然團員，其結構體系採取與國民黨各縣市黨部相平行的組織建置，來配合推動團務的工作，做為國民黨領導青年並儲備青年黨員的機構，達成如同 1947 年 9 月國民黨第六屆四中全會通過〈統一中央黨部團部組織案〉，將三民主義青年團與國民黨進行黨團合併模式。

當時國民黨終於完成堅持黨團合一、黨外無黨、黨內無派的主張，確立了國民黨在臺灣一黨獨大的優勢，和鞏固以蔣介石和培植其子蔣經國為權力核心的領導機制，這期間還包括了 1953 年 3 月，國民黨開除當時在擔任臺灣省主席兼保安總司令任內的吳國禎，因其強烈反對蔣經國的成立救國團，不但不給予經費資助，還指責該團為希特勒的法西斯集團和共產黨的共青團。[9]

---

[9] 許介鱗，《戰後臺灣史記》(卷二)，(臺北：文英堂，2001 年)，頁 78-79。

4 月國府改派俞鴻鈞為臺灣省主席兼臺灣省保安總司令，直到 1954 年 6 月起由嚴家淦出任。因此，檢視黨國一體化和警政一元化的發展，依據 1953 年 6 月公佈的《警察法》內容指出，凡警察之組織、職權、人事、教育、經費、設備，警察權由中央與地方行使的事項，均有原則的規定，並建立工礦、森林、外事等專業警察的相關組織規程。

檢視從 1954 年公佈的〈臺灣省警察政訓工作綱領〉，突顯臺灣省警政工作配合反共抗俄的需要，及符合政治改革的要求，以堅持三民主義革命政策統一警察人員思想，團結警察人員精神，激發工作情緒，改變警察氣質，養成優良紀律，促進警民合作，完成國民革命第三期任務，突顯戰時革命警察的特質。

1960 年 11 月政府頒行〈警察教育條例〉，積極建立警察教育制度，以培養具有專業知識的警察。而推動警政一元化更突顯在軍人轉任警政首長的人事運作，以及 1968 年 7 月臺北市改制直轄市，省、市分治，行政系統雖各不相隸屬，但當時仍以省警務處長兼臺北市警察局長，藉收統合警政功效。

1972 年 7 月內政部成立警政署，並陸續成立入出境管理局、刑事警察局、航空警察局等單位，亦在推動警政一元化的思維下，配合戡亂戒嚴時期以軍領警模式，透過警備總部統合指揮調查、警察機關、憲兵等單位來掌控社會治安，乃至於 1972 年高雄市升格直轄市後，仍為貫徹警政一元化政策，出現內政部警政署與臺灣省警務處的署處合署辦公型態。

警政一元化也突顯於 1952 年設立的國防會議，該會議不經立法程序，不必向國會負責，卻掌握大權，不僅各情治單位必須對其負責，必要時連相關部會首長亦須接受節制。1955 年 3 月，該會之下設國家安全局，負責協調並監督各警政、情治機關。所以，臺灣保安司令部即由國防部督導改受國安局指導。1958 年 7 月臺灣警備總司令部成立，接管原保安司令部，並合併臺灣防衛司令部、臺北衛戍司令部、臺灣省民防司令部，改隸國防部，執行臺灣本島戒嚴任務，各地區戒嚴司令撤銷。

1967 年 2 月依照〈動員戡亂時期臨時條款〉第四項之規定，設置動員戡亂時期國家安全會議，並自其成立之日起撤銷國防會議，原隸國防會議之國家安全局

及戰地政務委員會改隸國家安全會議。然而,《國家安全會議組織法》、國家安全局完成立法,要一直到 1994 年 1 月 1 日才正式完成法制化。

2. 軍警合一與戶警合一

政府實施戒嚴戡亂,除了對於人民的言論、集會、結社、出版,及新聞等自由加以管制之外,並由警備總部擔負戒嚴、警備、治安、民防、動員、文化檢查、郵件檢查、軍法審判、出入境管理業務,其工作任務凌駕於警察業務之上,成為直接指揮警察機關的上級單位。

1947 年 5 月國民政府將臺灣省警備總司令部改名為臺灣全省警備司令部,並於臺北辦公,首任司令為彭孟緝,歸臺灣省主席節制,1949 年 2 月再改名為臺灣省警備總司令部,由省主席陳誠兼任總司令,改隸國防部,1949 年 8 月臺灣省警備總司令部奉命裁撤,分別成立東南軍政長官公署及臺灣省保安司令部,由彭孟緝任保安司令,並將臺灣省警務處及保安總隊改隸保安司令部建制,專司全省治安工作,隨後於 10 月 5 日才將警務處及保安總隊改隸省政府,惟治安權責仍受保安司令部節制。

1957 年 3 月 20 日臺灣發生影響治安和外交的劉自然被槍殺命案,又被稱為「五二四事件」。當日是服務於國民黨陽明山革命實踐研究院的黨務人員劉自然,在美軍眷屬區被美軍顧問團上士雷諾(Robert G. Reynolds)的住宅門前遭雷諾開兩槍斃命。據雷諾指出,劉自然被他發覺偷窺他太太洗澡,因劉自然持棍子,他為了自衛才開槍。

當我國警方前往調查,卻遭阻止,理由是依《中美共同防禦條約》規定,美軍顧問團屬美國大使館一部分,享有治外法權,美軍犯罪由美方處理。5 月 23 日美國軍事法庭以「殺人罪嫌證據不足」為由,宣判雷諾無罪釋放,並於當日將其遣送回美國。5 月 24 日臺灣各大報紙媒體紛紛刊出文章,抨擊美方判決不公,引發臺灣民眾大規模反美暴力衝突,劉自然的妻子也到往美國大使館門前抗議,吸引許多民眾圍觀,加上中國廣播公司記者到場採訪劉妻,經由廣播傳送出去的哭訴,吸引了更多人潮聚集,最後演變成民眾高喊殺人償命,以石頭、磚塊、木棍攻擊大使館,並對警車縱火的局面,導致政府宣布臺北市及陽明山進入戒嚴狀態,

晚上並實施宵禁，最後才由衛戍部隊將群眾驅散。然而，被捕的民眾多達 111 人，被起訴的有 40 人，最後只有 7 人被判處 1 年至 6 個月有期徒刑。

事件結束後，外交部長葉公超除代表政府致歉外，並同意賠償一切損失，而我國駐美大使董顯光也向美國國務院提交正式道歉照會。在責任歸屬方面，衛戍司令黃珍吾、憲兵司令劉煒、警務處長樂幹，以及臺北市警察局長劉國憲等人皆遭撤職，俞鴻鈞閣揆的職務也改由副總統陳誠兼任。

「五二四事件」後，政府展開內部整頓，警方在檢討報告中指出，警政體制外之上級指揮單位過多，指揮關係複雜，為簡化治安機構，國防部於 1958 年 5 月 15 日將臺灣防衛總司令部、臺北衛戍司令部、臺灣省保安司令部及臺灣民防司令部等四個機構裁併，另行設置臺灣警備總司令部，黃振球擔任總司令，隸屬於國防部，主管臺灣地區警備、治安、民防、戒嚴、衛戍及協助緝私等業務。[10]

同時，政府為了推動「警政一元化」，所採取戶警分立調整為戶警合一的措施，也突顯了政府為維持社會安定以配合國家發展的目標。1968 年 3 月，蔣介石在國家安全會議上指示，要求在六個月內實施戶警合一，內政部隨即研擬〈戶警合一實施方案〉。

1969 年 5 月中央頒布〈戡亂時期臺灣地區戶政改進辦法〉，將戶政業務移交警察機關辦理，受警察局之指揮監督，並於 1973 年 7 月完成修正《戶籍法》的立法，其實行細則亦配合修正，行政院於 1974 年 7 月公佈實施，戶警合一的法制工作才正式完成，並將原屬於鄉鎮市區公所之戶籍課劃出成立戶政事務所。

戶警合一是在配合戡亂戒嚴時期警察有效的掌握犯罪人口、防治犯罪和維護治安等任務，但也相對造成警察勤務的加重負荷。因此，內政部於 1988 年 7 月，頒布〈戶政改進方案〉，將戶政事務所主任改為專任，並兼任警察分局副局長，10 人以上編制的戶政事務所置祕書，20 人以上則分股辦事，以強化戶政事務所的組織功能。以後政府為了配合解嚴和終止動員戡亂，遂於 1992 年 6 月通過《戶籍法修正案》，才將戶政業務劃歸民政機關辦理，但規定戶口查察，索行、失蹤或行方

---

[10] 陳純瑩，〈我國威權體制建構初期之警政(1949-1958)，《人文社會學報》第 3 期，頁 55。

不明人口及流動人口等業務仍由警方辦理。

　　臺灣省保安司令部在 1958 年 7 月改名為臺灣警備總司令部，從此這一名稱一直伴隨臺灣社會發展而深植臺灣人民心中，其所負責的戒嚴、警備、出入境管理、文化檢查、郵件檢查、軍法審判等業務。除此之外，改組後的國民黨海工會、陸工會、社工會，及憲兵、外交部情報司等單位，雖各有職司，但是都必須向國家安全會議彙報。

　　而這階段警備總部工作所面臨最大的爭議，即突顯在文化思想上胡適、雷震、殷海光等自由人士，自 1949 年 11 月創刊至 1960 年 9 月被迫停刊的《自由中國》雜誌的嚴厲批評政府言論。《自由中國》雜誌社與戒嚴時期警備總部的緊張和複雜關係，最終發行人雷震以有「包庇掩護共諜」之嫌，及「散發不法言論」被起訴，被判須合併執行有期徒刑十年，剝奪公職七年，雷震等人不得不停止了籌組反對黨——「中國民主黨」的工作。[11]

　　另一扮演批評政府言論的雜誌是創刊於 1957 年而結束於 1964 年的《文星》雜誌。《文星》標榜思想上的開明和人權上的保障，《文星》雜誌的為自由民主的奮鬥訴求，亦難逃繼《自由中國》雜誌事件之後的下場。1964 年臺大教授彭明敏、魏廷朝等人撰擬〈臺灣自救宣言〉，也都在政府的監控和壓制之下，同樣有人因叛亂罪而遭到入獄的悲慘遭遇。

　　檢視這階段的為推動政治民主化和自由化的言論，其相對於武裝奪權和非法組織政黨的權力運作，都只是還停留在標榜延續五四精神的啟蒙運動，和對東西文化的論戰框框，純屬於部分知識分子的爭取言論自由層次，實際上難以構成對「黨國一體化」的結構性產生威脅。

　　因此，這時期「以黨領軍」、「以軍治警」的警政發展，旨在配合警備總部的鞏固政權，和對異議人士抗爭的壓制，突顯警察在配合政黨維護政權與治安上的工具性角色。

---

[11] 雷震，林淇瀁校註，《雷震回憶錄之新黨運動黑皮書》，(臺北：遠流，2003 年)，頁 74-80。

(三) 威權體制鬆動與警政現代化

1972 年 5 月蔣經國出任行政院長時訂下四項目標：一是民主化，二是臺灣化，三是強化經濟建設，大幅提升國民所得和生活水準，四是與中國發展工作關係。

1. 威權體制鬆動

政治自由化是在不直接影響執政者統治權下，所採取局部開放參與的分享權力措施，尤其是解除種種限制人民自由與權利行使的束縛，以及其主觀的自我解放，特別是從統治者的威權恐懼與敬畏中擺脫出來。

蔣經國組閣後，在 1972 年 12 月除了定期實施地方自治的選舉之外，特別開放舉辦臺灣地區增額中央民意代表選舉，以充實中央民意代表機構。同時，推動十大建設，為臺灣經濟起飛奠定了基礎，更為國家自 1971 年退出聯合國以後國際地位低迷的環境，重新建立起國人的信心。

1975 年 4 月 5 日蔣介石總統的過世，總統職務依《憲法》規定由副總統嚴家淦繼任，1976 年 11 月蔣經國以行政院長兼任國民黨主席。然而，長期以來由國民黨一黨獨大的威權體制也開始面臨挑戰，首先是 1977 年 11 月 19 日爆發的「中壢事件」。

1977 年 11 月舉辦的五項地方公職選舉，是臺灣實施地方自治以來規模最大的地方選舉，全島以「黨外」名義競選者頗多，選情激烈，其中桃園縣長參選人許信良因違紀競選，遭中國國民黨開除黨籍。11 月 19 日投票當日，設於中壢國小的投開票所，發生舞弊嫌疑情事，群眾湧向中壢分局要求桃園地檢處檢察官處理，然其處置不為群眾滿意，上萬名民眾包圍中壢警察分局抗議，進而焚燒警局及警車。

事件爆發後，政府並未採取嚴厲鎮壓行動，加上許信良以壓倒性票數擊敗國民黨提名的歐憲瑜，事件遂告平息。但中壢事件後，臺灣地方政治生態改變，黨外運動的民氣日漸升高，不僅促使更多黨外人士投入中央民意代表選舉，更升高了朝野間對立的氣氛。

1978 年 3 月第一屆國民大會第六次會議選舉蔣經國、謝東閔為第六任總統、

副總統，5 月 20 日正式就職。同年 12 月 16 日美國與中共建交，政府發布緊急處分命令，延期了即將舉行的中央民意代表選舉，卻於 1979 年 12 月 10 日發生了「美麗島事件」。

溯自 1979 年夏天，由「黨外」人士黃信介等創辦《美麗島》雜誌，以後接連三個月，《美麗島》雜誌於全臺各大城市分別設立分社及服務處，每在一地成立服務處，便在該地展開群眾性演講會。《美麗島》雜誌在各地設立服務處所造成的聲勢，以及來自《疾風雜誌》等右翼人士的挑釁與刺激，使局勢越來越僵。

《美麗島》雜誌社乃決定於 1979 年 12 月 10 日，在高雄市舉行『聯合國發表「世界人權宣言」卅一週年紀念會』，吸引了大批群眾參加，為此治安單位派出大批鎮暴部隊進行嚴密監視，最後導致場面失控，警民之間爆發嚴重衝突，警備總部隨後以叛亂罪嫌逮捕相關人士，主其事者黃信介等人被以叛亂罪嫌進行軍法審判。「美麗島事件」發生後，臺灣的為全體治逐漸崩解，臺灣社會內部加速了本土化與民主化的進程，臺灣的政治體質因而從威權轉變為民主。

「美麗島事件」的發生，政府並沒有停止臺灣實施地方自治選舉的政策，而是以修正〈動員戡亂時期臨時條款〉的方式，擴大選舉名額，容納更多政治精英參與中央決策。同時，為了彰顯政府推動政治民主化的決心，在審理「美麗島事件」過程中採取公開方式，突顯警察在治安事件上以打擊犯罪、維持秩序的執行法律角色，亟欲避開戡亂戒嚴的「以軍領警」色彩。

1984 年 3 月蔣經國、李登輝當選中華民國第七任總統、副總統。臺灣政治自由化的腳步又向前跨了一大步。1986 年 9 月 28 日「民主進步黨」成立，政府採取溝通協調的包容方式處理，1987 年 7 月政府進一步宣布解除長達 38 年的戒嚴，並於 11 月開放大陸探親，1988 年 1 月 1 日再解除黨禁、報禁。1 月 13 日蔣經國過世，由李登輝副總統依法繼任總統，在其任內臺灣政治自由化因選舉制度的落實而持續推展。

2. 警政現代化

臺灣警政現代化的警政改革方案形成，主要可分為兩階段：第一階段是 1977 年 5 月 4 日與 12 月 21 日警政署分別在國民黨蔣經國主席所主持的中常會中，提

出〈警政報告〉與〈警政推展現況檢討報告〉的兩項議案。

在前項議案，當時警政署署長孔令晟就組織、人事、教育、工作結構及警政最高指導原則，提出未來應努力的方向，是警政改革的初步構想；在後項議案，由於受到「中壢事件」的影響，孔令晟特別強調「此次選舉教訓，益見警民關係之重要。今後當全力接既定構想與計畫推展。而警察新型鎮暴能力之整件，尤應按完整之整建程序，積極進行，以其有備而無患。」警政現代化的第二階段則是警政署於 1978 年 6 月 8 日向行政院所提出的〈改進警政工作方案〉，這方案包括了 46 項執行計畫，至此改革事業方向已定。[12]

檢視政府〈改進警政工作方案〉的內容，概分為警政現代化和維護警察風紀兩大類。而警政現代化的內涵，主要包含有警力現代化、警民關係的建立和警察精神建設三大項目。因此，警政現代化的工作，開始於〈改進警政工作第一階段方案(1978 年 8 月至 1980 年 11 月)〉，繼之持續辦理該方案第二階段(1980 年 11 月至 1982 年 9 月)、第三階段(1982 年 9 月至 1985 年 6 月)工作，以及後來所推行的〈五年警政建設方案(1985 年 7 月至 1990 年 7 月)〉、〈後續警政建設方案(1990 年 10 月至 1995 年 9 月)〉等，持續推動工作長達 15 年。其時程幾乎同時配合政府推動行政革新、經濟十大建設和國內社會新興團體的改革呼聲。

回溯自 1972 起政府逐步採行的組織精簡措施，以減併單位、消除冗員，政府特別訂頒〈行政機關推行四大公開實施綱領〉、〈對全國公務員之十項革新要求〉與〈行政機關分層負責實施要項〉，強調經費、人事、意見、獎懲等四大公開，和實施行政機關之內部授權與分層負責。因此，1976 年 1 月通過的《警察人員管理條例》，對於警察人事制度，減少軍職人員轉任警察的人數和素質的提升，是警政現代化的重要建樹。

1978 年 5 月蔣經國就職中華民國第六任總統，孫運璿擔任行政院長，繼續貫徹行政革新工作，以建立廉能政府。同時，提出「以行政效率和加強便民措施為行政革新的兩大目標，以現代科學管理的觀念及研究發展精神，灌注於行政工作

---

[12] 郭世雅，《孔令晟與警政現代化》，(桃園：警大行政警察研究所碩士論文，2001 年)，頁 61、74-75。

之中」。

因此，1980 年代以後的警政發展進入了繼續推行警政現代化和規劃解嚴的因應措施階段，諸如 1985 年先後通過修正〈警械使用條例〉、〈槍砲彈藥刀械管制條例〉，和〈動員戡亂時期檢肅流氓條例〉等相關法規，突顯政府在維護治安及保障人權方面皆具積極的意義與作用。但是以實施《違警罰法》為例，警察仍屬擁有極大權限的機關，其不僅擁有法規制定權，如頒布一些職權命令，且依據《違警罰法》，掌理警察司法裁判權。此外，警察行政權之範圍，仍擁有一些衛生、消防、工商、安全以及風俗等警察的事務。

1987 年 7 月 15 日政府宣佈解嚴，警政發展又進入一個全新階段，警備總部逐漸結束部分階段性任務，改由警政署成立安檢組，掌理機場、港口沿海地區安檢業務，加上實施〈五年警政建設方案〉後，警察組織與工作已迅速擴充，尤以增加保安警察的工作來因應解嚴後社會變遷，警政發展也隨著戒嚴體制的解除而「脫軍人化」。

(四)「以軍領警」制度的檢討

自 1949 年政府播遷來臺，至 1990 年 8 月止，在漫長的 41 年中，全國警察最高首長，無論是臺灣省警務處長獲內政部警政署長，幾乎都由軍人擔任，在 13 位首長中(王成章、陶一珊、陳仙洲、樂幹、郭永、張國疆、周中峰、黃對墀、羅揚鞭、周菊村、孔令晟、何恩廷、羅張)，真正具有警察專業背景的只有樂幹和黃對墀。

樂幹畢業於黃埔軍校 6 期，曾赴日本警察大學進修，返國後歷任內政部警察總隊總隊長、南京首都警政廳廳長、長春市警察局長、內政部警察總署第四處處長、以及中央警官學校 1954 年在臺復校後首任校長，但樂幹的警務處長任期只有 1 年 6 個月。黃對墀畢業於中央警官學校特警班的 1 期，曾任臺灣省警務處副處長及內政部警政司司長，但擔任警務處處長只有 1 年 3 個月，是任期最短的警察首長。其他軍人出身的警察首長中，陶一珊及陳仙洲具有軍統局的情治背景，周中峰及羅揚鞭擔任過政工幹校(後改名政治作戰學校)校長，孔令晟、何恩廷、羅

張等三人則為海軍陸戰隊司令出身。

在「以軍領警」時期，蔣中正總統曾考慮過讓警察回歸專業領導，因此任命樂幹擔任警務處長，但「五二四事件」發生後，蔣總統的態度改變，轉由第 8 軍軍長郭永將軍接任警務處長，自郭永至羅張署長，歷任警務處長或警政署長均由與警察毫無淵源之軍人擔任(訪談顏世錫先生及孟昭熙先生，2012 年 7 月 31 日及 2012 年 10 月 23 日)。

由軍人擔任警察首長的背後因素，首要原因是政治環境因素，國民政府遷臺初期，風雨飄搖，外有中共威脅，內有社會整合之問題，利用軍人擔任警察首長，塑造軍警主從的位階關係，使警察依附在軍方及情治系統的支配之下，讓警察居於治安體系的外圍角色，來達成國家安全及維護政權之目的。

其次，警察內部派系與鬥爭的問題，也是導致蔣總統利用軍人整頓警界的原因，例如，臺灣光復以後，警界主要分為正科畢業、「特種警察訓練班」(簡稱特警班)畢業生、軍人轉警等三大派系，正科和特警班之間的衝突尤為激烈(訪談馬鑫昌先生，2012 年 10 月 22 日)。派系不僅傷害警察的團隊精神，也深深影響人事與決策，這也是造成警察長期以來由軍人領導的原因之一(訪談王化榛先生，2012 年 10 月 22 日)。究竟「以軍領警」制度安排的評價如何，可以從正反方面來評估。

1.「以軍領警」的正面意義

軍人出身的警察首長，往往因為與層峰的特殊關係，因此能夠展現魄力，推動警政改革，建立影響深遠的制度。例如，周中峰先生在西安事變中有保衛領袖之功，來臺之後擔任政工幹校校長深獲蔣經國肯定，因此，被層峰委以整頓警察風紀之重任。周中峰任警務處長任內，開辦督察班，撤換不適任之警察主管；成立劉中興黨部，不准縣市警察局長干預選舉。周先生卸任後榮升國家安全局長，期為人廉潔自持，其用人公正無私，至今仍為警察同仁所推崇(訪談王化榛先生，2012 年 10 月 22 日)。

孔令晟署長擔任過總統的侍衛長，曾經前往美國海軍陸戰隊指揮參謀學校接受專業訓練，回國後一手擘劃海軍陸戰隊精兵實戰訓練，並建立國家元首警衛現

代化訓練，設立「聯合警衛指揮部」[13]，過去警察機關一職缺乏特別警衛及參謀作業的訓練與素養，在孔署長任內，警察機關的參謀作業能力才逐漸加強(訪談王化榛先生，2012 年 10 月 22 日)。

1976 年 12 月 11 日，行政院長蔣經國指派孔令晟接任警政署長並兼任臺灣省警務處處長，負責警政改革和現代化，孔署長上任後提出〈改進警政工作方案〉(即警政現代化)，並於 1978 年 7 月獲行政院通過，其重點包括：警察勤務指揮體系現代化、基層警力機動化、革新警察勤務制度、人事教育制度現代化、警察後勤制度的創建等。孔署長推動的警政現代化方案，至今仍被視為我國警政發展史上最具規模、最完整、最有系統的警政改革。

繼任者何恩廷署長繼續推動〈警政現代化第二階段〉(自 1980 年 7 月至 1982年 6 月)及〈警政現代化第三階段(自 1980 年 7 月至 1985 年 6 月)，以及羅張署長任內推動的〈五年警政建設方案〉(自 1985 年 7 月至 1990 年 6 月)，對於奠定臺灣警政現代化的基礎，功不可沒。

2. 「以軍領警」的負面意義

警察與軍人不一樣，軍人是要消滅敵人，警察則是沒有敵人，對於犯嫌是以教育為目的，而非以敵人對待為手段。多位軍人出身的處長、署長都很優秀，但他們在領導上的問題就是習慣以軍人的思維來規劃警察業務。例如，曾有軍人署長要求應以外勤的派出所、分局及警局的安全為最優先考量；因此，在實施警衛勤務時要一明一暗、一高一低，然而，外勤單位並無足夠人員安排此種警衛勤務，把警力全部投注在鞏固警局的安全上，這種做法就是將軍人思維應用至警察業務的例子。警察的職責應該是保護人民安全，而不是像軍人一般傾力保衛軍壘碉堡(訪談顏世錫先生，2012 年 7 月 31 日)。

----

[13] 在蔣中正及蔣經國時代，聯合警衛稱為特別警衛，分由軍事情報局、警察局、憲兵單位及警備總部等單位共同負責。民國 60 年(1971)，孔令晟擔任總統府侍衛長期間，鑑於當時特別警衛各單位間缺乏橫向聯繫，為加強協調功能，便參考美國「密勤局」(U.S.Secret Service)制度，草擬「特別警衛綱要」，創建「聯合警衛指揮部」。為訓練侍衛人員，也採用美國聯邦調查局(FBI)手槍實戰訓練的制度，在士林官邸附近覓地建設一個現代化的靶場，實施基礎和實戰訓練，這是我國手槍射擊訓練的創舉。《孔令晟先生訪談錄》，(臺北：國史館，2002 年)，頁 134、137。

梅可望先生也指出，由於絕大多數「以軍領警」時期的警察首長都是出身軍旅或情治，對警察業務所知有限，對法律尤為陌生，待他們熟悉警察行政與業務運作之後，往往即將卸任。因此，每一位新任首長就職後均必須重新開始，加以軍人具有主觀強烈的特質，往往將軍方的制度或名詞移植到警察機關，但警界卻噤若寒蟬，縱有不合理處，亦不敢表達意見，例如，將「總務」單位改為「後勤」單位即為一例。[14]

這種軍人領導、警察絕對服從的現象，在 1961 年郭永處長任內推動的「警察造產運動」即可看出，郭處長倡導員警造產運動，旨在改善警察生活，當時政令一宣佈，所有單位無不雷厲風行，全省警察一窩蜂種起農產品作物，幾乎警察局大部分的經費都投注在造產上，甚至於發生向果農租借果樹，或購買現成水果應付處長驗收造產成果的虛為造假行為，但卻無人敢說真話(訪談顏世錫先生及王化榛先生，2012 年 7 月 31 日及 2012 年 10 月 22 日)。

軍人領導警察另一項深遠的影響是督察制度，警察制度中的督察系統是根據軍中的政工制度而來，但先進國家(如日本、德國)的警察均無督察制度，德日警政的觀念認為，勤務制度的執行與督考，應充分授權單位主管，由主管負完全責任。運用如此多層的督察勤務，是否有助於勤務的落實，實有思考檢討之必要(訪談顏世錫先生，2012 年 7 月 31 日)。

梅可望先生則認為，督察主管必須是對業務最熟悉、勤務最瞭解的警官擔任，但軍方派來的督察室主任，大多數是「政工」、「情報」出身，並不懂警察工作，卻掌握每位員警的前途，這些「監軍」的派任，顯示政府認定警察人員「不夠忠貞」、「靠不住」，實在令警界同仁辛酸。[15]

---

[14] 梅可望，《從憂患中走來：梅可望回憶錄》，(臺北：天下文化，1998 年)，頁 28。

[15] 梅可望，《從憂患中走來：梅可望回憶錄》，(臺北：天下文化，1998 年)，頁 35-36。

三、 專業領導時期警察與國家發展的關係

　　政府於 1987 年宣佈解嚴之後，復於 1991 年 5 月 1 日終止「動員戡亂時期」，而憲法所附予的〈動員戡亂時期臨時條款〉亦隨之失效。動員戡亂時期終止後，部分不合時宜的法律和與動員戡亂有關的法規，面臨存廢或加以修正的問題，攸關政治民主化的國家體制的轉型工程也牽動著警察與國家發展。

(一) 軍警角色調整與戒嚴戡亂終止

1. 解除戒嚴與終止動員戡亂時期

　　1986 年 3 月國民黨第 12 屆 3 中全會通過〈政治革新方案〉，1987 年政府宣布解嚴，嗣後陸續通過《人民團體法》、《集會遊行法》、〈第一屆資深中央民代退職條例〉、《選罷法修正案》、《人團法修正案》等一連串攸關臺灣政治民主化重大變革之法案。

　　特別是 1991 年 2 月國統會通過〈國家統一綱領〉，4 月通過《中華民國憲法增修條文》，廢止長達 43 年的〈動員戡亂時期臨時條款〉，完成了第一階段修憲任務。政府在 1991 年 5 月 1 日終止〈動員戡亂時期臨時條款〉，全國戒嚴令同時失效[16]，同年 6 月廢止〈懲治叛亂條例〉。1992 年 5 月修正《刑法一百條》，排除思想叛亂入罪，7 月通過〈兩岸人民關係條例〉，這些重大的政策和法律對警政發展均有深遠的影響。

2. 警備總部裁撤與軍警角色轉移

　　綜論戡亂戒嚴「以軍領警」時期的警政發展，歷年來的警察首長如周菊村、孔令晟、何恩廷、羅張等都是由軍人轉任。因此，解嚴後警察服務性功能仍處於

---

[16] 1991 年 4 月 30 日金門暨馬祖防衛司令部最高軍事指揮官另依據《戒嚴法》第 3 條規定宣佈，金、馬地區自 1991 年 5 月 1 日 0 時起臨時戒嚴，直到 1992 年 11 月 7 日 0 時起解除臨時戒嚴，才終止金馬地區戰地政務。

萌芽階段，然而隨著 1992 年 7 月 3 日通過修正的「國安三法」[17]，1996 年通過的〈組織犯罪防制條例〉，和從 1985 年 7 月公佈施行的〈動員戡亂時期檢肅流氓條例〉[18]，乃至於 1999 年 1 月的廢止《出版法》、2002 年 1 月廢止《懲治盜匪條例》[19]等等，皆牽動警備總部與警察執行業務上的調整。

2003 年 6 月通過的《警察職權行使法》，更落實了依法行政之法律保留的原則；此外，在 1998 年以降的《刑法》、《刑事訴訟法》與行政制度的改革，如〈警察勤務條例〉的修正、《行政執行法》修正、《行政程序法》、《行政罰法》制定，行政法制終於朝向落實正當程序原則、周延保障人民權益和促進民眾參與的民主法治精神邁進，直接衝擊著警察機關傳統執法思維與法治的內容。

隨著 1992 年 8 月警備總部的裁撤，另成立海岸巡防司令部，以及 2000 年依據《海巡法》成立行政院海岸巡防署，軍管與海巡的分置政策，正式確立軍警的分立，警察的政治色彩逐漸淡化，警政功能得以改善。

此外，1995 年 3 月消防署成立，警消分立，2005 年 11 月立法院通過《內政部入出國及移民署組織法》，並於 2007 年 1 月正式運作。因此，警察任務不但從戡亂戒嚴時期的「以軍治警」轉移到解嚴後「官警自主」的角色，其相關警察業務的調整，諸如消防、水上、移民等也都朝向「除警察化」之趨勢。

(二) 警政專業化與政治民主化

政治民主化是指權力的重新分配、政治參與的擴充和落實、民意對政策影響力的增加，以及特權的消除等等。民主化目標需要藉由政黨輪替完成，從政治民主化的可能會轉向不同政治體制觀點而論，臺灣的權力結構逐漸走向社會開放構

---

[17] 《人民團體法》主要在政黨解散改由憲法法庭處理；《國家安全法》放寬了對異議人士返臺的限制；《集會遊行法》則刪除不得違背憲法的規定。

[18] 1985 年 7 月公佈施行的〈動員戡亂時期檢肅流氓條例〉，歷經 1992 年與 1996 的修正，於 2009 年正式廢止爭議多年的〈檢肅流氓條例〉。

[19] 1997 年 4 月 14 日臺灣發生駭人聽聞的「白曉燕分屍命案」，導致警察署長姚高橋請辭負責。而受爭議的《懲治盜匪條例》，最早制定的時間可溯自於 1944 年 4 月，後歷經多次延長，和 1957 年的修正，在「白曉燕分屍命案」事件後，政府於 1999 年再行修正實施。

成的力量，可以驅策社會走向效率與合理化，並重新設定經濟活動的秩序，引導經濟活動往比較優勢的方向進行，而遠離賄賂與裙帶主義。

臺灣政治民主化所形成具有的政黨輪替執政機制，也是以政府為核心發展的國家在歷經政治自由化之後，改以為實現國民為主體的政治民主化意義。國家主義是以政府為中心，主導並追求整體國家的安全和經濟的發展；而國民主義是以整體國民為中心，由國民主導並追求整體社會的進步和生活的改善。

臺灣在過去「以軍領警」的威權統治時代，完全依賴威權政府為中心的國家主義來維繫並整合；但是，當威權統治在內外政經衝擊下，就必須轉型依靠以整體國民為中心的國民主義來發展，而使政府能在政策制定的過程與目標中，反映整體國民的需要、利益和尊嚴，實現真正的「國民政府」。[20]

1. 警政中立與政府組織的再造和改造

廣義的警察行政中立之概念，不僅指警察人員在執行職務時，在「政治」或「政黨」問題上要力求中立，平等對待。同時在男女性別、宗教、種族、階層等面向，亦應一視同仁，不允許有差別待遇，一切依法行政。臺灣警政中立化的關鍵在於兩次政黨輪替的結果，和逐步進行政府再造和改造的完成。

政府再造的形成，較早見之於 1996 年底，首任民選總統李登輝在「國家發展會議」所達成「提升行政效率，加速推動政府再造，建立『小而能』的新政府」、「檢討並簡化政府層級，落實分層負責，縮短行政程序」、「明確規定中央與地方政府之權責區分」、「調整精簡省府之功能業務與組織，並成立委員會完成規劃及執行，同時自下屆起凍結省自治選舉」等共識。歷經連戰和蕭萬長兩位閣揆，先後成立了「政府再造推動委員會」與「政府再造諮詢委員會」，從「組織再造」、「人力及服務」與「法制再造」等三方面，進行全面性政府再造工程。

2000 年由民進黨籍的陳水扁當選第 10 任總統，這是臺灣政治發展歷史上首次的政黨輪替，民進黨取得執政後，依「政府再造」而改名稱進行「政府改造」。比較具體的結果是 2004 年立法完成《中央行政機關組織基準法》，並於 2008 年 6

---

[20] 蕭全政，《臺灣新思維：國民主義》，(臺北：時英，1995 年)，頁 127。

月部分條文修正通過有關增列警察及檢調排除適用之特別規定。

2008 年國民黨籍的馬英九當選第 12 任總統，臺灣出現了第二次的政黨輪替，馬總統並 2012 年取得連任。臺灣政治民主化又繼續深化的進入政黨競爭發展階段；同時，對政府組織再造更朝向民主化體制邁進，警政業務的執行得以秉持行政中立。中立化不表示沒有立場、沒有價值取向，而是以全民的立場為立場，全民的價值為價值。

在集會遊行法制方面，半世紀以來，隨著民主化進程，臺灣警察處理群眾活動的主導價值不段調整。警察因應外在環境的變化而發展出來的處理群眾運動的軸線是從「打不還手、罵不還口」，到「保障合法、取締非法」，再到「制裁暴力」，此一集會遊行制度演進的歷程，是臺灣未經流血而能完成民主化工程的重要因素之一。[21]

而在《集會遊行法》中的「比例原則」，也要秉持「原則都應該開放，只有例外的情況下才要管，因為集會遊行是憲法所保障」。所以，將《集會遊行法》從本質上屬於一般禁止之特定行為的許可制，改為原則上視為人民權利的報備制，便是一種與時俱進的作法。

2. 警政專業化與民主法治化

臺灣警政的專業化隨著軍隊國家化和民主法治化的落實，而在完成民主法治化的其中一項重要元素，就是臺灣地方自治的實施。當前地方警察的預算歸屬地方政府作業，地方警察首長的人事調動已不再是採完全由中央強勢的決定，改採尊重地方首長的職權和考量地方治安的需要，盡可能在人選上先有了共識後，才由中央發佈。

而在民主人權方面，溯自 2000 年臺灣政治權力結構的變化，陳水扁總統提出「人權立國」，強調「轉型正義」，試圖除了透過前述「二二八事件」之外，還針對發生於 1980 年 2 月林義雄家屬被暗殺的「林家血案」；1981 年 7 月留美學人回國遭警備總部約談後，在臺大校園遇害的「陳文成命案」；和發生於 1993 年 12

---

[21] 章光明，〈我國集會遊行制度之回顧與前瞻〉，(桃園：中央警察大學學報，2010 年)，第 47 期，頁 1-11。

月海軍上校尹清楓浮屍海上的「軍購黑幕案」等事件的重新調查，實踐所謂的「刑事正義」，來彰顯「人權政策」。2017 年 12 月政府通過《促進轉型正義條例》，未來執行的成效如何？有待進一步觀察。

雖然轉型期合法的政治與法律變革所具有的規範性限制，通常有一連串的矛盾性。然而，「轉型正義」必須尊重回歸歷史傳承的漸進改革過程，對於有些特殊的「政治性」案件應該避免導致「轉型正義」的意義受到扭曲。

另外，當前政府為保障人權，不但將沿用多年的戶警合一措施改採戶警分立制，至於戶口查察的作法，也改保護資訊隱私或自決權的家戶訪查方式來進行。馬英九總統也於 2009 年 5 月 14 日的簽署〈公民與政治權利國際公約〉及〈經濟社會文化權利國際公約〉，這對於自 1967 年以來，即為首批簽署公約國家的中華民國而言，嗣因於 1971 年在失去聯合國的中國席位前未能批准公約。

此後，中華民國政府便一直被排除在聯合國人權佈局外，不過這並不影響臺灣推行民主政治，自行履行公約內容。馬英九總統亦藉由徹底揮別非法監聽的堅持，要求情治機關確實遵守通訊保障及監察法的相關規定。另外，警政署亦於 2009 年 10 月 1 日起，要求警察單位作筆錄不再按捺指紋，以尊重人權。

換言之，民主法治化讓警察專業執法的功能得以發揮，讓民主鞏固擴大了人權保障的範圍，真正實現警察執法是為保障人權執法，達成行使警察權的人權保障與治安任務的衡平，貫徹憲法人權保障旨在「限制國權，保障民權」，以民主為基礎來踐行法治國原則。[22]

四、結論

臺灣警政發展從光復後的「以軍領警」走到「專業領導」的時期，已經超過

---

[22] 蔡庭榕，〈從人權保障觀點論百年來臺灣警察法治之遞嬗〉，收錄於《警察倫理學術研討會論文集》，(桃園：中央警察大學行政警察學系，2011 年)，頁 137-154。

半個世紀之久。檢視這一時期的警察與國家發展之關係，對臺灣的生存與發展極具關鍵的轉折，臺灣剛脫離了日本殖民統治的桎梏，又回到連結中華民族體系的一環。可是國共內戰的意識與制度之爭，導致國民政府播遷來臺，政府與人民都面臨嚴峻磨合日本殖民政府所留下的「警察政治」體制。因此政府在衡酌國內外政經情勢，遂實施戡亂戒嚴體制，以確保國家發展。

綜論戰後臺灣的警政發展，警察角色的演變主要經歷了工具性、現代性和獨立性等三階段。亦即第一階段的從戰後臺灣「以軍領警」，歷經的二階段的 1970 年警政現代化，一直到 1980 年中期以後解嚴、終止動員戡亂、軍隊國家化和警總裁撤的國家體制轉型，警察角色在軍警業務移轉下，形塑警察專業與行政中立的獨立性功能。未來臺灣警政的「專業領導」將隨著國內政治民主化和國際全球化趨勢持續發展。

國家圖書館出版品預行編目(CIP) 資料

臺灣政治經濟思想史論叢(卷二) / 陳添壽著. --
　初版. -- 臺北市：元華文創, 民 107.02
　　面；　公分

　ISBN 978-986-393-966-5(平裝)

　1.臺灣經濟 2.政治經濟 3.經濟史

552.339　　　　　　　　　　　　　　106025320

臺灣政治經濟思想史論叢(卷二)：社會科學與警察篇
Proceedings: The History of Taiwan Political and Economic Thought II

陳添壽　著

發 行 人：賴洋助
出 版 者：元華文創股份有限公司
公司地址：新竹縣竹北市台元一街 8 號 5 樓之 7
聯絡地址：100 臺北市中正區重慶南路二段 51 號 5 樓
電　　話：(02) 2351-1607
傳　　真：(02) 2351-1549
網　　址：www.eculture.com.tw
E - m a i l：service@eculture.com.tw
出版年月：2018 年 02 月　初版
　　　　　2020 年 03 月　初版二刷
定　　價：新臺幣 520 元

ISBN：978-986-393-966-5(平裝)

總經銷：聯合發行股份有限公司
地　址：231 新北市新店區寶橋路 235 巷 6 弄 6 號 4F
電　話：(02)2917-8022　　　　　傳　真：(02)2915-6275